O amor e Luís XIV
As mulheres na vida do Rei Sol

Antonia Fraser

O amor e Luís XIV
As mulheres na vida do Rei Sol

Tradução de
HELOÍSA MOURÃO

EDITORA RECORD
RIO DE JANEIRO • SÃO PAULO
2009

CIP-Brasil. Catalogação-na-fonte
Sindicato Nacional dos Editores de Livros, RJ.

F92a
Fraser, Antonia, 1932-
O amor e Luís XIV / Antonia Fraser; tradução de Heloísa Mourão.
– Rio de Janeiro: Record, 2009.

Tradução de: Love and Louis XIV
Inclui bibliografia
ISBN 978-85-01-08000-4

1. Luís XIV, rei da França, 1638-1715 – Relações com mulheres. 2. Favoritas reais. 3. França – Reis e governantes – Biografia. 4. França – Reis e governantes – Amantes. 5. França – História – Luís XIV, 1643-1715. 6. França – Condições morais – História – Século XVII. I. Título.

09-3235

CDD – 923.144033
CDU – 929.731(44)"1638-1715"

Título original em inglês:
LOVE AND LOUIS XIV

Copyright © Antonia Fraser, 2006

Todos os direitos reservados. Proibida a reprodução, armazenamento ou transmissão de partes deste livro, através de quaisquer meios, sem prévia autorização por escrito. Proibida a venda desta edição em Portugal e resto da Europa.

Direitos exclusivos de publicação em língua portuguesa para o Brasil adquiridos pela
EDITORA RECORD LTDA.
Rua Argentina 171 – Rio de Janeiro, RJ – 20921-380 – Tel.: 2585-2000
que se reserva a propriedade literária desta tradução

Impresso no Brasil

ISBN 978-85-01-08000-4

PEDIDOS PELO REEMBOLSO POSTAL
Caixa Postal 23.052
Rio de Janeiro, RJ – 20922-970

EDITORA AFILIADA

PARA HAROLD
nobilis et Nobelius

Sumário

Lista de ilustrações	9
Nota da autora	13
Resumo político-cronológico	19
Principais personagens	27

PRIMAVERA

1	Presente dos céus	33
2	O vigor da princesa	51
3	A paz e a infanta	73
4	A face risonha de nossa corte	96
5	Doce violência	119

VERÃO

6	A ascensão de outra	141
7	Casamentos como a morte	161
8	Uma posição singular	183
9	Abandonar uma paixão	204
10	Madame Agora	224

OUTONO

11	A necessidade do rei	249
12	Majestades do mundo	273
13	Tornando-se crianças novamente	296

Inverno

14	A alegria começa a partir	319
15	Temos que nos submeter	345
16	Partindo numa viagem	365
17	Nunca te esqueças	380
	Notas	392
	Fontes	410
	Índice remissivo	423

Lista de ilustrações

O castelo de Saint-Germain-en-Laye, Escola Francesa, século XVII. *Château Bussy-le-Grand, Bussy-le-Grand (foto: Giraudon/ Bridgeman Art Library).*

Luís XIV com cerca de 12 anos de idade, Escola Francesa, século XVII. *Châteaux de Versailles et de Trianon (© Photo RMN).*

Luís XIV vestido como Apolo para o balé *La Nuit*, 1653. *Bibliothèque nationale de France, Department of Prints & Photographs.*

Retrato equestre de Ana da Áustria, *c.*1640, atribuído a Jean de Saint-Igny. *Châteaux de Versailles et de Trianon (© Photo RMN/ Gérard Blot).*

Luís XIV, *c.*1660, estúdio de Nicolas Mignard. *Musée des Beaux-Arts, Angers (© Cliché Musées d'Angers, foto: Pierre David).*

Celebridade presenteando a França com um retrato de Luís XIV, c. 1665, por Luís Elle Ferdinand II. *Musée Antoine Lécuyer, Saint-Quentin (foto: Jean Legrain).*

Anne-Marie-Louise d'Orléans, conhecida como a Grande Mademoiselle, representada como Minerva, *c.*1672, por Pierre Bourguignon. *Châteaux de Versailles et de Trianon (© Photo RMN / Gérard Blot & Christian Jean).*

Hortense e Maria Mancini, data desconhecida, por Jacob Ferdinand Voet. *I.N.P.D.A.I., Roma (foto: Arte Photographica).*

Encontro de Luís XIV e Filipe IV na Île des Faisans, c. 1670, por Simon Renard de Saint-André. *Châteaux de Versailles et de Trianon (© Photo RMN/ Jean Popovitch).*

Ana da Áustria, Maria Teresa e o delfim, *c.* 1665, por Carlos e Henri Beaubrun. *Musée Bernard d'Agesci, Niort.*

Maria Teresa e o delfim Luís de France, 1665, por Pierre Mignard. *Prado, Madri (foto: Giraudon/ Bridgeman Art Library).*

Ana da Áustria, data desconhecida, por Carlos Beaubrun. *Galleria Sabauda, Turim (photo: Alinari/ Bridgeman Art Library).*

O AMOR E LUÍS XIV

Luís XIV em Maastricht, 1673, por Pierre Mignard. *Galleria Sabauda, Turim (photo: Scala)*.

Luís XIV recolhendo-se com seu harém, 1693, gravura anônima. *The Trustees of the British Museum, Department of Prints & Drawings*.

Louise de La Vallière, data desconhecida, por Jean Nocret. *Châteaux de Versailles et de Trianon (© Photo RMN/ Gérard Blot)*.

Louise de La Vallière como caçadora, 1667, com base em Claude Lefebvre. *Châteaux de Versailles et de Trianon (© Photo RMN/ Gérard Blot)*.

Athénaïs de Rochechouart de Mortemart, marquesa de Montespan, data desconhecida, por Luís Elle Ferdinand II. *Coleção: Autora*.

Athénaïs reclinada diante da galeria de seu castelo de Clagny, data desconhecida, por Henri Gascard. *Coleção Particular (photo: Giraudon/ Bridgeman Art Library)*.

Retrato de Athénaïs, data desconhecida, atribuído a Pierre Mignard. *Musée du Berry, Bourges (foto: Giraudon/ Bridgeman Art Library)*.

O *appartement des bains* de Versalhes reproduzido num leque, *c.*1680. *Victoria & Albert Museum, Londres (foto. © V & A Images)*.

Spottallegorie auf Ludwig XIV, *c.*1670, por Joseph Werner *(foto: cortesia de Schweizerisches Institut für Kunstwissenschaft, Zurique)*.

Marie-Angélique d'Escorailles de Rousille, duquesa de Fontanges, 1687, gravura de Nicolas de Larmessin III. *Châteaux de Versailles et de Trianon (© Photo RMN/ Gérard Blot)*.

Madame de Maintenon, data e artista desconhecidos. *Château de Chambord (foto: The Art Archive/ Dagli Orti)*.

Madame de Maintenon com o duque do Maine e o conde de Vexin, data e artista desconhecidos. *Château de Maintenon (foto: The Art Archive/ Dagli Orti)*.

Frontispício para *Scarron aparu à Madame de Maintenon et les reproches qu'il lui fait sur ses amours avec Luís Le Grand*, 1664, por Paul Scarron *(cortesia: The British Library)*.

Madame de Maintenon com sua sobrinha Françoise-Charlotte, *c.*1688, por Luís Elle Ferdinand II. *Châteaux de Versailles et de Trianon (© Photo RMN/ Gérard Blot)*.

Os "Cadernos Secretos" de madame de Maintenon. *Bibliothèque municipale de Versailles*.

Madame de Maintenon como Santa Francisca Romana, *c.*1694, por Pierre Mignard. *Châteaux de Versailles et de Trianon (foto: Giraudon/ Bridgeman Art Library)*.

Rei Davi tocando harpa, *c.*1619-20, por Domenicho Zampieri. *Châteaux de Versailles et de Trianon (© Photo RMN/ Daniel Arnaudet)*.

Retrato em miniatura de madame de Maintenon, *c.*1694, por Jean Boinard. *Coleção particular*.

LISTA DE ILUSTRAÇÕES

Visite de Luís XIV à Saint-Cyr en 1704, gravura de Lalaisse com base em F. Lemud. *Archives départementales des Yvelines, Montigny-le-Bretonneux (fonds ancien de la bibliothèque).*

O castelo de Maintenon; vista do aqueduto, meados do século XVIII, por François Edme Ricois. *Château de Maintenon (foto: The Art Archive/ Dagli Orti).*

Aposentos de madame de Maintenon. *Château de Maintenon (foto: The Art Archive/ Dagli Orti).*

Marie-Jeanne d'Aumale, data e artista desconhecidos. *Coleção particular.*

A família do grande delfim, 1687, por Pierre Mignard. *Châteaux de Versailles et de Trianon (© Photo RMN/ Gérard Blot & Christian Jean).*

Festa de noivado de Filipe, duque de Orléans, e Henriette-Anne, ilustração sobre leque, c.1661. *Coleção: Sylvain Lévy-Alban.*

Henriette-Anne da Inglaterra, duquesa de Orléans, Escola Francesa, século XVII. *Châteaux de Versailles et de Trianon (© Photo RMN; Gérard Blot).*

A família de Luís XIV, 1670, por Jean Nocret. *Châteaux de Versailles et de Trianon (© Photo RMN).*

Henriette-Anne representada como Minerva, 1664, por Antoine Mathieu. *Châteaux de Versailles et de Trianon (© Photo RMN/ Gérard Blot & Christian Jean).*

Henriette-Anne, duquesa de Orléans, em sua toalete, ilustração sobre leque da década de 1660. *Coleção: Sylvain Lévy-Alban.*

Filipe de France, duque de Orléans, com um retrato de sua filha Marie-Louise d'Orléans, data desconhecida, por Pierre Mignard. *Châteaux de Versailles et de Trianon (© Photo RMN).*

Élisabeth-Charlotte da Baviária, duquesa de Orléans, 1678, por Nicolas de Largillière. *Musée des Beaux-Arts, Nancy (foto: AKG).*

Élisabeth-Charlotte, duquesa de Orléans, 1713, por Hyacinthe Rigaud. *Châteaux de Versailles et de Trianon (foto: Giraudon/ Bridgeman Art Library).*

Maria Luísa de Orléans, rainha da Espanha, Escola Francesa, século XVII. *Châteaux de Versailles et de Trianon (foto: Giraudon/ Bridgeman Art Library).*

Marie-Anne de Bourbon, princesa de Conti, 1690-1, por François de Troy. *Musée des Augustins, Toulouse (foto: Bernard Delorme).*

Françoise-Marie de Bourbon e Louise-Françoise de Bourbon, data desconhecida, por Claude-François Vignon. *Châteaux de Versailles et de Trianon (© Photo RMN/ Gérard Blot).*

Louise-Bénédicte de Bourbon, duquesa do Maine, c.1690-1700, por Henri Bonnart. *Musée de l'Île de France, Sceaux (foto: Pascal Lemaître).*

Maria de Módena, c.1680, por Simon Peeterz Verelst. *Yale Center for British Art, Paul Mellon Fund (foto: Bridgeman Art Library).*

Pintura em miniatura de Maria de Módena, c.1677, por Peter Cross. *Fitzwilliam Museum, University of Cambridge (foto: Bridgeman Art Library).*

O AMOR E LUÍS XIV

A família de Jaime VII e II, 1694, por Pierre Mignard. *The Royal Collection © 2006 Her Majesty Queen Elizabeth II.*

Vaso de Sèvres ilustrando uma festa oferecida por Luís XIV em 1689 no castelo de Saint-Germain-en-Laye. *Musée Conde, Chantilly (foto: Giraudon/ Bridgeman Art Library).*

Carta de Adelaide, duquesa de Borgonha, para sua avó. *Arquivos de Estado de Turim.*

Adelaide, duquesa de Borgonha, Escola Francesa, século XVII. *Galleria Sabauda, Turim (foto: Alinari/ Bridgeman Art Library).*

Adelaide, duquesa de Borgonha, em traje de caça, 1704, por Pierre Gobert. *Châteaux de Versailles et de Trianon (© Photo RMN/ Daniel Arnaudet & Gérard Blot).*

O casamento de Adelaide de Saboia e Luís, duque de Borgonha, 1697, por Antoine Dieu. *Châteaux de Versailles et de Trianon (© Photo RMN/ Daniel Arnaudet & Gérard Blot).*

Visão em perspectiva do castelo, dos jardins e do parque de Versalhes, vistos da Avenue de Paris, 1668, por Pierre Patel. *Châteaux de Versailles et de Trianon (foto: Giraudon/ Bridgeman Art Library).*

Construção do castelo de Versalhes, c.1679, com base em Adam Frans van der Meulen. *The Royal Collection © 2006 Her Majesty Queen Elizabeth II.*

Le Bassin d'Encelade, c.1730, por Jacques Rigaud. *Châteaux de Versailles et de Trianon (© Photo RMN/ Gérard Blot).*

Luís XIV recepciona o eleitor da Saxônia em Fontainebleau, 1714, por Luís de Silvestre. *Châteaux de Versailles et de Trianon (foto: Bridgeman Art Library).*

Vista do castelo e da Orangerie em Versalhes, c.1699, por Étienne Allegrain. *Châteaux de Versailles et de Trianon (foto: Giraudon/ Bridgeman Art Library).*

Bonne, Nonne et Ponne, data desconhecida, por François Desportes. *Musée du Louvre, Paris (© Photo RMN/ Daniel Arnaudet).*

Detalhe de relevo em madeira em torno das janelas da câmara do rei em Versalhes *(© Photo RMN/ Christian Jean & Jean Schormans).*

Quatrième chambre des appartements, 1696, água-forte e ponta-seca por Antoine Trouvain. *Bibliothèque nationale de France, Department of Prints & Photographs.*

La Charmante Tabagie, fins do século XVII, gravura de Nicolas Bonnart. *Bibliothèque national de France, Department of Prints & Photographs.*

A cascata de Marly, de *Jardins de Marly*, Escola Francesa, começo do século XVIII. *Centre Historique des Archives Nationales, Paris (foto: Archives Charmet/ Bridgeman Art Library).*

Luís XIV, 1701, por Hyacinthe Rigaud. *Musée du Louvre, Paris (© Photo RMN/ Gérard Blot).*

Nota da autora

"Magnificência e galanteria foram a alma desta corte": ao escrever sobre Luís XIV e suas mulheres, este é o veredicto contemporâneo que procurei ter em mente. De fato, meu desejo foi transmitir magnificência neste livro. De que outra forma seria possível escrever sobre o homem que criou Versalhes na primeira parte de seu governo pessoal e o tornou sua sede oficial em 1682? Era a extravagância em todos os aspectos: banquetes aos quais apenas o rei e seu apetite gargantuesco podiam fazer justiça; enormes canteiros de flores com cada planta trocada diariamente; milhares de laranjeiras (árvore favorita do rei) em vasos de prata; pátios dos quais a corte era compelida a se retirar à noite pelo dominante perfume de mil angélicas; dinheiro fluindo como as fontes que o rei adorava encomendar, tanto que as próprias águas ornamentais se tornaram um símbolo de poder... Havia cortesãos ferozmente obsequiosos, como o duque d'Antin, que da noite para o dia derrubou toda uma alameda de árvores suas porque ela impedia a visão do quarto do monarca em visita, ou o abade Melchior de Polignac, completamente ensopado em seu figurino da corte, mas assegurando ao rei que a chuva de Marly não o molhava.

Certamente procurei ilustrar a galanteria em todos os muitos sentidos contemporâneos da palavra, desde a amizade com nuances amorosas, passando pela sutil arte de fazer a corte, pela mais frívola e quiçá perigosa aventura dos flertes, até a sensual libertinagem que termina em sexo. É fácil compreender por que a França do século XVII ficou marcada na imaginação popular como um paraíso para suas mulheres, que desfrutavam de "mil liberdades, mil prazeres". Mas se a galanteria — ou o sexo — é um de meus temas, a religião é outro. Acredito que é na ligação entre os dois que de fato reside o fascínio das relações de Luís XIV com suas amantes. Este foi o século em que a penitente Madalena foi a santa favorita na França: simbolicamente, as amantes do rei foram pintadas como Madalena, no ápice de sua beleza, com suas cascatas de cabelos soltos, ao mesmo tempo que desconsideravam as regras da Igreja da forma mais manifesta possível; suas tentativas de encarnar a própria penitência da santa viriam mais tarde. Assim, os esforços da Igreja católica pela salvação da alma do rei tocam uma nota sombria na festiva música de Versalhes desde a juventude do rei em diante — e não podem ser silenciados. Lully está lá com suas graciosas alegorias nos Balés da Corte, nos quais o rei dançava (e também suas damas); mas ele também está lá com seus temas funerais para os lutos do monarca.

Entretanto, meu estudo não está inteiramente limitado às amantes de Luís XIV, entre as quais Maria Mancini, possivelmente, e Louise de La Vallière e Athénaïs de Montespan, certamente, assim como a enigmática e puritana madame de Maintenon, cujo status preciso deixa dúvidas. Esta havia sido minha intenção inicial, antes que minhas pesquisas me levassem à mais rica história de seus relacionamentos com as mulheres em geral. Estes incluíram sua mãe, Ana da Áustria, suas duas cunhadas, Henriette-Anne e Liselotte, que foram duquesas de Orléans em sucessão, suas irreverentes filhas ilegítimas e, por fim, Adelaide, a adorada esposa-menina de seu neto. Portanto, é inevitável que a história reflita algo da condição das mulheres de uma determinada estirpe na França do século XVII: quais foram suas escolhas e até onde elas chegaram, as amantes e esposas — as mães e filhas —, no controle do próprio destino?

Creio que um retrato emergirá do próprio Luís XIV, o rei Sol, e, como o Sol, o centro de seu universo. Mas, como o título e subtítulo indicam, não se trata de um estudo completo de seu reinado, tão prolificamente examinado em outras obras, tanto antigas quanto modernas, às quais

NOTA DA AUTORA

reconheço minha profunda gratidão. Foi Voltaire, no primeiro estudo brilhante do "*grand siècle*", publicado cerca de vinte anos após a morte do rei, quem escreveu: "Não se deve esperar encontrar aqui detalhes minuciosos das guerras travadas nesta era. Nem tudo o que acontece é digno de registro." Este é um sentimento que só posso humildemente ecoar.

Que a última palavra fique com a cunhada do rei, Liselotte, duquesa de Orléans, a copiosa missivista cujos comentários francos acabaram por torná-la minha favorita entre as abundantes fontes femininas do período, apesar da presença da incomparável autora madame de Sévigné. Liselotte escreveu: "Acredito que as histórias que serão escritas sobre esta corte depois que todos desaparecermos serão melhores e mais interessantes que qualquer romance... e temo que as gerações futuras não sejam capazes de acreditar nelas e pensem que não passam de contos de fadas." Minha intenção foi apresentar o "conto de fadas" de modo verossímil.

Há muitas pessoas cuja ajuda foi inestimável durante os cinco anos que passei pesquisando e escrevendo este livro. Antes de mais nada, devo agradecer a Alan Palmer por seu Resumo Cronológico-Político. O professor Felipe Fernandez-Armesto também leu o livro em um estágio inicial, assim como minha filha Rebecca Fraser Fitzgerald, com seus olhos de águia. O dr. Mark Bryant me permitiu ler sua tese (2001) sobre madame de Maintenon antes da publicação de seu próprio trabalho sobre o tema; o professor Edward Corp chamou minha atenção para importantes referências; Alastair Macaulay me deu conselhos sobre a arte que ama; o col. Jean-Joseph Milhiet me forneceu informações relativas aos restos mortais de madame de Maintenon; o saudoso professor Bruno Neveu foi uma inspiração; Sabine de La Rochefoucauld organizou visitas esclarecedoras tanto a Versalhes quanto ao Louvre; M. Jean Raindre foi um anfitrião esclarecedor e generoso no Castelo de Maintenon, assim como Cristina e Patrice de Vogüé o foram em Vaux-le-Vicomte; a dra. Blythe Alice Raviola, da Universidade de Turim, auxiliou-me de modo crucial com os manuscritos, assim como M. Thierry Sarmant, nos Archives Historicos de la Guerre, em Vincennes. Niall MacKenzie forneceu traduções de poesias gaélicas, assim como conselhos; Renata Propper interpretou o alemão por vezes obsceno de Liselotte; lorde (Hugh) Thomas de Swynnerton traduziu do espanhol a missa mexicana em memória de Luís XIV, o texto que me foi gentilmente fornecido por minha nora, Paloma Porraz de Fraser.

Também agradeço de coração aos seguintes: sra. H. E. Alexander, do Fan Museum, Greenwich, e sra. Pamela Cowen; Neil Bartlett, outrora funcionário do Lyric Theatre, de Hammersmith, por sua tradução do *Don Juan* de Molière; Sue Bradbury, da Folio Society; Barbara Bray; M. Bernard Clergeot; Mairie de Bergerac; M. Michel Déon; padre Francis Edwards, SJ; Peter Eyre; Gila Falkus; Charlie Garnett; "*ma fille française*", Laure de Gramont; Liz Greene, *Equinox*; Ivor Guest; Lisa Hilton; Diane Johnson; o saudoso professor Douglas Johnson; Laurence Kelly; Emmajane Lawrence da Wallace Collection; M. Pierre Leroy; Sylvain Lévy-Alban; Cynthia Liebow; Frédéric Malle, por sua fotografia da porta trancada do casamento de Luís XIV; M. Bernard Minoret, por me permitir mais uma vez pegar livros emprestados de sua preciosa biblioteca; Graham Norton, por informações sobre a história das Índias Ocidentais; dr. Robert Oresko, especialmente pela ajuda em Turim; dr. David Parrott, pelos debates sobre Rantzau; Judy Price, por informações sobre Cotignac; professor Munro Price, pela oportuna visita guiada ao local de nascimento de Luís XIV; professor John Rogister, visconde de Rohan, presidente da Société des Amis de Versailles, e madame Anémone de Truchis, também de Versalhes; Mme. Jean Sainteny (Claude Dulong); Mme. Dominique Simon-Hiernard, Musées de Poitiers; Chantal Thomas; Hugo Vickers; Dr. Humphrey Wise, da National Gallery, Londres; Anthony Wright; Francis Wyndham; as equipes dos Archives Nationales e da Bibliothèque Nationale em Paris, da British Library, da London Library e da Kensington Public Library em Londres.

Meus editores em ambos os lados do Atlântico, Nan Talese, da Doubleday e Alan Samson, da Weidenfeld & Nicolson, foram imensamente encorajadores. Agradeço a Steve Cox e Helen Smith, respectivamente pelo copidesque e pelo índice remissivo. Minha agente de relações públicas, Linda Peskin, que digitalizou o livro, em alguns momentos deve

NOTA DA AUTORA

ter-se sentido como uma dama de companhia extra na corte do rei Sol. Minha família francesa, os quatro Cavassoni, tornaram as visitas a Paris um prazer a mais. Por fim, este livro, por uma questão de justiça, é dedicado a meu marido, como sempre o primeiro leitor.

Antonia Fraser

Dia de Santa Catarina, 2004 — Dia da Anunciação, 2006

Nota   Há três problemas perenes em compor uma narrativa histórica para este período, para os quais apresentei as seguintes soluções: primeiro, nomes e títulos, tantas vezes semelhantes, podem ser extremamente confusos. Para conforto do leitor, privilegiei a clareza, mais que a consistência; a Lista de Personagens Principais, definindo um nome (ligeiramente diferente) para cada pessoa, tem por intenção ser um guia. Segundo, as datas na Inglaterra, seguindo o Calendário Juliano (CJ), estavam atrasadas em relação ao continente até 1752; utilizei o Calendário Gregoriano (CG), exceto nos casos indicados. Terceiro, no que diz respeito às moedas, incluí comparações livres com as moedas atuais, novamente para conforto do leitor, embora estes valores nunca possam ser mais que aproximados.

Resumo político-cronológico

1610　Ascensão de Luís XIII, aos 9 anos de idade, como rei da França, após o assassinato de seu pai, Henrique IV. Regência de sua mãe, Maria de Médici.

1615　Duplo casamento real: Luís XIII se casa com Ana da Áustria, filha de Filipe III da Espanha; a irmã de Filipe, Isabel, casa-se com o irmão de Ana, que ascende como Filipe IV da Espanha em 1621.

1617　Luís XIII assume o poder, após apoiar o assassinato do impopular favorito de sua mãe, Concini.

1618　A Guerra dos Trinta Anos começa em Praga com uma revolta protestante contra a política católica antinacional do imperador Habsburgo em Viena. Em 1621, a guerra se espalha para o Palatinado Renano e, gradualmente, envolve toda a Europa.

1624　O cardeal Richelieu torna-se primeiro-ministro do rei. Ao longo dos 18 anos seguintes, suas implacáveis políticas impuseram a autoridade autocrática de uma monarquia centralizada, destruindo as últimas praças-fortes dos huguenotes protestantes franceses e restringindo os direitos da nobreza. Em assuntos externos, ele desafia a hegemonia dos Habsburgo nas fronteiras a leste e ao sul da França.

1625　Carlos I assume o trono inglês; casa-se com a irmã de Luís XIII, Henriqueta Maria.

1626　Richelieu financia a entrada da protestante Suécia na Guerra dos Trinta Anos contra o imperador e a Espanha. Ele autoriza a

Companhia dos Cem Associados a controlar a Nova França e desenvolve o comércio ao longo do vale do São Lourenço e regiões exploradas por Champlain (que fundou Quebec em 1608).

1635 A França entra na Guerra dos Trinta Anos, aliada à Suécia, Saboia e aos holandeses contra os espanhóis e os austríacos.

1638 Nascimento do delfim Luís, futuro Luís XIV.

1640 Nascimento de seu irmão Filipe, a ser conhecido como Monsieur.

1642 Morre Richelieu: o cardeal Mazarin, nascido na Itália e um favorito de Ana da Áustria, assume o cargo de primeiro-ministro. Começo da Guerra Civil inglesa.

1643 Morte de Luís XIII: ascensão de Luís XIV sob a regência de Ana da Áustria. Os franceses, liderados pelo futuro príncipe de Condé (à idade de 22), derrotam os espanhóis em Rocroi.

1648 A Paz da Vestfália encerra a Guerra dos Trinta Anos: a França ganha a Alsácia ao sul e fortalezas da fronteira leste, incluindo Verdun, Toul e Metz, mas permanece em guerra contra a Espanha. A primeira Fronde: massas de rebeldes (*frondeurs* — bodoqueiros) apoiam o protesto do Parlamento de Paris (suprema corte) contra os impostos e forçam a fuga da família real e de Mazarin de Paris por oito meses.

1649 Execução de Carlos I; ascensão de Carlos II (exilado). A segunda Fronde começa em Paris, principalmente como um conflito entre nobres rivais.

1650 Condé, seu irmão, o príncipe de Conti, e o cunhado, duque de Longueville, liderando nobres *frondeurs*, são presos por Mazarin.

1651 Sob ameaça da revolta em Paris, Ana da Áustria liberta os príncipes *frondeurs*. Mazarin exila-se temporariamente em Colônia. Luís XIV chega à idade oficial de um monarca, mas Ana da Áustria permanece como sua principal conselheira. Condé lidera o exército *frondeur* em dois anos de guerra civil; é enfrentado pelo marechal Turenne, leal a Luís.

1653 Mazarin retorna. Fim da Fronde; Condé foge para os Países Baixos espanhóis (perdoado por Luís XIV em 1659, ele comanda o exército em campanhas posteriores). Fouquet torna-se ministro

RESUMO POLÍTICO-CRONOLÓGICO

das finanças; ele constrói uma fortuna por meio de peculato. Protetorado cromwelliano na Inglaterra.

1658 Aliança entre França e Inglaterra de Cromwell; o exército conjunto derrota a Espanha na batalha das Dunas (junho). Cromwell adquire Dunquerque, mas morre (setembro).

1659 A Paz dos Pireneus põe fim à guerra entre França e Espanha. A França ganha posições na fronteira dos Países Baixos espanhóis e em Roussillon, no leste dos Pireneus.

1660 Luís XIV casa-se com Maria Teresa, filha de Filipe IV da Espanha e sua prima-irmã. Restauração de Carlos II na Inglaterra.

1661 Mazarin morre. Luís XIV assume o governo total, jamais nomeando outro primeiro-ministro. O corrupto Fouquet é substituído por Colbert, que reforma o sistema financeiro e realiza um vigoroso programa de obras públicas, mais tarde tornando-se também ministro da Marinha e criando uma força naval. Casamento de Monsieur com a irmã de Carlos II, Henriette-Anne.

1662 Aliança defensiva entre franceses e holandeses, prometendo apoio mútuo se fossem atacados por outro país. Carlos II vende Dunquerque à França.

1663 Colbert organiza a Nova França como uma colônia da Coroa, com Quebec como capital.

1664 Colbert promove o comércio ao abolir tarifas internas.

1665 Morre Filipe IV da Espanha; substituído por Carlos II, filho de seu segundo casamento (com Maria Ana da Áustria), meio-irmão da rainha Maria Teresa.

1666 Luís XIV declara guerra à Inglaterra em apoio aos holandeses, mas nenhuma batalha acontece. Louvois é nomeado ministro da Guerra. Morre Ana da Áustria.

1667 Guerra de Devolução. Luís XIV exige que os Países Baixos espanhóis sejam legalmente "devolvidos" a Maria Teresa com a morte de Filipe IV; ele envia o exército de Turenne para Flandres para impor sua exigência.

1668 (Janeiro) Os ingleses, holandeses e suecos fazem uma aliança para forçar Luís XIV a encerrar a Guerra de Devolução; a paz é acer-

O AMOR E LUÍS XIV

tada em maio com o Tratado de Aix-la-Chapelle, dando à França 12 cidades em Flandres e Artois, incluindo Lille, mas Luís não retira sua exigência quanto aos Países Baixos espanhóis.

1669 Colbert encoraja a fundação do primeiro porto comercial francês na Índia.

1670 O Tratado Secreto de Dover firmado entre Carlos II e sua irmã Henriette-Anne: Luís XIV promete subsídios a Carlos: Carlos concorda em se declarar católico num momento apropriado, bem como a apoiar a França se Luís atacar a Holanda. Henriette-Anne morre 39 dias após selar o pacto.

1671 O viúvo Monsieur casa-se com Liselotte, possível herdeira do Palatinado.

1672 Inglaterra e França declaram guerra aos holandeses. Luís invade a Holanda, mas enfrenta forte resistência do recém-eleito *Stadtholder* holandês, Guilherme de Orange, filho de Maria, irmã de Carlos II. Frontenac começa um mandato de dez anos como governador da Nova França, estabelecendo fortes ao sul que chegam até o lago Ontário.

1673-5 Sucessivas campanhas dos exércitos de Luís no Palatinado e em Flandres.

1677 Guilherme de Orange casa-se com sua prima Maria, filha de James, duque de York, e segunda na linha de sucessão à coroa inglesa e escocesa.

1678 A Paz de Nijmegen encerra a guerra francesa com os holandeses e espanhóis. Luís XIV adquire 14 cidades nos Países Baixos espanhóis, permitindo que Vauban finalmente construísse fortalezas que iam de Dunquerque, na costa, até Dinant, no rio Mosa.

1679 Luís XIV instaura a Chambre Ardente ("Câmara Ardente"), uma comissão especial para investigar acusações de assassinato, bruxaria e missas negras no "Caso dos Venenos". Diversas personagens centrais no reino são implicadas. Nos três anos seguintes, a Chambre conduz mais de duzentos interrogatórios: pelo menos 24 pessoas são executadas; diversas outras morrem sob tortura; outras ainda são enviadas às galés ou aprisionadas.

RESUMO POLÍTICO-CRONOLÓGICO

1680 O conselho máximo do Parlamento de Paris oferece formalmente a Luís XIV o título de "o Grande". "Câmaras de Reunião" são instaladas, nas quais juristas apoiam a exigência de posse da Alta e da Baixa Alsácia por Luís. Olympe, condessa de Soissons, Dama dos Trajes, foge da França para evitar a intimação da Chambre Ardente. Seu filho, príncipe Eugênio de Saboia, após recusar comissão militar oferecida por Luís XIV, oferece seus serviços ao imperador Leopoldo I.

1681 Dragonadas, soldados destacados por Louvois em comunidades huguenotes para impor conversões ao catolicismo. Inicia-se uma migração em massa de artesãos huguenotes. O canal du Midi é terminado, permitindo que barcas transportem bens do golfo da Biscaia para o Mediterrâneo.

1682 (Abril) Luís XIV encerra a Chambre Ardente abruptamente, com cem casos ainda pendentes. (Maio) Ele transfere a corte e o governo para Versalhes. La Salle lidera expedição pelo Mississippi, demanda a região para a França e a nomeia Louisiana.

1683 Morrem Maria Teresa e Colbert. O imperador Leopoldo I e Carlos II unem-se aos holandeses e suecos numa coalizão antifranceses. Viena é cercada por turcos.

1684 A ameaça turca induz o imperador a concluir a Trégua de Ratisbon com Luís XIV, permitindo à França manter todas as cidades designadas pelas Câmaras de Reunião.

1685 Carlos II morre, e é sucedido por seu irmão católico, James, duque de York (Jaime II). Luís XIV revoga o Édito de Nantes, em última instância negando direitos religiosos e civis aos huguenotes, garantidos a eles por Henrique IV. Os dragões impõem brutalmente a conversão ao catolicismo. Centenas de oficiais huguenotes seguem a migração e se alistam em exércitos protestantes no exterior.

1686 O imperador Leopoldo e os governantes de Espanha, Suécia, Saxônia, Palatinado e Brandeburgo formam a Liga de Augsburgo, uma aliança para conter mais expansões francesas.

1687 O Forte Niágara é construído para impedir a invasão da Nova França por colonos ingleses.

O AMOR E LUÍS XIV

1688 Começa a Guerra da Liga de Augsburgo: Luís XIV invade o Palatinado, com base no direito hereditário de Liselotte enquanto sucessora de seu irmão, e encontra a oposição da aliança da Liga, agora aumentada pelo duque da Saxônia. Guilherme de Orange aceita convite dos lordes Whig para salvar o protestantismo inglês, desembarca em Torbay e marcha sobre Londres; Jaime II foge para a França no dia de Natal.

1689 Guilherme de Orange e sua esposa Maria são proclamados governantes conjuntos como Guilherme III e Maria II em Londres. Maria Beatriz, esposa de Jaime II, instala-se em Saint Germain com seu filho James Edward (nascido em junho de 1688). Inglaterra e Holanda se unem à Liga de Augsburgo, agora conhecida como a Grande Aliança. A França declara guerra à Inglaterra. Jaime II viaja para a Irlanda para recrutar católicos contra Guilherme e Maria.

1690 A batalha do Boyne: Guilherme III derrota Jaime, que retorna para Saint Germain.

1691 Muitos católicos irlandeses fogem para a França e ingressam no exército de Luís XIV.

1692 A vitória naval inglesa de La Hogue interrompe a ameaça de invasão francesa.

1693 Luís XIV fracassa em capturar Liège e nunca mais acompanha suas tropas em campo.

1694 Morre Maria II, deixando Guilherme III como único governante. Os franceses invadem a Espanha.

1695 Guilherme III captura Namur.

1696 O Tratado de Turim: o duque da Saboia abandona a Grande Aliança e troca de lado na guerra; arranjado o noivado de sua filha, Adelaide, com o duque de Borgonha, neto de Luís XIV.

1697 A Paz de Ryswick põe fim à Guerra da Liga de Augsburgo. Luís XIV implicitamente reconhece Guilherme III como rei da Inglaterra, Escócia e Irlanda, com sua sobrinha Anne como herdeira presuntiva. Mútua restauração de todas as conquistas desde a Paz de Nijmegen (1678), com a França abdicando da margem direita

RESUMO POLÍTICO-CRONOLÓGICO

do Reno e da Lorena. Luís concorda que os holandeses ocuparão as principais fortalezas dos Países Baixos espanhóis.

1698 Diplomatas ingleses, franceses e holandeses encontram-se em Londres para debater a partilha da Espanha, buscando impedir uma guerra quando da morte de Carlos II.

1699 Os ingleses e holandeses assinam o tratado de partilha com a França, mas o tratado é subsequentemente rejeitado pelo imperador em Viena e por Carlos II.

1700 Morre Carlos II, após declarar o duque de Anjou (neto de Luís XIV e terceiro na linha de sucessão ao trono francês) como seu herdeiro; ele sobe ao trono como Filipe V.

1701 Começa a Guerra de Sucessão Espanhola: tropas francesas entram nos Países Baixos espanhóis em nome de Filipe V. Inglaterra, Holanda e o Sacro Império (temendo um futuro reino dual de França e Espanha) formam uma Grande Aliança contra Luís XIV, reconhecendo o arquiduque austríaco como Carlos III da Espanha. Morre Jaime II; Luís XIV reconhece o filho dele, James Edward ("o Velho Pretendente") como Jaime III.
Nova França: Antoine Cadillac funda o Forte Pontchartrain du Détroit nos estreitos do lago Erie.

1702 Morre Guilherme III; Anne (Ana), filha de Jaime II, ascende ao trono; Inglaterra e Holanda deixam de ter governante comum.

1703 Saboia e Portugal se unem à Grande Aliança contra a França.

1704 O duque de Marlborough lidera um exército por quatrocentos quilômetros do baixo Reno ao alto Danúbio, unindo-se às tropas do imperador sob comando do príncipe Eugênio, para conquistar uma grande vitória sobre a França e os bávaros em Blenheim, Baviera.

1705 A marinha inglesa toma Barcelona e o austríaco "Carlos III" é reconhecido como rei em Catalunha e Aragão.

1706 Marlborough derrota os franceses em Ramillies e ocupa Bruxelas e Antuérpia. Eugênio derrota os franceses na fronteira de Turim e os expulsa do norte da Itália.

1707 O Ato de União liga Inglaterra e Escócia como Grã-Bretanha.

1708 Marlborough e Eugênio em conjunto derrotam os franceses, sob o comando de Vendôme, em Oudenarde e capturam Ghent e Bruges. O inverno de 1708-9 é o mais frio da história conhecida na França.

1709 Malplaquet: vitória final conjunta de Marlborough e Eugênio, mas com pesadas baixas: 24 mil mortos ou feridos, o dobro das baixas francesas.

1711 Morre o imperador José I; assume o trono seu irmão "Carlos III" em Viena, que se torna imperador Carlos VI.

1713 A Paz de Utrecht põe fim à Guerra de Sucessão Espanhola: Espanha e França jamais estarão unidas sob um só governante. Filipe V é reconhecido como rei da Espanha. Luís XIV aceita a sucessão protestante na Grã-Bretanha e pede que o pretendente James Edward deixe a França. Os franceses fazem concessões na América do Norte, cedendo Terra Nova e Nova Escócia. A Holanda ocupa os Países Baixos espanhóis, que serão cedidos ao imperador uma vez que os holandeses estabeleçam fortalezas para impedir um retorno francês.

1714 Morre a rainha Ana: sucedida por seu primo, Jorge I, eleitor de Hanover. A Paz de Rastatt conclui as negociações de Utrecht, finalmente encerra o conflito com a França e toma os Países Baixos austríacos da posse dos holandeses.

1715 Morre Luís XIV. Ascensão de seu bisneto de 5 anos de idade como Luís XV, sob a regência do sobrinho de Luís XIV, Filipe, duque de Orléans, filho de Monsieur e Liselotte.

Principais personagens

Listados segundo o(s) nome(s) usado(s) no texto

ADELAIDE: Marie-Adelaide, filha de Vítor Amadeu da Saboia e Anne-Marie d'Orléans, esposa do duque de Borgonha, neto de Luís XIV

ANGÉLIQUE: Mademoiselle de Fontanges, mais tarde duquesa de Fontanges, amante de Luís XIV

ANJOU, Filipe duque d': *Vide* Filipe V

ANJOU, Luís duque d': Terceiro filho do duque e da duquesa de Borgonha; posteriormente, Luís XV

ANA, rainha da França: Ana da Áustria, filha de Filipe III da Espanha, esposa de Luís XIII da França

ANNE-MARIE, duquesa da Saboia: Filha de Monsieur e sua primeira esposa Henriette-Anne; esposa de Vítor Amadeu II da Saboia

ANNE-MARIE-LOUISE: *Vide* Grande Mademoiselle

ATHÉNAÏS: Françoise-Athénaïs de Rochechouart-Mortemart, marquesa de Montespan

BÉNÉDICTE, duquesa do Maine: Anne-Louise-Bénédicte de Bourbon-Condé, filha do príncipe de Conti, esposa do duque do Maine

BERRY, duque de: Terceiro filho do delfim e de Marianne-Victoire, neto de Luís XIV, casado com Marie-Élisabeth d'Orléans

BORGONHA, duque de: Filho mais velho do delfim e Marianne-Victoire da Baviera, neto de Luís XIV, marido de Adelaide

O AMOR E LUÍS XIV

BOURBON, Mademoiselle de: Filha do duque de Bourbon e Madame la Duchesse (Louise-Françoise, filha de Luís XIV e Athénaïs)

CARLOS II, rei da Espanha: Filho de Filipe IV da Espanha e de sua segunda esposa Maria Ana, meio-irmão de Maria Teresa, rainha da França

CARLOS II, rei da Inglaterra: Filho mais velho de Carlos I e Henriqueta Maria da França, irmão de Henriette-Anne d'Orléans

CHARTRES, Luís duque de: Único filho de Filipe, duque de Orléans, e de Françoise-Marie

CHARTRES, Filipe, duque de: *Vide* Filipe, duque de Orléans

CRISTINA, duquesa da Saboia: Princesa da França, irmã de Luís XIII, esposa de Vítor Amadeu I, duque da Saboia

DELFIM: Luís da França, único filho sobrevivente de Luís XIV e da rainha Maria Teresa, também conhecido como "Monseigneur"

DELFINA: *Vide* Marianne-Victoire

ÉLISABETH-CHARLOTTE: Filha de Monsieur pelo segundo casamento com Liselotte, esposa do duque da Lorena

FILIPE V, rei da Espanha: Anteriormente Filipe, duque de Anjou, segundo filho do delfim, neto de Luís XIV

FILIPE, duque de Orléans: Duque de Chartres e depois duque de Orléans, único filho de Monsieur e Liselotte, esposo de Françoise-Marie, mais tarde regente

FRANÇOISE: Françoise d'Aubigné, esposa de Paul Scarron, posteriormente madame (e marquesa) de Maintenon

FRANÇOISE-CHARLOTTE d'Aubigné: Sobrinha de madame de Maintenon, esposa do duque de Noailles

FRANÇOISE-MARIE, duquesa de Chartres e depois duquesa de Orléans: Mademoiselle de Blois II, filha ilegítima de Luís XIV e Athénaïs, esposa de Filipe, duque de Chartres, depois duque de Orléans

GASTON, duque de Orléans: Único irmão de Luís XIII, tio de Luís XIV, pai da Grande Mademoiselle

GRANDE MADEMOISELLE: Anne-Marie-Louise de Montpensier, filha de Gaston, duque de Orléans, pelo seu primeiro casamento, prima-irmã de Luís XIV

PRINCIPAIS PERSONAGENS

HENRIQUETA MARIA, rainha da Inglaterra: Princesa da França, esposa de Carlos I, mãe de Carlos II e Henriette-Anne

HENRIETTE-ANNE, duquesa de Orléans: Filha de Carlos I e Henriqueta Maria de França, primeira esposa de Monsieur, conhecida como "Madame"

JAMES: duque de York, irmão de Carlos II, mais tarde rei Jaime II

JAMES EDWARD: Filho de Jaime II e Maria Beatriz, príncipe de Gales, mais tarde "o Pretendente" ao trono inglês/ Jaime III

LISELOTTE, duquesa de Orléans: Élisabeth-Charlotte, princesa do Palatinado, segunda esposa de Monsieur, conhecida como "Madame"

LOUISE: Louise de La Vallière, mais tarde duquesa de La Vallière

LOUISE-FRANÇOISE: Filha de Athénaïs e Luís XIV, esposa do duque de Bourbon, *Vide* Madame la Duchesse

LUÍS: Rei Luís XIV

LUÍSA MARIA: Filha de Jaime II e sua segunda esposa Maria Beatriz

LUISON: *Vide* Maria Luísa

MADAME: *Vide* Henriette-Anne e Liselotte

MADAME LA DUCHESSE: Louise-Françoise, mademoiselle de Nantes, filha de Luís XIV e Athénaïs, esposa do duque de Bourbon, conhecido como "Monsieur le Duc"

MADAME ROYALE: Jeanne-Baptiste de Savoie-Nemours. Duquesa de Saboia, segunda esposa de Carlos Emanuel, duque da Saboia, mãe de Vítor Amadeu da Saboia, avó de Adelaide

MAINE, duque do: Filho de Luís XIV e Athénaïs, casado com Bénédicte de Bourbon-Condé

MAINTENON, madame de: *Vide* Françoise

MANCINI, Maria: Sobrinha do cardeal Mazarin, primeiro amor de Luís XIV, esposa do príncipe Colonna

MARGARIDA IOLANDA: Princesa da Saboia, filha de Cristina da França e do duque da Saboia

MARGARIDA TERESA: Meia-irmã de Maria Teresa, filha de Filipe IV por seu segundo casamento, esposa do imperador Leopoldo I

MARGUERITE de Caylus: Marthe-Marguerite de Villette, prima de madame de Maintenon, esposa do conde de Caylus

MARGUERITE-LOUISE: Filha de Gaston d'Orléans por seu segundo casamento, mais tarde duquesa da Toscana

MARIA ANA, rainha da Espanha: Filha do duque de Neuburgo. Segunda esposa de Carlos II

MARIA BEATRIZ, rainha da Inglaterra: Esposa de Jaime II, filha do duque de Módena e Laura Martinozzi

MARIA LUÍSA, rainha da Espanha: Filha de Vítor Amadeu da Saboia, apelido Luison, irmã de Adelaide, esposa de Filipe V da Espanha

MARIA LUÍSA, rainha da Espanha (Marie-Louise): Filha de Monsieur e sua primeira esposa, Henriette-Anne da Inglaterra, esposa de Carlos II da Espanha

MARIANA, rainha da Espanha: Filha do imperador Carlos X, segunda esposa de Filipe IV, mãe de Carlos II

MARIANNE-VICTOIRE, delfina: Princesa da Baviera, esposa do delfim

MARIA TERESA, rainha da França: Filha de Filipe III e Isabel da França, esposa de Luís XIV

MARIE-ANNE, princesa de Conti: Mademoiselle de Blois I, filha ilegítima de Luís XIV e Louise de La Vallière, esposa e depois viúva do príncipe de Conti

MARIE-ÉLISABETH, duquesa de Berry: Marie-Louise-Élisabeth, filha de Filipe, duque de Orléans, e Françoise-Marie, esposa do duque de Berry

MONSIEUR: Filipe, duque de Orléans, único irmão de Luís XIV, primeiro casamento com Henriette-Anne, segundo com Liselotte.

PETITE MADAME: Marie-Thérèse, filha de Luís XIV e da rainha Maria Teresa, morta na infância

SOFIA: Eleitora de Hanover, mãe de Jorge I, tia de Liselotte

VÍTOR AMADEU, duque da Saboia: Vítor Amadeu II, duque da Saboia, filho de Carlos Emanuel e Jeanne-Baptiste, pai de Adelaide e Maria Luísa

Parte Um

Primavera

CAPÍTULO 1

Presente dos céus

> Nos braços desta princesa, a quem observaram a sofrer gran-
> des perseguições com tanta firmeza, viram seu rei-menino,
> como um presente dos céus, em resposta às suas preces.
> — Madame de Motteville, *Mémoires*

A primeira mulher na vida de Luís XIV — e provavelmente a mais importante — foi sua mãe, Ana da Áustria. Quando nasceu seu primeiro filho, Luís, em 5 de setembro de 1638, a rainha da França, nascida na Espanha, estava a poucos dias de seu aniversário de 37 anos.* Era uma idade em que uma princesa real já podia esperar ser avó (a própria Ana se casara aos 14 anos). Pelo contrário, a rainha suportara 22 anos de uma união sem filhos. Ana, segundo contou a um confidente, chegara a temer a anulação de seu casamento, já que a falta de filhos era um fundamento plausível para repúdio segundo a Igreja católica.[1] Neste caso, a ex-princesa espanhola, filha de Filipe III, teria sido devolvida a seu país natal ou, possivelmente, despachada para governar os chamados Países Baixos "espanhóis" (aproximadamente a Bélgica moderna), como acontecera a outras princesas de sua casa real, a mais recente sua religiosa tia, Isabel Clara Eugênia.

---

* O nome que a história lhe deu — Ana da Áustria — é enganador, uma vez que Ana jamais visitou aquele país. O nome marca o fato de que seu pai pertencera à linhagem espanhola da Casa (Habsburgo) da Áustria.

O nascimento de um bebê, e sendo este bebê um filho — as mulheres não podiam ser herdeiras na França, segundo a Lei Sálica do século XIV —, significava que a posição de sua régia mãe sofria uma completa transformação. Não se tratava apenas da óbvia alegria de uma mulher confrontada com "um milagre quando menos esperado", como colocou o jornal oficial, a *Gazette de France*.[2] Era também a posição tradicionalmente forte de qualquer rainha da França que dava à luz um delfim, um interessante paradoxo na terra da Lei Sálica. Esta força derivava do direito de tal rainha de agir como regente se seu marido falecesse durante a minoridade de seu filho; uma regra que se aplicara à mãe de Luís XIII quando Henrique IV morrera, e à dominadora Catarina de Médici no século anterior.

Era uma situação que já havia sido contemplada na época do noivado de Ana da Áustria, em 1612. A futura rainha fora descrita em linguagem poética como a Lua para seu marido, o Sol: "Assim como a Lua recebe sua luz do Sol...", a morte do monarca significava que "o Sol poente dá lugar à Lua e a ela concede o poder de irradiar luz em sua ausência".[3] (Os potenciais noivos tinham então 10 anos de idade.) Um quarto de século depois, a realidade era menos poética. Luís XIII não gozava de boa saúde, e uma regência nos 13 anos seguintes — idade em que um rei da França atingia a maioridade — era muito provável. Quanto tempo haveria de passar até que Ana, como Catarina de Médici, pudesse se promover como uma imagem de venerável maternidade no coração do governo?

Além disso, o mapa dinástico da Europa foi transformado. Gaston, irmão mais novo do rei, herdeiro presumível do trono da França e duque de Orléans, teve de aceitar que suas crescentes esperanças de ascensão haviam sido fatalmente derrubadas ao ser apresentado às "provas físicas" do sexo masculino do bebê.[4] O próprio Gaston só tinha filhas. Os próximos na linhagem eram os Príncipes do Sangue franceses, principalmente o príncipe de Condé e seus dois filhos, o duque d'Enghien e o príncipe de Conti; suas esperanças foram igualmente arruinadas.

Por outro lado, o nascimento de um príncipe não apenas ceifava esperanças, mas também instigava pensamentos ambiciosos sobre seu eventual casamento com uma princesa. A filha do primeiro casamento de Gaston, Anne-Marie-Louise de Montpensier, era a mais rica herdeira da França devido à fortuna da mãe, que morrera em seu parto. Ela não permitiu que a diferença de 11 anos a impedisse de devanear sobre o delfim como "meu pequeno esposo". Outro nascimento igualmente augusto na Espanha foi ainda mais significativo para o futuro. Cinco dias depois que a emocionada Ana deu à luz Luís, sua cunhada, esposa de Filipe IV, deu à luz uma princesa.

Na verdade, estes dois bebês de alto berço eram duplamente primos-irmãos (com avós idênticos), já que um irmão e uma irmã da França se casaram com um irmão e uma irmã da Espanha. Contudo, ao contrário da França, a Espanha permitia que as mulheres subissem ao trono: Ana da Áustria teve que renunciar a seu direito quando de seu casamento. Havia pelo menos uma possibilidade teórica de que a infanta Maria Teresa subisse ao trono da Espanha um dia — ou que ascendessem seus filhos. Outra possibilidade teórica, sempre presente na mente da rainha Ana, era de que Maria Teresa um dia fosse noiva de Luís.

Nestas circunstâncias, é fácil compreender por que o bebê Luís foi descrito como "Dieudonné" ou "Deodatus": dado por Deus. E, mesmo com o passar dos anos, a natureza aparentemente miraculosa de sua concepção e seu nascimento jamais foi esquecida. Um diplomata alemão mencionaria o "nascimento realmente extraordinário" do rei mais de quarenta anos após o evento.[5]

Quão miraculoso foi este nascimento, tão inesperado e assombroso para a mãe? Certamente, um grande número de preces havia sido dedicado a este tema ao longo dos anos. Houve peregrinações a santuários, compatíveis com uma rainha que, por toda a vida e acima de tudo, apreciara as visitas a conventos e sítios sagrados. São Leonardo foi evocado contra a esterilidade; um ermitão que, acreditava-se, fundara um monastério próximo a Limoges no século VI e cuja intervenção era considerada responsável por muitos milagres.[6] (Além disso, ele era o santo padroeiro dos prisioneiros — e, em última instância, a rainha estava aprisionada por sua infertilidade.)

A rainha aproximava-se rapidamente da idade em que a gravidez era considerada improvável. Era uma época em que em geral se acreditava que as mulheres envelheciam mais rápido que os homens, perdendo seu viço muito cedo — "nenhuma mulher é bonita depois dos 22" era um ditado popular — e decaindo ainda mais após os 30.[7] Certamente, à época do 36º aniversário da rainha, a 22 de setembro de 1637 — considerava-se em geral que 35 era uma idade limite —, seu relacionamento com o marido, bem como com seu país adotivo, a França, já havia atravessado uma história longa e problemática.

O casamento dos dois adolescentes reais aconteceu no dia de Santa Catarina — 25 de novembro — em 1615. Ao que parece, foi consumado imediatamente e em seguida houve um hiato de mais de três anos. O dia 25 de janeiro de 1619 foi a auspiciosa data na qual a completa consumação da união real foi anunciada na gazeta *Mercure Français* (esta era, afinal, uma questão de Estado, assim como fora o casamento). É certo que houve rumores de gravidez real ao longo da década de 1620, e mais tarde o próprio Luís XIII disse ao embaixador veneziano que sua rainha tivera quatro "terríveis abortos".[8]

Se o casamento não era manifestamente infeliz para os padrões da monarquia — notoriamente baixos — de fato era infeliz o bastante. Ana era uma mulher extremamente atraente, até mesmo bonita, com sua silhueta cheia e voluptuosa, seus espessos e brilhantes cabelos castanhos, sua pele alva e luminosa e seus olhos escuros com reflexos verdes que lhes davam um cintilar especial. Ela tinha sua porção de vaidade feminina e tinha especial orgulho de suas mãos brancas muito admiradas, que pareciam talhadas "para empunhar um cetro". Quanto a seu caráter, era marcado por contradições. Certamente, Ana era amante dos prazeres — adorava o teatro e o jogo —, mas, ao mesmo tempo, era extremamente religiosa.

A religiosidade não impediu a rainha de ser uma romântica, e não era difícil que os homens se apaixonassem por ela: "Seu sorriso conquistava mil corações", escreveu madame de Motteville, sua dama de companhia. Ela também era *galante*, no crucial termo francês da época, que reluz com diferentes significados ao longo de todo o período. No caso da rainha, significava "coquete", ao modo fidalgo e essencialmente inocente da vigiada infanta espanhola que fora outrora. Quando o belo

PRESENTE DOS CÉUS

duque de Buckingham, galante em todos os sentidos da palavra, teve "a audácia" de cortejá-la numa famosa cena num jardim, a rainha retirou-se horrorizada. Ainda assim, na opinião de madame de Motteville — uma importante fonte de informação sobre os sentimentos íntimos de Ana por sua capacidade de compreender o mundo espanhol —, "se uma mulher respeitável pudesse amar outro homem que não seu marido, seria Buckingham quem a atrairia". A princesa de Conti tinha uma opinião mais cínica: ela garantiria a virtude da rainha da cintura para baixo, mas não da cintura para cima.[9]

A sexualidade do marido desta mulher romântica e insatisfeita era algo que hoje seria considerado um problema. Luís XIII formava relações lúgubres tanto com homens quanto com mulheres: no fim da vida, o marquês de Cinq-Mars tornou-se seu favorito. Mas em certo momento Luís ficou loucamente apaixonado por Marie d'Hautefort (dizia-se que suas visitas conjugais a Ana aumentaram em consequência disso). Contudo, quando seu amigo duque de Saint-Simon* se ofereceu para agir como intermediário, o rei ficou chocado: "Quanto mais minha posição enquanto rei me confere facilidade para satisfazer-me", disse ele, "tanto mais devo guardar-me contra o pecado e o escândalo."[10] Melancólico e voluntariamente dominado por seu grande ministro cardeal Richelieu, Luís XIII era uma das metades de um casal incompatível.

Além disso, se o casamento não gerasse um herdeiro Bourbon-Habsburgo, tampouco traria a paz entre os reinos Bourbon e Habsburgo. Pouco depois da chegada de Ana à França, começou o vagaroso estrangulamento da Europa no longo e complicado conflito conhecido posteriormente como a Guerra dos Trinta Anos. Neste conflito, por instigação do cardeal Richelieu, franceses e espanhóis viram-se em lados opostos. Ana rejeitava a ideia de que no fundo continuava a ser uma princesa espanhola. Seus gostos podiam ser espanhóis, desde uma predileção pela madrugada até um anseio por bebidas geladas espanholas e chocolate espanhol, mas ela se orgulhava de ter-se torna-

---

* Pai do famoso memorialista duque de Saint-Simon, e uma importante fonte de informações para seu filho sobre o reinado anterior.

O AMOR E LUÍS XIV

do uma francesa. Por outro lado, Luís XIII era abalado por suspeitas de deslealdade por parte de sua mulher e, ao longo de seu casamento, permaneceu convencido de que ela "tinha uma grande paixão pelos interesses da Espanha".[11]

Esta era uma situação que ameaçava perpetuamente as filhas dos grandes monarcas que se casavam em outros países para expandir os interesses de sua terra natal. Portanto, podemos apreciar o sábio comentário de Erasmo sobre o assunto no século XVI. Em seu *Educação de um príncipe cristão*, ele destacou a incongruência de tais casamentos, que jamais levavam de fato à paz internacional, e aconselhava reis e príncipes a se casarem com uma de suas próprias súditas.[12]

Vários movimentos de oposição no país inclinaram-se a comprometer o irmão do rei — e, claro, herdeiro presumível por muitos anos —, Gaston d'Orléans. Ana também era suspeita de aliar-se a ele e, na última suposta conspiração antes de sua bem-aventurada transformação em mãe de um príncipe, foi acusada de tramar para casar-se com Gaston após a morte do rei. Ademais, apesar de todo o seu coração francês, ela ainda empunhava uma pena espanhola, correspondendo-se com seu irmão Filipe IV, rei da Espanha, um fato que, quando descoberto, levou à sua desgraça no verão de 1637. No devido momento, seu inimigo cardeal Richelieu garantiu para Ana uma humilhante abjuração, assinada em 17 de agosto. No processo, um dos servos de Ana — seu portador do manto, Pierre de la Porte — foi preso e torturado, mas se recusou a implicar sua ama ainda mais. Foi, portanto, compreensível que, em suas memórias, La Porte se referisse a Luís amargamente como "filho do meu silêncio, tanto quanto das preces da rainha e dos votos religiosos de toda a França".[13] Assim, é verdade que, sob estas condições nada propícias, algum tipo de milagre era unanimemente considerado necessário.

Claro, houve (como sempre haveria) satiristas sugerindo que o milagre tinha uma origem mais humana. O ressentido irmão mais novo Gaston d'Orléans se disse bastante disposto a acreditar que Luís, o presente de Deus, tinha saído do corpo da rainha, mas que não sabia quem diabos o havia posto ali. Quanto a isto, o escândalo popular estava pronto para oferecer o nome do ministro do rei, o cardeal Richelieu, devido

PRESENTE DOS CÉUS

tão somente ao seu poder político (uma desinformação risível quanto à relação entre Ana e o cardeal), com versos que sugeriam que o rei rezara "para os santos, homens e mulheres", todos os dias, e Richelieu também rezara, mas "com muito mais sucesso".[14]*

Muitos dentre os religiosos de todos os tipos que haviam rezado pela fertilidade da rainha estavam prontos para propagandear um resultado de sucesso, como evocadores de chuvas. Dizia-se que uma freira chamada Louise Angélique de La Fayette, ex-favorita de Luís XIII, teria pedido a seu padre para escolher um grande dia da Igreja — presumivelmente o Dia da Imaculada Conceição, em 8 de dezembro — para fazer lembrar seu admirador platônico de seus deveres conjugais: o resultado foi uma imediata concepção de tipo mais terreno.[16]

Entretanto, uma história tem a particular distinção de ter recebido crédito da própria rainha Ana e mais tarde de seu filho. Foi a previsão de um monge chamado irmão Fiacre num monastério de Paris, a quem a Abençoada Virgem Maria apareceu numa visão no dia 3 de novembro de 1637. A Virgem lhe teria dito para informar à rainha que esta em breve ficaria grávida; ele então instruiu o casal real a rezar três novenas na catedral de Notre-Dame e na igreja de Notre-Dame-des-Grâces, uma capela pouco conhecida em Cotignac, na Provença. (Cotignac bem pode ter sido um dos ancestrais sítios pagãos de fertilidade, dedicados a deusas esquecidas, mais tarde transformado num lugar de veneração à Virgem.)[17]

Por fim, foi o próprio irmão Fiacre, acompanhado pelo subprior de sua ordem, quem fez a peregrinação a Cotignac. À época em que o monge foi de fato recebido pelo casal real em 10 de fevereiro de 1638, a rainha já estava grávida. Isto significava que o objeto das preocupações já não era a concepção, mas que o bebê fosse do esperado sexo masculino. Pode-se perceber a importância da missão do irmão Fiacre pelo fato de o rei ter dado ordens de que fossem providenciadas refeições e hospedagem gratuitas à dupla peregrina em seu caminho.

---

* O nome do assistente italiano de Richelieu, conhecido na França como Jules Mazarin e mais tarde intimamente associado à rainha, não aparece nas sátiras escandalosas desta data, e, de todo modo, ele estava na Itália na época da concepção de Luís.[15]

É evidente que a sinceridade do irmão Fiacre causara grande impressão na rainha Ana quando se conheceram. Seis anos depois, ela convocou o monge à sua presença mais uma vez, com as palavras: "Não olvidei a extraordinária graça que tu obtiveste para mim com a Bendita Virgem que me deu um filho. Ordenei a feitura de um grande quadro no qual ele [Luís] está representado diante da mãe de Deus, a quem oferece sua coroa e seu cetro." E, devidamente, o monge viajou mais uma vez para Cotignac, com a pintura. Este também não foi o fim da ligação entre eles. Ao irmão Fiacre, mesmo na velhice, era permitido acesso privilegiado a Luís XIV, pelo papel que se acreditava que ele havia desempenhado "no afortunado nascimento de Sua Majestade". Quando o monge morreu, uma das ordens do já maduro rei (que pagou pela viagem) foi de que seu coração fosse levado para Notre-Dame-des-Grâces.[18]

Este foi o argumento sobrenatural, que a religiosa Ana evidentemente aceitava, considerando-se o respeito prestado ao irmão Fiacre. Uma explicação mais plausível se encontra numa história envolvendo Luís XIII, uma expedição de caça perto de Paris interrompida por uma tempestade inesperada e, visto que os aposentos particulares do rei no Louvre não tinham sido preparados, a necessidade de procurar refúgio nos de sua esposa, na noite de 5 de dezembro de 1637... O resultado desta imprevista proximidade foi Luís, que nasceu exatamente nove meses depois. Infelizmente, a *Gazette de France*, fonte oficial sobre os movimentos diários da realeza, não confirma a ocupação conjunta do Louvre naquela noite em especial (embora seja verdade que Ana estivesse lá).[19] Em todo caso, o rei e a rainha estiveram juntos em seu palácio de Saint-Germain por seis semanas a partir do dia 9 de novembro. O casal se instalou no Louvre no dia 1º de dezembro, depois do que o rei saiu em caçada em Crône, e em 5 de dezembro ele estava em seu pavilhão de caça de Versalhes. O prolongado período de oportunidade em novembro foi o que levou os médicos a projetarem o nascimento para o fim de agosto.[20]

Deixando o sobrenatural de lado e considerando-se que as datas da tempestade não se encaixam (a não ser que o rei tenha feito uma parada rápida e não registrada no Louvre em seu caminho para Versalhes), a verdade certamente é mais prosaica. As relações conjugais entre um

PRESENTE DOS CÉUS

rei e uma rainha jamais estavam sujeitas às leis comuns de preferência, atração ou mesmo de raiva e repulsa. A necessidade de gerar um herdeiro não diminuíra, e, em certa altura do outono, após a crise do verão, as relações simplesmente foram retomadas com resultados felizes. Embora o próprio Luís XIII tenha observado (irritada, porém compreensivelmente) que "dificilmente constitui um milagre que um marido que dorme com sua esposa lhe dê um filho", as circunstâncias da concepção, seguidas pelo nascimento de um filho por tanto tempo desejado, eram amplamente consideradas extraordinárias — e, acima de todos, pela mãe do bebê. "Presente de Deus": era a visão de si mesmo enquanto alguém com um destino especial que Ana incitaria no futuro Luís XIV.

Em 14 de janeiro de 1638, Bouvard, médico real, informou ao cardeal Richelieu sobre a condição da rainha. Duas semanas depois, a notícia foi divulgada na *Gazette de France*. Em 10 de fevereiro — ocasião da visita do irmão Fiacre —, Luís XIII convidou todo o reino a orar por um delfim e, colocando-o sob a proteção da Virgem Bendita, ordenou que o país celebrasse o Dia da Assunção em 15 de agosto.* A rainha salientou a conexão mandando buscar em Puy um fragmento do sagrado manto da Virgem para ajudá-la no parto. Outros relicários sagrados, pelos quais Ana tinha grande predileção de qualquer modo, decoravam seu oratório particular.[21] A parteira real, madame Peronne, até então tristemente subutilizada, foi instalada alguns meses antes da data prevista com suas poções e seus frascos de banha de porco, recomendados para massagens durante o trabalho de parto. O leito do parto real foi aprontado: tinha quase um metro de largura e consistia de duas pranchas entre dois colchões, dois almofadões para usar sob os ombros e dois longos seguradores de madeira, um de cada lado, para a rainha agarrar durante sua provação. Muito diferente da cama grande e elaborada com seus cortinados e bordados na qual a rainha dormia, o leito de parto era, ainda assim, um objeto de Estado, sendo mantido num gabinete quando fora de uso e entregue a sucessivas damas da realeza.[22]

---

* Até hoje um grande feriado na França.

O AMOR E LUÍS XIV

A rainha gozava de boa saúde. Desta vez, não havia a ameaça de um "terrível aborto", nas palavras do rei: o único grande fantasma a assombrar Ana era a mortalidade infantil, assim como assombrava todos os pais da época — e, neste caso, toda a corte. Estimava-se que aproximadamente uma em cada duas crianças falecia, e as que sobreviviam ao processo de parto permaneciam estatisticamente em risco até seu primeiro aniversário e além, tanto que enterros de crianças de menos de 5 anos não eram registrados nas paróquias. O único momento importuno — comum a todos os pais, não apenas aos monarcas — foi quando o bebê falhou em nascer de acordo com a agenda de Luís XIII: o rei estava ansioso para se dirigir à Picardia. Ele reclamou com a rainha, mas, naquela época, assim como hoje, ainda que a data fosse estipulada a partir das últimas *règles* (regras mensais), determinar um nascimento jamais era uma arte precisa, e é muito compreensível que os médicos reais tivessem errado para menos em nome da cautela.

Foi num sábado, 4 de setembro, que a rainha finalmente entrou em trabalho de parto no castelo real de Saint-Germain. Este fabuloso castelo, adjacente à pequena cidade de Saint-Germain-en-Laye, a 16 quilômetros de Paris, foi erigido no alto das margens curvilíneas do Sena. O ar era puro. Havia jardins e pátios descendo até o rio, no qual nadar estava na moda tanto para damas quanto para cavalheiros da corte. Perto ficavam as florestas tão vitais para o importante lazer real da caça. O velho castelo tivera origem no século XII, mas fora completamente reconstruído no século XVI por Francisco I; em seguida, o anexo Château-Neuf, uma residência mais íntima, foi iniciado em 1557 por Philibert de L'Orme e reformado pelo pai de Luís XIII, Henrique IV. O parto da rainha aconteceu ali, num aposento com vista para o rio.*

O parto ocorreu em público, ou ao menos na presença da corte, como era o costume real da época, a fim de impedir a possível subs-

---

* Bastante destruído durante a Revolução Francesa, o castelo foi reconstruído no século XIX e adaptado para abrigar o Musée Gallo-Romain. Contudo, o Pavilhão Henrique IV, onde Luís XIV nasceu, permanece preservado e é, muito adequadamente, local de um luxuoso restaurante. Um medalhão no pátio marca o local de nascimento do rei com a inscrição: *"C'est ici que naquit Luís XIV."* Ele exibe um berço e uma flor-de-lis.

tituição de um bebê morto por um vivo — ou de uma filha por um filho. Afinal, neste caso o rei e a rainha evidentemente não tinham feito amor sob a lua crescente e muito menos praticado a constrição física do testículo esquerdo, o qual supostamente gerava mulheres — duas sugestões da época para se gerar um menino. Em face do tradicional comparecimento, os cortesãos tiveram que combinar um sinal particular para indicar o crucial sexo da criança sem anunciá-lo vulgarmente. Independentemente de sua utilidade posterior em opções matrimoniais dinásticas, o nascimento de uma menina sempre era fonte de vívido desapontamento naquele tempo; uma certa princesa real deste período, cujo marido desejava um herdeiro, furiosamente se dispôs a jogar sua filha recém-nascida no rio.[23] Assim, manter os braços cruzados indicaria uma menina, e chapéus seriam lançados ao ar para um delfim.

Às 11h20 do domingo, 5 de setembro de 1638, a provação da rainha chegou ao fim e chapéus foram atirados violenta e jubilosamente no ar. "Temos um delfim!", declarou Luís XIII. Foi "o tempo em que a Virgem esteve em sua máxima força", escreveu um panfletista anônimo no *Le Bonheur de Jour* no ano seguinte. Era uma referência não tanto à Virgem Maria, sob cuja proteção o bebê fora colocado no ventre, mas ao signo astrológico de virgem, que, estendendo-se do final de agosto ao final de setembro, de fato se encontrava em seu zênite no dia 5 de setembro. Dizia-se que o próprio Sol estava excepcionalmente próximo à Terra, como se para saudar o futuro rei, e era, claro, o dia do Sol (*Sunday*, domingo), um dia tradicionalmente auspicioso. Racine escreveu que a galáxia naquele momento era uma "constelação de nove astros".[24] O Sol e as estrelas de fato deram sua proteção, e a Virgem apresentou sua bênção, a um bebê excepcionalmente forte e saudável.*

O menino agora exibido aos exultantes cortesãos era o primeiro homem legítimo a nascer na respeitável família real Bourbon (à exceção

---

* Para os interessados em astrologia, um nascimento em Saint-Germain-en-Laye às 11h20 deu a Luís, além do Sol em virgem, um ascendente no signo de escorpião, em conjunção com o planeta Netuno.[25]

dos Príncipes do Sangue) em trinta anos — ou seja, desde o nascimento de Gaston d'Orléans. A filha de Gaston e prima-irmã de Luís, Anne-Marie-Louise de Montpensier, orgulhosa de sua própria herança Bourbon, referiu-se à "natural bondade" que corria nas veias de todos os Bourbon.[26] Ela a contrastou com o "veneno" que acreditava correr no sangue dos Médici — que Luís e, claro, a própria Anne-Marie-Louise teriam herdado de sua avó em comum, Maria de Médici, esposa de Henrique IV e filha do Médici grão-duque da Toscana.

É verdade que fisicamente havia uma morenice italiana em todos os netos de Maria de Médici, o que sobressaía muito em outro primo-irmão de Luís, Carlos II da Inglaterra, que trazia uma impressionante semelhança com seu ancestral Lourenço, o Magnífico. Mas havia uma mistura igualmente forte de sangue dos Habsburgo espanhóis e austríacos nas veias do bebê. A própria Ana da Áustria era filha de pai espanhol com mãe austríaca, que era, na verdade, sobrinha do marido. Outras uniões de tios com sobrinhas ocorreram no seio da sucessão, sem falar dos repetidos casamentos entre primos-irmãos para evitar enfraquecimento externo. Um traço de sangue judeu, por exemplo, entrara na família real de Aragão no século XV por intermédio da mãe de Ferdinando de Aragão: constantes casamentos consanguíneos significavam que este traço era preservado em vez de dissolvido.

E, assim, a criança tão robusta que já nascera com dois dentes — auspicioso num menino, mas não tanto para suas amas de leite — embarcou em sua vida com gritos de alegria ressoando em seus ouvidos: primeiro da corte, depois da pequena cidade de Saint-Germain-en-Laye e, gradualmente, se espalhando por toda a França.

A infância de Luís, a criança dada por Deus, foi marcada por duas características, uma bastante comum, a outra tudo, menos comum. Por um lado, ele via muito pouco seu pai adoentado. Isto não era de maneira alguma incomum pelos padrões da época, assim como não estava fora da norma a perspectiva cada vez mais palpável da morte de seu pai (Luís XIII tinha apenas 9 anos quando seu próprio pai foi assassinado, e no século anterior a ascensão de reis-meninos fora mais regra que exceção).

PRESENTE DOS CÉUS

Sobrevivem histórias sobre a relação entre os dois que apontam para a irritabilidade por parte do pai —, mas na época Luís XIII de fato era um homem irritadiço, frequentemente sentindo dor. Um relato sobre o menino de 18 meses gritando ante a visão de seu pai, e os esforços desesperados de Ana da Áustria para salvar a situação exigindo melhor comportamento de seu filho no futuro, certamente tem a aura da verdade.

Todavia, os homens naquela época não conviviam muito com seus filhos pequenos, especialmente os reis em suas residências separadas. Apesar de toda a suspeita de Luís XIII em relação à esposa, o relacionamento entre os pais da criança continuou a florescer em pelo menos um sentido, já que exatamente dois anos depois de Luís nasceu outro menino, Filipe, no dia 22 de setembro de 1640; ele ficou conhecido subsequentemente como "Monsieur", o tradicional título do segundo filho do soberano, e às vezes como "Petit Monsieur", durante a vida de seu tio Gaston.[*] (Este nascimento sempre constituiu a melhor prova de que Luís não era um bebê adotado secretamente de fonte desconhecida e de que as relações maritais continuavam, pelo menos esporadicamente, entre o casal real.)

Tão incomum quanto significativo era o tempo que o pequeno Luís convivia com sua mãe. Os contemporâneos chegaram à conclusão óbvia: Ana encontrou em seu primogênito o amor que nunca encontrara no marido. Como observou o onipresente La Porte, o resultado foi que Luís não apenas convivia muito mais com sua mãe do que as crianças de sua classe costumavam conviver com as suas, mas também a amava muito mais. Em suas próprias memórias, na maioria escritas na época de seus 20 anos, Luís XIV confirmava o prazer que sempre sentia em sua companhia: "A natureza foi responsável pelos primeiros laços que me ataram a minha mãe. Mas apegos construídos mais tarde, por meio de qualidades de espírito semelhantes, são muito mais difíceis de romper do que aqueles meramente formados pelo sangue."[27]

---

[*] O irmão de Luís, Filipe, foi primeiramente duque d'Anjou e em seguida duque de Orléans; ele será designado como "Monsieur" daqui em diante para evitar a confusão da troca de nomes.

É fato que a própria mãe de Ana, Margarida da Áustria, também conhecida por sua religiosidade, convivera muito mais com a filha (antes de sua morte prematura) do que era hábito para a maioria das rainhas na atmosfera remota da hierarquia da corte espanhola. Mas o envolvimento de Ana era quase excepcional. Uma das servas da rainha escreveu que sua ama praticamente jamais deixava a criança: "Ela sente grande alegria em brincar com ele e em levá-lo a passeios em sua carruagem quando o tempo está bom; é seu maior prazer na vida."[28]

Quando a rainha acordava — às 10 ou 11 horas, exceto em dias de devoção, muito tarde para os padrões franceses —, ela seguia para o seu oratório e rezava por bastante tempo.[29] Depois recebia damas envolvidas com suas várias obras de caridade, sendo a filantropia um dos papéis históricos de uma rainha. Por fim, seus filhos vinham a seu encontro, para desfrutar a mobília encomendada especialmente para eles: uma pequena poltrona de veludo verde com franjas e cravos folhados a ouro para Luís, e um tipo de andador de veludo vermelho para Monsieur. No despertar cerimonial de sua mãe, um costume da corte, Luís frequentemente lhe entregava sua *chemise*, prerrogativa tradicional de uma dama de alto berço, não de um filho, e selava o trâmite com um beijo.

Exceto quando ainda eram muito pequenos, os filhos faziam as refeições com a mãe. Ana amava comer: não apenas o proverbial chocolate espanhol, mas também caldos, salsichas, iscas de carne e *olla* — um profuso cozido de vegetais espanhol. Um resultado desta feliz permissividade foi que, com a chegada da meia-idade e após engravidar duas vezes e tardiamente, sua voluptuosa silhueta inchou. Observadores leais fingiam que não fazia diferença em sua beleza — e, além do mais, os olhos esverdeados ainda cintilavam, os cabelos ainda eram abundantes, as longas mãos alvas continuavam graciosas (e bastante exibidas) como sempre. O outro resultado foi uma imagem positiva da comida e do comer para o jovem Luís: com o tempo, seu apetite impressionaria a Europa e sobrecarregaria sua corte.

Há muitas imagens da alegria de Luís em companhia de sua mãe: ele se juntava a ela na luxuriante banheira de mármore de seu *appartement des bains*. Este era decorado em tons celestes e ouro, com o tema mitológico de Juno, outra grande rainha, e pinturas dos parentes espanhóis de Ana, de autoria de Velásquez. A imensa tina de mármore tinha cortinas de cambraia, almofadas no fundo, e um pequeno forno para queimar lenha e prover água quente. Ali o par repousava, ambos vestidos segundo o costume geral da época em longos camisões cinza de linho grosso, mesmo quando se banhando ou nadando. La Porte nos deixou uma descrição do menininho pulando de alegria ante a notícia de que sua mãe se dirigia aos banhos e implorando para ir com ela.[30] Ana não recebia dele qualquer comemoração semelhante quanto à sua prática de visitar conventos — uma rainha da França tinha o direito de visitar até as clausuras. O adulto Luís XIV recriaria os prazeres do *appartement des bains* num contexto bastante diferente, mas nunca mostraria grande entusiasmo por conventos.[31]

Entretanto, o gosto pelo teatro foi algo que Ana passou para seu filho (mesmo quando em luto, sua paixão era tão grande que ela frequentava privadamente). A família do dramaturgo Pierre Corneille foi enobrecida pela rainha e recebeu uma pensão: mais tarde, um inteligente escritor de "burlescos", chamado Paul Scarron, também receberia uma pensão. No caso de Corneille, cuja imortal *El Cid* apareceu no ano anterior ao nascimento de Luís, os valores românticos porém severos que ele delineava na peça estavam em forte consonância com os da rainha. Eram personagens reconhecíveis para ela: Chimena com seu forte senso de *gloire* pessoal (outra importante palavra da época, com muitos significados sutis, neste caso talvez mais bem traduzida como "respeito próprio") e a mensagem: "O amor é apenas um prazer, a honra é um dever."[32] Luís cresceu sabendo tudo sobre Corneille, *El Cid* e o instinto de um príncipe para a ação nobre. Claro, restava saber se, como sua mãe, ele lidaria com o contraste entre prazer e honra em favor da última.

O amor da rainha Ana pelo teatro se conjugava facilmente com o enorme valor que ela dava a sua própria herança dinástica, algo que inculcou em seu filho. O "orgulho espanhol" da rainha Ana — como os franceses gostavam de chamar — foi objeto de muitos comentários ao longo de sua vida, interpretado variegadamente como arrogância ou resolução, dependendo do ponto de vista do observador. A própria Ana o via como parte integral de sua posição como grande princesa: diferente de sua antecessora Maria de Médici, filha de um mero grão-duque da Toscana, ela descendia de uma longa linhagem de monarcas, que incluía o imperador Carlos V. Como escreveu madame de Motteville (obviamente ecoando a visão de sua ama): "Por nascimento, ninguém se lhe igualava." Além dos numerosos rosários feitos de pérolas e diamantes que Ana colecionava, não havia nada que ela apreciasse mais como decoração para seus aposentos do que fileiras de retratos de família — seus celebrados parentes e ancestrais.

Ao mesmo tempo, Ana compreendia as obrigações impostas a qualquer pessoa, independentemente do quão grandiosa sua posição, pela fé. A rainha Ana foi quem patrocinou não apenas Corneille, mas também o grande apóstolo dos pobres, Vicente de Paulo, mais tarde canonizado, conhecido na época por "Monsieur Vincent". Ao torná-lo seu diretor de consciência em 1643, a rainha indicava aprovação ao seu objetivo: estimular os instintos caridosos das damas que queriam fazer o bem, mas que não queriam se tornar freiras enclausuradas. O objetivo foi encarnado numa organização conhecida como Filhas da Caridade. Aparecendo na corte em um velho hábito e sapatos rústicos, Monsieur Vincent era uma impressionante figura filantrópica, preocupado em assistir os pobres.

Em geral, com uma mãe que combinava dignidade monárquica e bondade cristã com uma capacidade de desfrutar a vida, é justo dizer que Luís adorou sua primeira infância. Seu pai não era rival; ele podia ter certeza de que desfrutava do que talvez todo filho desejava: o amor total de sua mãe. É claro que este amor maternal poderia ter sido compartilhado com seu irmão. Há muitas teorias sobre o porquê de Ana não apenas ter mostrado uma clara preferência por Luís (o que de fato fez), mas também por que evitou qualquer relação particularmente próxima com Monsieur.

Seria porque Maria de Médici favorecera seu segundo filho, Gaston, em detrimento de Luís XIII, criando-o assim em inconveniente oposição? Teria sido para deliberadamente emascular o delicado Monsieur, uma bela criança com os brilhantes olhos negros dos Médici, feminizando-o com roupas de menina? Tal estratagema é mais fácil de detectar em retrospecto do que o era para as pessoas da época. Monsieur de fato apresentou tendências homossexuais bem cedo na vida, mas não há qualquer razão para supor que teria sido diferente em outras circunstâncias. "O vício italiano", como o comportamento era depreciativamente chamado, existia na corte francesa daquela época tanto quanto em qualquer outra. A verdadeira resposta parece remontar ao cataclísmico efeito que o nascimento de Luís teve sobre a rainha: ela simplesmente não tinha como sentir o mesmo. Afinal, o nascimento de Monsieur foi conveniente (um segundo herdeiro do sexo masculino provia segurança para a sucessão — e de fato diversos segundos filhos subiram ao trono na história francesa, incluindo Henrique II), mas dificilmente podia ser visto como um milagre.

Antes que Luís completasse 5 anos, sua vida foi transformada. A morte de seu pai distante e ranzinza em 14 de maio de 1638, provavelmente de tuberculose, dificilmente poderia parecer uma tragédia para a criança.* O próprio Luís XIII deu provas de seu temperamento taciturno até o fim; quando lhe foi dito que tinha apenas mais uma hora de vida, respondeu: "Ah! Boa notícia!" A sincera tristeza que a rainha atravessou, pelo menos segundo madame de Motteville, talvez também fosse equilibrada por alívio e até entusiasmo diante da nova ordem. A mudança para a rainha Ana começara no fim do ano anterior, quando seu velho inimigo Richelieu faleceu em dezembro. "Há algo neste homem que se eleva acima da humanidade comum", escreveu um contemporâneo sobre o poderoso cardeal.[34] Seu sucessor nomeado, Jules Mazarin, era de natureza muito diferente. Mostrou-se logo de início mais simpático à rainha, como de fato ditava a prudência diante do desenvolvimento da doença de Luís XIII.

Foi um ponto destacado pela rainha Ana em suas primeiras palavras ao novo monarca, com quatro anos e oito meses, quando se ajoelhou

---

* Há uma história de que o moribundo Luís XIII perguntou ao pequeno Luís seu nome; ao receber a resposta "Luís XIV", ele replicou: "Ainda não, meu filho"; mas é apócrifa, já que os reis jamais se referiam a si mesmos pelo seu numeral.[33]

diante dele, ofegante: "Meu rei e *meu* filho" — ênfase aqui acrescentada. (Em sua avidez em prestar deferência ao filho, ela correu de pés descalços pelos jardins de Saint-Germain.) No pragmático costume da época, o cadáver foi abandonado aos seus rituais em Saint-Germain, enquanto os vivos partiam em direção a Paris, com a rainha e seus dois filhos em carruagem aberta. Os frenéticos aplausos e as expressões de leal simpatia fizeram com que o cortejo fosse constantemente atrasado: levou sete horas para percorrer a curta distância. Como escreveu madame de Motteville: "Nos braços desta princesa, a quem observaram a sofrer grandes perseguições com tanta firmeza, viram seu rei-menino, como um presente dos céus, em resposta às suas preces."[35]

Esta ideia popular de que uma era de ouro estava nascendo foi dramaticamente reforçada cinco dias após a morte do velho rei. Corria o boato de que o moribundo Luís XIII tivera uma visão do triunfo da França sobre a Espanha. De outro modo, ninguém teria esperado a estonteante vitória que o duque d'Enghien, com seus 21 anos, assegurou sobre a Espanha em 19 de maio em Rocroi, no nordeste, fronteira com os Países Baixos espanhóis.

Conhecido pela história como o Grande Condé (ele herdara o principesco título de Condé de seu pai três anos antes), este jovem e soberbo soldado era visto por seus detratores como tendo "ares de um bandido", enquanto outros pensavam com mais admiração que "havia nele a qualidade da águia".[36] Bandido ou águia, foi a impressionante coragem do futuro Condé que lhe permitiu derrotar a cavalaria espanhola pelo flanco esquerdo, liderando pessoalmente o ataque. No campo de batalha, o exército espanhol, considerado o mais perfeito da Europa na época, sobrepujava as tropas de Condé em número. Mas, ao fim do sangrento dia, suas baixas superavam em muito as dos franceses. Condé pôs um fim à lenda da invencibilidade militar espanhola e pôde noticiar uma extraordinária vitória ao seu senhor-menino.

CAPÍTULO 2

O vigor da princesa

O vigor com que esta princesa susteve minha coroa durante os anos em que não pude agir em meu nome foi para mim um símbolo de seu afeto e de sua virtude.

— Luís XIV, *Mémoires*

"Venho aqui para vos falar de minhas questões; meu chanceler vos informará de meus desejos." Estas palavras cuidadosamente preparadas foram pronunciadas pela pequenina e aguda voz de Luís XIV aos 4 anos de idade, em 18 de maio de 1643. A ocasião era o assim chamado *lit de justice* do Parlamento de Paris, que tirou seu nome do leito acolchoado de onde os monarcas medievais exerciam a justiça: esta era a cerimônia por meio da qual o soberano aplicava pessoalmente o registro dos éditos. O rei era tão pequeno que teve de ser carregado para a câmara por seu camareiro, o duque de Chevreuse, e estava usando um avental de criança. Contudo, ele decorou bem sua lição. A seu lado, a nova regente, Ana da Áustria, estava trajada no mais profundo luto, e era em nome de seu futuro — ou, segundo sua visão, do futuro dele — que ela trazia seu filho ao Parlamento.

No fim, o moribundo Luís XIII não negara à esposa o direito de rainha que dera à luz um delfim em agir como regente, mesmo sendo a rainha uma princesa estrangeira e, neste caso, uma nativa do país com o qual a França combatia no momento. Mas ele tentara limitar o poder da rainha com um Conselho de Regência, que incluía seu irmão Gaston, duque de Orléans, não mais herdeiro presumível do trono, porém o mais velho varão da família real. Ana eliminou esta limitação com o consentimento do Parlamento; além disso, ela declarou o cardeal Mazarin seu principal conselheiro oficial. Com as vitórias francesas se acumulando, e com a presença de Mazarin junto de sua mãe para orientá-la — com o passar dos anos, oferecendo amor além de orientação? —, em 1643 parecia que Luís teria uma infância tão feliz quanto qualquer príncipe jovem e saudável poderia esperar.

Mazarin, um ano mais novo que a rainha, fora, na verdade, recomendado como primeiro-ministro do falecido rei pelo cardeal Richelieu em seu leito de morte. Ele era um homem atraente, que fora descrito jocosamente por Luís XIII à esposa como um tanto parecido com Buckingham: "Haverás de gostar dele." Nascido Giulio Mazarini e criado em Roma, ele vinha de uma família que servira à casa aristocrática de Colona; fora empregado pessoalmente pelo papa Urbano VIII para missões diplomáticas quando ainda bastante jovem. Logo no início de seu serviço francês, ele mostrara compaixão por Ana da Áustria durante o período desafortunado que precedeu o nascimento de Luís. Independentemente da semelhança com Buckingham, Mazarin, nomeado cardeal em 1641, era civilizado e cortês: podia falar espanhol com Ana e afagava sua feminilidade — sempre um importante aspecto do caráter da rainha — ao encomendar para ela luvas (para aquelas famosas mãos alvas) de Roma com perfume de jasmim.

Jamais será possível saber qual era a verdadeira relação do cardeal com a rainha, e há muitas teorias divergentes.[1] Se em algum momento foi de natureza sexual (sem casamento), então esta mulher aparentemente religiosa e que comungava frequentemente era uma inacreditável hipócrita, pois vivia dia após dia em pecado mortal segundo as normas da Igreja católica.* É por esta razão — a implausibilidade psicológica,

---

* As relações sexuais fora do casamento não apenas constituíam um pecado mortal pelas regras da Igreja católica (arriscando-se o pecador ao inferno se morresse sem se arrepender), mas receber a comunhão em tal estado era um crime ainda mais grave. Em todo caso, Ana era conhecida por comungar com frequência, numa época em que poucas pessoas o faziam.

O VIGOR DA PRINCESA

em termos do caráter conhecido de Ana — que os historiadores preferiram a explicação de um casamento secreto.

Tais casamentos eram bastante comuns na época, como veremos: válidos aos olhos da Igreja porque aconteciam num oratório ou capela em presença de testemunhas e abençoados por clérigos, permitiam todas as intimidades do casamento, mesmo quando ignorados em termos civis. É certo que o cardeal não fora de fato ordenado padre (o que obviamente teria proibido qualquer casamento), mas tinha apenas autoridade clerical: era uma posição rara, porém não sem paralelos na época. Contudo, um estudioso moderno apresentou evidências de que Mazarin começou a pensar seriamente em ser ordenado antes de sua morte, possibilidade que um casamento secreto teria excluído.[2]

Em todo caso, ambas as explicações ignoram a terceira hipótese, de que Ana, entrando na casa dos 40 anos e com a experiência de um casamento infeliz realizado quando ela tinha apenas 14, não sentia a necessidade de sexo tão desesperada que os cínicos e baladistas imaginavam. O que ela precisava era de conselhos, lealdade, proteção e aquela preciosa dádiva, *amitié*, ou mesmo *amitié amoureuse*, uma amizade que, com o passar do tempo, desenvolveu em si uma grande parcela de amor. Mazarin fazia grandes esforços para auxiliar a rainha em seus deveres de regente — coisa para a qual dificilmente ela havia sido treinada — e para instruí-la em ser a figura imponente que desempenharia o papel com tanta confiança. Em consequência, a Ana regente era uma pessoa bem mais séria que a Ana rainha, esta última desprezada e por vezes controversa. Foi uma mudança de personalidade notada por seus amigos íntimos, como a duquesa de Chevreuse, que fora exilada à época da desgraça da rainha e agora recebia permissão para retornar. A transformação foi motivada pelo intenso amor de Ana por seu filho mais velho, mas orquestrada pelo cardeal Mazarin.

A grosseria dos baladistas era extrema e, em certos casos, contraditória, como as sátiras costumam ser. Mazarin, devido à sua origem, foi acusado do "vício (homossexual) italiano", o que significava que suas cópulas com a rainha — suas "folganças sujas" — só podiam ser de algum tipo antina-

O AMOR E LUÍS XIV

tural.* Por outro lado, um verso intitulado "O Camareiro da Rainha Revela Tudo" afirmava exatamente o contrário. A incitação "Povo, não duvide da verdade de que ele a f..." era seguida de explícitos detalhes, entre os quais um protesto de Luís contra a sugestão de castrar o cardeal: "Maman ainda tem uso para eles [os órgãos íntimos do cardeal]."[4]

Em contraste com essas aguilhoadas de mau gosto, que as pessoas grandiosas jamais conseguem evitar completamente, a correspondência entre Mazarin e a rainha Ana, da qual sobreviveram 11 cartas escritas por ela, são testemunhos de ternura, devoção — amor de fato, mas sem qualquer traço discernível de sexo. Há números codificados — Ana é 15 ou 22, e Mazarin, 16, enquanto Luís é mencionado como "o Confidente". Há símbolos: Ana é representada por uma reta com barras perpendiculares, como uma longa cruz de Lorena, e Mazarin por uma estrela. Há términos de cartas que exprimem amor verdadeiro. Ana assina: "Viverei" e adiciona o símbolo que a designa.[5]

Como a rainha reagia às calúnias públicas sobre sua conduta particular? Madame de Motteville acreditava que Ana era demasiadamente "altiva" por natureza para levar em consideração as interpretações dadas à sua relação com Mazarin (assim como fora ingênua em seu apego inocente à "galanteria" quando chegou à França). Ana sabia que as vulgares acusações eram falsas — "aqueles que nada fizeram de errado, nada têm a temer" — e simplesmente prosseguia com a intimidade que lhe era tão essencial, tanto pessoalmente quanto em termos de governo. O habitual encontro entre os dois ao entardecer, no qual Mazarin oferecia seus conselhos, era o que importava à rainha no fim das contas.

Foi neste ambiente de companheirismo doméstico que Luís passou os primeiros dez anos de sua vida. Mais tarde, ele viria a criticar sua educação — pois as pessoas frequentemente avaliam a geração anterior com

---

* Na França daquela época havia uma obsessão com a ideia de que a homossexualidade era "italiana"; Primi Visconti, nascido no Piemonte, certa vez ouviu, para sua grande indignação, que "na Espanha, os monges, na França, a nobreza, e na Itália, todos" eram homossexuais. As apimentadas memórias de Primi Visconti sobre a corte francesa, onde chegou em 1673, são uma fonte útil, considerando-se que ele esteve em companhia de Luís XIV com frequência.[3]

reprovação, o que nem sempre se justifica. Ele recordava suas governantas como um grupo ocioso, que só fazia se divertir, deixando-o aos cuidados das damas de companhia de origens mais humildes. Mas outros que estiveram presentes lembravam-se das coisas de modo diferente. De qualquer maneira, à época de sua adolescência ele falava e escrevia num francês erudito, conseguia administrar o italiano e o espanhol e até mesmo sabia o suficiente de latim para ler os despachos do papa.[6]

Detalhadas instruções para a rotina diária de Luís, as *Máximas e diretrizes para a educação de meninos*, foram elaboradas a pedido de Ana e lhe foram dedicadas (ela foi comparada à nobre mãe romana dos Gracos).[7] Por exemplo, ele não deveria dormir numa atmosfera muito quente, já que o cérebro necessitava de ar fresco para se desenvolver. Abundavam as alusões clássicas. Explicava-se que Sócrates comparara uma criança a um potrinho, e Aristóteles, Plutarco e São Bernardo eram citados em diferentes pontos. Ainda assim, as orientações eram todas muito práticas. Platão punha seus discípulos e filhos para dormir com o auxílio de música: um cântico suave poderia ajudar Luís a relaxar. Ele deveria ser habituado a dormir à luz de velas, para que não tivesse medo se acordasse subitamente. Não deveria ser permitido que seus cabelos ficassem muito longos (Luís tinha "o mais belo cabelo imaginável", escreveu sua prima Anne-Marie-Louise, espessos, cacheados e de um belo castanho-dourado). Quanto à higiene, "o asseio é uma qualidade muito recomendável num jovem príncipe": as unhas deveriam estar limpas e as mãos, lavadas regularmente com um pano úmido impregnado com *eau de Fontane*, um perfume. A natação era altamente recomendada, assim como os gregos nadavam durante suas pescarias, e porque Henrique IV, aquele paradigma do vigor, devia sua saúde ao nado frequente.*

Instruções para a leitura refletiam o clima político predominante. Um interesse em história deveria ser deliberadamente encorajado pelo material de leitura de Luís. Ele também teria que estudar livros sobre as

---

* O que estava em questão era um tipo de nado de peito, com o rosto fora d'água: proposto pelo professor alemão Nicolas Wynman em seu *Colymbetes* de 1538, como proteção contra afogamentos.

províncias e aldeias da Inglaterra e da Espanha — em caso de conquistas futuras —, mas escritos em francês. Contudo, Luís jamais desenvolveu um gosto especial pela leitura: o que ele mais adorava mesmo na infância eram atividades que pudesse praticar sozinho. A paixão da realeza por caçadas lhe foi inculcada muito cedo (Ana fora "uma amazona na sela" quando jovem). Assim como a paixão por atividades físicas em geral; à idade de 4 anos, Luís perseguia patos com seus cães.

E em seguida vinham os temas militares. Aquela foi uma época militarista, e a obsessão por exércitos não era incomum para um infante real ou nobre: Luís tinha predileção por soldadinhos de prata e chumbo, bem como por fortalezas de brinquedo. Afinal, o combate era a obsessão da maioria dos homens adultos que o cercavam: não apenas dos nobres, que em geral passavam por algum tipo de serviço militar, mas também dos guardas que o cercavam 24 horas por dia. Havia um culto ao guerreiro na corte francesa (na qual o grande Henrique IV era lembrado como um guerreiro que trouxera a harmonia). Como declarou o aforista duque de la Rochefoucauld, nenhum homem podia afirmar sua coragem "se jamais se encontrou em perigo".[8]

Outra figura multifacetada do período, como o *galant*, era o *honnête homme*; em essência, este termo se referia ao homem civilizado. Uma de suas virtudes era a bravura. Mesmo antes que Luís descobrisse (ou pensasse que havia descoberto) por si mesmo que "a guerra (...) é a verdadeira profissão de todo aquele que governa", como diria Maquiavel, muitos de seus divertimentos tinham algo de militar. Aos 5 anos, Luís passava outras crianças em revista e antes que completasse 7 anos ele já o fazia com regimentos de guardas reais. Tampouco havia uma distinção implícita entre a esfera masculina da guerra e a da domesticidade feminina: no verão de 1647, a adorada mãe de Luís o levou à frente de batalha na Picardia para encorajar as tropas, uma imagem da presença feminina em campanhas militares que pressagiava o comportamento do rei na vida adulta.

Toda esta concentração na pessoa, na saúde, na educação e no bem-estar do jovem rei foi ainda mais realçada pela constante determinação de Ana de que seu filho mais novo, Monsieur, prestasse submissão a Luís nas brincadeiras e o tratasse como um "*Petit Papa*". Por vezes, esta expressão era empregada para designar irmãos mais velhos, e o próprio Luís a usava para assinar suas cartas para Monsieur. Esta constante reiteração da ordem hierárquica não impediu que os irmãos tivessem suas brigas: um incidente em particular foi registrado pelo valete de câmara Du Bois, no qual uma brincadeira de meninos transformou-se numa infantil disputa escatológica, e Monsieur deu tudo de si. Mas, em essência, Monsieur era tão solidamente treinado para ocupar o segundo lugar como Luís o era para desfrutar o primeiro.

Na superfície, a vida religiosa de Luís era completamente convencional. Ele foi crismado em novembro de 1649, segundo o costume da época, e recebeu a primeira comunhão no Natal. Era somente nos recantos obscuros de sua vida, os locais sombrios dos oratórios de sua mãe, cobertos de crucifixos e relicários de santos, que prevalecia um sentido absolutamente contraditório de seu valor pessoal. Por um lado, Luís nascera para ser um grande rei, com gloriosas possibilidades: alguém a quem todos os seus súditos, de seu irmão (e herdeiro) para baixo, deviam curvar-se segundo a vontade de Deus. Ao mesmo tempo, ele próprio tinha de se curvar perante Deus, a cujos olhos sua alma não era mais preciosa que a do mais humilde camponês do reino.

Às vezes Mazarin criticava a rainha pela natureza excessiva de sua religiosidade — "Deus pode ser adorado em qualquer lugar, inclusive em particular, madame", dizia ele, referindo-se à compulsão da rainha por ritos públicos e visitas a conventos e capelas. Mas era uma devoção sincera. As muitas horas do dia que ela passava em oração representavam um retrato diário de sua condição espiritual. Assim sendo, quando ela educou Luís para acreditar que os reis, independentemente de quão poderosos fossem, um dia teriam de prestar contas a Deus do que tinham feito, foi uma lição que ele provavelmente não esqueceu. O mal, declaravam as *Máximas (...) para a educação de meninos*, deveria ser imaginado na mente de uma criança como "uma mancha negra" numa fina peça de pano: e o pano, no caso desta criança, era dos mais requintados.[9]

Em setembro de 1645, eventos políticos (em particular a pressão da guerra contra a Espanha e outros) dispendiosos, ainda que bem-sucedidos, demonstraram que havia necessidade de uma nova aparição de Luís no Parlamento de Paris, onde a Regência fora decidida em favor de Ana dois anos antes. Desta vez, o duque de Chevreuse não precisou carregá-lo. Aos 7 anos de idade, Luís caminhava firmemente, embora ainda vestido com a jaqueta curta de um garotinho. Entretanto, o que lhe faltava em estatura era completamente compensado pela aparição da rainha regente. Ela era a "protagonista" do espetáculo — e o espetáculo foi cuidadosamente orquestrado.[10] Ana ainda estava envolta em luto, incluindo um véu negro (já se haviam passado dois anos desde a morte do marido, mas o preto lhe caía bem, além de divulgar seu incessante pranto de viúva). Contudo, através do véu cintilava um grande par de brincos, gigantescos diamantes combinados a pérolas igualmente vastas, tudo de valor evidentemente imenso. Uma grande cruz sobre o coração era igualmente impressionante e ostentatória.

Mãe e filho foram escoltados à Sainte-Chapelle por uma panóplia de guardas e cortesãos, com soldados enfileirados pela estrada desde o palácio do Louvre. Lá foram recebidos por quatro presidentes do Parlamento de Paris e assistiram à missa. A distribuição dos assentos no *lit de justice* foi cuidadosamente organizada pela rainha. À sua direita, ela colocou seu cunhado Gaston, ao lado deste, o príncipe de Condé, cujo filho soldado estivera envolvido em mais uma grande vitória em Nördlingen. Duques e marechais da França estavam em seus assentos designados, assim como o cardeal Mazarin e vários príncipes da Igreja. O chanceler da França estava lá, bem como outros oficiais de prestígio, enquanto do outro lado estavam as damas da realeza, como a esposa de Condé, a primeira Princesa do Sangue, e as acompanhantes da rainha. A única concessão à pouca idade do rei era a presença de sua governanta, madame de Sénéce, uma das partidárias de Ana a quem a rainha nomeou à época da morte do marido; ela ficou de pé junto ao rei durante toda a cerimônia.

A graça com a qual o jovem rei falou ao sinal de sua mãe — todos viram que ele esperou pela aprovação dela antes de começar — causou uma onda de prolongados aplausos. Ele fez o mesmo discurso introdutório que fizera em 1643. O que ocorreu em seguida foi bem menos

O VIGOR DA PRINCESA

anódino. O chanceler, num "eloquente discurso", apresentou as necessidades do Estado: mais que nunca era preciso persistir na campanha contra os espanhóis, apesar da série de esplêndidas vitórias e do compreensível desejo de paz da rainha regente.

Contudo, a melhor maneira de assegurar esta paz seria impressionar o inimigo com conquistas. E para conquistar, era necessário dinheiro. Neste ponto, o primeiro presidente, Mathieu Molé, fez pródigos elogios à rainha antes de falar sobre as necessidades do povo sofrido da França. O advogado-geral Omer Talon também falou das tribulações da população em termos ainda mais enfáticos.

Mais tarde — e, como de hábito, acompanhada de Mazarin —, a rainha regente perguntou a madame de Motteville se o rei se saíra bem — teria ela notado a maneira delicada com que ele se voltou para a mãe? — antes de fechar o cenho pelo discurso do advogado-geral. A própria Ana estava profundamente preocupada com o povo, mas, mesmo assim, talvez ele tivesse falado um pouco demais... A rainha então tornou a discutir a questão da paz com Mazarin, aceitando a opinião do cardeal de que a paz, como de costume, só poderia ser assegurada com mais combates.

Sob a ótica de um menino de 7 anos, tal aparição, tais críticas ao regime de sua mãe (e de Mazarin) e tais demandas por dinheiro significavam que a segurança de sua vida doméstica, aparentemente sólida como uma rocha, estava desmoronando. Haveria talvez uma lição desagradável a ser extraída da presença na corte francesa de certos parentes próximos que eram, na verdade, refugiados políticos? Os problemas de Carlos I com seu próprio Parlamento — que começaram com a resistência à tributação — acabaram por expulsar sua esposa, a antiga princesa francesa Henriqueta Maria, de volta a seu país natal. Ela chegou no verão de 1644, sem posses além da caridade francesa, e foi abrigada nos velhos aposentos em Saint-Germain.

Dois anos mais tarde, sua filha mais nova, batizada Henriette em julho de 1644 na Catedral Exeter, foi levada para fora da Inglaterra em segredo por uma leal dama de companhia. Foi simbólico da dependência destas infelizes aristocratas em relação à coroa francesa que o nome de

Ana tenha sido imediatamente adicionado ao de Henriette em homenagem à tia regente. A princesa de 2 anos tornou-se, à maneira francesa, Henriette-Anne, o que foi bastante adequado já que o francês seria sua primeira língua, e seus primos-irmãos, Luís e Monsieur, seriam as estrelas do firmamento de sua infância.* Além disso, ela foi criada como católica, apesar do batismo protestante.

A chegada em junho de 1646 de Carlos, príncipe de Gales, irmão de 16 anos de idade de Henriette-Anne, trouxe um problema político mais grave do que a presença de sua desafortunada mãe e sua irmã bebê. Ele era um jovem alto, moreno e desengonçado, que enfrentava suas dificuldades com a única arma à sua disposição, o senso de humor — "mais espirituosidade do que seria adequado a um príncipe", escreveu Halifax em desaprovação mais tarde.[11] Carlos agora tentava resolver seus problemas financeiros cortejando sua prima-irmã Anne-Marie-Louise de Montpensier, a célebre herdeira. Era improvável que o cauteloso Mazarin permitisse que tamanha fortuna deixasse a França para resolver as dificuldades do rei inglês (no momento, Carlos I estava nas mãos dos escoceses e seria entregue ao Parlamento em janeiro de 1647). Em todo caso, a própria Anne-Marie-Louise era muito consciente de sua posição para se desperdiçar com um protestante arruinado que talvez sequer teria um trono a oferecer no futuro. Em termos de sentimento, ela estava mais inclinada a se fiar num futuro com seu pequeno esposo, como ela risonhamente designava Luís na infância.

Com a ambivalência de Mazarin em auxiliar o rei inglês com tropas francesas, foi apenas em meados de agosto de 1646 que Carlos foi formalmente recebido por Luís XIV, que tinha a metade de sua idade. Ele viajou num coche à direita de seu primo: "Nenhum ponto de hon-

---

* O íntimo laço de parentesco entre as famílias reais europeias da época é demonstrado pelo fato de que os jovens príncipes e princesas de França, Inglaterra, Espanha e Saboia eram todos primos-irmãos, descendentes dos cinco filhos de Henrique IV e Maria de Médici; Luís e Monsieur (Luís XIII); Anne-Marie-Louise de Montpensier e suas meias-irmãs Orléans (Gaston); Carlos II, Jaime, Henriette-Anne e Maria, esposa de Guilherme II de Orange (Henriqueta Maria); a infanta Maria Teresa da Espanha (Isabel); Carlos Emanuel e Margarida Iolanda de Saboia (Cristina).

O VIGOR DA PRINCESA

ra foi esquecido, e nada que atestasse os fortes laços de consanguinidade foi omitido." Depois, restava apenas retornar a Saint-Germain, e, do ponto de vista de Carlos, à odiosa dependência da magra pensão da mãe. Infelizmente, Ana da Áustria, mesmo profundamente caridosa com sua cunhada e a pequena Henriette-Anne, estava bem mais interessada nas notícias da morte de seu sobrinho, filho único de Filipe IV, do que nos eventos da Inglaterra. Esta morte significava que, em novembro de 1646, a infanta Maria Teresa, de 8 anos, tornava-se a herdeira do trono da Espanha (com interessantes possibilidades para seu futuro marido e filhos). Observando a sucessão espanhola por outro ângulo, as ambições de Ana também se elevavam em nome de Monsieur, em parte espanhol por nascimento e agora um possível e legítimo candidato ao trono da Espanha.

Em última instância, a realização destas esperanças — ou seriam armadilhas? — jazia muito adiante. O que a regente e o cardeal tinham que enfrentar de imediato eram protestos do Parlamento de Paris contra o volume de impostos, algo que os graciosos discursos do rei-marionete já não podiam conter.* Em agosto de 1648, o Grande Condé assegurou outra brilhante vitória em Lens, a noroeste de Arras, contra o exército austro-hispânico invasor. Assim, a interminável troca de hostilidades que culminou na Guerra dos Trinta Anos terminou em grande parte com a Paz de Vestfália. Isto é, a França resolveu suas pendências com o Império Austríaco, embora permanecesse em guerra contra a Espanha. Em teoria, as forças francesas que não estavam em combate com a Espanha ficavam agora disponíveis para lidar com dissensões dentro de casa. Na prática, o equívoco da rainha (contra o conselho de Mazarin) em ordenar a prisão de três membros populares do Parlamento, liderados pelo respeitado ancião Pierre Broussel, resultou em revoltas generalizadas. A rainha e seus filhos foram forçados a buscar refúgio no Palais-Royal, um lugar nada seguro em comparação com a fortaleza do Louvre, enquanto barricadas eram erguidas por todo lado a sua volta.

---

* O Parlamento de Paris não era um parlamento no sentido inglês da palavra, mas uma alta corte com jurisdição sobre um terço do reino; havia outros parlamentos de província.

O pior ainda estava por vir. Em 13 de setembro de 1648, uma semana após seu décimo aniversário, Luís precisou ser retirado da própria Paris por sua mãe. O comportamento friamente determinado da rainha em meio a tantos desafios a sua autoridade impressionou observadores: ela certamente justificava o orgulho que sentia por sua linhagem de grandes governantes. A pequena família, com Monsieur se recuperando de varíola, foi primeiro para Rueil e depois para Saint-Germain. Quando membros do Parlamento a seguiram em protesto, Ana explicou calmamente que o Palais-Royal necessitava de uma faxina completa (uma desculpa não tão esfarrapada quanto parece, já que os palácios reais em geral eram desocupados para que fosse feita a limpeza). Além disso, o rei-menino queria desfrutar o fim do verão sob o ar fresco do campo.

Um acordo com o Parlamento, negociado por Gaston d'Orléans em Paris, foi firmado por Ana em fins de outubro, e a rainha trouxe seus filhos de volta à capital. Mas este tratado, embora assinado por Ana a conselho de Mazarin, ultrajou seu senso de autoridade real devido a suas concessões, ao mesmo tempo sem nada resolver no presente. O estágio seguinte foi ainda mais alarmante sob o ponto de vista de Luís. A rainha e Mazarin estavam determinados a não permitir que o jovem rei se tornasse um refém do Parlamento. Num incidente que em nada ecoava as gloriosas circunstâncias de seu nascimento, Luís e seu irmão, a rainha e alguns palacianos de confiança, foram retirados do Palais-Royal na noite de 5-6 de janeiro. Foram levados a Saint-Germain de novo, mas desta vez o castelo estava despreparado para recebê-los já que, em nome do segredo, a notícia de sua chegada não podia ser divulgada, e nem puderam levar qualquer bagagem consigo. A primeira fuga deve ter sido apresentada a Luís — e ao Parlamento — como uma viagem perfeitamente razoável; quatro meses mais tarde, era impossível colocar quaisquer panos quentes sobre o que era obviamente uma medida desesperada.

Contudo, mais uma vez, a positividade da rainha diante do perigo foi o que impressionou os presentes. No Natal, as sátiras contra a rainha afixadas na Pont Neuf haviam lhe causado muita dor: ela julgara a iniquidade do conteúdo profundamente perturbadora e ficara horrorizada pela credulidade do povo. Agora que havia necessidade de ação, Ana não teria ficado mais feliz "se tivesse vencido uma batalha, tomando Paris e enforcando todos que a desafiaram". Assim, ela celebrou a véspera do Dia de Reis em estilo tradicional, com tortas e jogos, rindo sinceramente quando foi sua vez de ser coroada "rainha do feijão".[12] O rei e seu irmão foram devidamente postos para dormir. Foi somente quando tudo estava quieto e escuro que foram acordados, levados a um portão secundário, colocados numa carruagem fechada e transportados para fora de Paris. Independentemente dos traumas que a ocasião possa ter causado em Luís, houve lições a aprender a partir do comportamento de sua mãe: não apenas a necessidade de um semblante calmo em face do perigo, mas também de absoluto segredo quando era preciso executar um plano ousado.

Este primeiro estágio da disseminada revolta mais tarde conhecida como a Fronde (da palavra francesa para funda, armamento de escolha da massa *frondeur*) foi apaziguado pela Paz de Rueil em março de 1649, com concessões no tema dos impostos. Carlos I fora executado em Whitehall dois meses antes, e o exilado príncipe de Gales, cumprimentado com as hesitantes palavras de seus servos, "Vossa Majestade", compreendera que agora era rei. Portanto, Henriqueta Maria, a pequenina rainha francesa da Inglaterra, exilada em seus velhos aposentos de Saint-Germain, tornou-se viúva, e a princesa meio francesa de 4 anos de idade tornou-se uma órfã com pouco a recomendá-la para um casamento além de seu título. Como observou madame de Motteville, 1648 não foi um bom ano para os reis: ao que parecia, a "justiça divina os ameaçava" por toda a Europa.[13]*

Grande parte do veneno popular agora se concentrava no cardeal, numa série de panfletos ou "Mazarinadas" que misturavam obscenidades com violentos protestos. O segundo estágio da Fronde consistiu numa série de levantes armados nas províncias, principalmente em Nor-

---

* Em adição, a súbita morte de Ladislau IV da Polônia, precipitando uma crise na monarquia, o falecimento de Cristiano IV da Dinamarca num momento crítico para seu país e uma revolta em Moscou contra o czar Alexis demonstravam que o comentário de madame de Motteville sobre 1648 era completamente justificado.

mandia, Guyenne e Provença, cujo efeito viria a devastar a zona rural. Uma pavorosa colheita levou a uma alta dos preços dos grãos e apenas exacerbou os sofrimentos do povo. Neste ponto entrou o herói popular, o Grande Condé, cuja coragem pessoal (atestada por uma série de vitórias) fez dele o líder ideal da oposição da nobreza, combinada com sua riqueza e as vastas propriedades que lhe davam um enorme círculo de aliados. A princípio, Mazarin fez negócios com Condé que permitiram que o partido da corte derrotasse os *frounders*. Mas a arrogância pessoal de Condé enfureceu a rainha. Em janeiro de 1650, junto com seu irmão, o príncipe de Conti, e seu cunhado, o duque de Longueville, Condé foi condenado a um ano de prisão.

Como expediente, mais uma vez não funcionou. Condé teve que ser libertado, pois sua detenção provocou feroz agitação, e foi Mazarin quem temporariamente se retirou para Brühl, próximo a Colônia, deixando para trás uma angustiada rainha, que derramou seu coração sofrido nas correspondências assinadas com símbolos codificados de afeto aos quais já aludimos.

Na intricada pavana da troca de alianças — e multiplicados desafios à autoridade real —, Gaston d'Orléans agora se aliava aos *frondeurs*, e, num dramático incidente, sua filha mais velha, a Grande Mademoiselle,* postou-se heroicamente à frente de sua guarda e ordenou que disparassem da Bastilha contra as tropas reais. Para a brava e imprudente Anne-Marie-Louise, este foi um momento de definição, no qual ela empregou todas as grandes qualidades que sentia trazer dentro de si, filha (na verdade, neta) de reis: ela satisfez seus sentimentos de glória pessoal. Posteriormente, a Grande Mademoiselle tentou justificar sua desobediência para com seu soberano citando a herança patriarcal superior de seu próprio pai.[14]

Infelizmente, o incidente também foi definitivo para seu jovem primo Luís. A Grande Mademoiselle havia se privado de seu pequeno ma-

---

* O termo "Grande Mademoiselle" será usado daqui em diante neste livro para designar Anne-Marie-Louise, embora de fato fosse um título usado posteriormente para distingui-la de sua meia-irmã mais velha, significando "a Mademoiselle Mais Velha", e não uma referência a sua estatura, moral ou física.

rido, declarou acidamente Mazarin. Provavelmente era verdade: na balança em que sua riqueza era meticulosamente pesada contra o hiato de 11 anos entre eles, a ação *frondeur* da Grande Mademoiselle com certeza pesou fortemente contra ela, que pagaria o preço de cinco anos de exílio da corte, assim como seu pai seria despachado para seu castelo em Blois com a esposa, as três filhas pequenas e sua comitiva.

E isto não foi tudo. Em sua maioridade, Luís mostrou uma pronunciada antipatia por mulheres "políticas". Ele tratou do tema por escrito: "A beleza que domina nossos prazeres jamais teve a liberdade de comentar conosco sobre nossos assuntos."[15] (Se isto era sempre verdade é outra história: Luís acreditava que era um fato.) O heroísmo de mau gosto de sua prima mais velha, em oposição varonil ao próprio Luís, impeliu-o neste curso: as mulheres eram para ele elementos indesejáveis na política. Com uma venerável exceção: sua própria mãe. Em elogio à rainha Ana após sua morte, Luís apresentou seu argumento: "O vigor com que esta princesa susteve minha coroa durante os anos em que não pude agir em meu nome foi para mim um símbolo do seu afeto e da sua virtude."[16] Resumindo, total apoio público e privado era aceitável, desafio público, definitivamente não.

Setembro de 1651 marcou uma data significativa: foi o aniversário de 13 anos do jovem rei e, pelas regras da realeza, sua maioridade. A ocasião foi celebrada com uma grande procissão através do coração de Paris. Foi testemunhada pelo diarista inglês John Evelyn, que fugira dos problemas "desgraciosos" de seu país natal, e ele a observou da sacada de outro exilado, o filósofo Thomas Hobbes. Evelyn comentou "todo o aparato e a gloriosa cavalgada", que incluiu a Guarda Suíça, liderada por dois cavaleiros vestidos de cetim escarlate. Mais glorioso que todos era o próprio rei, "como um jovem Apolo" em vestes tão ricamente cobertas de bordados que não se via nada do tecido: "Ele atravessou praticamente todo o caminho com seu chapéu na mão, saudando damas e embaixadores que enchiam as janelas com sua beleza, e o ar com *Vive le Roi*."[17]

Contudo, apesar de todo o luxo de sua descrição, Evelyn também põe o dedo num aspecto da personalidade de Luís, o Luís que enfrentara as complicadas vicissitudes da Fronde. Seu "semblante" era doce, mas, ao mesmo tempo, "grave". Já tomava lugar a impenetrável compostura pública que viria a ser uma característica tão pronunciada de Luís XIV em sua maioridade.

Os problemas da Fronde foram finalmente encerrados quando o brilhante soldado francês visconde de Turenne, anteriormente sob o comando de Condé, ajudou a derrotar seu ex-superior em favor da corte. Em fevereiro de 1653, Condé retirou-se para servir à Espanha, e o cardeal Mazarin retornou. Um período idílico estava a caminho, no qual o jovem Apolo era exibido por sua mãe numa série de aparições quase divinas, simbólicas da paz, não da guerra. E, claro, também simbólicas do poder da Coroa.

A dança era um elemento-chave em tudo isto. A importância da dança nessa época, tão vital para os rapazes quanto a esgrima, era considerada tão grande que até mesmo os jesuítas julgavam necessário instruir seus pupilos na arte. Entre os vários gêneros, o Balé da Corte (desenvolvido na Itália e levado à França por Catarina de Médici) exigia uma dignidade cerimonial, para a qual Luís XIV tinha um talento natural: à tenra idade de 8 anos, dizia-se que ele dançava "perfeitamente". Quando rapaz, ele se superava na grave *courante* lenta e podia executar as necessárias rotações de pernas e pés com suprema elegância.*

Durante o *Balé da noite* no carnaval de 1653, Luís vestiu pela primeira vez o traje do sol nascente, enquanto um dos versos falava sobre as "maravilhas vindouras" a serem esperadas desta ofuscante visão. Junto dele dançava um jovem músico de 20 anos, nascido na Itália, agora francês, e que estivera recentemente a serviço da Grande Mademoiselle, Jean-Baptiste Lully. Bailarinos profissionais apresentavam-se como mendigos com feridas enfaixadas, para que pudessem ser "curados" na Corte dos Milagres. Alguns meses depois, num balé chamado *O casamento de Peleu e Tétis*, Luís representou o próprio Apolo, cercado pelas principais damas do reino dançando como as nove musas. Henriette-Anne, que na

---

* A rotação na época de Luís XIV era de noventa graus, isto é, cada perna se abria a 45 graus do eixo central, não os 180 graus que se tornariam a norma.

época da Fronde ficara reduzida a tremer em sua cama por falta de comida e aquecimento, agora era julgada adequada para o papel de Érato, musa da poesia erótica; ela sequer tinha 10 anos, mas sua posição como primeira princesa da França abaixo de sua tia e de sua mãe dava-lhe direito ao papel. Caso alguém esquecesse o significado destes exercícios de propaganda governamental, Luís, representando um sacerdote no *Balé dos festins de Baco*, era saudado com estas palavras: "Ele é de fato o mestre do futuro/ Só precisas fitar seus olhos e seu semblante."[19]

Pela primeira vez nos anais da realeza, não havia qualquer necessidade de exagero para celebrar as maneiras do rei em seus 14 anos. Todos os relatos da época concordam que Luís era assombrosamente belo neste período. Os lindos cabelos longos e cacheados, sentimentalmente elogiados pela Grande Mademoiselle, eram apenas um de seus atributos físicos, mas muito valorizados naqueles tempos. (A rainha Ana esbanjava graciosidade ao pentear as espessas madeixas que seu filho herdara.) A silhueta de Luís era descrita como "alta, livre, ampla e robusta", enquanto sua postura era característica "daqueles que citamos como trazendo sangue dos deuses".[20]* Este elogio específico prosseguia: acima de tudo, o incomparável rapaz tinha de ser visto a dançar o balé; era aí que aparecia como "obra-prima dos céus, presente de Deus à França". Não eram necessários os olhos indulgentes de sua mãe e da corte, finalmente relaxados após os horrores desagregadores da Fronde, para ver na graça juvenil de Luís um triunfante presságio — mais uma vez, como em seu nascimento — de uma era dourada.

Em 7 de junho de 1654, Luís XIV foi sagrado rei da França, segundo o costume de seus ancestrais, na catedral de Rheims, a nordeste de Paris. Os príncipes presentes não incluíam seu tio Gaston, exilado no Blois, nem o Grande Condé, agora servindo seu antigo inimigo na Espa-

---

* Luís XIV também é mencionado por aqueles que o conheciam como sendo alto, como a Grande Mademoiselle: em outro relato, ele é descrito como tendo meia cabeça a mais de altura do que o cardeal Mazarin, a quem ninguém descrevia como baixo. O mito do rei baixinho elevando-se em saltos altos baseia-se num equívoco sobre a moda da época. Carlos I, por exemplo, que tinha bem mais que 1,80m, também usava saltos altos. Historiadores atualmente acreditam que Luís XIV provavelmente tinha 1,75m.[21]

nha. Mas a organização foi magnífica e a cerimônia, prolongada, tendo começado às 6 horas da manhã. Todo o ritual foi flagrantemente religioso e histórico.* Sentada num camarote especialmente construído, a rainha Ana estava radiante com o triunfo público de seu filho; somente a presença da viúva Henriqueta Maria ao seu lado trouxe um toque de *memento mori*.

Mas Luís XIV não apenas parecia um ideal romântico neste ponto: ele próprio se sentia repleto de romance para com as mulheres. Amava tocar a guitarra barroca, um ousado instrumento de cordas importado da Espanha (onde chegara pelas mãos dos árabes).[23] A princípio, ele foi influenciado pela mãe e suas memórias da corte espanhola da distante e idealizada juventude da rainha. Mas foi o cardeal Mazarin quem providenciou para que Luís tivesse o melhor professor à disposição, um conterrâneo italiano, Francisco Corbetta, que já havia publicado dois livros sobre a guitarra para os governantes das cidades de Bolonha e Milão, e provavelmente outro para o rei da Espanha, por volta de meados do século XV.

Tocar guitarra era uma ocupação notavelmente menos cerimoniosa do que dançar no formal Balé da Corte: ao mesmo tempo, o que era a guitarra espanhola senão uma arma para a sedução nas mãos de um galante? Neste contexto, foi significativo que o retorno de Mazarin tenha representado novamente a instituição de um certo tipo de vida doméstica, como fora antes da Fronde, mas agora uma vida doméstica que incluía uma horda de parentes femininas de Mazarin, uma vivaz coleção de moças italianas. Pois o cardeal tinha o desejo, louvável segundo a maioria dos costumes de família (mesmo que não aos olhos dos franceses invejosos), de se cercar de gente de seu próprio sangue e arranjar casamentos ambiciosos para elas.[24]

---

* A atenção concentrada no simples fato da sagração neste período pode ser julgada pelo sério dilema de uma jovem monarquista inglesa, Mary Eure, em 1653. Precisando ser tocada para prevenir o Mal do rei, como a escrófula (tuberculose linfática) era chamada, ela não conseguia se decidir entre Luís XIV (ainda não sagrado no momento) e Carlos II (um rei sem trono).[22]

O VIGOR DA PRINCESA

Estas mazarinettes, como ficaram conhecidas, eram sete, e mais três irmãos, e começaram a chegar à corte em 1647. Incluíam as Martinozzi, filhas da irmã mais velha de Mazarin; Laura, alguns anos mais velha que Luís, se casaria com o herdeiro do duque de Módena. Anna Maria casou-se com o príncipe de Conti, irmão mais novo do Grande Condé.

As Martinozzi eram louras e maleáveis. O mesmo não se podia dizer das meninas Mancini, cinco ao todo, cujas idades em 1654 variavam de 19 a 5 anos. Eram filhas da segunda irmã de Mazarin, Geronima, que elevara seu status casando-se com um membro de posição mais alta na nobreza italiana. Com seu ardor pela vida, sua combativa positividade, sua inteligência e morenice "romana", as Mancini estavam longe do ideal da época, pelo menos em teoria. Não que fossem escuras — embora a alvura feminina fosse constantemente elogiada como a representação da perfeição. A questão era o desdém geral pelas convenções que elas exibiam. Todo orador, todo filósofo apregoava a necessidade da passividade e da submissão femininas. Como escreveu Hortense Mancini, a célebre beldade da família, em suas memórias: "Sei que a glória de uma mulher consiste em jamais falar de si mesma." Ou, como uma certa educadora (nascida Françoise d'Aubigné) resumiria mais tarde: "O recato deve ser a ventura das mulheres... Teu sexo te obriga à obediência. Deves sofrer muito, antes de fazer queixas."[25] Por outro lado, as Mancini eram ativas e rapidamente adentraram o ramo cortesão da galanteria.

A mais velha era a doce Victoire* — "a única prudente" —, que se casou com o duque de Mercoeur. Olympe, contemporânea exata de Luís, era uma famosa sedutora, tão determinada quanto seu tio a extrair o máximo de suas possibilidades. A bela Hortense, nascida em 1646 após dois me-

---

* Na corte, as moças da família Mancini — Maria, Ortensia, Olimpia, Maria Anna e Vittoria — eram designadas por seus nomes "franceses", respectivamente Marie, Hortense, Olympe, Marianne e Victoire. Como quatro delas se casaram com nobres franceses e receberam equivalentes títulos de nobreza da França, serão designadas na presente tradução pelo nome francês utilizado no texto original. A exceção é Maria Mancini, que se casou com um príncipe italiano e, portanto, será designada por seu nome italiano. (*N. da T.*)

ninos, parecia "um anjo"; era fácil de lidar, mas voluntariosa; a novelista condessa de La Fayette comentou com azedume que Hortense, diferente de suas irmãs, não tinha qualquer inteligência, mas para algumas pessoas na corte "isto era mais uma característica a seu favor".[26] Marianne, a mais nova, que se casaria com o duque de Bouillon, amava poesia e mais tarde se viu como protetora de poetas, incluindo La Fontaine.

Contudo, havia uma Cinderela na família, para citar o ancestral conto de fadas do folclore que seria publicado em sua versão francesa por volta do fim do século XV no livro *Contos da mamãe gansa*, de Perrault. Esta Cinderela em particular era a filha do meio, um ano mais nova que a cintilante Olympe. E o papel da vingativa Irmã Feia foi cumprido em sua vida não por Olympe ou Hortense — as meninas Mancini sempre foram extremamente unidas —, mas por sua própria mãe.

Maria Mancini era a mais morena das moças e muito esguia. Com seus braços longos e finos e sua enorme boca (que pelo menos exibia uma raridade para a época: dentes perfeitamente brancos quando sorria), Maria decepcionava a mãe por sua falta de atrativos clássicos. A letárgica e ansiosa Geronima Mancini, inspirada por um horóscopo que previa que Maria causaria problemas no futuro, exigiu em seu leito de morte que o cardeal trancafiasse Maria num convento e a mantivesse lá.

Cercado por estas jovens moças numa agradável atmosfera doméstica, era inevitável que Luís se apaixonasse por uma delas. Ou mais de uma. Não era uma questão de iniciação sexual. Havia uma tradição entre a sofisticada realeza europeia de que tal tarefa — ou privilégio — ficasse ao encargo de uma agradável dama mais velha da corte. Dizia-se que Luís mal havia chegado à adolescência, e a encantadora duquesa de Châtillon, conhecida como Bablon, tentara fisgá-lo. Uma rima desrespeitosa foi escrita sobre o tema por Bussy-Rabutin e sua pena afiada: "Se estás pronta / O rei não está... / Tua beleza merece mais / Que a menoridade." Agora, aos 15 anos, Luís estava pronto. Assim como no caso de Carlos II, que, enquanto ainda era príncipe de Gales, fora seduzido pela opulenta sra. Christabella Wyndham, acredita-se que Luís foi iniciado por uma das damas de companhia de maior confiança de sua mãe (ela tomara parte da fuga do Palais-Royal naquela noite fatídica). "Kate Caolha", como era apelidada a baronesa de Beauvais, tinha então 24 anos a mais que Luís, estando bem mais perto da idade de sua mãe do que da dele. Diz-se que o incidente ocorreu quando Luís voltava dos banhos — "ela o agarrou ou pelo menos o surpreendeu" — e que foi agradável o bastante para ser repetido em diversas outras ocasiões.[27]

É verdade que as provas para isto são baseadas em fofocas posteriores. Tanto Primi Visconti quanto o duque de Saint-Simon mencionam a história com confiança, embora o primeiro tenha chegado à França em 1673 e o último tenha nascido apenas em 1675. Ainda assim, parece haver base suficiente para conferir plausibilidade à história. Madame de Beauvais foi recompensada com uma casa e uma pensão — presumivelmente por serviços à mãe mais que ao filho, ou possivelmente aos dois. Mais convincentemente, o jovem Saint-Simon se lembrava dela, enrugada e àquela altura quase totalmente cega, sendo tratada com grande respeito em Versalhes por Luís XIV e recebendo aquele símbolo máximo de favor: uma conversa "particular" com o rei.[28]

No que diz respeito ao flerte romântico — enquanto oposto ao sexo —, Luís foi inicialmente cativado por Olympe Mancini e suas deliciosas *fossettes*, ou covinhas, e seus "olhos repletos de fogo". Olympe tinha uma reputação dúbia: era descrita como dona de uma natureza "pouco tocada por máximas cristãs", e havia rumores de que Luís dormia com ela. Certamente era uma possibilidade. É verdade que esta era uma época em que todas as moças tinham de entrar no mercado dos casamentos, a virgindade era altamente valorizada e as virgens, estritamente vigiadas: ou seja, os guardas do cardeal estavam por todo lado. Ainda assim, a carreira subsequente de Olympe a revelaria como uma mulher ousada e até mesmo amoral, sem medo de negociar seus encantos físicos para sua vantagem — ou seu prazer. Sempre houve aquelas que corriam o risco de romper as regras, e Olympe definitivamente estava entre elas. No curso do tempo, ela foi recompensada com um casamento na semirrealeza, com um príncipe saboiano que se tornaria conde de Soissons. A condição de Olympe era permanecer na corte francesa. Lá o seu ardor italiano e a sua aparência voluptuosa continuariam a ser admirados de modo geral — especialmente pelo rei.

Olympe Mancini conhecia as regras — as regras da corte determinadas pela rainha e pelo cardeal. Ainda assim, Luís já começava a desafiar a autoridade de sua mãe, especialmente quando seus próprios prazeres estavam em jogo. Em 1655, num chamado Petit Bal oferecido pela rainha em seus aposentos em homenagem a sua sobrinha Henriette-Anne, a rainha instruiu seu filho a abrir os procedimentos dançando com sua prima. Em vez de concordar, como exigia o protocolo, Luís deixou bem claro que preferia dançar com Victoire Mancini, duquesa de Mercoeur, e tomou-a pela mão, murmurando algo sobre não querer dançar com menininhas (Henriette-Anne tinha quase 11 anos, mas era pequenina para sua idade). Sua aparência, segundo a desgraciosa expressão de Luís, lembrava-o dos ossos das vítimas de Herodes.[29]

Era uma afronta calculada não apenas à família real inglesa, mas também à própria autoridade da rainha Ana. Furiosa, ela arrancou Victoire de Mercoeur da mão do filho. Em vão a pobre Henriqueta Maria correu para a rainha com a polida desculpa de que sua filha tinha dores no pé e por isso não desejava dançar. A rainha insistiu. Luís fechou a cara, mas por fim a vontade de sua mãe prevaleceu. Contudo, uma pergunta provavelmente permaneceu na mente de Ana, assim como na dos outros observadores do mal-humorado rapaz de 17 anos: até quando?

CAPÍTULO 3

A paz e a infanta

"Boas-novas, madame! (...) Trago a Vossa Majestade a paz e
a infanta."

— Cardeal Mazarin a Ana da Áustria, 1659

Por volta de 1657, Luís XIV, chegando aos 19 anos, já tinha idade
para se casar. É possível argumentar que ele era o mais brilhante
partido da Europa: e, sendo isso verdade, a única noiva que se poderia
equiparar a ele em sua soberba estatura era sua prima-irmã, a infanta
Maria Teresa. Este era o casamento pelo qual Ana da Áustria rezava
fervorosamente desde que os dois, praticamente ao mesmo tempo, estavam no berço. Da mesma forma, Isabel, mãe francesa de Maria Teresa,
inculcara em sua filha a incomparável majestade do papel de rainha da
França: alternativamente, uma grande princesa espanhola poderia ser
bem mais feliz num convento. Infelizmente, França e Espanha estavam
em guerra havia tanto tempo — e a Espanha agora abrigava o general
Frondeur rebelde, o príncipe de Condé — que havia obstáculos consideráveis no caminho destes acalentados sonhos.

Enquanto isso, havia muitos outros pais aristocráticos para quem o jovem rei da França parecia o genro ideal. Por exemplo, a irmã de Luís XIII,
Cristina, duquesa da Saboia, fez delicadas perguntas sobre as perspectivas
de sua própria filha, Margarida Iolanda.[1] Sempre havia muito a ser dito
em favor de um casamento franco-saboiano (razão pela qual tantos deles

ac, aconteceram durante os séculos do *Ancien Régime*). A posição geográfica da Saboia, entre a Áustria (a norte de sua capital, Turim) e os ducados italianos de Módena e Toscana, conferia-lhe perpétua importância estratégica para a França. Outra possível noiva italiana pertencia à família d'Este: era a filha do duque de Módena, cujo herdeiro havia recém-desposado Laura Martinozzi, sobrinha do cardeal Mazarin. Para quase toda princesa católica — e talvez algumas protestantes, preparadas como Henrique IV para considerar que o trono da França valia uma missa —, Luís XIV representava uma magnífica oportunidade de carreira.

Uma sugestão remota foi feita por um teólogo francês, apresentando a proposta à antiga rainha Cristina da Suécia, que estava em viagem pela Europa logo após sua abdicação.[2] Talvez esta enlouquecida, excêntrica e brilhante solteirona, com sua peruca parecendo "mais de homem que de mulher" e, ainda assim, com um decote altamente feminino, pudesse ser a noiva dos céus... Cristina manteve um pétreo silêncio quanto à sugestão, embora em teoria a ideia de tal casamento de fato representasse um prazer.

E quanto às princesas da realeza da França? A Grande Mademoiselle, agora com 30 anos, fora recentemente reintegrada à corte com palavras elegantes do rei: "Não falemos mais do passado." (Luís aprendera bem cedo a arte gentil e útil do perdão público.) Suas meias-irmãs, filhas do segundo casamento de Gaston, estavam em idade mais casadoira, ou melhor, parideira, pelos padrões da época. Embora a Grande Mademoiselle preferisse que o gosto do rei se voltasse para qualquer candidata que não estas princesas "inferiores", Marguerite-Louise aos 12 já era "bela como o dia".[3] E havia a meio-francesa, meio-inglesa Henriette-Anne, que, mesmo desdenhada como "menininha" por seu primo Luís, ainda precisava de noivo. Naturalmente, a rainha Henriqueta Maria sonhava com aquele que seria o maior de todos os partidos, e a rainha Ana, com seus sentimentos pelas ligações dinásticas — lembremos todos aqueles retratos —, teria aceitado a sobrinha que fora sua protegida desde o berço, se a infanta permanecesse indisponível.

Contudo, na opinião de Mazarin, nem o dinheiro da Grande Mademoiselle, nem a beleza de Marguerite-Louise ou a ascendência real impecável de Henriette-Anne contavam nesta situação. O que, para uma princesa, representava uma oportunidade de carreira era uma oportunidade diplomática para um rei (e seus conselheiros). O casamento de Luís XIV estava destinado, indubitavelmente, a ser uma grande questão de Estado. Assim exigia seu dever.

Entretanto, por um momento, uma semana, um mês, talvez um pouco mais, parecia que a firme chama do dever no coração de Luís, tão cuidadosamente alimentada por sua mãe desde seu nascimento, fenecia perigosamente à medida que a chama muito mais excitante do amor romântico explodia ao seu lado. O problema não era exatamente seu sentimento pela Cinderela Mancini, Maria, mas suas intenções para com ela.

Luís já se mostrava suscetível a um rostinho bonito e um olhar langoroso, e na corte, especialmente entre as damas de companhia mais jovens de sua mãe, sempre havia abundância de moças atraentes e interessadas em jogar exatamente um olhar daqueles em sua direção. Uma delas era Anne-Lucie de La Motte d'Argencourt, que, embora não fosse uma beleza impactante, tinha uma intrigante combinação de olhos azuis, cabelos louros e sobrancelhas naturalmente escuras (sobrancelhas negras, ao contrário dos cabelos negros, eram muito admiradas na época). Além disso, ela compartilhava da "violenta paixão" de Luís pela dança. Naturalmente, a rainha desaprovou o flerte, e, embora Luís galantemente se dispusesse a ignorar as críticas de sua mãe, a moça sentiu que a proposta lançava certa sombra sobre sua virtude. Por fim, a rainha Ana persuadiu o filho de que tudo era uma questão de pecado, e ele abandonou seu romance por um tempo — antes de recair e surrupiar Anne-Lucie durante um balé na corte. Após o incidente, Anne-Lucie disse que Luís tremeu durante todo o tempo em que a teve em seus braços.[4]

Contudo, a autoridade de Ana e Mazarin ainda estava em curva ascendente. Mazarin disse brutalmente a Luís que Anne-Lucie lhe traíra todos os segredos, quando, na verdade, a moça meramente tentara ganhar a estima do cardeal ao comentar com ele sobre o rei. Em todo caso, uma combinação da fúria dos dois e mais os ciúmes da esposa de um amante que Anne-Lucie de fato preferia resultou no seu encaminhamento para um convento em Chaillot. É um prazer relatar que, diferente de muitas meninas despachadas desta maneira naquela época, Anne-Lucie achou a vida no convento muito de seu agrado, recebia muitas visitas (ela não era uma freira enclausurada) e passou os 35 anos finais de sua vida em total alegria.

Sob o ponto de vista de Ana e Mazarin, Maria Mancini apresentava um desafio muito diferente. Observadores contemporâneos concordam em três coisas sobre a sobrinha do cardeal (além do fato de que, em geral, eles não gostavam dela). Estas foram suas conclusões: primeiro, ela não era sequer remotamente bonita; segundo, ela era intelectual e até mesmo estudiosa, de um modo que a maioria das mocinhas não era; terceiro, que, durante uma estação, ela foi "amante absoluta" do jovem Luís XIV, nas palavras da romancista condessa de La Fayette, tendo "forçado" o rei a amá-la.[5] A rainha Ana também acreditava que Maria Mancini tinha lançado um feitiço: furiosamente, ela comparou o ardil àquele pelo qual a feiticeira Armida capturara Reinaldo e o incitara aos prazeres sensuais em *Jerusalém libertada* de Tasso.

Mas, ainda assim, os prazeres que Maria Mancini delineava não parecem ter sido particularmente sensuais, a menos que o gosto por alto romance, peças e novelas possa ser considerado como tal. O que Geronima Mancini, a madrasta má — na verdade, mãe — da história de Maria deixara de perceber era a originalidade de sua filha para os padrões da época. Maria apreciava não apenas a pintura e a música, mas também tinha um ardente amor pela literatura. As peças heroicas de Corneille, em especial *Le Cid*, eram particularmente favoritas. Um gosto, claro, que Maria Mancini tinha em comum com a rainha Ana. Havia ali uma mistura inebriante de amor, honra, dever e renúncia, já que Chimena ama Rodrigo apaixonadamente, o assassino de seu pai, embora se sinta forçada por sua *gloire* pessoal a exigir a morte dele. Ao mesmo tempo, a orgulhosa infanta Urraca é inspirada com uma igual paixão inadequada por Rodrigo, mas em seu caso o que a inibe é a necessidade de que uma aristocrata se case com um aristocrata. " Os céus reservam um rei para ti", Urraca é censurada em certo ponto, e, ainda assim, "tu amas um vassalo".[6] Uma mulher que é obcecada por Corneille e seus altivos ideais cavalheirescos pertencia a uma classe diferente da maioria das moças de sua idade, para quem o livro de orações era o bastante, sendo os romances de sucesso de Madeleine de Scudéry o horizonte mais longínquo de suas leituras.

O padrão da educação das mulheres na França não era apenas baixo no século XVII, mas orgulhosamente baixo. Até mesmo uma mulher inteligente como a princesa des Ursins gabava-se de conhecer apenas seu catecismo e seu rosário, "como fazem as boas mulheres" (embora ela certamente conhecesse bem mais que isso). Acreditava-se que a maioria das mulheres não tinha qualquer necessidade de entretenimentos como a leitura e a escrita. A fraqueza física era igualada à fraqueza moral, para realçar a suposta inferioridade do sexo frágil. As mulheres eram, por natureza, seres desordenados e sequer responsáveis por suas próprias ações (e, portanto, sem qualquer autonomia legal).[7] Que necessidade tinham de educação?

As estimativas do número de mulheres que podiam de fato assinar seu próprio nome no período varia entre 34% e 14%. "Ó, fosse eu um varão, estudaria noite e dia", escreveu a panfletista inglesa Elinor James. Mas, já que não eram homens, o sexo feminino como um todo aceitava seu destino praticamente iletrado. Para as mulheres das classes altas, uma educação conventual, provida por influentes freiras individuais, oferecia possibilidades crescentes à medida que o século progredia. Contudo, mesmo neste caso, uma mulher inteligente como madame de Sévigné depreciava a qualidade dos ensinamentos fornecidos: ela rejeitou a ideia de um convento para sua neta, dizendo à filha, Juliette de Grignan, para quem escrevia com extrema abundância e constância: "Tu conversarás com ela [a neta]. Creio que isto tem mais valor que um convento." Conversas, declarou a grande missivista, eram melhores que a leitura.[8]

Fato era que, como a afirmação de madame de Sévigné indica, havia mulheres instruídas na França — em Paris —, e a arte da conversação era seu principal meio de expressão. Nos salões das mulheres brilhantes, astutas, cultas e refinadas — mais tarde apelidadas por Molière de as *Précieuses* —, as ideias fluíam durante a conversa. E das ideias vinha um

O AMOR E LUÍS XIV

tipo especial de entusiasmo, o que tornava insuportáveis outras companhias mais fleumáticas. Madeleine de Scudéry, por exemplo, sugeria que uma mulher numa conversação deveria demonstrar uma magnífica afinidade entre suas palavras e seus olhos, embora devesse, claro, tomar precauções para não soar "como um livro falando"; em vez disso, ela deveria falar "valorosamente sobre assuntos cotidianos e com austeridade sobre coisas grandiosas".[9] Mas estas mulheres e seus admiradores do sexo masculino deliberadamente constituíram seu próprio tipo de sociedade, com seus apelidos particulares e seus códigos, o que tinha pouco a ver com a corte, particularmente durante os anos problemáticos da Fronde.* Em suma, o jovem Luís XIV não conhecia muitas jovens brilhantes. Portanto, Maria Mancini apresentou-o tanto às artes, o que produziu uma marca para o resto de sua vida, quanto a um tipo de amor cavalheiresco.

Além disso, o fato de Maria não ser totalmente preocupada com as coisas da mente também ajudava. Ela era uma excelente amazona, e sua figura esbelta — esquálida, alguns diriam rudemente — significava que ela tinha uma fabulosa aparência vestida em roupas de rapaz sobre seu cavalo, onde as beldades mais rechonchudas da moda da época talvez não fizessem uma figura assim tão bela. Em veludo negro debruado com peles, combinando com um chapéu sobre os grandes olhos negros que eram sua melhor característica, ela era irresistível. Certamente não por coincidência, todos os primeiros amores do rei foram soberbas amazonas, capazes de se distanciar da corte se necessário, já que cavalgar nas florestas e clareiras em torno dos vários castelos reais oferecia algumas das poucas oportunidades de privacidade de que Luís dispunha.

Em consonância com o elemento Cinderela da história, o olhar do rei primeiramente recaiu sobre a negligenciada Maria quando sua desa-

---

* O nome *Précieuses* foi originalmente usado para mulheres deficientes em 1654, não para denegri-las, mas de modo descritivo. Logo, a partir dessa data, a palavra não deve ser identificada com a palavra inglesa "precious". A peça de Molière com esse nome que ridicularizou jovens mulheres com ideias afetadas sobre seus feitos (não a educação das mulheres) data de 1659. Seu sucesso teve como resultado a mudança do significado da palavra para algo com um tom crítico, porém bem-humorado.

gradável mãe estava morrendo no fim de 1657, e ele prestou uma série de visitas corteses à irmã de seu primeiro-ministro. Segundo Maria, o rei apreciava a franqueza que ela demonstrava em suas conversas: "O modo familiar sob o qual vivi com o rei e seu irmão [devido à intimidade do cardeal e da rainha] era algo tão fácil e prazeroso que me dava a oportunidade de expressar meus pensamentos sem reservas."[10]

Luís pôde desfrutar as delícias do resgate cavaleiroso, o sedutor pensamento de que ele transformara a vida de Maria com suas atenções. Como ela escreveu mais tarde em suas memórias,[11] era um prazer para Luís ser tão generoso com ela: o rei se via com Maria como Pigmaleão e Galateia, o escultor e a estátua de mármore que ele trouxera à vida. Em outras palavras, do seu próprio ponto de vista (de uma jovem comum de pouca ou nenhuma fortuna), "era o amor de um Deus". O Balé da Corte *Alcidiane e Polexandre*, de 14 de fevereiro de 1658, baseado num romance de Marin de Gomberville, continha estas estrofes: "Teu império, Amor, é um império cruel / Todo o mundo lamenta, todo o mundo suspira."[12] Mas nestes primeiros meses de seu relacionamento, Luís e Maria achavam que o império do amor não era nada além de delicioso.

O que Maria Mancini realmente oferecia a Luís nos inebriantes dias antes do inevitável casamento real — seria realmente inevitável? — era algo totalmente novo para ele, com sua criação por vezes traumática, mas, em termos particulares, sempre cuidadosamente protegida. É claro, ela possuía um amor incondicional por *ele*, em oposição a sua coroa, um tributo que, como qualquer rapaz destinado a uma grande posição, Luís achava imensamente sedutor. Mas havia mais no fascínio de Maria sobre ele, no "feitiço" que ela lançara, do que apenas isto. Maria, em seu modo "astuto, ousado e insinuante", oferecia independência dos desejos abertamente expressos da rainha e do cardeal.[13] Provavelmente até a desaprovação dos dois era excitante por ser novidade.

A situação para os de fora era especialmente desconcertante porque parecia bastante improvável que Maria e Luís dormissem juntos. Mais uma vez, comentadores contemporâneos, em nada simpáticos a Maria, acumularam-se para duvidar do fato. A rainha abdicada Cristina da Suécia passou uma semana na corte em Copiègne e não mais que isso — até mais do que o esperado — na França. Ela ficou com uma opinião desabonadora sobre a aparência de Maria Mancini: Cristina disse à Grande Mademoiselle que era uma pena que o rei não estivesse apaixonado por alguém mais atraente. Ainda assim, Cristina duvidava de que "ele [Luís XIV] um dia tenha chegado a tocar a ponta do dedo de Maria". Talvez não fosse *tão* platônico assim: a discreta madame de Motteville provavelmente expressou a verdade quando escreveu que o relacionamento "não era completamente sem seus limites".[14] Acontecimentos subsequentes mostrariam que a natureza de Maria era romântica e impetuosa, em contraste com suas irmãs francamente carnais e sedutoramente calculistas, Olympe e Hortense. Um caso físico — independentemente de quão longe chegasse — com Olympe Mancini ou a volúvel Anne-Lucie de La Motte d'Argencourt era algo que poderia ser tolerado como inofensivo (mesmo que pecaminoso, como a rainha nunca deixava de destacar) e discretamente encerrado com todos os armamentos da sociedade à disposição do cardeal e da rainha. Mas a cartada vencedora da trovejante desaprovação de Deus dificilmente poderia ser lançada contra uma amizade platônica, por mais intensa que fosse.

Foi quando Luís começou a refletir sonhadoramente sobre a possibilidade de se casar com a sobrinha de Mazarin que os perigos da situação alarmaram a rainha e o cardeal. Apesar das sugestões maliciosas de seus inimigos, não há qualquer indício de que Mazarin um dia tenha acalentado a ideia da união das famílias com seriedade, e há grande quantidade de indícios em contrário. Ele amava Luís, seu afilhado, sua criação, o pináculo de sua dedicação a seu país adotivo, e não gostava particularmente de Maria. Enquanto Luís namorava Maria Mancini, o cardeal estava envolvido numa série de engenhosas manobras com o objetivo de obter a paz entre França e Espanha — a paz e a infanta.

A grave doença de Luís no verão de 1658 serviu para concentrar a mente do cardeal na necessidade de um casamento real. Na superfície, aquele era um tempo de jubilosas vitórias francesas. As mudanças de alianças na Europa de meados do século XVII foram bem ilustradas pelo fato de que, em sua comum hostilidade contra a Espanha, a França recentemente se unira à Inglaterra cromwelliana (apesar da íntima relação dos franceses com a família real inglesa exilada). Na Batalha das Dunas de 14 de junho de 1658, que levou à tomada de Dunquerque do domínio espanhol, o celebrado comandante visconde de Turenne liderou os franceses, auxiliado por 6 mil soldados de infantaria ingleses sob o comando de Sir William Lockhart. As forças espanholas sob o comando de Dom Juan José da Áustria incluíam não apenas o ex-comandante de Turenne, o Grande Condé, mas também o irmão mais novo de Carlos II, James, duque de York.

O rei francês, que acreditava em partilhar os rigores de uma campanha com suas tropas tanto quanto possível, insistiu em alojar-se na vizinha Mardyck, apesar do desencorajamento de Mazarin. O cardeal destacou que os cortesãos estavam consumindo a comida do campo, necessária para o exército. Mas Luís não ouviu. Como Mazarin comentou secamente com um colega: "Ele é o senhor, mas nada me impedirá de dizer-lhe sempre o que acredito ser de seu interesse." O clima estava extremamente quente e Mardyck, notoriamente insalubre, com um odor perene de cadáveres por todo lado, alguns novos (houvera 4 mil baixas só do lado espanhol) e outros inadequadamente enterrados de antigas batalhas. Como escreveu madame de Motteville sobre estas presenças indesejáveis: "A secura da terra" preservou os corpos.[15]

Luís ficou doente, provavelmente com febre tifoide. Mesmo assim, ele discutiu com Mazarin sobre a necessidade de recuar para Calais. Uma vez lá, contudo, sua febre piorou horrivelmente, e muitos ao seu redor — numa época em que a morte súbita por uma doença como a febre tifoide era um fenômeno comum — temeram o pior. Por cerca de dez dias, ele esteve em extremo perigo. As reações resvalaram para o pânico. (Já foi bem salientado que a atenção da época sobre o filho mais velho "não levava em conta a morte súbita".)[16] A visão deste sol real eclipsando-se aos 19 anos de idade levou à concentração das atenções da corte sobre a nova luz no horizonte: Monsieur, então com 17 anos de idade. Foi neste momento que a notável submissão do espírito de Monsieur — subjugado desde o nascimento — foi demonstrada. Pois o próprio Monsieur jamais hesitou publicamente ou em particular em seu desespero pela doença de

O AMOR E LUÍS XIV

seu irmão e em sua total lealdade pessoal. Assim, este momento crítico na vida de Luís cimentou seus próprios sentimentos de proteção e lealdade para com seu irmão. A evidente homossexualidade de Monsieur — para a qual Luís não tinha paciência nos outros — não se colocou entre os dois.

Luís XIV se recuperou. Sua cura foi atribuída a doses de vinho temperado com vomitivos, como cássia (uma espécie inferior de canela) e sena. A esfuziante gratidão de todo o país, poupado da "mais dolorosa perda que a França poderia sofrer", segundo uma gazeta, deu ao cardeal Mazarin dois problemas.[17] Primeiro, a necessidade de encontrar uma noiva real adequada (e mãe de futuros reis) mais rápido que antes. O outro, claro, o problema de sua vivaz sobrinha Maria Mancini, que foi encontrada chorando junto ao leito de Luís durante sua doença. Uma viagem a Lyon no outono de 1658 teve por intenção resolver ambos os problemas, embora na época, ao que parece, não tenha resolvido nenhum deles. A viagem tinha a intenção de reunir dois jovens de uma maneira bastante pública, para verificar se um casamento poderia ser arranjado. As pessoas envolvidas eram Luís, rei da França, e (para aberto desgosto da rainha Ana) sua prima-irmã, Margarida Iolanda da Saboia. Enquanto a corte se dirigia para o sul rumo a Lyon, a rainha Ana alternava entre mau humor e fúria (sua adorável voz espanhola, ou com sotaque hispânico, tornava-se profundamente estridente quando ela ficava irritada). E Maria Mancini também fazia parte da grande caravana da corte.

Uma vez que chegaram a Lyon, o rei continuou suas flagrantes atenções a Maria. Eles riam juntos. Eles fofocavam: o estilo sarcástico de Maria fazia dela uma boa fofoqueira. Eles sussurravam conspiratoriamente. Maria Mancini cantava ao som da música que Luís tocava em sua adorada guitarra, enquanto o músico Lully, italiano tornado francês, compunha melodias para ela. Eles dançavam e cavalgavam juntos. E a rainha Ana permanecia dividida entre sua desaprovação à conduta desafiadora de seu filho e seu desânimo pelo projeto saboiano do cardeal (muito menos atraente para ela do que a cintilante visão da infanta...).

Quando as famílias reais de França e Saboia se encontraram, beijos formais foram trocados, demonstrando o anterior status da duquesa

Cristina como princesa da França. Margarida Iolanda provou ser suficientemente agradável, embora extremamente tímida: "A pessoa mais discreta e reservada do mundo." Sua aparência foi desdenhada pela Grande Mademoiselle, que geralmente achava algo desagradável para dizer sobre as mulheres mais jovens, afirmando que a moça tinha uma cabeça muito grande para o corpo. Mas ela tinha belos olhos, mesmo que o nariz fosse um tanto comprido. O maior defeito de Margarida Iolanda era sua pele "tostada de sol". Naquela época uma pele alva era tão valorizada que as mulheres da sociedade usavam máscaras ao ar livre para se proteger, especialmente durante as caçadas. Eventualmente, Margarida Iolanda não usara uma máscara. Naturalmente, Maria Mancini, assim como a Grande Mademoiselle, depreciou-a em particular para o rei.

Mesmo assim, a solene dança ritual dos encontros monárquicos do século XVII foi levada à frente. Outros casamentos foram mencionados. A Grande Mademoiselle com o jovem duque Carlos Emanuel da Saboia? Em sua adolescência, Anne-Marie-Louise fora bastante atraente, considerando suas posses materiais, muito embora tivesse um aspecto masculino: sua aparência a adequara para a posição de rainha guerreira na Bastilha durante a Fronde. Era verdade que ela era ossuda, com um proeminente nariz avermelhado e dentes feios num rosto comprido: mas ela tinha os cabelos claros e os olhos azuis admirados na época. Agora estava com 31 anos, e os cabelos claros já ficavam grisalhos. Esta era uma característica sobre a qual a Grande Mademoiselle comentou com a rainha Ana com o típico orgulho de raça que ela herdou de ambas as famílias nobres das quais descendia, embora em princípio ela se visse muito mais Bourbon do que Montpensier, referindo-se à mãe de sua mãe desdenhosamente como "minha avó distante: ela não era uma rainha".[18] Madame de Motteville lealmente destacou que a tez rosada e alva da Grande Mademoiselle não se apagara, mas dificilmente seria surpreendente que Carlos Emanuel não saltasse diante da oportunidade. Mais tarde ele se casaria com a bela meia-irmã mais nova da Grande Mademoiselle, Françoise-Madeleine d'Orléans.

Pobre Margarida Iolanda! Longe de se tornar a futura rainha da França, ela foi a vítima do momento das artimanhas do cardeal. Ele a presenteou com brincos de diamante e esmalte negro na intenção de que isso lhe servisse de consolo para o fato de que, durante todo o tempo, as placas tectônicas estavam se movendo sob a superfície da Europa dinástica, e não para vantagem dela. Quando o casamento saboiano parecia prestes a ser concluído, o rei Filipe IV da Espanha tomou providências de maneira dramática.

"Isto não pode ser e não será", esbravejou ele furiosamente para seus cortesãos. O cardeal vencera o jogo dos blefes: o rei espanhol se recusou a contemplar a possibilidade de um bloco territorial franco-saboiano tão hostil aos seus próprios interesses. Dentro de um espaço de tempo notavelmente curto, considerando a agressividade e a extensão da disputa militar entre os dois países, um enviado, o marquês de Pimentel, viajou para oferecer a mão da infanta. Quanto a Margarida Iolanda, alguns cuidados foram tomados para ocultar o fato de que ela fora rejeitada, já que uma princesa do século XVII tinha um certo valor de mercado que não era realçado por este tipo de incidente. Sustentou-se assim a ficção de que Saboia, e não a França, encerrara as negociações de casamento.

Houve um alívio universal na França com a perspectiva da paz, muito embora as negociações para o casamento entre o rei e a infanta, o que colocaria um ponto final no passado, fossem demoradas. Como um francês escreveu a um amigo sobre uma possível união com Maria Teresa em 1º de janeiro de 1659: "Todos aqueles que são bons franceses o desejam ardentemente. Isto colocará um fim na guerra, e ela será a rainha da Paz."[19] Estes sentimentos populares foram combinados a um espírito de exultante alegria na corte, embora num nível mais comedido. O próprio alívio de Ana da Áustria com o fim das negociações saboianas e suas esperanças de negociações futuras com a Espanha foi reduzido por seu desgosto com o comportamento de seu filho. Muito mais tarde, Maria Mancini fez um relato nostálgico sobre as celebrações que se seguiram: cada dama adorável tinha seu cavalheiro e cada galante cavalheiro tinha sua dama. "Fomos todos facilmente persuadidos de que o amor era a única coisa que importava, que este era o espírito de tais festividades."[20] Assim, em vários balés alegóricos, Maria representou os personagens de

A PAZ E A INFANTA

Vênus, de uma Estrela do Verão, uma fada, uma deusa e, em certa ocasião, até "minha rainha", como Luís murmurou em seu ouvido.

Um incidente deixou especial impressão em todos os cortesãos que o presenciaram. "Majestade desejou tomar de minha mão", escreveu Maria mais tarde, "e minha mão se chocou contra a empunhadura de sua espada, ferindo-se ligeiramente. Ele desembainhou a espada e atirou-a bruscamente." Ela acrescentou: "Sequer tentarei explicar com que ares ele o fez. Não há palavras para explicá-lo."[21]

Estaria Luís XIV ainda devaneando com o impensável: casar-se por amor com uma moça de uma família italiana modestamente nobre, que devia sua proeminência social inteiramente ao fato de ser sobrinha do impopular conselheiro do rei? Em determinado momento, Mazarin disse a Ana que Maria se estava gabando de que seu fascínio era tão grande que de fato podia forçar o rei a se casar com ela. Diante disso, Ana da Áustria positivamente esbravejou com o cardeal: se o rei fosse capaz de tal ação "desprezível", toda a França se ergueria contra o cardeal, "e eu lideraria os rebeldes".[22] Mas Luís XIV seria capaz de tal feito? A resposta parece ser a proverbial hesitação entre sim e não.

Por um lado, a agitação da rainha só se explica em termos do evidente poder de Maria Mancini sobre Luís, aquele feitiço *à la* Armida que, dizia-se, ela havia lançado. Por outro lado, Luís sempre soube nos recônditos de seu coração que sua mãe e o cardeal estariam lá para resgatá-lo. Voltaire colocou a situação eloquentemente em sua história escrita no século seguinte: Luís XIV "amava [Maria] o bastante para se casar com ela e era suficientemente senhor de si para manter-se dela apartado."[23] Contudo, ele tinha o benefício da visão em retrospecto, o completo conhecimento do homem notoriamente controlado que Luís se tornaria. Mas talvez não se tratasse tanto do autocontrole de Luís neste ponto, mas do domínio de Ana e Mazarin sobre ele, do treinamento no dever que ele não podia e finalmente não desejava deixar de lado.

Mazarin passou a primavera e o verão em negociações de paz, acompanhadas por debates paralelos pela mão da infanta. Evidentemente, o cardeal, com a saúde fragilizada e torturado pela gota, via a "Paz da Infanta" como sua última dádiva a seu país adotivo. Era difícil imaginar algo menos vantajoso para sua própria reputação ou para o futuro da França do que um casamento com sua sobrinha. Esta era a verdade nua e cruel: grandes reis simplesmente não se casavam com moças como Maria Mancini, independente de quão ousadas ou adoráveis fossem. Eles faziam delas suas amantes.

Ainda assim, Luís rejeitou esta alternativa — que provavelmente não estava disponível de qualquer modo — e passou o verão devastado por lágrimas, esperanças e pelos lembretes de sua mãe quanto a suas obrigações. As duas cenas cruciais que colocaram um fim à crise tiveram ambas seu elemento simbólico. Ana da Áustria, tomando um archote, conduziu Luís para seu *appartement de bains*, sua câmara íntima de relaxamento, para a qual o rei, quando menino, corria tão ansiosamente e onde brincava tão alegremente. (O a*ppartement* tinha um propósito secundário: era um retiro particular. Por exemplo, foi lá que Ana recebeu Dom Juan José, o filho ilegítimo de seu irmão Filipe IV, numa visita extraoficial à França.) Mãe e filho passaram uma hora sozinhos. Mais tarde, a rainha Ana, fazendo confidências a madame de Motteville, desabafou com aquela clássica profecia dos pais: "Um dia Luís me agradecerá pelo mal que lhe causei."[24]

Quanto a Maria Mancini, quando ela percebeu que o jogo romântico do amor estava acabado — que o império do amor era de fato cruel, como no dito de *Alcidiane* —, suas desoladas palavras finais foram simples: "Tu me amas, és o rei, e eu me vou." Mais tarde tais palavras seriam adaptadas por Racine em sua peça *Bérénice*, quando o imperador Tito se refere tristemente à necessidade "inexorável" de glória que o assombra e é "incompatível" com seu casamento com a rainha estrangeira. Quando Bérénice compreende que seu choroso amante real a está dispensando, ela exclama amargamente: "*Vous êtes empereur, Seigneur, et vous pleurez.*" ("Sois o imperador, Senhor, e chorais.")

O ponto de vista de Luís talvez tenha sido mais bem expresso pelo celebrado aforista do período, o duque de La Rochefoucauld, que declarou "a maior admiração pelas paixões nobres, pois denotam grandeza d'alma... não podem ser justamente condenadas". Luís exibira o que via como grandeza de sua alma em sua nobre paixão e não acreditara deveria ser condenado. Mas agora ele mudava de ideia. A condessa de La Fayette escreveu que, ao romper com a enfeitiçante Maria, Luís permaneceria para sempre mestre tanto de si quanto de seu amor.[25]

A última entrevista de Maria com o rei, na qual estas tristes palavras foram ditas, aconteceu em 13 de agosto de 1659. Ela foi despachada com as magníficas pérolas da rainha Henriqueta Maria, que Luís exigiu que Mazarin comprasse da viúva empobrecida — certamente um presente de mau agouro. Mais ternamente, Luís deu a Maria um filhote spaniel de Friponne, a cadela favorita da rainha Ana, com as palavras "Eu pertenço a Maria Mancini" gravadas na coleira de prata. Maria retirou-se para o campo e esperou pelo casamento que seu tio agora providenciaria para ela. O escolhido, um italiano de extrema grandeza, o príncipe Colonna (a orgulhosa Maria não quis pairar como figura rejeitada na corte francesa), ficou surpreso ao descobrir que sua esposa era virgem. Como disse o príncipe, ele não esperava encontrar "inocência entre os amores dos reis".

O Tratado dos Pireneus entre França e Espanha foi assinado em 7 de novembro de 1659. Por meio dele, a França ganhava territórios como Gravelines, a maior parte de Artois, parte de Hainault e alguns locais ao sul de Luxemburgo, assim como Roussillon, incluindo Perpignan. Da mesma importância era o estado de paz entre os dois países e a oportunidade de recuperação das inevitáveis depredações da guerra de ambos os lados dos Pireneus. O Grande Condé retornou à corte francesa em janeiro de 1660, prestando deferência em Aix quando a rainha Ana e o rei Luís faziam uma viagem para o sul. Mais uma vez, como com a Grande Mademoiselle, Luís se revelou mestre das graciosas palavras de reconciliação que prometiam perdão e até mesmo esquecimento. Outro resíduo de problemas passados, o tio de Luís, Gaston, morreu em fevereiro. Isto permitiu a Monsieur assumir o ducado de Orléans, título tradicional do segundo filho Bourbon, assim como seus abastados *apanages* ou territórios. Enquanto "Monsieur", ele já era o homem mais importante da França depois do rei. Do mesmo modo, qualquer futura esposa sua seria simplesmente conhecida como "Madame", em sua própria simplicidade a mais honorífica de todas as alcunhas, excetuando-se a de rainha.

Durante esta viagem, Ana e Luís visitaram o santuário de Cotignac, ao qual a mãe atribuía o "presente dos céus" da concepção do filho — e seu sexo masculino. Juntos, mãe e filho ajoelharam-se por muito tempo em preces silenciosas na capela de Notre-Dame-des-Grâces, antes de colocar uma fita azul do Espírito Santo aos pés da estátua da Virgem. A rainha Ana também pagou por seis missas a serem rezadas anualmente. Depois eles atravessaram Carcés em seu caminho de volta a Brignoles.*

Enquanto isso, muitos relatos positivos sobre o caráter da infanta Maria Teresa eram disseminados pelo cardeal. Ela era, afinal, uma grande parte do acordo, como demonstra o diálogo de Mazarin com a rainha Ana:

— Boas-novas, madame!

— O quê? Haverá a paz?

— Ainda mais que isso, madame. Trago a Vossa Majestade a paz e a infanta.[26]

O apego de infância de Maria Teresa à imagem de seu primo foi destacado e como aquela juvenil adoração amadurecera em algo mais terno com o passar dos anos. Lá estava uma jovem que enrubescia diante do retrato de seu primo e com as alusões das damas de companhia, meio jocosas, meio lascivas, sobre o possível futuro dela com Luís. O fato de Luís ter demonstrado uma precoce predileção por uma mulher inteligente e espirituosa — não uma grande beleza, mas alguém que compreendia a nova arte da conversação elegante — foi deveras esquecido. No entanto, isso forneceu uma pista valiosa sobre o comportamento do rei no futuro: ele era um homem que precisava, ou melhor, que *esperava* ser entretido. Infantas, afinal, não divertiam as pessoas: este não era o seu papel, e certamente não era o caso daquela jovem reclusa e dócil, que fora criada segundo a impiedosa etiqueta da aprisionadora corte espanhola. As restrições impostas a ela podem ser deduzidas de uma história contada sobre a infanta alguns anos mais tarde. Quando uma freira lhe perguntou se

---

* Uma visita ainda celebrada num vívido afresco representando a comitiva real, localizado na frente da prefeitura. Além do rei, da rainha e do cardeal, a obra apresenta um mosqueteiro — talvez d'Artagnan — e duas mazarinettes, presumivelmente não incluindo Maria.

A PAZ E A INFANTA

ela não desejara agradar aos jovens na corte de seu pai, Maria Teresa teria replicado: "Ah, não, irmã! Pois não havia rei algum entre eles."[27]

Em termos de família, a infanta vivenciara mais um deserto do que uma prisão. Sua mãe, Isabel da França, faleceu quando Maria Teresa tinha 6 anos, e seu único irmão, Dom Baltasar Carlos, quando ela tinha 8. Depois disso, Maria Teresa tornou-se herdeira presuntiva do trono espanhol (é bom lembrar que as mulheres podiam herdá-lo) até o nascimento de seu meio-irmão, Filipe Próspero, do segundo casamento de seu pai em 1657; houve também uma meia-irmã, Margarida Teresa, nascida em 1651, notoriamente pintada quando menina por Velásquez. Infelizmente, esse segundo casamento de Filipe IV com sua própria sobrinha, Mariana da Áustria, não ofereceu a Maria Teresa a harmonia pela qual ansiava sua natureza afetuosa. Muitas madrastas nesta época de grande mortalidade materna entravam facilmente no lugar da verdadeira mãe, e forneciam apoio amoroso para a família existente. A nova rainha, apenas alguns anos mais velha do que a própria Maria Teresa, era preguiçosa e ambiciosa demais: também se ressentia da posição de sua enteada, bem como dos carinhosos sentimentos do pai para com ela.[28]

Sob as circunstâncias, foi tocante como a jovem infanta, em suas entrevistas formais com os plenipotenciários franceses, enfatizou seu respeito por sua futura sogra, a rainha Ana. "Como vai a rainha minha tia?" foi a primeira coisa que Maria Teresa perguntou ao duque de Gramont em Madri. Esta era a mensagem que ela desejava transmitir: "Diga à minha tia que sempre serei obediente à sua vontade."

As referências de Maria Teresa a Luís XIV eram extremamente mais formais. O jovem casal já tivera oportunidade de trocar retratos, e Luís agora tinha permissão para escrever para Maria Teresa. Endereçada "À Rainha", a carta de Luís começava: "Não foi sem luta que me dobrei até agora aos argumentos que me impediam de expressar os sentimentos de meu coração a Vossa Majestade." Agora que a situação felizmente mudara: "Estou encantado por começar a assegurar-te por meio destas linhas que a felicidade não poderia encontrar ninguém que a deseje mais apaixonadamente (...). Tampouco haverá alguém mais feliz em possuí-la."[29]

O AMOR E LUÍS XIV

A absoluta rigidez da corte espanhola pode ser percebida pelo fato de que Filipe IV declarou ser "muito cedo" para que esta respeitável embora artificial carta fosse entregue. Uma recatada entrevista entre a infanta e o emissário de Luís, o bispo de Fréjus, resultou em que este último sussurrou no ouvido dela que tinha um segredo para lhe contar. Ele exibiu a carta proibida que trazia escondida na mão. Maria Teresa não fez qualquer tentativa de conhecer seu conteúdo (como muitas jovens, incluindo princesas, talvez tivessem feito), mas apenas repetiu que seu pai a proibira de recebê-la. O máximo que ela se permitiu dizer foi que o rei, seu pai, garantira que tudo logo seria arranjado.

Mesmo assim, sem Maria Mancini a seu lado — não mais sussurrando doces e maliciosas frivolidades em seu ouvido e impossibilitada de denegrir a infanta —, Luís parece ter adotado a ideia de seu casamento com algum entusiasmo. Com aquele senso de sua própria grandeza inculcado desde o nascimento, ele estava contente por se casar com uma grande princesa. Também funcionou bastante em favor dela o fato de Luís ter ficado sabendo que Maria Teresa havia dito estar apaixonada por ele (e pela França) havia muito. Ao contrair casamento, estado que ele declarou oficialmente necessitar com urgência, Luís também abandonava o pecado. Muito pelo contrário, ele aderia alegremente às regras da Igreja que determinavam que os jovens de nível adequado se casassem e se reproduzissem: exatamente o que Mazarin e Ana desejavam que ele fizesse. Nos termos dos ensinamentos católicos, ele estava conquistando paz para a sua consciência, a paz e a infanta.

Segundo o costume para a realeza europeia, dois casamentos deveriam acontecer. Um casamento por procuração, no qual um certo dignitário espanhol, Dom Luís de Haro, representou o papel do noivo, ocorreu em Fuenterrabia, dentro das fronteiras espanholas, em 3 de junho de 1660: o local foi uma igreja simples, embora lhe tenha sido emprestada pompa pelo fato de a decoração, incluindo tapeçarias especialmente importadas, ter sido organizada pelo idoso pintor da corte espanhola, Velásquez. O rei da Espanha, entregando sua filha, estava pálido e imponente nas cores sóbrias — cinza e prata — apreciadas pela corte espanhola. A coisa mais notável sobre a aparência da noiva, enquanto ela

A PAZ E A INFANTA

se transformava de infanta Maria Teresa em rainha Marie-Thérèse,* foi seu penteado bufante e bizarro (para os padrões franceses). O excesso de joias e uma massa de cabelos falsos, encimada por um ainda mais desfigurador "tipo de cabelo branco", extinguiram por completo uma de suas grandes vantagens, seus cabelos louros magnificamente espessos. A descrição foi da Grande Mademoiselle, que decidiu comparecer em caráter anônimo ao casamento por procuração e deixou um relato interessantemente malicioso do evento.[30]

Além dos cabelos, Maria Teresa tinha outra qualidade muito louvada no período: sua translúcida pele alva, aquela protegida pele branca de uma suprema aristocrata, sobre a qual nenhum plebeu raio de sol jamais recairia. Sua testa era um pouco alta demais, e a boca um tanto grande. Contudo, seu saliente lábio inferior "Habsburgo", um traço considerado herança da grande ancestral Margarida de Borgonha e que castigaria a família Habsburgo por diversas gerações, não era considerado uma desvantagem na época; era, na verdade, um emblema de ascendência real. Seus olhos, embora não fossem grandes, tinham uma tonalidade particularmente cintilante de azul-safira. Mas mesmo que observadores simpáticos vissem em Maria Teresa uma semelhança com a rainha Ana, ainda bela à beira de seu 60º aniversário, o fato era que a esta nova esposa espanhola faltava a qualidade proeminente em sua antecessora e que a todos impressionara, amigos ou inimigos: sua régia imponência.

Maria Teresa, como Ana, tinha tendência a engordar, mas, por ser muito mais baixa que a tia, parecia atarracada. As enormes saias rodadas que usava, ampliadas por anáguas estofadas e armadas chamadas saias-balão, mas descritas por uma francesa como "monstruosas máquinas", não ajudavam a natureza. Maria Teresa não apenas não fora instruída no francês — uma omissão chocante e insensível para uma moça naturalmente tímida e confusa —, mas também não fora educada para compreender a importância da dança, um elemento cada vez mais vital da corte francesa, considerando-se a paixão do rei por ela. (E incidentalmente

---

* A autora utiliza o nome francês ao longo do livro, mas será mantida a grafia original (Maria Teresa) na presente tradução. (*N. da T.*)

uma das poucas ocasiões públicas em que homens e mulheres podiam atuar em conjunto.) Maria Teresa não tinha uma formação pobre, mas os ensinamentos que recebera jamais encorajaram qualquer interesse verdadeiro pelas artes que seu futuro marido começava a amar. Com suas joias, seu cabelo falso e sua imensa saia não me toques, Maria Teresa era uma figura hierática; mas não era graciosa e nem atraente.

Quando de seu casamento por procuração, Maria Teresa, como futura rainha da França, já havia renunciado a seus direitos ao trono espanhol num documento que levava uma hora e meia para ser lido. Entre os presentes, alguns decerto notaram uma cláusula particular no tratado de casamento, exigida pelos franceses: se o dote de 500 mil *écus d'or* da infanta não fosse pago pela Espanha, estes direitos de sucessão retornariam a ela... Mas poucos teriam previsto as nefastas consequências a longo prazo desta provisão aparentemente razoável.

No começo de maio, a comitiva real da França partiu para o sul para o segundo casamento, o "verdadeiro" casamento, marcado para acontecer em St. Jean-de-Luz, próximo a Bordeaux, em 9 de junho.* Uma visita prestada no caminho apontava respectivamente para o futuro e o passado. Foi a visita de cortesia ao castelo de Blois, onde o rei era muito admirado por suas três jovens primas, a bela Marguerite-Louise e suas irmãs mais novas, Élisabeth e Françoise-Madeleine. Uma das damas de companhia das jovens, uma mocinha de 14 anos chamada Louise de La Vallière, também fitou com assombro o homem que desde a infância ela aprendera a ver quase como um deus e cujo retrato dominava o salão da casa de sua família. Mas enquanto as moças Orléans foram encorajadas a acompanhar seu primo adiante na viagem, a assombrada Louise permaneceu em Blois.

Neste ponto, a rainha Ana se encontrava em estado de grande alegria: ela estava a um passo de um triunfo pelo qual esperara e rezara durante muito tempo. A rainha escreveu uma carta para Maria Teresa

---

* Por volta desta data, Carlos II estava prestes a ser restaurado no trono da Inglaterra em seu 30º aniversário (29 de maio segundo o calendário inglês, que estava dez dias atrás da contagem do continente no século XVII). Diferente de 1648, 1660 foi um bom ano para a realeza.

em março (a infanta teve permissão para receber esta missiva) que começava com a saudação: "Madame, minha filha e sobrinha" e prosseguia: "Vossa Majestade pode facilmente acreditar na satisfação e alegria com as quais lhe escrevo, dando-lhe o nome [isto é, filha] que desejei dar-lhe por toda a minha vida."[31] Como Simão no templo, a rainha Ana se despedia em paz dos deveres de rainha da França que ela cumprira por tanto tempo, em favor da sucessora de sua escolha.

O primeiro vislumbre que o jovem casal teve um do outro demonstrou que Luís XIV não esquecera nenhuma lição de sedução romântica que lhe fora inculcada por Maria Mancini (que ainda padecia na França neste momento, esperando que seu casamento italiano fosse finalizado). O vislumbre ocorreu em consequência do encontro formal — extremamente formal — em Fuenterrabia em 4 de junho entre irmão e irmã, o rei Filipe e a rainha Ana. Fazia 44 anos que os dois não se viam, durante os quais seus respectivos países haviam estado em guerra por um longo período.

Em mais um testemunho da rigidez espanhola, o rei Filipe apenas inclinou a cabeça, em vez de dar o abraço talvez esperado pela rainha Ana, com seus severos anos de corte espanhola já no passado distante, embora ambos tivessem lágrimas nos olhos. Contudo, quando se tratou da questão da guerra, Filipe forneceu uma explicação satisfatória e até teológica: "Foi o demônio quem a arquitetou", declarou ele em espanhol.[32] Em todo caso, a partir daí, foi com alegria que os irmãos (que desposaram outro casal de irmãos) partiram para uma conversa sobre o futuro, também em seu espanhol nativo, que foi muitíssimo mais relaxada.

— Pelo andar da carruagem — disse Filipe —, logo teremos netos.

— Sim, de fato — respondeu a rainha. — Todavia, desejo um filho para meu filho mais do que uma noiva para meu sobrinho.

Ela se referia ao filho e herdeiro de Filipe IV por seu segundo casamento, Filipe Próspero, na época com 3 anos de idade. Foi uma conversa bastante bem-humorada e houve até brincadeiras sobre o tema do patriotismo.

— Estou certa de que Vossa Majestade haverá de me perdoar por ser uma boa francesa — comentou Ana, referindo-se à guerra recente.

— Eu devia isso ao rei, meu filho, e à França.

A isso, Filipe respondeu que a rainha da Espanha, sua falecida esposa francesa, tivera uma postura exatamente oposta: "Apenas o desejo de me agradar."

Neste ínterim, Luís recebeu permissão de passar diante das janelas da grande câmara onde tudo isto acontecia: assim, os noivos poderiam examinar um ao outro, a distância e em silêncio. Em vez disso, Luís enviou uma mensagem a Mazarin dizendo que chegaria ao portal da câmara de conferências sob o disfarce de "um homem desconhecido". A rainha Ana concordou prontamente com a aparição, mas novamente o rei Filipe interveio rigidamente: Maria Teresa não poderia sequer retribuir à saudação do desconhecido. "Não antes que ela tenha cruzado aquele portal." Em todo caso, o astuto Monsieur conseguiu arrancar de Maria Teresa, que sorria nervosamente, a admissão de que "o portal me parece muito elegante e muito bom".

Seja como for, o pseudoencontro foi um sucesso. Luís declarou que Maria Teresa seria "fácil de amar" e Filipe o descreveu como um genro de bela aparência. Quanto a Maria Teresa, em público ela contemplou em silêncio a vida em outro país com "o portal"; mas em particular ela admitiu: "Decerto é muito bonito..."

Mesmo assim, Maria Teresa partiu da Espanha em 7 de junho numa torrente de lágrimas, lamentando com sua principal dama de companhia, a duquesa de Molina: "Meu pai, meu pai..." Como Filipe, Maria Teresa sabia que era improvável que se reencontrassem em vida. Não era costume que princesas estrangeiras revisitassem sua terra natal: era preciso ceifar os laços emocionais. O retorno de Maria Teresa à Espanha só ocorreria em circunstâncias excepcionais, como o fracasso e a anulação do casamento.

Dois dias depois, o casamento "verdadeiro", ou francês, aconteceu na pequena igreja de St. Jean-de-Luz, originalmente do século XIII e recém-reformada. O evento foi considerado tão augusto que o portal de entrada, atravessado pelo casal de noivos, foi bloqueado logo depois.*
Maria Teresa, tecnicamente já rainha da França, usava um vestido co-

---

* E até hoje permanece bloqueado, com um placa explicando a razão.

A PAZ E A INFANTA

berto por flores-de-lis, símbolo real; seus cabelos descobertos se mostraram tão espessos que foi difícil prender neles a coroa. Seu manto foi carregado por duas das mais jovens princesas de Orléans. Luís estava tão vistoso quanto imponente em veludo negro, ricamente cravejado de gemas preciosas. Cumprindo seu papel com a compostura exigida pelos costumes e por seu próprio senso de comportamento adequado para a realeza, Luís estava agora ávido por, digamos, ir direto ao ponto: a consumação de um casamento real era uma parte tão importante da cerimônia quanto os ritos religiosos e os cumprimentos dos cortesãos, se não a mais importante.

Imediatamente após o jantar, o rei sugeriu que se retirassem para seus aposentos. Maria Teresa deu vazão a algumas hesitações donzelescas — era cedo demais —, mas ao ouvir que o rei esperava por ela, mudou o tom e implorou que suas damas de companhia — "Rápido, rápido!" — acelerassem os elaborados rituais, o vestir e o despir considerados necessários para que uma rainha encontrasse um rei pela primeira vez na cama. Apropriadamente, seria a mãe de Luís quem fecharia os cortinados da cama para o casal de noivos antes de sair.[33]

A noite de núpcias foi um sucesso, diferente da maioria das noites de núpcias na história dos casamentos reais. O casamento desejado tão ardentemente por Ana da Áustria por mais de 21 anos parecia pronto a realizar todas as suas esperanças.

CAPÍTULO 4

A face risonha de nossa corte

Nossa corte redescobre sua face risonha.
— La Fontaine, "Ode a Madame" (Henriette-Anne)

Em 26 de agosto de 1660, o rei e a nova rainha desfilaram pelas ruas de Paris na tradicional cerimônia da Entrada Real. Foi uma exibição magnífica de panóplia e poder, tanto espiritual quanto temporal. Isto é, foi a Igreja que liderou a procissão: padres e monges brandiam crucifixos e entoavam as litanias dos santos, seguidos por soldados e cortesãos. Maria Teresa foi transportada numa carruagem puxada por seis cavalos cinza, com sua pessoa envolta em ouro e cada centímetro de tecido coberto por joias preciosas, tão ricamente bordado que ela deslumbrava o olhar. Já que a rainha não aceitara coroações separadas — o que era considerado um mau augúrio porque Henrique IV fora assassinado imediatamente após a coroação de Maria de Médici —, esta foi sua apresentação aos súditos de seu esposo. Maria Teresa sorria graciosamente, retribuindo às saudações. A bela figura de Luís, cavalgando um vigoroso corcel baio cujos arreios também cintilavam com joias, deixou uma profunda impressão nas multidões que testemunharam o desfile.

Entre estes, observando de uma sacada, estava Françoise d'Aubigné, 25 anos, esposa do autor teatral Paul Scarron. "Não creio que poderia haver uma visão mais bela no mundo", escreveu ela no dia seguinte. "E a rainha deve ir para a cama esta noite muito contente com o esposo que escolheu."[1] Esta última observação pode ter sido um reflexo inconsciente de seu próprio casamento muito diferente com o inválido dramaturgo (que faleceria seis semanas depois). Mas era também uma alusão a Luís como noivo simbólico da França casando-se com uma noiva da Espanha que trouxera "a paz como seu dote": um arco alegórico no começo da Pont Notre-Dame, um entre muitos, teve como tema a vitória do Amor Conjugal sobre Marte, o Deus da Guerra. Outra jovem, Louise de La Vallière, ainda a serviço das princesas Orléans, contemplava seu herói em silencioso êxtase.

Se o Amor Conjugal não venceu o Deus da Guerra para sempre — como a história subsequente de Luís demonstraria em larga medida —, é certo que ele manteve seu domínio nos primeiros meses do casamento. A cerimônia foi seguida por uma jornada de lazer de dois meses e meio a partir do sul. Durante este período e em diversas estações vindouras, Luís prestaria assídua corte à sua jovem esposa, como de fato faria, ao seu modo, pelo resto da vida dela. No século anterior, o celebrado ancestral de Luís e Maria Teresa, o imperador Carlos V, aconselhara seriamente seu filho Filipe II a "manter vigilância" sobre si mesmo e a não se entregar aos "prazeres do casamento" em demasia, para que não prejudicasse sua saúde. Não foi este o conselho dado a Luís XIV — e nem teria sido bem-aceito por sua esposa. Há uma história que afirma que Maria Teresa usou a oportunidade da noite de núpcias para fazer com que o rei jurasse jamais abandoná-la, e dormir todas as noites a seu lado.[2] Seria surpreendente que a outrora infanta tivesse suficiente astúcia mundana nesta época para extrair uma promessa tão inteligentemente calculada, mas a verdade é que o rei realmente terminava todas as suas noites — incluindo algumas madrugadas com o passar do tempo — na cama da esposa. Pela manhã, ele seguia para seu *lever* oficial ou cerimônia do vestuário, deixando Maria Teresa para aquele sono espanhol mais longo e preguiçoso, tão querido da rainha Ana. No que dizia respeito ao ato do amor, Maria Teresa deixou claro que estava "muito contente com o esposo que escolhera", na frase de Françoise Scarron: ruborizava, esfregava as pequeninas mãos brancas e aceitava brincadeiras na manhã seguinte. Ela também comungava com frequência para indicar uma união real na noite anterior, com votos de que o resultado fosse uma criança dentro de nove meses.

Portanto, o casamento não deu errado nos aposentos. E, a princípio, Luís se deleitou com a aprovação generalizada ao seu caminhar de virtude, liderada pelas loas de sua mãe e da Igreja. Como relatou madame de Motteville, que a tudo observava: ele apreciou a "paixão legítima" que sua esposa tinha por ele.[3] (A paixão que Maria Mancini sentira por ele não era "legítima" e nem a rebeldia adolescente ligada a ela.) Alguns anos após seu casamento, escrevendo instruções futuras para seu filho bebê, Luís disse ao menino para pedir a Deus "uma princesa que lhe fosse agradável".[4*] Ao menos neste sentido, Deus ou os conselheiros de Luís certamente tiveram sucesso. O problema era que Maria Teresa era sem graça. Sem interesse pelas artes, ela formou um pequeno mundo de língua espanhola a seu redor, com seus cães de estimação e seus anões também de estimação, tradicionais companheiros de uma infanta espanhola como visto nos retratos de Velásquez. Seu único entusiasmo, os jogos, mesmo sendo um frequente passatempo em todas as cortes — tanto Ana quanto Mazarin jogavam —, dificilmente poderia ser descrito como inspirador.

Com o tempo, ela exibiria um traço possessivo e ciumento, de modo que a exigência da noite de núpcias talvez tenha ocorrido de fato, mas Luís XIV era perfeitamente capaz de interpretar tais ciúmes como elogios ao seu ego. O que enfraqueceu Maria Teresa aos olhos de seu marido foi sua inata relutância em aceitar o papel público de rainha da França em suas implicações mais abrangentes. (É irônico notar que ela teria sido uma excelente rainha da Espanha.) Luís XIV ainda não sabia bem o que queria de sua primeira-dama — algum tipo de astro para refletir a luz de seu radiante sol —, mas o instinto de explorar a situação já estava lá.

No fim das contas, a pessoa cujas mais altas esperanças foram realmente cumpridas foi Ana da Áustria. Assim como Maria Teresa encon-

---

* As *Memórias para a instrução do delfim*, iniciadas em 1661 por Luís XIV, passaram por várias versões; embora o rei recebesse considerável assistência, ele sempre desempenhou um papel essencial na publicação, e, portanto, os sentimentos são dele.[5]

A FACE RISONHA DE NOSSA CORTE

trou a mãe a quem ela estava determinada a se submeter, Ana encontrou sua "filha" real, o nome que ela desejara dar a Maria Teresa por toda a vida, como escrevera em março. Ambas imensamente devotas, as duas rainhas passavam horas agradabilíssimas visitando conventos, orando juntas e tomando parte em outras práticas religiosas. Com o tempo, não houve dúvidas quanto à retirada de Ana de circulação *à la* Simão. Elas formavam uma espécie de unidade beata, falando entre si apenas em espanhol (em consequência disso, o francês de Maria Teresa nunca evoluiu realmente, de modo que era uma sorte que o rei fosse capaz de falar algo de espanhol). Claro, tudo isto poderia ter sido muito pior. A rainha engravidou pontualmente no começo de 1661, cumprindo assim o que muitos, se não Luís XIV, provavelmente pensavam ser sua única função. Contudo, a gravidez deixou seu jovem e ativo marido com uma boa quantidade de energia sobrando.

Providencialmente, como pareceu na época, o protocolo real estava prestes a fornecer ao rei uma companheira nas diversões. Além disso, tratava-se de uma mulher idealmente talhada para atuar como primeira-dama da corte, embora fosse, na verdade, apenas a terceira dama da corte durante a vida da rainha Ana. Esta era Henriette-Anne,[*] prima-irmã de Monsieur, com quem se casou em março de 1661, numa daquelas alianças com o intuito de resolver o destino dos personagens que restaram sem par no drama, como no fim de uma peça de Shakespeare. (Uma das outras protagonistas, Maria Mancini, finalmente se casou com o príncipe Colonna algumas semanas mais tarde e partiu para Roma: mais uma vez, ela foi um instrumento da política de seu tio, pois neste ponto Maria teria preferido o príncipe Carlos de Lorena, mas isto não viria a ocorrer.)[6] Como esposa do irmão do rei, Henriette-Anne agora era designada pelo título majestosamente simples de "Madame".

Aos 16 anos, Henriette-Anne, duquesa de Orléans, considerada a melhor dançarina da corte, já era uma criatura muito diferente do fiapo de princesa

---

[*] Em português, diversas publicações se referem a ela como Henriqueta Ana. Mas, seguindo o costume de traduzir apenas nomes de monarcas, e para preservar a consonância com todos os outros nomes franceses da corte que aparecem nesta obra, o nome original será mantido na presente tradução. (*N. da T.*)

outrora desprezada por seu primo Luís. Ninguém zombaria de Madame agora, não tanto por falta de coragem, mas porque ninguém queria fazê-lo. Todos estavam caindo de amores cavalheirescos por Henriette-Anne: ela mesma viria a dizer, sarcasticamente sobre este período, que até Monsieur ficou apaixonado por ela durante seis semanas. A condessa de La Fayette comentou que a corte estava impressionada pelo brilhantismo da jovem que antes fora uma criança calada no canto dos aposentos de sua tia.[7]

No que dizia respeito à sua aparência, a juventude certamente tinha um papel no encanto de Henriette-Anne: o versejador Jean Loret, autor de *A musa histórica*, descreveu-a como "a beleza desta primavera". Madame de Motteville louvou o viço natural de sua tez de "rosas e jasmins", seus dentes perfeitos, o cintilar de seus olhos negros como os de sua mãe (os cabelos louros também haviam escurecido).[8] Henriette-Anne tornara-se alta, sua silhueta franzina se enchera, e sua graça natural ajudava a esconder o fato de que suas costas ainda eram um pouco curvadas. Ela era uma magnífica amazona, bem como bailarina, e com uma paixão pela natação que talvez fosse uma das poucas coisas que ela devia à sua linhagem inglesa. Carlos II, o irmão mais velho que ela reverenciava e recentemente visitara na Inglaterra para marcar seu futuro casamento, era um nadador fanático. De certo modo, ela nunca parecia precisar de sono, indo tarde para a cama e acordando suas criadas na aurora, em contraste com a sonolenta Maria Teresa.

No que dizia respeito aos seus gostos, Henriette-Anne tinha um amor passional pelo paisagismo, algo que partilhava com o rei: cisnes devidamente graciosos flutuavam nos lagos ornamentais de seus jardins no Palais-Royal. Ela tinha uma bela coleção de pinturas, incluindo um Van Dyck representando sua família inglesa e um Correggio exibindo Madalena arrependida. Henriette-Anne também adorava atuar como musa para escritores. O jovem Racine (nascido um ano depois de Luís XIV) dedicou sua peça *Andrômaca* a ela, louvando-a não apenas por sua inteligência, mas também por sua influência benigna no que dizia respeito às artes. "A corte vê você", escreveu ele, "como árbitra de tudo o que é adorável."[9]

Mas madame de Motteville apontou o verdadeiro segredo da atração que todos (incluindo seu marido homossexual por um breve período)

A FACE RISONHA DE NOSSA CORTE

sentiam por Henriette-Anne: era seu encanto, um "algo nela que fazia com que as pessoas a amassem", um "certo ar lânguido" que ela adotava na conversação, nas palavras de Bussy-Rabutin, que convencia as pessoas de que ela estava pedindo por seu amor "em qualquer coisa trivial que dissesse". Em suma, ela não fora capaz de tornar-se rainha — coisa que desejara ardorosamente, assim como sua mãe —, mas, "para remediar este defeito, ela queria reinar no coração dos homens honestos, e encontrar sua glória no mundo por meio do encanto e da beleza de seu espírito".[10] O protocolo ditava que esta autointitulada Rainha dos Corações deveria, na ausência da verdadeira rainha, dirigir cada entretenimento, em todos os lugares, com seu cunhado, o verdadeiro rei.

"Nossa corte / Redescobre sua face risonha / Pois enquanto Marte florescia / O Amor padecia...", escreveu La Fontaine em sua "Ode a Madame".[11] Mas antes que esta redescoberta estivesse completa, o novo modo de governar a França teve que ser estabelecido na primavera de 1661. A saúde do cardeal Mazarin tornava-se progressivamente frágil, e, muito antes de sua morte em 9 de março de 1661, aos 58 anos, já estava claro que ele fenecia. Assim, o rei teve uma temporada extra à sua disposição para decidir quem substituiria o grande ministro, aquele que de fato controlara a França desde que Luís era capaz de se lembrar. A rainha Ana, após chorar inconsolavelmente, encomendou um enorme túmulo de mármore para seu fiel amigo.* Para pasmo dos conselheiros de Luís, ele anunciou que não haveria substituto para o cardeal Mazarin. No futuro, ele presidiria pessoalmente seu governo.

Foi uma decisão baseada, como se pode imaginar, num desejo há muito reprimido de ser dono de seu próprio destino, que apenas a perspectiva da morte de Mazarin revelou a Luís por completo. Alguns acreditavam, secretamente, que esta decisão era o último capricho do rei, a ser revogada em breve: uma análise de sua personalidade que se provaria absolutamente equivocada. Claro, Luís tinha a assistência de seu Con-

---

* O túmulo ainda pode ser visto no palácio do Institut de France, um monumento magnífico, poupado das depredações da Revolução Francesa porque era usado como depósito de grãos.

selho. Alguns dos membros eram, de acordo com a convenção, velhos aristocratas, ou soldados, ou uma combinação dos dois. Ele também era auxiliado por ministros altamente inteligentes, como Jean-Baptiste Colbert. Lá estava um homem entrando na casa dos 40 anos quando da morte de Mazarin, cujo pai havia sido um comerciante insignificante, mas que tinha, por diligência e eficiência, aberto seu caminho para o alto do sistema burocrático francês. Enquanto assessor confidencial do cardeal, Colbert já se mostrara digno de confiança em assuntos íntimos como a questão de Maria Mancini (e ele tinha uma esposa também confiável). A mente ordeira de Colbert mesclou-se perfeitamente à do rei. Sua dupla ambição era ascender pessoalmente e revigorar a economia da França, atormentada como a de qualquer país envolvido em prolongado estado de guerra. E, por fim, havia o intendente de Finanças, um homem que talvez esperasse substituir Mazarin: o inteligente e poderoso — e por vezes corrupto — Nicolas Fouquet. Restava saber que surpresa o rei, que já surpreendera a todos com esta decisão, trazia na manga para ele.

O poder do rei da França neste momento era absoluto em teoria, mas na prática não era absolutamente ilimitado. Os Estados Gerais, compostos de três classes sociais — nobreza, clero e povo —, não se reuniam desde 1614 (e não se reuniriam, incidentalmente, até o verão de 1789). Mas os vários *parlamentos* das províncias, dirigidos pelo Parlamento de Paris na capital, certamente não eram desprovidos do poder de protestar sobre assuntos como impostos, como ficara demonstrado por seu comportamento à época da Fronde. As lições da Fronde e sua supressão, os perigos de uma aristocracia turbulenta, ainda estavam frescos na mente de todos, inclusive do rei, cuja infância fora marcada pelo evento. Sensivelmente ou não, o rei Sol fez questão de deixar claro que, fora do calor hedonista que ele deitava sobre a corte, havia frieza, empobrecimento — e fracasso pessoal.

Ainda assim, o tipo de reinado que ele agora buscava exibir foi tão marcado por sua diligência quanto por seu hedonismo. No que tocava à diligência, "todos admiraram a extraordinária mudança", segundo o Chevalier de Gramont, e houve uma surpresa geral com a "brilhante emergência de talentos" que o rei outrora ocultara. Certamente estaria

A FACE RISONHA DE NOSSA CORTE

muito longe da verdade ver em Luís XIV o tipo de indolência divertida que caracterizou seu primo-irmão Carlos II, agora seguramente estabelecido do outro lado do canal. Carlos bocejava e escrevia bilhetes em reuniões de conselho, enquanto se perguntava quando chegaria a hora de sair para caçar. Luís não bocejava, e não escrevia bilhetes e, quanto às caçadas, isto também tinha seu lugar em dias fanaticamente bem organizados, mas nunca em detrimento de suas longas horas de trabalho. Luís não era apenas trabalhador deste modo, mas demonstrava um interesse e uma exigência obsessivos por detalhes. Isto se estendia não apenas às ordens e decisões militares, mas a assuntos como arquitetura e decoração, até os mínimos detalhes. Por exemplo, ele criticou as figuras nos leques reais e mandou alterá-las — um bastão deveria estar erguido mais alto, havia muitos anões num outro (uma alfinetada em Maria Teresa?), bem como muitos cães em outro ainda (Luís adorava cães, de modo que se tratava puramente de uma falha de composição).[12] Em sua incansável diligência, uma característica de toda a vida, Luís XIV se assemelhava ao seu ancestral obcecado por trabalho, Filipe II da Espanha.

Por outro lado, o austero rei espanhol certamente jamais desfrutou uma temporada como o brilhante primeiro verão do mandato pessoal do rei Sol. Todos haviam conhecido épocas difíceis, até mesmo Maria Teresa com sua triste infância. Mas agora estavam livres. E todos eram extremamente jovens. Luís e a grávida Maria Teresa tinham ambos 21 anos; Monsieur tinha 20; o aniversário de 17 anos de Henriette-Anne ocorrera em junho. As damas de companhia de Madame, como Louise de La Vallière, que conseguiu ser incorporada a seu serviço, eram também muito jovens, um fato que se refletia no apelido dado a estas mocinhas: "o jardim das flores." Havia piqueniques. Havia passeios ao luar. O balé estava sempre no centro das graciosas distrações. Numa ocasião particular em Fontainebleau, houve um Balé da Corte em que os principais bailarinos foram o rei, Henriette-Anne e "o homem mais belo da corte", o conde de Guiche (embora muito cobiçado por Monsieur, o conde se declarara dramaticamente enamorado de Madame: notícia nada bem-vinda para o temperamento ciumento de Monsieur). Um dispositivo mecânico foi desenvolvido para mover o palco vagarosamente de uma alameda silvestre para a outra, de

O AMOR E LUÍS XIV

modo que "uma infinidade de pessoas" se aproximava imperceptivelmente numa dança infinita, por assim dizer, à música da época.[13]

Há uma imagem inesquecível que emerge desta estação celestial, que compreendeu — o tempo diria — as horas mais felizes da vida de Henriette-Anne. Madame saíra para nadar com suas damas, como fazia todos os dias no alto verão, viajando numa carruagem devido ao calor. Mas ela voltou na garupa do cavalo, seguida por suas damas "em vestes galantes, mil plumas balouçando sobre suas cabeças", acompanhada pelo rei "e toda a juventude da corte". Depois houve uma ceia e, ao som de violinos, eles passearam em carruagens em torno dos canais pela maior parte da noite.[14] A única pessoa proeminente entre eles que não estava na juventude era a agora rainha viúva Ana. Ela se alienou cada vez mais dos alegres folguedos, e foi neste ponto que a idade avançada na qual teve seus filhos começou a se fazer notar: ela completaria 60 anos em outubro.

Se Henriette-Anne era de fato a Rainha dos Corações, sua ambição, na opinião dos observadores da corte — e quem não estava permanentemente contemplando o rei? —, era que um dos corações capturados fosse o de seu cunhado. Não há dúvidas de que, em algum ponto neste verão, Luís e Henriette-Anne caíram suave e alegremente de amores um pelo outro, talvez por algum tempo sequer compreendendo o que lhes estava acontecendo. Cada um encarnava o ideal do outro. Enquanto Maria Teresa teria sido uma perfeita rainha da Espanha, Henriette-Anne, graciosa e culta, certamente teria sido uma magnífica rainha da França. Talvez a vida pessoal de Luís XIV tivesse sido muito diferente se, por alguma virada do acaso diplomático, a infanta não lhe estivesse disponível. Neste caso, Ana da Áustria teria promovido sua outra sobrinha, e, dada a restauração de Carlos II ao trono inglês em 1660, talvez com sucesso. Isto não equivale a presumir uma improvável fidelidade vitalícia por parte de Luís XIV. Contudo, o respeito que ele sentiu subsequentemente por sua inteligente cunhada e a verdadeira e profunda afeição que sempre nutriu por ela — uma carta de seu punho muitos anos depois atesta o fato*

---

* O rei escreveu em Dijon em 1668: "Se eu não te amasse tanto, não teria escrito, pois não tenho nada a dizer-te após as notícias que já passei a meu irmão."[15]

A FACE RISONHA DE NOSSA CORTE

— revelam a melhor de suas atitudes em relação ao sexo feminino. E ela era uma princesa. Em algum ponto, uma oportunidade se perdeu.

Nesta época, o romance floresceu dia e noite — ou, em todo caso, em muitas noites. Uma grande parte disso aconteceu em Fontainebleau: esta tinha sido a residência favorita de Francisco I, que a transformara num palácio renascentista no século XVI. Agora, com seu vasto parque e a mágica floresta nas redondezas — "um deserto nobre e belo", dizia Loret — , Fontainebleau parecia talhado para o prazer íntimo. A corte ali permaneceu de abril a dezembro de 1661 (seria a mais longa permanência de todo o reinado).[16]

Apesar de toda a sua complacência marital, Luís de modo algum perdera aquele traço romântico fatalmente desperto por Maria Mancini. O casamento de Henriette-Anne com Monsieur, depois de algumas semanas idílicas nas quais ela desfrutou a paixão do rei, sedimentou-se numa série de pequenos jogos de ciúmes em torno do tema de seus admiradores mútuos. Monsieur, ansioso por dar-se um filho e herdeiro da nova casa de Orléans, estava no mínimo assíduo em seus deveres conjugais. Portanto, este não era o problema. O problema era: quem — mesmo sua mulher — poderia concentrar-se em Monsieur quando havia a oportunidade de desfrutar a admiração cavalheiresca de seu irmão mais velho...?

Contudo, o romance teve vida curta. E permanece em aberto se este breve período conteve um caso amoroso completo. Um autor recente indagou sobre o tema: que diabos havia para impedi-los?[17] Isto pode ser verdade para duas celebridades modernas, mas a resposta para um monarca e a esposa de seu irmão no século XVII era: um monte de coisas. É interessante notar que o termo "cunhada" não existia; tais relações eram consideradas diretamente incestuosas. Aos olhos da Igreja — e, portanto, aos olhos tanto de Luís quanto de Henriette-Anne devido à sua inerente formação — eles eram agora irmão e irmã. Assim, se poderia supor que havia beijos e talvez um pouco mais, mas não a completa consumação, que teria colocado os dois num estado alarmante de pecado capital. Já que um notório método de controle de natalidade na época era o coito interrompido, privar-se do ato final era algo costumeiro.

A condessa de La Fayette, que escreveu suas memórias sobre Henriette-Anne, e cujo grande romance *A princesa de Clèves* envolvia um amor romântico e ilegítimo (mas não consumado), analisou a relação desta forma: tudo era muito fácil para os dois, escreveu ela, duas pessoas nascidas com temperamentos galantes — ou seja, sedutores — e reunidas todos os dias em meio a prazeres e diversões. Luís e sua cunhada estavam "a ponto de se apaixonar, se não mais". Entretanto, havia uma inocência naquilo tudo, certamente da parte dela. Henriette-Anne acreditava que queria apenas agradar a Luís como cunhada, mas "creio que ela também se sentia atraída por ele de outra maneira. Igualmente, ela acreditava que ele só lhe interessava como cunhado, embora ele de fato a atraísse".[18]

O fim do caso chegou com uma virada que teria caído nas graças de Jean-Baptiste Poquelin, o "excelente poeta cômico" e dramaturgo conhecido como Molière. Ele alcançou seu primeiro grande sucesso com *Les Précieuses ridicules* em novembro de 1659, quando chegava ao fim da casa dos 30 anos (em 1663, ele receberia uma pensão de mil luíses do rei). Claro, foi a reação horrorizada de Ana da Áustria o que precipitou o drama: como ela não se chocaria com a conduta que agredia o próprio cerne de sua religião — e de sua família?

Usando madame de Motteville como sua intermediária, a rainha Ana avisou sua sobrinha, agora nora, sobre os perigos de sua conduta inapropriada, aquelas aventuras noturnas "contra a decência e a saúde" e assim por diante. Henriette-Anne prometeu corrigir-se, mas, num verdadeiro estilo cômico, inventou uma trama com Luís por meio da qual eles poderiam continuar seus flertes em segredo. "Seus sentimentos naturais eram contra a prudência", comentou a dama de companhia tristemente. O estratagema foi: o rei fingiria admiração por uma das jovens damas do "jardim das flores" de Henriette-Anne e, sob este pretexto, visitaria a cunhada com a frequência que lhe aprouvesse. Dificilmente surpreende que, como é típico de tais conspirações travessas, por fim Luís realmente tenha se apaixonado pela moça que deveria ser apenas uma fachada.[19]

Esta era Louise de La Vallière. Ela não foi a primeira candidata: esta fora mademoiselle de Pons, que foi chamada de volta a Paris para cuidar de seu tio, o marechal d'Albret; depois, Luís voltou suas atenções para mademoiselle de Chémérault, antes de finalmente se interessar por Louise. Naquele momento ela foi considerada particularmente adequada porque tinha uma óbvia e comovente paixão pelo rei. O que Saint-Simon censuraria furiosamente uma geração depois como "a ansiosa veneração, o quase culto" pela realeza, "oposto a todo o bom-senso", já era vivenciado no coração desta jovem.[20] Talvez o retrato do rei em sua casa em Touraine tenha iniciado o sentimento, ou talvez tenha sido a visita que o belo rapaz fez ao castelo de Blois a caminho de seu casamento.

Os observadores foram rápidos em examinar os textos dos Balés da Corte, assim como os balés em si, para indicações do futuro. No *Balé das estações* de 23 de julho de 1661, Henriette-Anne dançou no papel da deusa Diana, cercada de ninfas. Uma delas era Louise. Seu adequado papel foi o da Primavera; nos versos do poeta Benserade: "Esta beleza recém-nascida (...) É a Primavera com suas flores / Quem promete um ano bom."[21] O balé teve um sucesso tão grande que foi reencenado cinco vezes em um mês. O que não se soube durante as semanas seguintes foi o fato de que Henriette-Anne engravidou do primeiro bebê de Monsieur na mesma data ou em dia próximo (Marie-Louise d'Orléans nasceu no dia 27 de março de 1662). O ciúme e a indignação de Monsieur com o comportamento de sua esposa e seu irmão assumiram a forma de uma incessante atenção marital — o que seus ciúmes sempre provocavam quando se tratava de Henriette-Anne. Além disso, ele precisava de um filho, ou ao menos uma filha, que na tradição Bourbon faria um excelente casamento real.

Louise-Françoise de La Baume Le Blanc de La Vallière nasceu em 6 de agosto de 1644: portanto, ela era algumas semanas mais nova que sua ama Madame e quase seis anos mais jovem que Luís. Ela vinha de uma família fielmente monarquista, da nobreza menor de Touraine. Seu pai era um soldado que fora notavelmente bravo na batalha de Rocroi, travada alguns dias após a ascensão de Luís XIV. Louise, com um irmão dois anos mais velho, desfrutou uma infância feliz, embora austera, na pequena propriedade de La Vallière em Reugny, nordeste de Vouvray, até a morte de seu pai quando ela tinha 7 anos. Sua mãe então se casou novamente, com o marquês de Saint-Rémy. Talvez o canto das carmelitas na casa ao lado de sua residência de infância tenha deixado uma impressão permanente sobre as sensibilidades de Louise. Ela decerto exibiu por toda a vida um temperamento ardorosamente religioso e uma seriedade com o assunto que sobrepujava muitos de seus contemporâneos na corte francesa.

Portanto, pode parecer surpreendente que ela não tenha optado por um convento em sua juventude (uma decisão que a teria poupado de um grande tormento pessoal por um lado e, por outro, das delícias do mais sofisticado amante em seu mundo conhecido). Mas isto seria não compreender as circunstâncias financeiras nas quais uma moça entrava num convento. Ela precisava de um dote. Mas a verdade é que o dote para uma freira — a noiva de Cristo — era, por costume, muito menor que o exigido de uma noiva de um ser humano mais trivial, razão pela qual em famílias grandes com muitas filhas, a mais velha poderia ter a sorte de encontrar um marido, e a mais nova poderia ter a sorte de encontrar um convento razoável e não muito restrito. A aparência era importante: os conventos podiam ser vistos como latas de lixo úteis; basta lembrar como a mãe de Maria Mancini considerava que a falta de atrativos da filha a designava para o convento e não o casamento, mesmo sendo ela a irmã do meio. As preferências pessoais não exerciam um papel dominante: o duque e a duquesa de Noailles, que tiveram nove filhas, foram elogiados por serem "tão cristãos e tão sensíveis" a ponto de permitir que suas filhas escolhessem o hábito ou não. As contínuas censuras dos clérigos contra pais que encerravam as filhas contra sua vontade em conventos mostram como a prática era comum.[22]

Mas o convento não era a única opção. Uma jovem do século XVII e sem fortuna, mas acima da classe trabalhadora (cujas mulheres simplesmente encontravam trabalho onde fosse possível), também podia buscar uma casa mais abastada onde servir com requinte. Lá ela seria sustentada; lá, tendo feito os imprescindíveis contatos sociais, ela poderia finalmente encontrar um marido.

A FACE RISONHA DE NOSSA CORTE

No caso de Louise, seu primeiro passo, como notado, foi na residência das três princesas de Orléans mais jovens (as filhas de Gaston) em Blois, que tinham praticamente a sua idade. Compartilhando a vida com elas, Louise foi educada e, ainda mais importante, foi treinada nos costumes da realeza, aprendendo a vital arte cortesã da dança, por exemplo.[23] E, claro, todas as princesinhas — lideradas pela mais velha, Marguerite-Louise — sonhavam casar-se com seu augusto primo Luís XIV quando crescessem.

Louise tinha uma personalidade dócil e submissa. Tinha ânsia por agradar, ânsia por obedecer, tudo combinado com um recato natural que era muito ao gosto da época numa jovem que adentrava a sociedade: ela foi descrita como uma "violeta oculta entre a grama" por madame de Sévigné, em aprovação.[24] Contudo, esta violeta oculta tinha um lado levado devido à sua criação campestre: era uma notável amazona, capaz de controlar um cavalo berbere em pelo com apenas uma rédea de cetim para guiá-lo. Um acidente numa cavalgada durante sua juventude resultara numa fratura no tornozelo, e ela caminhava com uma leve claudicância, mas aparentemente não afetava sua capacidade de dançar ou montar. Como vimos com Maria Mancini, a habilidade equestre ousada e talentosa era um importante aspecto dos primeiros amores de Luís XIV, pois assegurava uma certa privacidade (Henriette-Anne era outra excelente amazona).

Quanto à aparência, ninguém jamais descreveu Louise como bela, mas todos a consideravam atraente: "sua graça era mais bela que a beleza", como escreveu o abade de Choisy em suas memórias, citando La Fontaine.[25] Sua evidente vulnerabilidade — mais do que nunca, aqui estava a inocente virgindade que os sacerdotes sempre enfatizavam como estado ideal de toda jovem — também fazia parte do pacote. Um admirador local, Jacques de Bragelongue, foi desdenhado pela mãe de Louise como muito pobre, mas nada danoso ocorreu no relacionamento.* Esta

---

* Alexandre Dumas, em *O visconde de Bragelonne* (*sic*), terceiro romance da série *Os três mosqueteiros* publicado em meados do século XIX, inspirou-se nesta história, antes de passar para o destino subsequente da moça em *Louise de La Vallière*.

inocência era algo que atraía a Igreja e os sedutores em igual medida, ainda que por razões opostas.

Se Louise tinha algum defeito pelos padrões físicos da época, era sua falta de um busto apropriadamente farto. Para ocultar seu peito raso, ela se habituou a usar fitas no pescoço com grandes laços, que funcionavam como uma espécie de enchimento.* Um pescoço fino, com ares infantis, dava-lhe um ar indefeso. Por outro lado, ela tinha um cabelo claríssimo, quase cor de prata, grandes olhos azuis, que exibiam o que geralmente era descrito como um olhar sereno, e uma voz suave.

Estima-se que o ataque do rei à virtude de Louise durou seis semanas, antes que ela entregasse aquilo que *Os amores de Mademoiselle de La Vallière*, um panfleto anônimo, descreveu eufemisticamente como "aquela graça arrebatadora pela qual os maiores homens fazem votos e preces".[26] Neste ponto, o rei não estava livre do eterno problema do amor ilícito: onde fazê-lo. Louise, como mera dama de honra, vivia com suas colegas sob o olhar vigilante de uma governanta, e os aposentos do rei eram uma espécie de assembleia pública onde as pessoas se aglomeravam, ansiosas por estabelecer uma posição por sua presença junto ao soberano. A resposta foi o aposento do bom amigo de Luís, o conde de Saint-Aignan: como todos os cortesãos favorecidos pelo rei, Saint-Aignan recebeu um aposento no castelo, neste caso convenientemente no primeiro andar (muitos cortesãos se espremiam em apertados sótãos para preservar aquela preciosa proximidade com a cena real). Lá, segundo o mesmo panfleto, Louise implorou: "Tenha piedade de minha fraqueza!" E lá, após uma duração apropriada para o cerco, o rei não teve piedade alguma.

A resistência inicial de Louise não era uma farsa. Sua religiosidade era genuína e, para ter sacrificado sua virgindade, de algum modo ela teve que se convencer — ou ser convencida — de que dormir com o rei era uma espécie de dever sagrado. Mas, claro, esta relutância donzelesca não desencorajou o pretendente de modo algum, especialmente por ele estar bem cônscio de que sua presa estava louca de paixão "pela pessoa"

---

* Um *lavallière* ainda hoje é descrito no *Larousse* como uma gravata com um grande laço.

dele. Uma história sobre um incidente pastoral aparece no século XVIII, cujo verdadeiro autor talvez tenha sido Marivaux, em vez de Molière. Louise se sentou à sombra de uma pérgula com algumas damas e confidenciou-lhes o assunto do rei: "A coroa nada acrescenta ao encanto de sua pessoa; ela até reduz o perigo [de se apaixonar por ele]. Ele seria completamente irresistível para um coração impressionável mesmo que não fosse o rei." Surpresa! O próprio Luís estava escondido atrás da pérgula com um camareiro e ouviu tudo.

Mas embora a proveniência da história seja incerta, já que Versalhes figura nela (e na época não tinha sido reconstruído), ela atinge a nota correta para a caçada de Luís à moça e para o senso de perigo de Louise, combinado com sua tímida confissão de que este rei em particular não precisava de qualquer coroa para ser atraente para as mulheres. A questão não era o afrodisíaco da coroa, mas o afrodisíaco de sua pessoa: essa era a mensagem tão sedutora que Luís sentira em Maria Mancini e novamente em Louise. Bussy-Rabutin, impressionado pela devoção apaixonada de Louise, escreveu que ela teria amado o rei da mesma forma, ainda que suas posições estivessem trocadas, com ela como rainha e ele apenas como um cortesão comum.[27] Verdade ou não, Luís acreditava que era certo. E, claro, ao longo dos dias, semanas de sua perseguição (complicada temporariamente quando uma perplexa e indignada Henriette-Anne finalmente compreendeu o que estava acontecendo), Louise chorava. Suas lágrimas de ansiedade, lágrimas de angustiante indecisão e, finalmente, lágrimas de submissão também foram parte interessante desta clássica sedução.

Um dos traços originais da personalidade de Louise era sua ausência de materialismo, ou o que muitos teriam pensado na época como falta de atenção apropriada aos seus próprios interesses e aos de sua família e círculo próximo. Mas ela não tinha seu círculo, e não tentou criar um. Nisto ela se destacava de praticamente todas as mulheres na vida de Luís. Esta singularidade, que talvez tenha nascido da necessidade de sentir que suas razões para amar o rei eram puras e até de certo modo sagradas, não foi percebida prontamente pelos que estavam a seu redor. Fouquet, intendente de Finanças, já estava sob ameaça, pois o determinado Colbert apresentou ao rei copiosas evidências de seu enriquecimento à custa do Estado. Fouquet,

O AMOR E LUÍS XIV

inconsciente do problema em formação, achou que havia identificado um método sutil de se manter ligado ao rei subornando Louise.

Louise ficou ultrajada, assim como o rei, que acreditou, equivocamente, que Fouquet, na verdade, tentara fazer amor com a moça, quando seu verdadeiro objetivo era simplesmente estabelecer uma linha útil de comunicação com seu senhor. Nada disso ajudou o futuro do ministro, que decidiu dar um esplendoroso banquete a 17 de agosto em seu vasto palácio de Vaux-le-Vicomte, construído para ele pelo arquiteto Le Vau no fim da década de 1650.*

O rei e a família real compareceram. Todo o evento tinha por objetivo homenagear o jovem senhor de Fouquet, com a vantagem adicional de demonstrar a riqueza e a magnificência de um grande homem. Mas seria sábio exibir mais riqueza e magnificência que as do soberano? Numa época anterior à construção e ocupação oficial do palácio de Versalhes, Vaux-le-Vicomte era obviamente mais esplêndido que qualquer das residências do próprio Luís. Na semana anterior ao banquete, Fouquet soube que a rainha Ana havia feito o seguinte comentário sobre seu estilo de vida, ao qual o intendente de Finanças poderia ter prestado mais atenção: "O rei gostaria de ser rico e não aprecia os que são mais ricos que ele, pois aqueles podem lançar-se em empreitadas que ele não pode financiar; e de qualquer maneira, o rei está bastante convencido de que a grande riqueza de tais homens lhe foi usurpada."[28]

Com a frieza — uma qualidade nova no comportamento do rei — e o sigilo ensinados a ele em sua juventude, Luís compareceu ao grande banquete dando todos os sinais de prazer. Depois, em setembro, Fouquet foi preso, acusado de corrupção e encarcerado (sob duras condições) pelo resto da vida. É verdade que esta foi apenas a face pública da queda de Fouquet. Houve razões particulares, relacionadas à vasta fortuna de Mazarin e aos métodos dúbios pelos quais ela fora adquirida, métodos que Luís (que a herdou) e Colbert (outrora empregado de Fouquet) estavam ansiosos por ocultar. Ainda assim, foi simbólico que

---

* Vaux-le-Vicomte permanece até hoje como um monumento magnífico ao alto estilo do *grand siècle* — e aos perigos de Ícaro tentando voar mais alto que o rei Sol.

o rei também tenha confiscado a imaginação artística de Fouquet, por assim dizer. O arquiteto Le Vau, o pintor Carlos Le Brun e o incomparável paisagista Le Nôtre, o time que criara Vaux-le-Vicomte para Fouquet, logo viriam a criar Versalhes para Luís XIV.

Em 1º de novembro, a propícia festa católica de Todos os Santos, a rainha Maria Teresa deu à luz um menino "num parto feliz", Luís de France, um delfim a quem seu pai deu o novo título de "Monseigneur". Durante o parto de 12 horas, atores e músicos espanhóis dançaram um balé sob as janelas reais, com harpas, mas também com guitarras e castanholas para recordar Maria Teresa de sua terra natal. Só podemos torcer para que estes sons espanhóis tenham distraído a pobre rainha, que não parava de gritar em sua língua nativa: "Não quero parir, quero morrer."[29] Contudo, dentro de alguns meses, ela ficou grávida novamente.

Cinco dias após o nascimento do delfim, a madrasta de Maria Teresa também deu à luz: o nascimento destes dois bebês talvez tivesse ecoado a proximidade dos nascimentos de Luís e Maria Teresa se fossem de sexos opostos, e o casamento teria sido imediatamente vislumbrado, como a rainha Ana previra em Fuenterrabia. Em vez disso, o recém-nascido Carlos se tornou o novo herdeiro do trono espanhol (seu irmão mais velho, Filipe Próspero, falecera), derrubando tanto sua meia-irmã Maria Teresa quanto sua irmã Margarida Teresa na linha de sucessão. Mas por quanto tempo? Desde a primeira infância, ficou evidente para os médicos que o infante Carlos não estava destinado a uma vida longa. Embora este prognóstico acabasse por se revelar bastante equivocado, a análise dos médicos sobre sua condição frágil, tanto mental quanto física, tinha bases mais sólidas;* em particular, sua falta de desenvolvimento apropriado levantaria questões sobre a capacidade de Carlos de

---

* O moderno conhecimento científico e genético nos permite ver que não se poderia esperar descendentes saudáveis dos desesperados casamentos consanguíneos dos Habsburgo, baseados em razões de Estado. (Carlos era filho de um tio com uma sobrinha.) Maria Teresa e Luís, primos-irmãos de ambos os lados, tiveram sorte com o saudável delfim, muito embora sua sorte não tenha durado. Na época, a frequente mortalidade infantil entre filhos de pessoas de alta posição era atribuída mais firmemente à fúria de Deus contra os pais em questão.

ter filhos. Portanto, a questão do futuro da sucessão espanhola já estava no ar. O delfim, um bebê grande e notavelmente saudável, descrito pelo entusiasmado versejador Loret como "uma obra-prima viva",[30] seria o herdeiro mais próximo, após o doentio Carlos — porém, claro, sua mãe havia renunciado a seus direitos de sucessão.

Enquanto isso, o caso secreto de Luís com Louise de La Vallière florescia. Na teoria, tinha que ser conduzido em sigilo devido à sensibilidade das duas rainhas, a mãe e a esposa, embora poucas coisas permanecessem em segredo na corte francesa. Mas um oponente aos amores ilícitos de Luís, bem mais experiente e decidido, estava prestes a confrontá-lo numa disputa que duraria os vinte anos seguintes, sem rendição ou vitória total de nenhum dos lados, embora ambos tivessem seus triunfos. O oponente era a Igreja católica.

Na França do século XVII, o poder da Igreja sobre a consciência de seus seguidores — a vasta maioria da população — era enorme, e não deve ser subestimado nem mesmo no caso de um monarca "absoluto". A traída Maria Teresa, com a sensibilidade de uma mulher apaixonada, provavelmente percebeu o que estava acontecendo mais rápido do que a maioria das pessoas imaginava, apesar das dificuldades de idioma e de seu grande isolamento. No outono de 1662, às vésperas do nascimento de seu segundo filho, ela fez alguns comentários públicos em espanhol sobre "aquela mocinha, a mulher que o rei ama", o que indica que ela estava consciente havia algum tempo. Contudo, por sua ignorância na arte da intriga, não havia muito que Maria Teresa pudesse fazer quanto à situação, além de choramingar com a rainha Ana, principalmente porque o prometido ardor conjugal do rei não diminuíra.

A rainha Ana, uma maquinadora bem mais corajosa, como testemunhado em sua dispensa de Maria Mancini, tinha um ponto de vista diferente. Em certo sentido, ela provocara o *affair* La Vallière por sua reação horrorizada à amizade próxima demais do rei com sua "irmã", Henriette-Anne. Ninguém mais que esta majestosa sobrevivente sabia que os grandes homens tendiam a ter amantes, mesmo que os amores de seu próprio marido tivessem sido platônicos. Os reis espanhóis, incluindo seu irmão Filipe IV, haviam tido numerosos envolvimentos, e o mesmo com os franceses! Era significativo que o rei mais popular da história da

A FACE RISONHA DE NOSSA CORTE

França fosse o avô de Luís, Henrique IV, o paradigma de masculinidade e orgulho que fora um mulherengo em escala bem séria. Mas a rainha Ana não era uma cínica e era sinceramente devota. Ela se preocupava com a alma imortal de Luís, com o estado de pecado em que ele mergulhara. Não se tratava de resignação, mas de uma tristeza impotente.

Contudo, a Igreja católica não era impotente. E a fé de Luís, na qual ele fora treinado tão cuidadosamente por sua mãe, podia ser simples — como os comentadores às vezes apontavam —, mas era sincera, e ser simples não era razão para que fosse superficial. Ele compreendia, já que lhe fora constantemente reiterado, que os reis eram encarregados de seu povo por Deus, razão pela qual os monarcas tinham de responder a Deus. Incidentalmente, tais sentimentos estavam numa categoria bastante distinta de sua atitude para com a Igreja enquanto organização na França e sua ligação com o governo geral do papa em Roma. Sua relação com Louise era adúltera (isto é, um homem casado cometendo adultério, enquanto ela, claro, não estava).

A questão de um adúltero recebendo a comunhão tornou-se o campo de batalha simbólico desta épica disputa, uma vez que o rei comparecia à missa diariamente — durante toda a vida ele faltou à missa diária apenas duas ou três vezes —, e qualquer relutância em receber a comunhão atraía a atenção pública.[31] Não foi difícil para que os observadores de fora percebessem a razão. Fouquet, em sua imprudente aproximação de Louise, já havia notado as "esquivas" reais quando se tratava de comungar e chegara à conclusão correta. Isto representou um miniescândalo para aqueles que se incomodaram em notar. Contudo, na alvorada do ano de 1662, assomava diante do rei Luís uma ocasião anual que se tornaria central no drama de seus amores ilícitos: o evento em que ele cumpria seus deveres pascais (*faire ses Pâques*). Pelas regras da Igreja católica, um católico praticante tinha que fazer suas confissões na Páscoa ou numa data próxima, seguida da comunhão.* Este era um

---

* A comunhão da Páscoa era obrigatória na Igreja católica desde o século IV e ainda hoje é um preceito que deve ser cumprido ao menos uma vez por ano "durante a época pascal", a menos que haja boa razão em contrário. Até o prisioneiro de Estado do século XVII conhecido como "o homem da máscara de ferro" tinha permissão de remover sua máscara para receber a comunhão na Páscoa.[32]

evento extremamente público para um monarca, um momento proba-tório. Além disso, prelados de renome eram convidados para fazer os sermões da quaresma, nem sempre tão compreensivos com a fraqueza quanto os confessores privados.

Cada rei possuía seu confessor particular, e os jesuítas, confes-sores tradicionais dos reis da França, tinham uma atitude mais rela-xada quanto ao tema da fragilidade humana, bem mais que algumas das outras poderosas ordens monásticas. Uma confissão rápida e uma promessa firme de correção, totalmente sincera no momento, poderia ser seguida por absolvição e comunhão; o confessor esperava que uma abordagem suave aos poucos conduzisse o monarca (moderadamente) penitente à virtude.

O padre jesuíta François Annat, com mais de 70 anos na época desta primeira crise na vida conjugal do rei, era o confessor de Luís desde que ele tinha 16 anos e, segundo seu dever, orientou-o durante seus vários problemas adolescentes. Ele praticava a discrição e o desapego: o confessionário naturalmente era secreto e, como Luís notou mais tarde com aprovação, Annat jamais se viu metido em qualquer intriga. Padre Annat era um grande inimigo do extremismo na Igreja católica, o cha-mado "jansenismo".[33]* Ele escrevera um ensaio atacando o tipo de cató-lico austero que acreditava que "os não escolhidos eram predestinados à danação" — uma doutrina de graça próxima do calvinismo — cerca de vinte anos antes, *Contradições dos jansenistas*. Mais tarde, Saint-Simon julgou o padre Annat um "jesuíta complacente", culpado de tolerar muitos delitos. Contudo, é difícil ver como um confessor menos "com-placente" teria sobrevivido por tanto tempo ao lado do rei, sempre com o objetivo de um dia puxar a longa rédea e trazer o monarca de volta para o caminho da virtude.

Por outro lado, os pontos de vista dos grandes prelados eram muito menos complacentes. O que ocorria no confessionário, promessas di-tas e quebradas, não lhes interessava. O que ocorria em público, para

---

* O nome era aplicado por jesuítas hostis às crenças dos seguidores do teólogo holan-dês Cornelius Jansen. O jansenismo não era, portanto, um corpo de doutrina.

edificação ou escândalo de toda a nação, sim. A celebrada série de sermões da quaresma — que a cada ano levava à grande festa pública da Páscoa, com a absoluta necessidade de uma comunhão pública do monarca (isto é, quando em estado de graça) — era muito diferente dos conselhos particulares do padre Annat. Foi um fator crucial na primeira fase do caso entre Luís e Louise que os sermões da quaresma de 1662 tenham sido ministrados pelo ascendente orador e teólogo Jacques-Bénigne Bossuet.

Aos 35 anos em 1662, Bossuet era um seguidor de São Vicente de Paulo, cuja atitude com os pobres ele muito admirava e promulgara numa série de sermões: "Não, não, ó homens ricos de nosso tempo!", ele certa vez declamou diante de uma grande audiência de tais homens. "Não é apenas para vós que Deus ergue seu sol." A rainha Ana (pessoalmente uma admiradora de São Vicente de Paulo) ouvira e aprovara os discursos de Bossuet em 1657, e depois ele foi promovido a pregador-extraordinário para o rei. Em 1659, ele fez um sermão em Paris sobre "A magnífica dignidade dos pobres na Igreja". Em seu primeiro sermão na corte, ele anunciou aos grandes homens diante de si que as "honrarias" não os seguiriam para a próxima vida. É óbvio que, numa era em que a bajulação era o pão de cada dia na vida da corte, este homem não era nada bajulador. Ao mesmo tempo, suas lições eram declamadas em estilo tão grandioso que todos se acotovelavam para ouvi-las. Sainte-Beuve, numa imagem feliz, descreveria o estilo oratório de Bossuet como "semelhante às pausas de um grande órgão na nave de uma vasta catedral". Seu semblante solene e belo apenas realçava a impressão que Bossuet produzia.[34]

Durante todo este tempo, enquanto o rei fazia amor e as duas rainhas lamentavam, havia uma pessoa cuja atitude para com sua religião era tão literal quanto a das duas religiosas monarcas. Esta era a própria Louise de La Vallière. Após alguns meses, ela mal podia tolerar a sensação de sua própria pecaminosidade, tão dolorosamente combinada com sua abjeta devoção pelo rei. Como se não bastasse, Louise, que não era uma política da corte, envolvera-se involuntariamente numa intriga entre Henriette-Anne e o ousado conde de Guiche, quando detalhes do caso lhe foram confidenciados por uma colega dama de honra, Françoise de Montalais.[35] Louise incorreu no temporário desagrado de Luís, que não podia acreditar que sua doce amante tivesse escondido qualquer coisa dele. Tudo isto atormentou ainda mais uma consciência intensamente culpada.

Em 2 de fevereiro, Bossuet começou a pregar sua série de sermões da quaresma no Louvre. Por um lado, ele elogiou a rainha Ana, comparando-a a Sant'Ana, mãe da Virgem Maria. Por outro, logo ele estava exprobrando o comportamento imoral do rei, sob a figura mal disfarçada do Davi bíblico que, em sua juventude, fora influenciado por uma paixão ilegítima pela esposa de outro homem. (Não havia ligação perceptível aqui com o "outro" Davi, uma figura espiritual louvando o Senhor com sua harpa, de quem uma pintura comprada do acervo Mazarin pendia no próprio aposento do rei.) A imagética bíblica foi e continuaria a ser um conveniente estratagema para censurar o soberano todo-poderoso do país: não apenas Davi, mas também Salomão e Assuero eram pecadores coroados que podiam ser providencialmente mencionados.[36]

Isto foi demais para Louise. Em 24 de fevereiro ela partiu em fuga da corte para o Convento da Visitação em Chaillot.

CAPÍTULO 5

Doce violência

A Beleza me abraça onde quer que eu a encontre, e posso render-me facilmente à doce violência com a qual me arrebata.
— Molière, *Dom Juan*, 1665

Em 24 de fevereiro de 1662, Luís XIV estava envolvido com a recepção do enviado espanhol, em viagem de congratulações pelo nascimento de seu filho no novembro anterior, quando a notícia lhe foi sussurrada: "La Vallière vestiu o hábito!" A visita diplomática foi apressada de um modo nada condizente com o prestígio da Espanha. Depois, uma escura capa cinza volteando a seu redor para ocultar seu rosto, Luís montou em seu mais rápido corcel. A galope, ele atravessou os cinco quilômetros para o convento em Chaillot, onde sua amante se refugiara.

A lacrimosa reconciliação foi doce para ambos os lados. Louise confessou tudo o que sabia sobre a intriga de Henriette-Anne e Guiche. Uma carruagem foi convocada e Louise retornou à corte. Ela chegou a tempo de pegar o resto dos sermões da quaresma de Bossuet: o tema geral era o horripilante destino daqueles, especialmente reis, que morriam impenitentes. Segundo Cristo, o rico pecador estava no inferno, e Lázaro, o bom mendigo, no céu. Uma que não morreu impenitente foi, claro, Santa Maria Madalena. E o orador da voz de órgão pregou sobre ela também. Seus termos eram retumbantes: "O coração de Madalena está partido;

seu rosto, todo coberto de vergonha..." Apesar de (ou mais provavelmente devido a) seu senso de vergonha, Louise estava entre as muitas
pessoas — tanto homens quanto mulheres — na França do século XVII
que adotaram Madalena como sua santa favorita.[1] Alguns dos mais belos
motetos compostos por Marc-Antoine Charpentier, adequados para vozes femininas, eram intitulados *Madalena lamentando* e *O diálogo entre
Madalena e Jesus*: "Chora, lamenta, Madalena", incitavam os plangentes
textos. "É o que o amor do doce Salvador pede de ti."[2]

Comentou-se que Henriette-Anne, uma figura pouco madalênica
para o olhar incauto, tinha uma pintura de Correggio sobre o tema;
a viúva Françoise Scarron tinha outra versão. Com a exceção da Virgem Maria, nenhum outro santo de qualquer dos sexos foi pintado com
tanta frequência neste período. Havia até uma lenda de que Madalena,
fugindo de perseguições, viera a repousar em Saint-Maximin-la-Sain-
te-Baume próximo a Aix, onde fora enterrada: a estrada para La Sainte
Baume era uma das rotas mais populares na França para os peregrinos.*
De algum modo, a figura de Madalena expressava a obsessão do período
com o pecado — pecado e salvação após penitência.

Na verdade, a santa representava uma colagem de várias mulheres
dos evangelhos. No século VI, o papa Gregório, o Grande, anunciara
que Maria Madalena, Maria de Betânia e a mulher penitente no Evan-
gelho de São Lucas, que deitara o precioso unguento nos pés de Cristo,
eram todas a mesma *beata peccatrix*, pecadora abençoada, prostituta re-
dimida. Já que as mulheres adoravam ser pintadas no papel de Madalena, tratava-se de uma importante parte da representação que os cabelos
longos de Madalena, com os quais ela secara os pés de Cristo, fossem
pintados derramando-se sobre seu colo, suntuosa e, claro, penitentemen-
te (cabelos longos eram símbolo da virgindade, e mulheres casadas em
geral não eram pintadas com suas madeixas tão eroticamente visíveis).
É significativo que todas as principais amantes de Luís XIV tenham sido

---

* Em 1683, um imenso altar foi erigido por Lieutaud, um pupilo de Bernini; gradis de
ferro apresentavam os emblemas da França e, apropriadamente, as armas de Luís XIV;
diz-se que, na cripta, um túmulo do século XIX preserva os restos de Maria Madalena.

DOCE VIOLÊNCIA

pintadas como Madalena em um ou outro momento; assim como as quatro principais amantes de Carlos II, cuja primeira amante e a que mais tempo ocupou a posição, Barbara Villiers, orgulhava-se de seus belos cabelos.[3]

O caso amoroso entre Luís XIV e Louise de La Vallière floresceu no retorno desta — e durante o ano seguinte — sem mais interrupções; as lágrimas de Maria Teresa, derramadas diante de sua sogra, e as embaraçosas discussões sobre fidelidade que ela insistia em travar no verão de 1663 não contavam de fato. A rainha Ana também chorava e rezava, mas nenhuma providência oficial precisava ser tomada quanto à situação: Louise era um amor secreto, não uma *maîtresse en titre* como Barbara Villiers. Quanto à própria moça, ela continuou a assegurar ao rei sua devoção, que a fazia pedir nada além de seu amor. Dizia-se que ela exclamara: quão felizes eles poderiam ter sido em outro mundo, onde ele não fosse o monarca. E, quanto a Luís, ainda que não exatamente apaixonado por ela neste ponto, já que seu ápice de amor provavelmente havia ocorrido nas semanas e dias antes de sua vitória sobre a resistência da donzela, estava suficientemente satisfeito com sua jovem e encantadora amante.

Um observador inglês, Edward Browne, que viajava pela França com Christopher Wren, ficou fascinado ante a visão dela: "Voltando a Paris, o rei nos levou numa *chaise roulante* com sua dama La Vallière consigo, vestida muito graciosamente com um chapéu e plumas [provavelmente o chapéu debruado de plumas brancas que era parte do novo uniforme exigido dos amigos do rei] e um casaco especialmente atual chamado *Just-au-corps*." Para o inglês, o casal parecia tranquilo e contente. Em outro incidente cuja "condescendência" da parte de Luís impressionou profundamente os cortesãos que o testemunharam, o rei cobriu a cascata de cabelos claros de Louise com seu próprio chapéu quando ela perdeu o seu numa cavalgada. Tais gestos galantes recordavam aquele momento da juventude do rei, quando ele atirou fora sua própria espada porque o objeto acidentalmente havia ferido Maria Mancini.[4]

Mas havia problemas incipientes. Primeiro, o rei gostava de presentear: era parte de sua natureza, seu conceito de seu papel, que o rei Sol fosse generoso. Contudo, Louise jamais foi ambiciosa ou extravagante e, portanto, dava a ele poucas oportunidades para aquele cálido sentimento de generosidade tão caro aos homens abastados. Seu irmão, o marquês de La Vallière, beneficiou-se e recebeu uma posição na corte, mas outra pessoa, que não aquela violeta oculta, teria que prover o rei Sol com a oportunidade de estender seus raios mais amplamente. Segundo, mesmo que o rei não estivesse conscientemente buscando outro envolvimento sério neste ponto, ele compreendia os sentimentos expressos pelo Dom Juan de Molière: "A constância só é boa para os tolos. Toda mulher bela tem o direito de nos encantar. (...) Quanto a mim, a Beleza me abraça onde quer que eu a encontre, e posso render-me facilmente à doce violência com a qual me arrebata."[5]*

O terceiro problema era de uma natureza distinta. No fim de março de 1663, Louise de La Vallière ficou grávida, o que não pode ter sido totalmente inesperado, já que não há razão para acreditar que o rei faria uso de contraceptivos neste ou em qualquer outro momento.

Conhecimentos contraceptivos de fato existiam e, dado que a necessidade era tão antiga quanto a sociedade, sempre haviam existido. A camisinha, feita de membranas animais, embora em geral vista como uma invenção profilática do século XVIII, já estava em uso em meados do século XVII, como demonstraram recentes descobertas arqueológicas.[6] De origem mais antiga e mais universal, havia tampões feitos de diferentes materiais, esponjas embebidas em vinagre e outros adstringentes, ou duchas de composição semelhante. Estes sempre foram utilizados por prostitutas e indubitavelmente por muitas outras mulheres quando havia necessidade, como numa família aumentando com rapidez demasiada ou num caso extramarital. Madame de Sévigné acreditava que sua adorada filha recaía na segunda categoria. "Ora, eles nunca ouviram falar dos adstringentes na Provença?", indagou ela amargamente após o nascimento do terceiro filho de Juliette. Saint-Simon mencio-

---

* *Dom Juan ou Le Festin de Pierre* (*Dom Juan ou O banquete de pedra*) de Molière foi encenada pela primeira vez em 15 de fevereiro de 1665; a peça se tornou a base para a ópera de Mozart *Don Giovanni* no século seguinte, embora a fonte original da história fosse espanhola.

nou com aprovação que as duquesas da França raramente tinham mais que dois filhos, comparadas às espanholas, férteis demais: na França, os duques sabiam como limitar suas famílias. Além disso, como mencionado, havia a prática preventiva do coito interrompido, o que a Igreja francesa chamava desabonadoramente de *étreinte réservée* (abraço contido). As censuras dos clérigos a este chamado "pecado de Onan", um personagem bíblico que havia desperdiçado sua semente no chão, deixa claro que a interrupção era amplamente utilizada e, caso o homem fosse cooperativo, certamente era o método mais fácil de evitar a concepção.[7]

A procriação real, mesmo fora do casamento, era tratada de modo um tanto diferente, assim como a virilidade real. Havia o instinto primitivo de considerar um rei fértil como símbolo de um país fértil e bem-sucedido. O monarca arquetípico Henrique IV deixara filhos bastardos suficientes para que os sobreviventes estivessem entre os membros notórios da sociedade, mesmo que Luís XIII não figurasse entre eles. Em 1663, era possível encontrar César, duque de Vendôme, filho da fabulosa amante Gabrielle d'Estrées, e sua irmã, a duquesa d'Elboeuf. O duque de Verneuil, governador de Languedoc, era filho de Henrique com outra mulher, e Jeanne-Baptiste, a poderosa abadessa de Fontévrault (nomeada quando não passava de uma simples criança), com mais outra. O título não era um problema. Sob o verbete "Bastardos reais", o magistral *Dictionnaire Universel* de Antoine Furetière afirmava corajosamente: "Os bastardos dos reis são príncipes."

Louise, uma moça sem marido, talvez estivesse tentando evitar a concepção por meio de algum dos expedientes artificiais mencionados, embora o coito interrompido certamente não fizesse parte da visão que Luís XIV tinha de si mesmo. Mais provável é que ela tenha aceitado as inevitáveis consequências do amor pecaminoso (ainda que arrebatador) do rei como parte do preço. Pode ser que uma pitada de orgulho tenha sido acrescentada: afinal, seus filhos seriam da realeza e seriam filhos *dele*. De uma maneira ambígua, a fertilidade também era considerada uma das virtudes femininas, mesmo que as consequências fossem embaraçosas: como afirmava um ditado sobre o tema: "Uma boa terra é uma terra que dá boa colheita." Os abortíferos, assim como os contraceptivos, também eram conhecidos desde tempos remotos e passados de geração a geração de mulheres: acreditava-se que artemísia, hissopo, arruda e ergonovina eram todos eficazes.[8] Mas não há indício de que alguém tenha tentado abortar um filho do rei, independentemente do estado marital da mãe. O que de fato ocorreu no caso de Louise foi uma tentativa de ocultação.

No Balé das Artes, encenado no início de 1663, Louise ainda era descrita, nas linhas do poeta Benserade, como a mais bela pastorinha do espetáculo, com aquele "langor especial" em seus serenos olhos azuis.[9] Mas enquanto a gravidez avançava, antes do esperado nascimento para dezembro, uma casa foi comprada para Louise em Paris, onde ela passava seu tempo recebendo a corte e jogando cartas. A rainha Ana sabia? É bem provável que algum boato tenha chegado a ela. E Maria Teresa? Provavelmente, não. Em todo caso, a própria rainha estava ocupada da mesma maneira. Após os nascimentos de seus dois primeiros filhos, um menino e uma menina, dentre os quais apenas o delfim sobreviveu, Maria Teresa daria à luz outra filha, Marie-Anne, em 1664, que morreu com apenas seis semanas, mais outra em janeiro de 1667, uma pequena Marie-Thérèse conhecida como "Petite Madame", e o desejado segundo filho, Filipe, duque d'Anjou, em agosto de 1668. Com La Vallière entrando nas listas maternas, em agosto de 1668 o rei se veria responsável por nada menos que nove rebentos reais e quase reais em seis anos e nove meses.

Contudo, afora a paternidade de sua prole, a experiência das duas mulheres — esposa e amante — com o parto foi muito diferente. O *accouchement* da rainha da França foi testemunhado por tantas pessoas quanto foi possível espremer na câmara: este era o costume. Quando o delfim nasceu, o próprio Luís escancarou as janelas diante de multidões em expectativa no pátio e gritou: "A rainha deu à luz um menino!"

Em 19 de dezembro, Louise também deu à luz um menino, mas sob o maior sigilo em uma casa de Paris. Há uma história que conta que Boucher, o médico da moda que assistiu o parto, foi escoltado numa carruagem anônima e entrou por um portão de jardim com os olhos vendados. Lá ele ajudou uma dama mascarada a dar à luz...[10] Foi uma história associada a mais de um nascimento misterioso e fora-das-leis-da-Igreja. No caso de Louise, pode até ser verdade.

O certo é que o menino foi surrupiado pelo leal ministro Colbert e sua esposa. Foi Colbert quem enviou um bilhete ao rei: "Nós (*sic*) temos um menino" — contradizendo relatos de que Luís estava presente, espreitando, também mascarado, num canto do aposento. O bebê foi batizado como Carlos, registrado sob um falso sobrenome, recebeu adequada linhagem obscura e foi criado longe de sua mãe. Louise voltou à corte e, apenas alguns dias após um parto longo e doloroso, compareceu à missa da meia-noite na véspera do Natal. Para Louise não houve o longo período de resguardo desfrutado pela rainha da França, que repousou, cercada de massas congratulantes, por diversas semanas. Até a filha de madame de Sévigné não se levantou antes do décimo dia pós-parto, um período de descanso geralmente considerado essencial para a preservação da juventude, da beleza e principalmente de uma silhueta graciosa.

Esta criança, Carlos, faleceu cerca de dois anos depois, não por negligência, mas vítima de uma das muitas moléstias de infância que atormentavam tanto ricos quanto pobres. Entretanto, a vida posterior de Louise dá indícios de que ela sempre considerou os filhos de seu pecado com mais arrependimento religioso que solicitude materna. Ela logo estava de volta a seu estilo de vida como a amante dócil, submissa e supostamente secreta do rei.

O ano que se seguiu foi cruelmente frustrante para os virtuosos da corte. Nenhum dos problemas — em especial o adultério do rei, mas incluindo o status de Louise — foi resolvido e tampouco deixado de lado. De sua parte, Louise rejeitou com irritação a ideia de um casamento arranjado com algum nobre aquiescente de certa idade. Esta sugestão não era tão grosseira ou insensível como pode parecer, especialmente porque Louise ficou grávida do segundo filho em abril. Esperava-se que reis e outros dessem cobertura — ou segurança — para suas amantes solteiras. Por exemplo, o duque de Saboia foi parabenizado por um de seus embaixadores por ter casado Gabrielle de Marolles tão bem: seu comportamento não apenas foi generoso em si mesmo, mas também poderia funcionar como um "anzol", atraindo futuras amantes.[11] Mas a ideia perturbava as suscetibilidades românticas de Louise. Sendo uma mulher casada, ela também estaria cometendo adultério (como Luís), e toda a sua fantasia de devoção quase sagrada ao rei se revelaria pelo que de fato era.

Na Páscoa, pela primeira vez o rei não comungou em público. Padre Annat, cônscio das questões mundanas, mas não cínico, ameaçou abandonar seu posto de confessor se tal penitência descaradamente falsa fosse proposta por seu senhor monarca para receber a hóstia sagrada na comunhão. Por sorte, o assento real em St-Germain-l'Auxerrois, a paróquia do palácio do Louvre, tinha pesadas cortinas, de modo que um constrangimento do monarca, se revelado em seu rosto, seria oculto da congregação.

Como se em desafio às leis sagradas, o prolongado e glorioso festival intitulado *Os prazeres da ilha encantada* ocorreu no começo de maio. Foi planejado e executado por Luís XIV "no estilo em que ele tudo fazia, ou seja, do modo mais galante e magnífico que se pode imaginar", nas palavras de Bussy-Rabutin. O planejamento também mostrou a atenção de Luís XIV aos detalhes: ele analisou pessoalmente um protótipo do maquinário do palco, projetado para ser uma impressionante atração das festividades, e todos os palcos projetados para céu aberto. Só depois ele outorgou os preparativos ao primeiro cavalheiro de Câmara, o conde de Saint-Aignan.[12] Este primeiro facilitador da vida com Louise era um renomado patrocinador do balé. O tema foi extraído de *Orlando furioso*, de Ariosto, e o festival seria dedicado às duas rainhas, Maria Teresa e Ana. Mas todos sabiam que a verdadeira homenageada era Louise, comparecendo como uma das damas de honra de Henriette-Anne.

Além da magnificência de tudo e do burburinho pela presença de Louise, havia uma excitação especial porque esta era a primeira comemoração oficial da corte a acontecer em Versalhes. Ironicamente — em face do que haveria de transpirar dali — o encanto de Versalhes neste ponto estava em sua simplicidade. Já que havia acomodações limitadas, apenas os nomeados pelo rei estavam presentes: como refletiu a Grande

DOCE VIOLÊNCIA

Mademoiselle, isto tornava Versalhes particularmente agradável. Decerto era conveniente para Luís usar esta característica para receber seus íntimos, incluindo Louise; não é surpresa que, por volta de 1663, dizia-se que ele tinha um "afeto especial" pelo lugar. A rainha Ana também começava a amá-lo, pois seus aposentos eram decorados com duas coisas pelas quais ela tinha paixão: filigrana de ouro e pés de jasmim.[13]*

Por mais modesto que fosse Versalhes neste estágio — segundo os padrões futuros —, os jardins, desenhados por Le Nôtre, já eram luxuriantes, e já havia uma adorável coleção de pássaros raros, pelicanos e avestruzes, a serem admirados de uma sacada; animais selvagens seriam acrescentados posteriormente. E o rei começava a ser dominado pela mania de construir, que não o abandonaria no curso de seu reinado, de modo que, numa espécie de trabalho de Sísifo, ele transformaria um modesto castelo num vasto palácio, apenas para se ressentir da falta de privacidade e começar tudo outra vez com outro modesto castelo...

Durante três anos até o fim de 1663, Luís gastara 1,5 milhão de *livres* em Versalhes (cerca de 5 milhões de libras em moeda atual). O inverno de 1663 foi duro, e a neve profunda atrasou os operários. Sem desanimar por obediências religiosas, Luís enviou uma mensagem ao pároco de Versalhes, pedindo-lhe que desse permissão para que os homens trabalhassem nas festas eclesiásticas, que normalmente eram feriados. Só em 1664 ele gastaria quase 800 mil *livres*. E a pilhagem do legado criativo de Fouquet continuou, enquanto o outrora ministro fenecia em cativeiro.

Luís XIV, um paisagista fanático, tinha especial interesse por laranjeiras, cujo perfume sutil e distinto ele adorava. Talvez os frutos dourados estivessem associados a sua automitificação como rei Sol. Agora, 12 mil mudas de laranjeiras eram transferidas para a nova *Orangerie* (laranjal) em Versalhes, projetada por Le Vau. Com o tempo, os jardineiros do rei conseguiriam manter grande parte delas em flor durante todo o ano, substituindo-as em intervalos de 15 dias; exemplares eram trazidos de

---

* O jasmim — o nome tem origem árabe — foi levado para a Espanha pelos mouros e para a França no século anterior por marinheiros espanhóis.

Flandres e até de Santo Domingo. E não eram baratas: a duquesa de La Ferté recebeu 2.200 *livres* (mais de 7 mil libras em moeda atual) por vinte laranjeiras. Uma delas, conhecida como Le Grand-Bourbon, originalmente plantada em 1421 pela princesa de Navarra, foi transferida por Francisco I para Fontainebleau e por Luís XIV para Versalhes.[14]*

Os prazeres da ilha encantada, o tema do balé — supostamente localizada em algum lugar para além da costa da França —, seriam desfrutados por uma companhia de cavaleiros ali mantidos pela feiticeira Alcina sob uma forma bastante agradável de cativeiro. Luís, cintilando com as joias incrustadas em seu peitoral de prata e as plumas de cor flamante balouçando em seu chapéu, assumiu o papel do líder Roger e conduziu o mais belo cavalo entre a tropa. Saint-Aignan representou Gaudon, o Selvagem, e o duque de Noailles representou Olger, o Dinamarquês. "Um pequeno exército" de atores, dançarinos, músicos e auxiliares de palco também contribuiu. O vasto número de velas necessárias para iluminar todos os eventos ao longo dos dias teve de ser protegido contra o vento por um domo especialmente construído.[16]

Houve um torneio em que o irmão de Louise, o marquês de La Vallière, ganhou o prêmio de uma espada cravejada de joias, oferecida pela rainha Ana. Houve uma peça especialmente composta para a ocasião por Molière, *A princesa de Élida*, na qual o autor atuou. E houve um novo balé composto por Jean-Baptiste Lully, que desde 1662 era encarregado de todas as composições e atividades musicais da corte.

O entusiasmado patrocínio de Luís para estes dois artistas pode ser percebido no fato de ele ter se oferecido para padrinho dos filhos de ambos os homens (uma honra cobiçada). No caso de Lully, este patrocínio sobreviveu às aventuras extramaritais do compositor no submundo de Paris: uma frase irônica de Saint-Évremond sobre a diferença entre Orfeu e Lully sugeria que Lully teria escolhido algum rapazinho criminoso e deixado Eurídice para trás.[17] Quanto ao tema da peça de Molière, era muito

---

* É possível imaginar que as árvores que se veem hoje em Versalhes na *Orangerie*, algumas bastante nodosas, mas ainda dando frutos, incluem exemplares que pertenceram ao rei Sol; em 1966, Nancy Mitford registrou que ainda havia oito destas em Versalhes.[15]

fiel ao gosto de Luís na época, pois celebrava o amor juvenil — na realeza. Um cortesão chegou a ponto de elogiar o herói, Euríale, rei de Ítaca, por sua natureza apaixonada, "qualidade que aprecio num monarca" e especialmente num "príncipe de sua idade". Uma canção pastoril propôs que: "Não há nada que não se renda / Aos doces encantos do amor."[18]

No fim do festival, houve uma grande queima de fogos. O palácio de Alcina, com domo e tudo, foi reduzido a cinzas e desapareceu nas águas do lago ornamental onde fora instalado.* Todos falavam das maravilhas destes festejos, escreveu o poeta La Fontaine, o palácio que se tornou jardim, o jardim que se tornou palácio e a subitaneidade com que tudo acontecera. Certamente, o notório banquete do ex-patrocinador de La Fontaine, Fouquet, em Vaux-le-Vicomte em agosto de 1661 foi eclipsado por completo — o que certamente era parte do objetivo.

E as celebrações não acabaram aí. O rei decidiu promover uma extravagante Loteria da Corte ao fim do jantar, numa escala para equiparar-se ao esplendor do que ocorrera antes. Estas loterias eram, na verdade, uma forma galante com a qual o sultão Luís XIV presenteava algumas damas favoritas de seu harém com dinheiro, joias e até prata e mobília ocasionalmente. Foi assim que Maria Mancini, no ápice de sua influência, ganhara magníficos rubis numa Loteria da Corte em 1659.[19] Nesta ocasião, o número de *billets heureux* (bilhetes da sorte) equivalia ao número de damas presentes, embora a rainha Maria Teresa tenha recebido o maior prêmio — quinhentas *pistolas* (mais de 1.500 libras de hoje).

Em 12 de maio de 1664, término do festival, Molière apresentou outra peça, intitulada *Tartufo*. O rei Luís considerou "deveras divertido" este estudo do impostor e hipócrita que conseguiu enganar o tolo Orgon (interpretado por Molière em pessoa). Mas foi simbólico das diferenças cada vez maiores entre mãe e filho que, por outro lado, a rainha Ana tenha considerado a peça profundamente chocante. Seguiu-se um prodigioso confronto, no qual o partido extremamente ruidoso e ultradevoto representado pela Confraria do Santíssimo Sacramento (para

---

* Local da Fonte de Apolo na Versalhes de hoje.

o qual Bossuet ministrava) compartilhou da opinião da rainha-mãe e censurou "esta peça abjeta". Por fim, Luís cedeu. *Tartufo* foi banida de apresentações públicas: contudo, apresentações particulares eram permitidas, com o argumento elitista de que a aristocracia podia compreender a sátira, ao passo que "os gentios", não.[20] O príncipe de Condé tornou-se um mecenas, e cinco anos depois a Grande Mademoiselle ofereceu uma representação da peça para celebrar o casamento de uma dama de companhia.

Na época, Molière não sofreu com o gesto de semiproibição com o qual o rei tentou apaziguar os *dévots* e sua mãe. Em agosto de 1665, sua trupe de atores entrou para a Companhia do rei. Sem dúvida, Luís apreciou os versos do final supostamente feliz de *Tartufo*, quando a hipocrisia é desmascarada: "Nós vivemos sob um rei que detesta o engano / Um rei cujos olhos perscrutam cada coração / E que não pode ser ludibriado pela arte de um impostor."[21]

A rainha Ana não foi facilmente apaziguada. Em junho, mãe e filho tiveram um doloroso e irado confronto, no qual ambos os lados choraram copiosamente: mas, diferente do encontro cinco anos antes, quando Luís abrira mão de Maria Mancini, ele não abriria mão de Louise de La Vallière. Em vez disso, ele falou honestamente sobre as "paixões" que o possuíam e que eram fortes demais para que ele as controlasse: ainda assim, ele amava sua mãe tanto quanto sempre e não conseguiu dormir durante toda a noite após ouvir que ela queria, por puro desgosto, retirar-se da corte para o convento de Val-de-Grâce. De sua parte, Ana insistiu no lúgubre assunto da "salvação" final de Luís, que estava em grave perigo; como Deus o julgaria se ele morresse em pecado mortal? E ela atirou duras palavras maternas sobre o tema do presunçoso senso de grandeza própria de Luís (embora Ana fosse a última pessoa que poderia reclamar do que ela mesma inculcara em seu filho desde seus primeiros dias de vida).

Por fim, foi Ana quem fraquejou. "Ah, estes filhos, estes filhos", lamentou ela para a duquesa de Molina. Contudo, ela disse à duquesa que não poderia suportar separar-se de qualquer um deles (as aventuras de Monsieur com seus elegantes favoritos, como o Chevalier de Lorraine,

DOCE VIOLÊNCIA

dificilmente eram mais de seu gosto). Apesar de seus pecados, os filhos lhe traziam mais conforto que sofrimento.[22]

A maior esperança da rainha-mãe estava no tempo: o avanço dos anos talvez diminuísse os ardores ilegítimos do galante rei. Este foi um argumento que ele mesmo apresentou à esposa, que, em gravidez avançada, teve um surto de ciúmes com a ideia de uma viagem a Villers-Cotterets da qual ela seria privada devido a sua condição. (Condição que não impediu a viagem de Louise, a meros seis meses de seu próprio parto.) Luís prometeu a Maria Teresa que deixaria de agir como um conquistador e, em vez disso, seria um bom marido quando fizesse 30 anos: esta era a data em que a "flor da idade" era tida como acabada nos homens e, ao menos em princípio, a promiscuidade também deveria fenecer.[23] Nesta ocasião, as coisas não funcionaram exatamente desta maneira. Em todo caso, vale notar que mesmo neste ponto, quando estava em meados da casa dos 20 anos, Luís — o sincero religioso, deveras cônscio de seus delitos, mas incapaz de abandoná-los — tinha em mente alguma vaga noção de eventual reforma.

O problema era que tal reforma provavelmente viria tarde demais para que a rainha Ana a testemunhasse e comemorasse. A saúde da rainha já vinha decaindo havia algum tempo: no ano anterior, ela sentira uma grande "lassidão", com pontadas e dores nos membros, e uma febre que dificultou o severo jejum da quaresma que era seu hábito. Luís, sempre o filho devoto, cuidou dela naquela ocasião, passando diversas noites num colchão ao pé do leito da mãe, revivendo sua intimidade de infância. Agora, em maio, pouco antes da batalha perdida com o filho, a rainha Ana apresentava os primeiros sinais do câncer de mama que quase inevitavelmente — naquela época — a mataria. Temerosamente apreensivo quanto ao estado da mãe, e com um ataque de nervos que seus médicos chamaram de "vapores", Luís se refugiou na natação para tentar acalmar-se.

O tratamento para tumores desta natureza era muito rudimentar: sangrias e purgantes (as prescrições de costume para todas as doenças), que em teoria deveriam restaurar o equilíbrio natural do corpo, mas que na prática apenas debilitavam o paciente. Alguns textos médicos mencionaram a possibilidade de uma mastectomia, mas o que a rainha Ana realmente sofreu foi menos radical: a aplicação de agentes endurecedores, como pasta de cal queimado, para que o tecido afetado pudesse ser gradualmente extraído.[24]

No Natal, os médicos declararam que o câncer era incurável. Numa comovente cena, a rainha-mãe deu a notícia a seus dois filhos: ela estava decidida a ser firme em sua iminente agonia. Embora a dor tornasse o sono quase impossível, a princípio ela concluiu que era "por ordens de Deus" que os remédios dos homens fossem inúteis na tentativa de curar seu corpo; mais tarde ela acreditaria que fora punida pelo orgulho que sempre sentira por sua própria beleza. O ano seguinte foi marcado por uma série de pavorosas provações, nas quais até a resolução desta mulher piedosa foi testada ao máximo; no verão, erisipelas — inflamações da pele — cobriam metade de seu corpo, e seu braço estava tão inchado que a manga de sua camisola precisou ser cortada. Uma tentativa de extirpar o visível tumor terminou em desastre e causou ainda mais sofrimento. Em todos estes momentos, sua coragem jamais a abandonou e, comoventemente, nem seu amor feminino pelas coisas sofisticadas: ela só conseguia tolerar a mais fina cambraia contra sua pele. Isto traz à mente uma antiga piada do cardeal Mazarin, que dizia que se Ana fosse para o inferno, não haveria maior tortura para ela que ser forçada a dormir em lençóis de tecido grosseiro.[25]

Todos na corte podiam ver que a morte da rainha-mãe, quando quer que acontecesse, traria grandes mudanças. O rei, por exemplo, não teria mais aquela pulsão emocional quanto à aprovação de sua mãe, que guiara seu comportamento ao menos em parte. A morte de Ana talvez provocasse o retorno à corte francesa da *maîtresse en titre*,* vista pela última vez no reinado de Henrique IV. Foi significativo que em outubro o rei tenha ousado introduzir Louise no grupo habitual do salão da rainha-mãe para um jogo de cartas. Embora Ana tenha ficado horrorizada, retirando-se para um aposento íntimo, ela não fez qualquer objeção oficial. Louise deu à luz um segundo filho em 7 de janeiro de 1665, Filipe, que foi surrupiado da mesma maneira que o primeiro e também morreu na primeira infância. Contudo, os flertes de Luís, ou *galanterie*, aquele útil termo francês, começavam a levá-lo em novas direções. Enquanto isso,

---

* Termo utilizado para designar a principal amante de um rei. (*N. da T.*)

DOCE VIOLENCIA

a corte reagia de modo previsível: se o rei estava disponível sexualmente, quem sabe não estaria disponível para mais de uma mulher?

Galanterie era um termo útil no período porque não tinha um significado único, podendo, portanto, ser discretamente empregado para cobrir uma série de modos de comportamento. A gama era considerável. Para a condessa de La Fayette, galanteria era apenas "uma maneira educada ou agradável de dizer algo". Para Madeleine de Scudéry, analisando o tema, tudo começava com um desejo de agradar, e, portanto, o estilo era de toda importância. Um homem galante com um certo "*je ne sais quoi* experiente" podia dizer coisas em voz alta que outras pessoas não ousariam mencionar. Ao mesmo tempo, a palavra definitivamente tinha significados mais obscuros e excitantes, desde conduta amorosa, a "doce brincadeira de amor", a flertes apaixonados e sexo direto. Em seu famoso Mapa do Amor, incluído em seu romance de sucesso *Clélie*, Madeleine de Scudéry foi rápida em admitir que o Rio da Inclinação fluía velozmente para o Mar do Perigo, e além deste jaziam "as Terras Desconhecidas".[26]

Assim como "galanteria" era em si mesmo um termo ambíguo, nem sempre ficava claro até onde realmente ia a própria galanteria do rei com certas damas em particular. O que exatamente transpirava quando o rei ficava *chez les dames* até o fim de uma tarde, como descrevia um eufemismo da época? (Seus próprios aposentos nunca eram usados para tais encontros.) Um dicionário do século XVII definiu uma *chambre*, ou câmara, como "um lugar onde se dorme e recebe convidados".[27] Portanto, havia camas por todo lado, e as damas recebiam visitas alegremente em seus leitos, de acordo com os modos da época. A *ruelle* era o nome do espaço entre a cama e a parede onde um cavalheiro galante podia convencionalmente se sentar e desfrutar a conversação de sua dama. Mas da *ruelle* para a cama a distância era notavelmente curta.

Para Luís, houve um caso breve com a ousada e maliciosa princesa de Mônaco, irmã do conde de Guiche.* Outra candidata para uma aven-

---

* A princesa marcou seu fracasso em estabelecer algo mais permanente ao descrever maldosamente o "cetro" do rei como "muito pequenino" — segundo ela.[28]

tura foi a mais discreta Anne de Rohan-Chabot, princesa de Soubise, com seus cabelos ruivos, sua pele alva e seus olhos castanhos rasgados. "*La belle Florice*", como era conhecida entre seus amigos, mantinha sua beleza por meio de uma dieta estrita, surpreendente para sua época, de frango e saladas, frutas, alguns alimentos lácteos e água apenas ocasionalmente temperada com vinho. Esposa dedicada, ainda muito jovem, neste ponto ela provavelmente rejeitou os avanços do rei galante em favor de uma amizade apimentada.

Olympe Mancini, agora condessa de Soissons e superintendente da Casa da Rainha (a família de seu esposo, os Carignan, eram da realeza saboiana), era outra candidata. Quer tivessem consumado seu *affair* de juventude, quer não, agora nada havia para impedir Olympe e Luís, e ela certamente podia ser incluída entre as amantes periódicas. Uma companhia divertida e vivaz, bem ao gosto de Luís, o tempo mostraria que Olympe tinha um gosto italiano pela intriga, bem ao desgosto do rei. Em seguida havia as moças mais jovens, empurradas à frente por aqueles que acreditavam que, em todos os aspectos, seria vantajoso suplantar Louise: Charlotte-Eléanore de La Motte Houdancourt, outra dama de honra, figurou entre elas, embora o incipiente romance tenha sido cortado na raiz pela estritamente virtuosa duquesa de Navailles, Dame d'Honneur de Maria Teresa, que mandou colocar grades especiais nas janelas das damas de honra para eliminar encontros na madrugada.

Isto foi uma desonra para o rei que, furioso com a distinta duquesa — que, afinal, só estava cumprindo seu papel de protetora —, a baniu da corte junto com o marido, apesar das súplicas da rainha Ana. O tratamento dispensado por Luís ao duque de Mazarin, dando-lhe o título porque ele estava casado com Hortense Mancini, foi mais condizente com os altos padrões de um grande monarca. Quando Mazarin censurou Luís com impertinência por sua conduta, o rei apenas apontou para a sua testa: "Sempre achei que eras louco", disse ele, "e agora eu tenho certeza."[29]

Mais importante do que estes vários namoricos foi a primeira morte na família real: não da rainha Ana, como se esperava, mas de seu irmão

Filipe IV. O rei espanhol faleceu à idade de 60 anos em 17 de setembro. Ele deixou um legado problemático. O menino de 4 anos que agora se tornava o rei Carlos II era, como já mencionado, um candidato desanimador para uma vida longa. Já que Maria Teresa renunciara a seus direitos de sucessão, Filipe designou como herdeira presumível em seu testamento sua outra filha, Margarida Teresa. Prometida desde cedo para um casamento com seu primo Habsburgo, o imperador Leopoldo, ela o desposaria no fim do ano seguinte.

Luís deu a notícia da morte de Filipe em pessoa a Maria Teresa, e o fez com cuidado; sempre que possível, ele tratava sua esposa traída com a maior cortesia e ternura, como quando compartilhou da tristeza da rainha pela morte de sua terceira criança, Marie-Anne, nascida em novembro e morta por volta do Natal. Ele sabia que Maria Teresa amava o pai; Luís também sabia que ela não gostava de sua madrasta, a nova regente Mariana, e não tinha grandes sentimentos pelo irmão Carlos, nascido depois que ela deixara a Espanha. Maria Teresa podia estar distante, mas tinha um fino senso castelhano do que lhe era de direito.

As atenções do próprio Luís também envolviam os direitos da esposa. Havia dois pontos aqui: o não pagamento do dote, que poderia invalidar a renúncia à sucessão, e a chamada Lei de Brabant, pela qual os filhos do primeiro casamento, como Maria Teresa, tinham precedência sobre os filhos do segundo, isto é, Carlos e Margarida Teresa. Ali estava uma oportunidade de aumentar a segurança francesa em suas fronteiras do norte ao adquirir certos territórios dos Países Baixos espanhóis sob o disfarce da lei.

Quando a saúde de sua mãe se deteriorou subitamente no começo de janeiro de 1666, Luís ainda estava indeciso quanto à direção de sua futura política externa. Na verdade, desde 1662 ele estava preso numa aliança defensiva com os holandeses, já em guerra com a Inglaterra por supremacia naval e comércio marítimo. Como registrado em suas memórias, o rei inicialmente se afastou da perspectiva de confrontar dois grandes poderes, Espanha e Inglaterra, ao mesmo tempo. No fim, ele decidiu usar o combate com os ingleses como uma cortina de fumaça para suas reais intenções: os holandeses, que queriam seu auxílio contra a Inglaterra, no futuro seriam fervorosos em seu apoio contra os espanhóis. "Mas enquanto eu preparava minhas armas contra a Inglaterra, não me esqueci de trabalhar contra a Casa da Áustria [Luís igualava Espanha e Áustria] por todos os meios favorecidos pela negociação."[30]

A rainha Ana sobreviveu até o fim do mês de janeiro. Madame de Motteville escreveu lealmente que ela jamais estivera tão bela quanto em seu leito de morte. Mesmo quando a infeliz mulher foi submetida à extirpação pública do tumor, a fiel dama de companhia encontrou algo para admirar em seu seio, mesmo lacerado. Apesar de seus sofrimentos, a rainha-mãe ainda tentava manter um pouco de sua graciosidade em situações desesperadas, o que a tornara querida em sua casa por tanto tempo e no decorrer de tantas crises.

"Não estou chorando, isto é apenas água que me sai dos olhos", disse ela à duquesa de Molina. "Na verdade, Vossa Majestade está bastante ruborizada", replicou a duquesa, também em espanhol. "Bem, Molina, tenho uma bela febre", disse a rainha, ainda tentando falar com delicadeza.[31]

Não poderia durar para sempre, aquela terrível provação num aposento onde nem mesmo uma profusão de sachês perfumados podia ocultar o odor da doença. As belas mãos da rainha, das quais ela outrora tivera tanto orgulho, estavam inchadas além de qualquer tolerância. (Após sua morte, descobriu-se que ela possuía mais de quatrocentos pares de luvas: nenhuma delas agora utilizável ou suportável.) Fitando seus longos dedos brancos, agora irreconhecíveis, ela finalmente disse: "Pois bem, é hora de partir." Neste ponto, até madame de Motteville teve que admitir que sua adorada ama, agora mais alabastro que carne, parecia mais velha que bela. Os relicários de Santa Genoveva, padroeira de Paris, outrora utilizados para confortá-la em seu leito de parto, foram levados em seu auxílio mais uma vez, mas em vão. A Grande Mademoiselle, vendo a cruz de cristal e as velas trazidas da capela como uma espécie de consolação, contrastou o brilho do cristal com a iminente escuridão da morte.[32]

Bastante distinto do lamento dos observadores, um leito de morte era, no sentido religioso, o momento mais sério de uma vida católica no século XVII. Era considerado crucial que um indivíduo encarasse o

DOCE VIOLÊNCIA

fato de sua morte iminente, de modo a arrepender-se completamente e assegurar a salvação sobre a qual a própria rainha colocava tanta ênfase. O estado de espírito ideal era "não temer e tampouco desejar" o fim, segundo o verso do poeta François Maynard, citado com aprovação por madame de Sévigné.[33] O último sacramento tinha que ser administrado e a extrema-unção, aplicada. (Por isso o horror da época pela morte súbita, que não oferecia tal oportunidade.) Na teoria, as pessoas laicas já não tinham qualquer papel a cumprir, apenas o clero, intermediários para o próximo mundo. Contudo, quando os médicos deveriam anunciar que o fim estava próximo? Era uma decisão sensível, para aqueles — todos — que temiam o rei. Luís, que mais uma vez tinha uma cama instalada no aposento de sua mãe, ficou furioso quando sentiu que negavam a ela tais direitos devido à subserviência.

"Quê!", exclamou ele. "Eles a bajulariam e deixariam que morresse sem os sacramentos, após meses de enfermidade. Eu não carregarei tal coisa em minha consciência." Luís insistiu novamente, com firmeza: "Não temos mais tempo para bajulações."

A rainha Ana finalmente faleceu pouco depois das 6 horas da manhã de 20 de janeiro de 1666. Monsieur estava em sua companhia; o rei estava no aposento contíguo com a Grande Mademoiselle, para onde fora levado, "quase desmaiando", no curso da noite. Quando a mão de sua mãe se desprendeu da sua pela última vez, ele emitiu um grande grito. Nas últimas palavras audíveis da rainha, ela pediu um crucifixo para segurar.

Ana da Áustria tinha 65 anos. Seu exemplo, a prudência, a dignidade e a virtude de sua conduta deixariam uma marca indelével em Luís XIV, quer ele os seguisse, quer não. Em sua angústia, ele prestou à mãe um tributo sem paralelos de um filho àquela que também governara o país: a rainha Ana seria incluída, disse ele, entre os grandes *reis* da França. Os anos haviam se passado e, como acontece quando da morte de um pai, as memórias de Luís voltaram à juventude, quando "o vigor da princesa" o preservara em seu trono. Foi significativo que um inventário dos pertences da rainha após sua morte incluísse, entre a lista de brilhantes joias multicores, um bracelete contendo uma mecha de cabelos do pequeno Luís.[34]

"Nunca desobedeci minha mãe em qualquer assunto de importância", disse ele. De importância ou não, em uma data muito próxima da morte da rainha-mãe, Louise de La Vallière concebeu seu terceiro filho. Com a nuvem negra da desaprovação de Ana dissipada para sempre, já não havia razão para que Luís deixasse de se render à "doce violência" do amor quando e onde bem quisesse. Seu único rival era aquela outra violência, a violência da guerra, ou, como Luís descreveria, a glória do combate marcial. Em 26 de janeiro, menos de uma semana após a morte de sua mãe, Luís XIV declarou guerra à Inglaterra, supostamente em apoio aos holandeses. Nas palavras de Racine, ele saiu em busca "da glória e do deleite / Que uma primeira vitória traz ao coração de um jovem".[35]

PARTE DOIS

Verão

CAPÍTULO 6

A ascensão de outra

No coração humano, novas paixões estão sempre nascendo; a
derrocada de uma quase sempre significa a ascensão de outra.
— La Rochefoucauld, *Máximas*

"Há um boato correndo na corte de que o rei está sonhando um
pouco com madame de Montespan": isto foi escrito pelo duque
d'Enghien à rainha da Polônia, nascida na França, em 2 de novembro de
1666, com as fofocas sobre o país natal da destinatária. Nove meses depois, o conde de Saint-Maurice, embaixador da Saboia, relatou que Luís
não conseguia pensar em quase nada além da cintilante marquesa. Por
volta de setembro de 1667, Saint-Maurice estava convencido de que,
onde quer que o rei estivesse, ele fazia três (longas) visitas à marquesa
todos os dias.[1] Era o quão longe Athénaïs, nascida na família Mortemart, havia-se instalado no afeto do rei, independentemente do fato de
agora ela estar casada e ser mãe de dois filhos de seu marido, o marquês
de Montespan.

O terceiro bebê de Louise de La Vallière, Marie-Anne, nascera em 2
de outubro no castelo real de Vincennes (foi por ternura, insensibilidade
ou pura indiferença que o bebê recebeu o mesmo nome da filha da rainha, falecida no Natal do ano anterior?). As circunstâncias do nascimento ainda precisavam ser discretas, tanto quanto possível na intimidade
ritualística dos arranjos da corte. Por acaso, Henriette-Anne passava pe-

los aposentos de sua dama de honra em seu caminho para a capela exatamente quando Louise experimentava as primeiras dores do parto.

"Cólicas, madame, um ataque de cólicas", Louise conseguiu balbuciar. Preservando a ficção exigida, Louise incitou o dr. Boucher, o *accoucheur*, a assegurar que o nascimento acontecesse com sucesso antes do retorno de madame. O aposento foi coberto de angélicas para que seu perfume delicioso e dominante disfarçasse todo o resto no que agora se transformava numa sala de parto. O médico, já um veterano destas crises morais, teve sucesso. Louise, pálida e exausta, até conseguiu comparecer à ceia de meia-noite da corte conhecida pelo nome italiano de *medianoche*.[2]

No entanto, a vida de Marie-Anne seria muito diferente da vida de seus irmãos desaparecidos. A princípio cuidada por madame Colbert, ela cresceu mimada e adorada; dotada de extrema beleza desde a infância, graciosa como a mãe, ela era candidata a se tornar a criança favorita do pai. O status da menininha como filha do rei com sua reconhecida amante tornou-se possível com a morte da rainha Ana. A sorte de Louise, por outro lado, melhorou apenas em teoria, não na prática. Nenhum título semioficial podia apaziguar a dor que Louise sentiu e continuava a sentir pelas "infidelidades" do rei, que tripudiavam do amor sagrado que ela acreditava existir entre eles (e paradoxalmente a mantinha em estado pecaminoso). Ao menos a paternidade era uma responsabilidade que o rei honrava: assim, Louise rapidamente concebeu seu quarto filho após o nascimento de Marie-Anne. Infelizmente, isto também significou que Louise, mais uma vez em estado físico delicado, desperdiçou o ano vital em que Athénaïs desenvolveu sua ascendência.

Françoise-Athénaïs de Rochechouart de Mortemart nasceu em 5 de outubro de 1640.* Portanto, tinha 26 anos quando os olhos do rei recaíram sobre ela pela primeira vez em qualquer contexto diferente de uma mera serviçal de sua esposa. Já não estava na flor da idade numa socie-

---

* Ela foi batizada como Françoise, mas se tornou conhecida como Athénaïs, de Atena, a deusa da sabedoria, enquanto se movia no sofisticado círculo parisiense das *Précieuses*, e jamais abandonou a alcunha.[3]

dade em que a aparência declinava após os 20 anos. Contudo, Athénaïs estava destinada a ser diferente. Ela era deslumbrantemente bela. Tinha cabelos longos, espessos e da cor do milho, que se cacheavam naturalmente em torno de seus ombros quando ela se encontrava em estado de *déshabille*. Seus olhos eram imensos, azuis e ligeiramente exoftálmicos; tinha uma boca saliente. Havia algo ao mesmo tempo sensual e imperioso em sua aparência que maravilhava o olhar, enquanto a silhueta luxuriosamente curvilínea atraía o gosto contemporâneo, em contraste com a figura esguia de Louise. Esta voluptuosidade pelo menos torna plausível a história que alega que Luís tramou para espioná-la em seu banho disfarçado de criado; boquiaberto, ele revelou sua presença, diante da qual Athénaïs deixou cair sua toalha aos risos.[4]

Entretanto, Athénaïs era bem mais, muito mais que mera beleza, coisa que afinal existia aos montes em Versalhes. Ela era bem-humorada e divertida, com um tipo especial de comicidade conhecido como "o gênio dos Mortemart", que tornou sua família famosa. Havia trocadilhos que pasmavam os não iniciados: *Bourguignon*, por exemplo, se referia a tudo que era entediante e tristonho, devido ao desgosto de uma irmã pelas propriedades borgonhesas de seu marido. Um julgamento podia ser expresso por um Mortemart com aparente inocência, até ingenuidade, o que Saint-Simon chamava de "maneiras lânguidas e irônicas", e mesmo assim podia ser bastante devastador.[5] E, decerto no que dizia respeito a Athénaïs, esta adorável rosa tinha espinhos: mais tarde, cortesãos temeriam passar sob suas janelas em Versalhes por medo dos comentários que ela poderia fazer. Madeleine de Scudéry elogiara a zombaria elegante como a máxima arma social num ensaio intitulado "Da Ironia". "Para bem zombar", escreveu ela em 1653, "é preciso uma inteligência afiada, um julgamento delicado e uma memória cheia de mil coisas diversas para usar em diferentes ocasiões." Athénaïs possuía tudo isso.[6]

Os Rochechouart-Mortemart de Lussac em Poitou eram de linhagem antiga e tinham orgulho disso, tendo as duas grandes famílias sido reunidas por matrimônio no século XIII.[7] Gabrielle, marquesa de Thianges, a astuta irmã mais velha de Athénaïs, era conhecida por provocar o rei com o tema: os Burbons, com seu sangue mercantil dos Médici, eram de fato bem menos distintos... Ainda assim, o amor pela ópera e pelo teatro fazia de Gabrielle uma companhia inteligente para o rei, alguém com quem ele podia desfrutar as leituras de Racine e Boileau. Talvez a irmã mais inteligente de todas fosse a terceira, Marie-Madeleine, obrigada por seu pai a descobrir uma vocação religiosa (ele vinha enfrentando problemas para pagar dotes de tantas filhas). Subsequentemente, ela dirigiu o convento de Fontévrault, onde, com sua personalidade forte e notável formação — latim, grego e hebreu estavam entre seus talentos —, Marie-Madeleine era considerada "a pérola das abadessas". Luís também apreciava sua companhia. Uma quarta filha, Marie-Christine, descobriu sua verdadeira vocação; ela passou a vida como freira em Chaillot, sem dúvida em estado de maior contentamento, mesmo que com menos emoções, que suas irmãs mais velhas.[8]

E depois havia o único irmão, Luís-Victor, marquês de Vivonne, antes de herdar do pai o título de duque de Mortemart. Vivonne, dois anos mais velho que o rei, tinha sido um de seus pajens, assim como o duque seu pai fora companhia de infância de Luís XIII. Vivonne era tão gordo quando jovem que se tornou a piada do humor monárquico. "Vivonne" — usar apenas o sobrenome era uma abordagem extremamente íntima — "tu ficas mais gordo a cada momento em que te vejo", disse o rei. "Ah, Senhor", replicou Vivonne, "que calúnia. Não há dia em que eu não dê quatro voltas em torno de meu primo Aumale" (notoriamente o homem mais gordo da corte). Mas, independentemente de quão volumoso fosse, Vivonne era um homem inteligente e um bom soldado: uma de suas contrariedades quanto à ascensão de sua irmã no favor real era que o avanço de sua carreira poderia ser atribuído a isto e não aos talentos dos quais ele se orgulhava.[9]

As fortes ligações dos Rochechouart-Mortemart com a Coroa ocultavam o fato de que o casamento de seus pais não era apenas infeliz — como tantos casamentos arranjados da época —, mas também perturbadoramente escandaloso. É possível ver no personagem do pai de Athénaïs toda a lubricidade descarada que mais tarde ela tornaria sua. O duque de Mortemart era um hedonista, para quem todos os prazeres eram bem-vindos: música e literatura, comida e bebida, caçadas e,

A ASCENSÃO DE OUTRA

claro, sexo. Diane de Grandseigne, a duquesa de Mortemart, fora dama de companhia da rainha Ana; uma mulher sábia que amava a música e as artes, era também renomada por sua religiosidade e virtude. Em vez de permanecer acorrentado a um casamento de conveniência (que gerou cinco filhos), o duque vivia bastante abertamente com sua amante, Marie Tambonneau, esposa do presidente da Câmara de Comércio de Paris, de um modo que desprezava as convenções, por mais folgadas que fossem. Por fim, a duquesa se retirou para Poitou.

É fácil ver Athénaïs como um eco da carreira de seu pai como sensualista. Mas a influência profundamente arraigada da mãe não deve ser esquecida, uma mulher que teve uma morte excepcionalmente santificada em 1664, cercada por monges e padres. Uma mãe religiosa era algo que Athénaïs tinha em comum com Luís XIV, e, na verdade, as duas mulheres, a falecida rainha e a duquesa de Mortemart, tinham sido grandes amigas. Quando criança, Athénaïs demonstrara notável devoção religiosa, e como jovem adulta sabia-se que ela comungava uma vez por semana — aquele emblema da virtude.

Apesar de toda beleza, inteligência e vitalidade, que certamente a apontavam para uma alta posição, havia um toque de decepção em Athénaïs no momento em que ela chamou a atenção do rei — ou talvez, como veremos, quando ela deliberadamente rolou seus grandes e magnéticos olhos na direção dele. Ela já tinha 22 anos quando um noivado foi arranjado com Luís-Alexandre de La Trémoïlle. Pois Athénaïs e suas irmãs não eram herdeiras cuja fortuna as tornasse objetos de desejo, apesar de seu laureado sangue nobre, e, como já foi dito, a solução mais barata da religião foi escolhida para duas delas.

Porém, o noivado deu errado de uma maneira alarmante. Seu noivo se envolveu como testemunha num duelo no qual o marquês d'Antin foi morto e teve que fugir da França.* O homem que restou para juntar os cacos deste romance estilhaçado foi Luís-Henri de Gondrin de Par-

---

* Os duelos, a maldição de uma sociedade nobre, eram estritamente ilegais na França desta época, com sucessivos reis fazendo valer sua desaprovação por meio de fortes punições. Contudo, os duelos continuavam a acontecer.

daillan, marquês de Montespan, irmão do falecido d'Antin, que prestou a Athénaïs uma visita de condolências. Como resultado desta visita, o casal rearranjado de noivos se casou na igreja de Saint-Sulpice em Paris, na véspera da Quaresma de 1663. Em sua maneira afiada, Athénaïs disse mais tarde que se esquecera de levar as almofadas apropriadas para que os dois se ajoelhassem e, mandando buscá-las às pressas na casa da família, recebeu do portador as almofadas dos cachorros...

É certo que as almofadas dos cachorros não trouxeram sorte alguma para o casamento, que desde o início foi claramente difícil por duas razões. A primeira era a dívida: o jovem casal não dispunha de reais meios para arcar com as consideráveis despesas em termos de vestuário e hospitalidade de uma dama aspirante à corte. A segunda, provavelmente conectada a esta relativa pobreza, era o caráter espinhoso do novo marido. Dono de uma boa aparência com um toque sombrio, Montespan era um gascão, uma raça tradicionalmente orgulhosa e suscetível: quanto mais pobres, mais orgulhosos.* No tocante à religião, ele tinha ligações jansenistas: seu tio, Henri de Pardaillan, arcebispo de Sens, era um homem de devoção rígida e suspeito de simpatizar com os jansenistas. Isto explica o fato de que não houve qualquer assinatura do rei no contrato de casamento, um favor que normalmente teria sido outorgado à filha do duque e da duquesa de Mortemart.

Sob tais circunstâncias, não havia muito para Montespan na corte: sua própria personalidade, mesmo que não jansenista, certamente era inflexível. Para Athénaïs, a corte tinha muito a oferecer desde o início. E, como o tempo mostraria, ela estava longe de ser o tipo de mulher depreciada por Madeleine de Scudéry em *Safo*: alguém que acreditava que fora posta na Terra apenas para dormir, ficar grávida, ser bonita e falar "tolices". Aliás, ela também não era o tipo descrito por um certo padre Garasse em *La Doctrine Curieuse*, para quem a escolha ficava entre a roca de fiar, o espelho ou a costura (para os homens, eram os livros, a espada ou o arado). Athénaïs tinha uma força vital irreprimível.[10]

---

* D'Artagnan, um personagem da vida real imortalizado em *Os três mosqueteiros* de Dumas, exemplificava este tipo de arrogância e rudeza gascoa.

A ASCENSÃO DE OUTRA

Sua primeira filha, Christine, nasceu em 17 de novembro de 1663, e um filho, Luís-Antoine, marquês d'Antin (título de seu tio morto), nasceu no setembro seguinte, quando o casamento mal havia completado 18 meses. Athénaïs já se revelava uma deusa da fertilidade, mas a maternidade não a deteve. Duas semanas após o nascimento de Christine, Athénaïs dançou no Balé da Corte, assim como dançara imediatamente após seu casamento. E logo ela desfrutava os círculos sofisticados do Hôtel d'Albret, onde mulheres inteligentes como Madeleine de Scudéry, madame de Sévigné e madame de La Fayette discursavam com homens inteligentes a seus pés — onde estava a *galanterie* em seu estado mais puro.[11] Lá Athénaïs fez amizades: uma de suas amigas era uma jovem viúva em circunstâncias difíceis, Françoise Scarron, cuja decência, inteligência e moderação a tornavam um membro agradável em qualquer círculo, mesmo que nunca o centro deles.

Foram as dívidas que levaram o marquês de Montespan a romper com a vida insatisfatória da corte e se lançar numa carreira militar no sul junto de seu cunhado Vivonne.[12] A medida da pobreza de Montespan pode ser depreendida do fato de que o casal encontrou grandes dificuldades em levantar o dinheiro para o aparato necessário (os oficiais pagavam por seus próprios uniformes, cavalos e assim por diante), e em 1667 Montespan vendeu os brincos de diamantes de sua esposa. Por fim, Montespan conseguiu partir, deixando Athénaïs, a beleza reinante da corte, sozinha com duas crianças pequenas. Foi neste ponto que ela talvez tenha examinado as limitadas oportunidades a seu redor enquanto esposa aristocrática de um homem pobre e tenha visto que havia uma saída magnífica: tornar-se amante do rei.

Era óbvio que Louise de La Vallière estava decaindo no favor real e, de qualquer modo, estava grávida mais uma vez. Decepcionada com o que a religiosidade e a virtude haviam lhe proporcionado, Athénaïs aparentemente decidiu tomar seu destino em suas próprias mãos. Por que não? Ela tinha idade suficiente para conhecer sua própria mente. Ela já não era uma encomenda real como Maria Teresa ou uma virgem tímida como Louise. Essa era uma solução brilhante para uma vida que Athénaïs não achava ser glamourosa o bastante (talvez ela não tenha previsto exatamente quão glamourosa — ou notória — sua nova vida haveria de ser).

A prova é o rei ter sido ouvido ao dizer ao Monsieur: "Ela faz o que pode, mas eu não estou interessado". É possível que ele, instintivamente, tenha se afastado de uma mulher que, embora fosse bonita, era claramente não submissa. Em novembro de 1666, o relatório do duque d'Enghien citado anteriormente mostrou que ele mudara de ideia. Em algum momento, entre novembro de 1666 e julho de 1667, Luís XIV seduziu a marquesa de Montespan. Ou terá sido o inverso? De qualquer forma, a grande aventura sexual da sua vida estava para começar.

Uma das máximas do duque de La Rochefoucauld, peculiarmente apropriada para Luís XIV em 1667, foi sua reflexão sobre o coração humano, onde "novas paixões estão sempre nascendo; a derrocada de uma quase sempre significa a ascensão de outra".[13] Mas não era apenas a paixão por Athénaïs o que começava a consumir Luís. Havia também a questão de sua glória pessoal: algo a ser estabelecido na esfera adequadamente gloriosa da guerra.

Gloire era a palavra mais importante da época, não apenas para o rei, embora ele parecesse encarnar a glória geral da França. Às vezes podia ser sinônimo de ambição, do modo como madame de Castries, nora de Vivonne, era descrita como *glorieuse* por seu esposo. Em geral, significava honra pessoal. Moças em Saint-Cyr eram instruídas a preservar sua *"bonne gloire"*, ou seja, nunca fazer coisas ignóbeis. Contudo, no caso de um rei, e acima de tudo Luís XIV, glória significava glória militar. Anos mais tarde, ele declararia que "a paixão pela glória foi definitivamente a paixão dominante de minha alma"; ele estava usando os termos do líder militar de Corneille, Le Cid, que o impressionara em sua juventude.[14] Ao mesmo tempo, havia a magia de possuir a amante mais arrebatadoramente bela: era outro tipo de glória aos olhos do mundo, incluindo embaixadores estrangeiros. A nova Galeria de Apolo no Louvre, iniciada em 1662 (após um incêndio), foi centrada pelo artista Carlos Le Brun no tema do sol, simbolizando a reputação do jovem rei;[15] da mesma forma, a magnífica Athénaïs simbolizava a riqueza da vida íntima do monarca. Ambos contribuíam para a *gloire* de Luís XIV.

Quando Luís XIV se lançou na direção de Flandres numa campanha militar em maio de 1667, se poderia dizer com propriedade que ele estava

A ASCENSÃO DE OUTRA

combinando duas novas paixões: ele comandava (mas não liderava) as tropas e também estava acompanhado por madame de Montespan. A declaração de guerra à Inglaterra no ano anterior em apoio aos holandeses não fora levada a cabo com o uso de tropas francesas, para grande alívio do governo de Carlos II. Henriette-Anne, irmã de um rei, cunhada de outro, recebeu uma merecida posição como discreta intermediária. Ambos os homens viam que, sob o disfarce de uma afetuosa correspondência familiar, mensagens podiam ser enviadas e recebidas. Ambos confiavam nela e, na verdade, nos anos em que Henriette-Anne desenvolveu seu papel, suas lealdades provavelmente estavam igualmente divididas. Ela adorava seu irmão Carlos e ao mesmo tempo amava e honrava Luís, seu rei.

Luís agora tornava óbvias suas verdadeiras intenções. Com a ajuda de úteis conselhos legais sobre a Lei de Brabant, que favorecia a posse de Maria Teresa sobre certas propriedades nos Países Baixos espanhóis (enquanto filha do primeiro casamento), ele estabeleceu um quartel-general em Compiègne. Dali, Turenne deveria avançar com o exército francês contra fortalezas flamengas governadas pela Espanha, que estavam mal equipadas para a defesa na chamada Guerra da Devolução. Esta era a *realpolitik* no mundo do século XVII: Luís e seus ministros consideravam ambos os braços da família Habsburgo, Espanha e Áustria, como um só e estavam convencidos do perigo de um cerco. Apenas uma fronteira defensiva realmente satisfatória serviria. Contudo, as cenas no caminho para Compiègne e na corte ali estabelecida tiveram em si um toque de exibicionismo.

Havia tendas de seda e damasco — Luís tinha uma tenda de seda chinesa — cobertas por ricos bordados. Uma tenda continha três aposentos e uma câmara de dormir: "As mais belas e pretensiosas suítes que alguém poderia divisar." E havia as damas. É claro, mulheres sempre iam à guerra: cozinheiras, prostitutas e, nesta ocasião, cortesãs. Este não era apenas um capricho de Luís XIV. Turenne geralmente era seguido por uma grande horda de damas, incluindo seus vastos guarda-roupas e mulas para carregá-los. Já vimos que Ana da Áustria levara seus dois filhos em campanhas quando eles eram bem pequenos. Mas, no governo do rei Sol, as coisas tendiam a acontecer numa escala grandiloquente

— inclusive a presença das mulheres. Maria Teresa estava lá, cumprindo um importante papel simbólico ao ser apresentada a seus futuros súditos como a herdeira espanhola. Athénaïs estava lá, sob o pretexto de ser dama de companhia de Maria Teresa. Henriette-Anne também estava lá. Um observador comparou o estilo de tudo à "magnificência de Salomão e à grandeza do rei da Pérsia".[16]

Quando o rei avançou para a frente de guerra, ele retornou a Compiègne após um breve período, supostamente para ver a esposa, mas, como todo mundo sabia muito bem, na verdade, para ver a mulher por quem ele agora estava arrebatado. Por vezes sugeriu-se que os dois dormiram juntos pela primeira vez em Flandres. A logística da hipótese parece dúbia se comparada às infinitas possibilidades anteriores nos palácios reais. A vida em Compiègne era essencialmente um acampamento, mesmo que um magnífico acampamento.

Duas ações agora concentravam a atenção universal sobre a rivalidade das damas na vida de Luís XIV. A primeira foi o passo do rei, sem precedentes naquele reino, de tornar Louise duquesa e conceder-lhe terras em Touraine e Anjou. Além disso, ele legitimou Marie-Anne, com seis meses de idade — "nossa filha natural" —, e designou-a como mademoiselle de Blois, um título semirreal. A carta patente, devidamente registrada pelo Parlamento, foi pródiga em elogios à "nossa querida, adorada e confiável" Louise, duquesa de La Vallière; sua "infinidade de raras perfeições" foi destacada, qualidade que havia muito acendera "uma afeição das mais singulares" no coração do rei e agora era publicamente reconhecida por um título e uma renda derivada de propriedades. Houve menção à linhagem de Louise, proveniente de "uma casa nobre e antiga", notável por seu zelo a serviço do Estado, e ênfase foi colocada sobre o recato que a tornava oposta a tais donativos materiais. Marie-Anne de Bourbon, mademoiselle de Blois como se tornara, foi declarada futura herdeira das terras de Louise, junto com quaisquer outros descendentes "a quem declaremos legítimos" (neste ponto, claro, Louise esperava seu quarto filho).[17]

Legitimação era um processo completamente reconhecido neste ponto: o termo usado — *légitimer* — indicava que tais pessoas, ape-

A ASCENSÃO DE OUTRA

sar de seu status irregular no nascimento, subsequentemente eram *tornadas* legítimas. Em seu *Dictionnaire*, Furetière dedicou cinco longos verbetes ao tema, dos quais o principal informava que a legitimação deveria ser usada para crianças nascidas fora do casamento, mas cujos pais contraíam núpcias posteriormente. Dificilmente era o caso ali. O rei era um homem casado, ainda que Louise fosse solteira, e ele indubitavelmente estava casado com outra mulher na época do nascimento de Marie-Anne. Contudo, Furetière, escrevendo próximo ao fim do reinado de Luís, teve que reconhecer a realidade do que ocorrera durante os trinta anos anteriores: assim, ele declarou que o rei tinha até mesmo a capacidade de legitimar filhos bastardos e "apagar a impudicícia do adultério", já que era o senhor do estado civil.[18] Ainda assim, nenhuma ação de Luís levantaria tantas críticas dos devotos por um lado, e dos esnobes da corte francesa por outro. Isto porque os *legitimés* também se tornavam príncipes e princesas — que podiam superar em hierarquia honestos cortesãos nascidos no sagrado laço matrimonial.

Luís, em suas memórias escritas para o delfim, justificou esta promoção de sua amante e de sua filha como uma decisão tomada às vésperas da guerra: já que ele não tinha intenção de se esquivar do perigo, "Pensei que era apenas justo assegurar a esta criança a honra de seu nascimento" e, ao mesmo tempo, dar à mãe uma posição que expressasse "a afeição que tive por ela durante seis anos". A corte, por outro lado, viu todo o caso como um dourado adeus: ninguém esperava que Louise aceitasse graciosamente que seu reinado estava acabado. Tirou-se vantagem de sua gravidez para despachá-la a Versalhes enquanto a corte seguia para a guerra. No curso de uma longa e reflexiva carta a uma confidente, Louise escreveu tristemente que, de todas as grandes qualidades do rei, "sua coroa" foi a que menos a atraíra.[19] Era a velha história, sua paixão pelo homem, não pelo monarca. Mas o argumento já não tinha o impacto que tivera outrora, em face da "ascensão de outra", na frase de La Rochefoucauld.

Mas Louise ainda não estava rendida. A segunda e ainda mais dramática ação que atraiu a atenção da corte para a presente rivalidade partiu dela. O apelido de Louise no astuto círculo de Sévigné podia ser "O Orvalho" — enquanto Athénaïs era "A Torrente" —, mas O Orvalho certamente era capaz de gestos impetuosos, como demonstrado por sua fuga precipitada para Chaillot três anos antes. Desta vez, a rainha Maria Teresa passava a noite em La Fère — a caminho de Compiègne para se juntar ao rei em Avesnes, seguindo ordens dele —, quando alarmantes notícias lhe foram levadas. O aparato da nova duquesa de La Vallière estava chegando. Houve consternação geral. Houve também repúdio, com um toque de hipocrisia quando as damas da rainha, inclusive Athénaïs, criticaram Louise por provocar em Maria Teresa violentos acessos de choro.

Na manhã seguinte, a duquesa fez uma profunda mesura diante da rainha, de acordo com o protocolo. Maria Teresa sequer reconheceu sua presença. Tampouco lhe foi dada qualquer comida, até que o *maître d'hôtel* se apiedou da esfaimada Louise e serviu-a secretamente. Quando todas as damas reunidas em torno da rainha retomaram seus lugares na carruagem e viajaram para seu encontro com o rei, a conversa não abandonou o tema. Que afronta apresentar-se a Vossa Majestade sem ser chamada! Assim disse Athénaïs, sendo ecoada pelas outras. Athénaïs foi ainda mais longe, em seu próprio estilo de afronta: "Deus me livre de ser a amante do rei! Mas se eu fosse, ficaria absolutamente humilhada diante da rainha."

Entretanto, o encontro com o próprio rei foi o ponto alto do drama, a um só tempo lamentável e embaraçoso. Louise atirou-se tremendo ao chão diante dele. Foi só aí que a glacial recepção do rei — ela desafiara ordens explícitas do monarca de permanecer em Versalhes — convenceu Louise de seu terrível erro. "De quanta inquietude me terias poupado se tivesses sido tão tépido nos primeiros dias de nosso enlace quanto pareces já há algum tempo! Tu me destes provas de uma grande paixão: fiquei enfeitiçada e abandonei-me a amar-te até a loucura." As pungentes palavras vinham de uma jovem num convento, seduzida e abandonada por um oficial francês no celebrado sucesso da época, *Cartas portuguesas*.[20]* Poderiam ter sido recitadas por Louise, palavra por palavra.

---

* Supostamente escritas em português em 1667-8 por Mariana Alcoforado e traduzidas para o francês, *Cartas portuguesas,* na verdade, foram compostas em francês por Gabriel-Joseph de Guilleragues.[21]

A ASCENSÃO DE OUTRA

Luís XIV era um mulherengo, mas não um monstro. Ele não gostava de desobediência, mas tampouco apreciava crueldade e humilhação.* No dia seguinte, foi ele (e não as recriminatórias e em muitos casos hipócritas damas) quem convidou Louise para ir com a rainha e suas acompanhantes na carruagem. Seu gesto foi tão imperioso que Maria Teresa não ousou dizer palavra. Naquela noite, Louise foi convidada a tomar a ceia à mesa real. Nada disso impediu as atenções assíduas de Luís para com Athénaïs, tanto que a rainha observou em voz alta que ele às vezes só chegava à cama às 4 horas da manhã. "Trabalhando em despachos", replicou o rei calmamente, mas a Grande Mademoiselle notou que ele precisou se virar para esconder um sorriso.[22]

O rei retornou a seus exércitos, que tomaram a maior fortaleza flamenga de Lille após um cerco de nove dias; as tropas espanholas recuaram para Bruxelas e Mons. A rainha e seu estranho *entourage* retornaram via Notre-Dame-de-Liesse, onde Maria Teresa desejava rezar. Nada demonstrou melhor a extraordinária mistura entre rainha e amantes — duas delas —, religião e intriga, do que o fato de que tanto Athénaïs quanto Louise foram confessar-se no mesmo lugar e ao mesmo padre. Presumivelmente, elas confessaram o mesmo pecado, dormir com o rei; contudo, claro, ainda era verdade que Athénaïs cometera adultério, ao passo que Louise não.

Louise deu à luz seu quarto filho em Saint-Germain em 17 de novembro de 1667. Ele foi legitimado em fevereiro de 1669 e recebeu o título de conde de Vermandois. Posteriormente naquele ano, ele foi tornado almirante da França, sob o nome convenientemente agradável de "Louis, conde de Vermandois", já que o rei rejeitara qualquer coisa mais explícita como "Bastardo de França".[23] As honras não podiam ocultar o fato de que, emocionalmente, o rei tinha partido para outra. Até a pobre Maria Teresa foi encontrada numa torrente de lágrimas

---

* Por esta razão, deve-se rejeitar a história apócrifa que conta que Luís passou correndo pelos aposentos de Louise para alcançar Athénaïs, jogando o spaniel desta última, chamado Malice, para que Louise cuidasse enquanto ele saía. As boas maneiras do rei Sol eram algo de que ele se orgulhava; a história só é importante para chamar a atenção para a intimidade física na qual todos viviam.

após receber uma carta anônima informando a mudança das afeições de seu marido; talvez ela tivesse acalentado a triste esperança de que a derrocada de Louise significaria o retorno permanente de Luís para o seu lado.

Pela Paz de Aix-la-Chapelle entre França e Espanha em maio de 1668, Luís adquiriu várias cidades em Flandres que ele recentemente conquistara, incluindo Oudenarde e Lille. Mas Franche-Comté, localizada mais ao sul nas fronteiras da Suíça e que fora enxameada por tropas francesas sob o comando de Condé, foi devolvida momentaneamente. A paz também trouxe o rei e a corte de volta a Saint-Germain. Luís renovou seu entusiasmo frenético pela elaborada reforma para um novo Versalhes. Lá, em julho, ele encenou mais uma vasta comemoração conhecida como a Grande Recepção Real, teoricamente para celebrar a paz, mas, na opinião da corte, na verdade para honrar a nova favorita. Mais de 3 mil pessoas estavam presentes, incluindo o núncio papal e numerosos embaixadores. Um deles, o saboiano conde de Saint-Maurice, descreveu o caos: até a rainha foi forçada a esperar por meia hora para fazer sua entrada, enquanto alguns embaixadores jamais chegaram a entrar. Os sortudos presentes se maravilharam, entusiasmados com os enormes "aposentos" artificiais feitos de folhagens e adornados com tapeçarias; 32 candelabros de cristal iluminavam os cômodos.[24] Muitas árvores estavam carregadas com frutas, incluindo laranjas de Portugal; um grande palácio de marzipã e açúcar parecia tão saboroso que a multidão depois o fez em pedaços e o devorou.

A oferenda de Molière para a ocasião era um conto alegre sobre adultério: *George Dandin ou O marido atônito*. Amplamente considerada "o ápice da comédia", a peça contava a história de um camponês que se casou numa classe mais alta, o que julgou uma estranha experiência, incluindo o fato de que sua "senhora" o traía. A princípio, o camponês queria se afogar numa das numerosas fontes à disposição em Versalhes; por fim, contudo, ele foi persuadido a afogar suas mágoas — em vez de si mesmo — na bebida. O verso "Tu pediste por isto, George Dandin", tornou-se um dito popular.[25]

A ASCENSÃO DE OUTRA

O tempo de paz também trouxe um inconveniente visitante à corte, na pessoa de outro "marido atônito" (ainda que mais nobre), o marquês de Montespan, que vinha da guerra menor nas próprias fronteiras da Espanha. Foi neste momento que Louise, duquesa de La Vallière, provou a total medida de sua amarga posição, algo que sua natureza religiosa começava a interpretar como punição justa para seus pecados. Assim como outrora Luís a cortejara para ocultar seus sentimentos pela cunhada, ele agora usava sua presença continuamente visível para distrair a atenção pública de seu relacionamento com Athénaïs. Assim, Louise foi mais uma vez colocada no papel de fachada, uma punição a ser pesada na balança contra seis anos de pecados.

O problema era a questão do duplo adultério, e a chegada do desagradável Montespan apenas enfatizava o fato. O duplo adultério era odioso para a Igreja. Afinal, o adultério era especificamente proibido nos Dez Mandamentos, diferente da fornicação, que não era mencionada; para não citar que o adultério em si era um crime pelo qual uma mulher podia ser trancafiada num convento pelo resto da vida. O tio de Montespan, o arcebispo de Sens, por exemplo, pregou um irado sermão sobre o tema e obrigou uma mulher nas mesmas circunstâncias de Athénaïs a pagar penitência. O que podia ser simplesmente perdoado num rei com uma namorada bonita e jovem — com o recurso adequado de um confessor jesuíta tolerante às falhas de um homem ao longo da estrada para a salvação — não podia ser perdoado numa mulher casada envolvida com um homem casado, mesmo que ele fosse um rei. (Esta foi uma das razões pelas quais Louise rejeitara a oferta de um casamento de fachada.) A solução prática, mesmo que não doutrinal, era um marido tolerante.

Infelizmente, nada em Montespan era minimamente tolerante. Não era para ele a sofisticada atitude sugerida por algumas linhas extremamente atuais de Molière num espetáculo de janeiro de 1668. Esta peça apresentava a história de Júpiter e Anfitrião, marido da bela Alcmena. Enquanto Anfitrião estava fora em guerra, Júpiter tomou a forma do marido para dormir com Alcmena. Para consolo de Anfitrião, foi-lhe oferecido o seguinte argumento: "Em partilhar com Júpiter / Não há desonra alguma. / Decerto nada pode ser mais glorioso / Que se descobrir rival do rei dos deuses." Para Montespan, partilhar com Júpiter era tudo, menos glorioso.[26]

Carlos II, que tinha seus próprios problemas com o marido de Barbara Villiers, escreveu sarcasticamente sobre o assunto para Henriette-Anne: "Sinto muitíssimo em saber que os cornos na França se tornaram tão problemáticos. Eles foram muito inconvenientes em todos os países neste último ano."[27] E problemático foi uma palavra leve para descrever o comportamento de Montespan quando ele percebeu o que acontecera, e ainda estava acontecendo, com sua Alcmena. Enquanto os membros das famílias Montespan e Rochechouart davam de ombros, prontos para desfrutar a boa fortuna que as atenções de Júpiter certamente lhes trariam, Montespan se enfurecia em alto e bom som.

A comparação entre Luís XIV e o rei Davi da Bíblia já tinha sido feita indiretamente por Bossuet, baseada no romance de Davi com a mulher de outro, Betsabá, e era agora proclamada abertamente pelos lábios de Montespan. Pacificadores como a Grande Mademoiselle tentaram acalmá-lo ou dissuadi-lo. Censurar Júpiter em seu próprio reino era tão autodestrutivo que possivelmente havia algo até magnífico neste comportamento, exceto pelo fato de que, em sua vida pessoal, Montespan mostrava um desagradável desprezo pelo sexo feminino, mesclado com ataques de violência física.

Agora Montespan anunciava um plano em duas partes, no qual ele regularmente utilizaria prostitutas nos bordéis mais imundos, de modo a se infectar e assim passar a doença para o rei por intermédio de sua mulher. A primeira parte do plano era bastante fácil; a segunda envolvia forçar Athénaïs (mesmo que um marido tivesse direito por lei de exigir que sua esposa fizesse sexo, a violação de Athénaïs seria nada menos que estupro por quaisquer padrões de decência). Athénaïs conseguiu evitar este destino, mas não as diversas cenas em que os mais grosseiros insultos foram atirados contra ela. Enquanto isso, a ira de Montespan também recaiu sobre o duque de Montausier, recém-nomeado como tutor para o jovem delfim devido à amizade de sua esposa com Athénaïs. A duquesa de Montausier — no passado distante conhecida como "*la belle Julie*", a protegida filha de uma celebrada *Précieuse*, a marquesa de Rambouillet — viu-se envolvida nas ultrajantes vituperações de Montespan. O marquês também não perdera sua propensão à ameaça física: em dado momento, esta sensível senhora de 60 anos acreditou que seria atirada para fora de sua própria janela. Seus nervos nunca se recuperaram do trauma.

Mas, neste ponto, o furioso Anfitrião foi longe demais. Por mais indubitavelmente embaraçosa que a situação fosse para Júpiter, nenhum súdito podia criticar os decretos do soberano e passar incólume. O ataque dirigido contra a designação de Montausier para o delfim deu a Luís sua oportunidade. Ele mandou Montespan para a cadeia para esfriar a cabeça (ou calar a boca) por meio de uma *lettre de cachet* — ou seja, uma simples ordem do rei, sem nenhuma indicação de duração de permanência ou nenhum processo judicial envolvido. Após uma semana, Montespan foi libertado (uma detenção mais longa teria parecido estranha com o passar do tempo) com a condição de que ele recebesse um auxílio em exílio para suas propriedades no sul. Assim Montespan se foi, levando consigo seu filho Luís-Antoine para se unir à filha Marie-Christine em Bonnefont, onde sua própria mãe os criou.

Houve rumores, não confirmados, de que ele recebeu um auxílio em sua partida com uma quantia de dinheiro para pagar suas prodigiosas dívidas. Verdade ou não, ainda assim Montespan não silenciou, nem mesmo em sua própria casa. Ele mandou derrubar os portais do castelo, alegando que seus chifres eram altos demais para deixá-lo passar. E Marie-Christine, Luís-Antoine, a velha marquesa e todos os servos assistiram ao espetáculo de um funeral completo com carruagens debruadas em negro, no qual Montespan declarou que sua mulher estava doravante morta para ele.

De volta à corte, Athénaïs mostrava-se bem longe de estar morta ou — diferente da pobre Julie de Montausier — sequer permanentemente abalada. Mas se encontrava extremamente ansiosa. A verdadeira razão de sua ansiedade, visível num momentâneo esmorecimento de sua beleza em geral triunfante, era o fato de que estava grávida. Athénaïs deve ter engravidado ao fim de junho e ficou ciente de sua gravidez durante o tenebroso período das imprecações de Montespan. Era óbvio que seu estado precisava permanecer em completo segredo, já que Montespan ainda era seu marido por lei. Isto significava que havia a terrível possibilidade de que, para se vingar dos amantes, ele reclamasse o bebê como seu por direito. A moda e a própria iniciativa de Athénaïs vieram em seu auxílio. Ela desenvolveu um método de ocultação enquanto sua silhueta se inflava: usando vestidos cada vez mais soltos, conhecidos, não de todo apropriadamente, como "a Inocente *Déshabille*". O bebê nasceu no fim de março: é provável, embora não seja certo, que era uma menina.[28] Arranjos foram feitos para que o nascimento ocorresse da mesma maneira obscura que fora usada com Louise. Athénaïs foi instalada numa pequena casa na rue de l'Échelle, junto às Tulherias. Três meses depois, a amante estava grávida novamente. Como observou secamente Saint-Maurice: "A dama é extremamente fértil, e sua pólvora se inflama muito rápido."[29]

Esta rotina — como se tornou — de gestações não impediu o desenvolvimento de um estilo de vida magnífico para a marquesa. Ela também utilizou suas oportunidades de beneficiar sua própria família Rochechouart. Athénaïs, diferentemente de Louise, cobiçava tudo que a vida, ou melhor, o rei tinha a oferecer. Ela devia isto a si mesma, e o rei devia isto a ela. Como Versalhes, ela era cara — e gloriosa. Era característico da exuberância de Athénaïs que seus aposentos estivessem repletos de animais, não apenas pássaros, mas bichos mais surpreendentes para interiores, como cabras, ovelhas, porcos e até ratos, que ela permitia que corressem por todo o seu corpo e exibia em seu umbigo. Ela adorava flores, e nelas descobriu uma perfeita válvula de escape para sua extravagância natural. Ela empregava 1.200 jardineiros em Clagny, e numa estação teve 8 mil narcisos plantados, uma empreitada nada barata. Também parte de sua cobiça, ou ao menos de sua extravagância, era a fruição de comidas e bebidas, talvez imprudente para um membro de uma família que incluía um fenômeno de obesidade como o marquês de Vivonne.

Outra área de prazer para Athénaïs era o sexo ou *commerce* (literalmente "fazer negócios"), o termo da época para o ato sexual. Não

A ASCENSÃO DE OUTRA

era um sentimento esperado das mulheres, mas ao menos desta vez a responsável não era a Igreja católica. Era verdade que, na teoria exposta por São Paulo, o sexo conjugal tinha intenção puramente de procriar, e os pais da Igreja foram além, censurando empenhos conjugais excessivamente amorosos. Entre eles, São Jerônimo e Santo Tomás de Aquino conseguiram designar cerca de cem dias em qualquer ano, incluindo toda a Quaresma, em que o sexo entre pessoas casadas não era permitido. Contudo, no século XV o sexo por prazer entre marido e mulher era tolerado, contanto que não houvesse qualquer iniciativa de controle de natalidade. E havia pelo menos uma teoria de que o orgasmo feminino ajudava na concepção, sendo expresso na linguagem do prazer masculino: "*Je coule, je coule*" ("Eu jorro, eu jorro").

Eram as mulheres, aquelas que haviam passado ou ainda passavam pelo ato, que falavam sobre ter *commerce* como um fardo. O ato era amplamente visto como a "dívida conjugal" ou, nas palavras de madame de Sévigné (constantemente aconselhando quartos separados para sua filha), um dever que sua filha devia ao marido e não algo do qual ela podia esperar prazer. É claro, nem todas as mulheres desgostavam de ter *commerce*. Um verso anônimo em inglês do século XVII, "A Queixa de Sylvia", chamou a atenção para o fato de que as mulheres realmente sentiam prazer sexual, mas "Costumes e recato / Proíbem estritamente que nossa paixão se declare". Uma futura duquesa de Orléans escreveria com certa surpresa sobre o casamento recente de sua filha: "Ela já está bastante acostumada com a coisa e não desgosta tanto quanto eu..."[31] Athénaïs foi mais longe e tornou-se uma entusiasta.

Havia perigo em tudo isso, o ápice da aventura sexual na qual Luís e Athénaïs se lançavam, às vezes por três vezes ao dia em longas sessões. Luís se aproximava de seu 30º aniversário (5 de setembro de 1668). Ele certamente não demonstrava qualquer sinal da reforma prometida quatro anos antes, muito pelo contrário. Talvez chegasse um tempo em que tais excessos, pelos padrões normais, já não seriam fáceis. Poderia surgir a tentação de fazer uso de estimulantes artificiais.

Mas isto seria para o futuro. No presente, a face pública de Athénaïs era a da criatura deslumbrante, a estrela mais cintilante da galáxia que cercava o rei Sol, aquela por quem, sem saber, ele sempre ansiara para completar sua imagem no mundo como um todo (mesmo que não no mundo da Igreja católica). Seu segundo filho do rei, um menino chamado Luís-Auguste, nasceu no fim de março de 1670. Ele se mostrou inteligente, afiado e divertido como sua mãe; mas, diferente de Athénaïs, ele não era fisicamente perfeito; nasceu com uma perna deformada que lhe causou muitas dificuldades para aprender a andar.

É óbvio que uma atenção apropriada tinha de ser dedicada a estas crianças criadas em segredo, mesmo que elas não pudessem figurar na corte naquele momento — o comportamento de Montespan ainda estava vivo na mente de todos, e a situação legal seguia pendente. A solução era obviamente uma educadora, alguém de boa estirpe — mas não grandiosa —, alguém conhecida por sua virtude, mais que por seu glamour, e ainda assim inteligente e atraente, alguém que fosse capaz de inspirar as crianças; e alguém discreta. Desta forma casual, a escolha de Athénaïs recaiu em sua amiga, Françoise d'Aubigné, a viúva Scarron. Athénaïs não tinha qualquer ideia — ninguém tinha, a própria Françoise menos que todos — de para onde o novo caminho desta modesta viúva de 35 anos a levaria.

O pequeno menino inválido, Luís-Auguste, foi confiado a madame Scarron pouco depois do nascimento. Ela se colocou num coche à espera e recebeu em seus braços uma incumbência sagrada.

CAPÍTULO 7

Casamentos como a morte

Casamentos são como a morte. A hora e a estação estão marcadas, não se pode escapar.

— Liselotte, duquesa de Orléans

Netuno, deus do mar, e Apolo, deus do Sol, foram os dois últimos papéis que Luís XIV representou num Balé da Corte. O evento, mais uma vez um trabalho conjunto de Molière e Lully, foi intitulado *Os amantes magníficos* e encenado no castelo de Saint-Germain-en-Laye em 7 de fevereiro de 1670. Apropriadamente, haja vista o título do balé, Athénaïs fez a escolha do tema para Molière; entretanto, ela não podia dançar, já que estava com quase oito meses de gravidez. Dois homens foram necessários para assumir os papéis de Luís: uma semana mais tarde, Netuno foi representado pelo conde d'Armagnac, e Apolo, pelo marquês de Villeroi.[1]

Fazia vinte anos que o rei dançava, com habilidade muito elogiada. O que provocou sua decisão? Houve um boato de que alguns versos do *Britânico* de Racine, encenado pela primeira vez alguns meses antes, aborreceram o rei. Na peça, *O imperador Nero*, num retrato hostil, era acusado de "desperdiçar sua vida no teatro". Mas Racine era um cortesão jovial em sua relação com o rei e não um artista crítico, uma distinção feita com aprovação por Saint-Simon: "Não havia nada do poeta em sua conversação e tudo do homem civilizado."[2] Ele continuou popular com Luís, que o tornou um de seus dois historiógrafos reais.

O AMOR E LUÍS XIV

Mais relevante foi o próprio sentido de *gravitas* do rei. Ele estava agora em seu 32º ano de vida, e podemos recordar a ênfase colocada em seu aniversário de 30 anos como a marca do fim da galanteria. Mesmo que não fosse o caso, a arte do Balé da Corte tornava-se cada vez mais complexa: exigia mais dele em público do que fazer amor exigia em particular. E havia suas responsabilidades de governo, a busca por glória marcial sob o argumento da segurança nacional: aquela fórmula perene que permitiu que nações invadissem suas vizinhas ao longo de toda a história. Pois a Paz de Aix-la-Chapelle, como ficou evidente, era uma mera trégua no esforço da França (segundo o ponto de vista francês) para aumentar suas fronteiras com os Países Baixos espanhóis.

É preciso perceber que este militarismo patriótico foi um desenvolvimento que levantou muita admiração na Europa da época: afinal, o pacifismo não era uma emoção habitual entre reis — ou povos. Por exemplo, Samuel Pepys falou num jantar em fins de 1668 sobre a "grandeza do rei da França e em sua escolha do caminho correto para tornar o Estado grandioso, o que nenhum de seus ancestrais fez antes". Alguns anos depois, começou uma nostalgia por Cromwell na Inglaterra, à custa de Carlos II, como expressa nas linhas escritas por Andrew Marvell: "Embora seu governo [de Cromwell] fizesse lembrar um tirano / Ele tornou grande a Inglaterra e fez tremer seus inimigos."[3]

No fim de abril, toda a corte — ou era o que parecia — lançou-se para Flandres ao comando do rei. Como antes, o cortejo foi mais majestoso que "bélico"; a confusa reação pública no que se referia às relações reais pode ser julgada pelo fato de que até Athénaïs recebeu alguns aplausos. A razão aparente era que a rainha precisava exibir-se aos novos súditos adquiridos pela Paz de Aix-la-Chapelle; a presença de seu filho de 8 anos, o delfim, herdeiro dos direitos da mãe, dava plausibilidade à ideia. O verdadeiro plano era providenciar uma fachada para uma importante missão diplomática por parte de Henriette-Anne em sua Inglaterra nativa.

Os anos anteriores não foram gentis para com a moça encantadora e amante dos prazeres que encantara Luís XIV naquele verão de 1661. Uma cena idílica gravada num leque mostrava Henriette-Anne com sua cadela spaniel marrom e branca Mimi, que ela adorava e que lhe fora dada por Carlos II (ela até chegou a dançar num Balé da Corte com Mimi em seus braços). Havia um músico em ação, enquanto Madame era penteada.[4] A realidade não era tão feliz. Mal completara 26 anos, Henriette-Anne já dava mostras inquietantes de uma saúde em declínio. Repetidas gestações, oito em nove anos, não ajudaram. Houve diversos abortos; seu único filho morreu na infância e ela ficou com duas filhas, Marie-Louise, nascida em 1662, e Anne-Marie, nascida em 27 de agosto de 1669. A morte da mãe de Madame, a rainha Henriqueta Maria, três dias mais tarde, trouxe outra princesinha para sua casa: tratava-se de sua sobrinha, Anne Stuart, filha de James, duque de York, e de sua esposa, Anne Hyde.* Anne passara o ano anterior na França com Henriqueta Maria para se consultar com médicos franceses sobre sua visão cronicamente fraca; à idade de 4,5 anos, ela passou a viver com suas primas-irmãs Orléans. A pequena Anne amava a França, mantendo um servo huguenote francês pelo resto da vida; ela também preservou sentimentos de intimidade por estas primas católicas em especial.

Diferente da robusta Athénaïs, Henriette-Anne nunca se sentiu bem durante a gravidez e precisava de vários medicamentos analgésicos, incluindo o ópio. Mas a verdadeira causa de sua melancolia e angústia era a rudeza de seu marido. A crueldade era um tema repetido em suas cartas, tanto para seu irmão Carlos quanto para sua velha governanta, madame de Chaumont. Não era imaginação. O embaixador inglês, Ralph Montagu, escreveu a um colega no fim de 1669 dizendo que se Madame se tivesse casado com um cavalheiro inglês do interior, com renda de 5 mil por ano, teria experimentado uma vida melhor do que tinha na França, pois Monsieur "encontra prazer em desafiar sua esposa em todas as questões".[5] Comparada com esta malevolência, muitas vezes tomando a forma de grosseria em público, a preferência sexual de seu marido dificilmente a perturbava. Era necessária uma certa aceitação filosófica deste tipo de questão num casamento real arranjado (princi-

---

* A futura rainha Ana já era terceira na sucessão para o trono inglês neste ponto, atrás de James e de sua irmã mais velha Mary, já que Carlos II não tinha filhos legítimos.

palmente considerando que ele realizava seus deveres maritais regularmente, com o objetivo de gerar um herdeiro).

Sob tais circunstâncias, Carlos, embora sem ser visto por quase dez anos, tornou-se a estrela-guia da existência de Henriette-Anne, e a ideia de uma amizade franco-britânica, da qual ela seria a ligação particular, era imensamente importante para ela. Tudo isto se adequava perfeitamente ao gosto de Luís XIV. O carrossel das alianças europeias estava novamente em movimento. Luís estava ansioso por destacar a Inglaterra de sua aliança defensiva com a Holanda — a chamada Tríplice Aliança, incluindo a Suécia —, pois sabia que mais cedo ou mais tarde ele teria que atacar os holandeses. Carlos II estava igualmente ansioso por se aproximar da França, tendo selado a paz com Espanha e Portugal em 1668. Quem melhor que Madame, a adorada irmã mais nova, para promover um acordo secreto e providenciar uma fachada para a assinatura do tratado com sua presença e um grande *entourage*? Na teoria, Luís era contra a interferência das mulheres na política; na prática, ele ficava satisfeito por ser o beneficiário.

Só havia uma falha em tudo isso: a perversidade de Monsieur em relação à esposa foi expressa em sua determinação de que ela não deveria visitar a Inglaterra, já que isto era o que ela desejava fazer tão ardentemente. Sua última gravidez, que terminara com o nascimento de Anne-Marie, efetivamente enraizou Henriette-Anne, e Monsieur estava bem preparado para usar o mesmo estratagema biológico mais uma vez. Todo o problema se resumia ao amor escravo de Monsieur pelo cortesão que sua esposa descrevia como "o homem que é a causa de todas as minhas mágoas, passadas e presentes". Este era Filipe de Lorraine-Armagnac, um membro menor da família Guise, em geral conhecido como o Chevalier de Lorraine. O Chevalier era cerca de três anos mais velho que Monsieur e, no clichê contemporâneo, era "belo como um anjo". Era também inteligente, muito divertido e absolutamente inescrupuloso. Tudo tinha que ser feito de acordo com seus desejos, e Monsieur chegou ao ponto de insinuar para Madame que não poderia amá-la "a menos que seu favorito recebesse permissão de formar uma terceira presença em nossa união".[6]

CASAMENTOS COMO A MORTE

Felizmente, o Chevalier de Lorraine, semelhante ao marquês de Montespan, ultrapassou seus limites de um modo que permitiu a Luís XIV tomar uma atitude. O rei recusou-se terminantemente a permitir que o Chevalier recebesse a renda de alguns bispados, que teoricamente lhe haviam sido presenteados por Monsieur, alegando que sua vida pessoal dissoluta o tornava inadequado. O furioso Chevalier fez uma cena, criticou o rei e, como resultado, foi imediatamente encarcerado sob ordens de Luís em 30 de janeiro de 1670. Críticas públicas ao monarca não podiam ser toleradas, o que deu ao rei uma desculpa excelente para defender Henriette-Anne sem demonstrar que o estava fazendo. O incidente equivaleu ao rei condenando Montespan por suas palavras sobre o tutor do delfim, quando não podia proteger Athénaïs diretamente da violência do marido.

Num acesso de ira e frustração, Monsieur retirou-se para sua propriedade distante de Villers-Cotterets, arrastando sua esposa consigo. "Partimos hoje", escreveu ela amargamente em 31 de janeiro, "para retornar não sei quando", e Henriette-Anne falou mais sobre "o temor que sinto de que o rei me esqueça". Mais uma vez, o rei não pôde impedir esta partida — os direitos do marido eram absolutos —, mas certamente não mostrou qualquer sinal de esquecer sua cunhada. Ele bombardeou o exílio com presentes de uma Loteria da Corte fictícia: baús cheios de dinheiro, ligas cravejadas de gemas, perfumes e luvas e até sapatos de passeio para o campo, com fivelas de prata prodigamente dispendiosas.[7]

Por fim, houve um acordo. Chevalier foi libertado da prisão sob condicional e desapareceu na Itália por algum tempo. A inquietude de Monsieur com as delícias da provinciana Villers-Cotterets levou-o a retornar para a corte e dar, mesmo que de má vontade, permissão para que Henriette-Anne fizesse uma breve visita à Inglaterra. Quanto a esta, quando o rei perguntou se ela estivera entediada, Madame replicou, com uma centelha de sua velha espirituosidade, que passara todo o tempo no exílio aprendendo italiano, mas estava feliz por não ter permanecido em Villers-Cotterets por tempo suficiente para aprender latim.

Para os de fora, a grande caravana de Luís XIV com destino a Flandres em 1670 deve ter parecido assombrosa. Jean Nocret, um pintor especializado em composições alegóricas, pintou toda a família real naquele ano a pedido de Monsieur.[8] Todos eram como deuses e deusas, indescritivelmente imponentes e belos em suas vestes: de Luís e Maria Teresa, madeixas louras se derramando, tocando a cabeça de um delfim de cabelos igualmente dourados, Monsieur e Henriette-Anne, a Grande Mademoiselle como Diana com uma lua crescente em seus cabelos, e até as crianças seminuas com suas liras e guirlandas. A realidade era bem diferente e tinha seu lado absurdo. À frente seguia a corte itinerante, incluindo a rainha, a duquesa de La Vallière, a marquesa de Montespan, a Grande Mademoiselle, e, claro, o duque e a duquesa de Orléans. Molière e Lully também foram, para que a civilização não fosse abandonada completamente, e Racine estava presente em seu papel de historiógrafo real. Houve 30 mil outros, quando todos os soldados se uniram à comitiva. Mas nada nesta majestade viajante ofereceu proteção contra o clima.

Estradas empoçadas impediam o progresso. Em dada ocasião, o rio Sambre, um afluente do Mosa, transbordava tanto pelas margens que a comitiva real não pôde passar. Maria Teresa gritava aterrorizada com as águas revoltas, e Henriette-Anne, tão enjoada que não podia engolir nada além de leite, desmaiou. Foi preciso tomar refúgio numa fazenda muito simples em Landrecies. A Grande Mademoiselle ficou presa na lama ao carregar o manto da rainha. A comida era intragável. Só havia um cômodo, e todos tiveram que se espremer nele. "É pavoroso que tenhamos que dormir todos juntos!", esbravejou a indignada rainha. Apenas a irmã de Athénaïs, Gabrielle, manteve o equilíbrio e, com aquele doce toque Mortemart, disse que ouvir o gado mugindo do lado de fora da janela, com palha do lado de dentro, fazia com que ela pensasse no nascimento de Cristo.

Assim sendo, Henriette-Anne não podia estar triste por se separar da corte em Lille e viajar para Dunquerque, onde um esquadrão britânico a aguardava para a jornada à Inglaterra. Ela teve uma longa entrevista com Luís antes da partida, e ele segurou sua mão com firmeza e doçura em despedida. O ânimo desagradável de Monsieur não melhorou: referindo-se à notável palidez de sua esposa, ele decidiu elucubrar sobre a mensagem de um astrólogo que predisse que ele se casaria várias vezes...

Na última hora, ele fez sua devida tentativa de impedir a expedição e não deu qualquer sinal afetuoso de despedida.

Henriette-Anne chegou aos montes de Dover na aurora do dia 26 de maio.* Ela teve uma recepção esfuziante não apenas de seus irmãos, o rei Carlos e James, duque de York, com a esposa Anne (cuja pequena filha Anne estava no momento sob os cuidados da Casa de Henriette-Anne na França), mas também de James, duque de Monmouth, o belo e ilegítimo filho de 21 anos de Carlos. Para irritação de Monsieur, Henriette-Anne tivera um de seus flertes inofensivos, um exercício de galanteria, com Monmouth na corte francesa.

Celebrações, muitas delas ao mar, onde a "destemida e corajosa" Henriette-Anne caminhava na beirada dos navios, encobriam as negociações diplomáticas consideradas vitais por ambos os reis.[9] Os termos foram bem preparados com antecedência, e um acordo foi alcançado por volta de 1º de junho. E, alegria das alegrias, Luís XIV (e não Monsieur) concordou com uma prorrogação da visita, de modo que Henriette-Anne de fato permaneceu na Inglaterra até 12 de junho.

O Tratado Secreto de Dover, como ficou conhecido muito tempo depois, era literalmente um segredo para todos, menos para os conselheiros mais íntimos de Carlos. Apesar de toda a retórica usada na Paz de Aix-la-Chapelle selada entre França e Espanha, Carlos concordou em apoiar mais reivindicações de Luís quanto às supostas posses de sua esposa em Flandres. A teórica fidelidade da Inglaterra à recém-assinada Tríplice Aliança foi igualmente ignorada: os dois reis concordaram em atacar os holandeses em conjunto. Contudo, associada a esta hipotética agressão estava uma cláusula crucial, na qual Carlos, convencido da verdade do catolicismo, declarava-se decidido a se reconciliar publicamente com a Igreja de Roma, "*assim que o bem-estar do reino permitir*" (grifo da autora). Em troca, ele receberia generosos subsídios financeiros de seu primo francês.[10]

---

* As datas que seguem são dadas no calendário gregoriano, em oposição ao calendário juliano adotado na Inglaterra, que, como salientado anteriormente, estava atrasado quanto ao calendário do continente neste período.

O AMOR E LUÍS XIV

Ficará óbvio que a cláusula em itálico, embora às vezes utilizada para provar a decisão de Carlos em tornar a Inglaterra papista, na verdade não fez nada disso; cabia a ele decidir o momento da mudança no futuro, mas o dinheiro de Luís veio de imediato.* Esta cláusula religiosa secreta teria sido acrescentada para agradar Henriette-Anne? Embora tivesse sido criada como católica na França (após seu batismo protestante na Inglaterra), ela não era uma católica fervorosa. Apesar de permanecer no universo das conjeturas, parece mais provável que Luís XIV, um católico fervoroso, embora um pecador tão fervoroso quanto, tenha apoiado a cláusula por colocá-lo ao lado dos anjos (católicos).

Logo Henriette-Anne encerrou sua estadia prolongada e teve que retornar à corte francesa — e a Monsieur. Quando ela partiu, seu irmão Carlos estava visivelmente angustiado, tanto que correu de volta três vezes para abraçá-la, aparentemente incapaz de deixá-la partir. O embaixador francês comentou que, até presenciar esta cena, não tinha percebido que o cínico rei inglês era capaz de ter tanto sentimento por alguém.

Oito dias após retornar à França, Henriette-Anne partiu com Monsieur para seu castelo em Saint-Cloud, a uma distância curta de Paris. No dia seguinte, ela reclamou de dores na lateral do corpo, assim como de dores de estômago, "às quais ela era sujeita" nas palavras da condessa de La Fayette.[11] Mas ela estava oprimida pelo calor do verão (chovera na Inglaterra) e determinada a se banhar, apesar dos conselhos de seus médicos. Em 27 de junho, uma sexta-feira, Henriette-Anne de fato se banhou; contudo, no sábado ela se sentia tão mal que teve que parar. A condessa chegou em Saint-Cloud naquela noite de sábado, para encontrar Madame com uma aparência assustadora e admitindo que se sentia ainda pior do que aparentava. (Isto vindo de uma pessoa famosa por sua paciência diante do sofrimento.) Contudo, sua energia agitada não a abandonara por completo: Henriette-Anne caminhou nos jardins iluminados pela lua até a meia-noite.

---

* Olhando à frente, deve-se notar que o "bem-estar do reino" nunca permitiu que Carlos se declarasse católico até que estivesse em leito de morte.

CASAMENTOS COMO A MORTE

Na manhã de domingo, ela visitou os aposentos de Monsieur e teve uma longa conversa: ele estava planejando retornar a Paris. Ela visitou sua filha Marie-Louise, cujo retrato estava sendo pintado. O jantar ocorreu. Depois, sentindo-se péssima, Henriette-Anne se deitou, como fazia com frequência, e pôs a cabeça no colo da condessa de La Fayette. A condessa estava acostumada a considerar sua ama bela em todas as suas atitudes, mas agora o rosto de Madame parecia alterado, e ela tinha uma aparência bastante plácida.

Por volta das 5 horas daquela tarde, sua verdadeira provação começou, um processo de horrendo tormento que não terminaria pelas nove horas seguintes. Primeiro Henriette-Anne pediu um pouco de água de chicória, que foi preparada por uma de suas mais confiáveis ajudantes e administrada por uma dama de companhia igualmente dedicada. Imediatamente, ela começou a gritar: "Ah, que dor no meu lado! Que agonia! Não posso suportar!" À medida que as horas passavam, suas dores só fizeram piorar, até que os médicos, que haviam começado assegurando a todos que não havia perigo, foram forçados a mudar o discurso completamente e admitir que Madame, na verdade, estava próxima da morte. Seus membros estavam gelados, a expressão, pétrea, embora ela não tivesse perdido a consciência. As sangrias do pé, panaceia recomendada da época, aumentaram seus sofrimentos.

Tanto durante quanto depois, foi perturbador que Henriette-Anne gritasse em sua agonia que tinha sido envenenada pela água de chicória e que precisava receber antídotos. Monsieur não mostrou qualquer sinal de pavor culpado (a condessa de La Fayette admitiu com vergonha que observou as expressões dele). Houve uma sugestão de que um cão poderia tomar a água de chicória, até que uma dama de companhia tomou a palavra e disse que tinha bebido a água sem qualquer efeito nocivo. Mesmo assim, antídotos como pó de víboras foram administrados — sem fazerem nada além de, mais uma vez, aumentar a dor.

Apesar de seus tormentos, Henriette-Anne conseguiu reter aquela qualidade graciosa que a marcara por toda a vida. Agora a corte corria para junto de sua adorada Madame, Louise e Athénaïs entre outros. Para Monsieur, ela disse tristemente: "Ai de mim, há muito que deixaste de me amar, mas eu jamais falhei contigo." A cena com o rei foi mais comovente. Ele a abraçou e tornou a abraçar enquanto as lágrimas se derramavam. Ela disse: "Estás perdendo a serva mais leal que já tiveste."

Considerando-se a seriedade de um leito de morte naquele tempo, já mencionado em relação a Ana da Áustria, a Grande Mademoiselle ficou preocupada porque os sacramentos não chegavam.[12] O severo padre Feuillet, um cura local de simpatias jansenistas, foi introduzido. Ele trouxe pouco consolo: enquanto Madame convulsionava em seu sofrimento, ele sugeriu que aquela era uma punição adequada para seus pecados. Depois, o grande e espiritual Bossuet, agora bispo, chegou. Foi Bossuet quem deu a ela o sacramento e a extrema-unção e prometeu-lhe perdão. Mais tarde chegou o embaixador inglês, Ralph Montagu. Típico das boas maneiras de Madame, ela tentou falar com ele em inglês sobre uma esmeralda que desejava deixar para Bossuet, para que o bispo não ficasse constrangido. Finalmente, ela beijou o crucifixo erguido por Bossuet. Henriette-Anne, princesa de Inglaterra e França, faleceu às 2 horas da manhã em 30 de junho. Ela acabara de completar 26 anos.

Em face do estado do casamento Orléans, e do infeliz grito involuntário de Madame após beber a água de chicória, era inevitável que acusações de envenenamento fossem atiradas contra o viúvo. Embora o maquiavélico Chevalier de Lorraine estivesse ausente, houve muitos que acreditaram que ele era ao menos indiretamente responsável. Mas sempre foi visto como prova de sua inocência que Luís o aceitasse de volta na corte, apesar de seu comportamento de "modos tão insolentes em relação à princesa enquanto ela vivia", nas palavras do embaixador inglês. Na verdade, estas acusações eram endêmicas nesta época, como veremos adiante.

A verdade era mais simples e mais triste. A saúde de Henriette-Anne fora devastada por sucessivas gestações e agravada por sua própria infelicidade. A perspectiva de se refugiar permanentemente na Inglaterra não teria sido considerada por uma princesa de seu tempo, já que envolveria não apenas o abandono de seus filhos, mas também de seu honrado lugar junto ao rei da França — ele, por quem ela acabara de atuar como embaixadora de modo tão triunfante. A visão moderna inclina-se à opinião de que ela morreu de peritonite aguda, após a perfuração de uma úlcera péptica. Foi um fim torturante, mas não o resultado de um ato criminoso.[13]

O luto de Monsieur tomou a forma de extrema atenção à etiqueta (na prática, ele logo se tornou o árbitro de tais questões, mesmo que o rei continuasse a ser a suprema autoridade pública). Marie-Louise, à idade de 9 anos, foi vestida em veludo púrpura, o luto de uma princesa, e recebeu as condolências da corte numa longa procissão, o que se passou de forma impecável. Ela tinha a companhia da princesa inglesa Anne, de 5 anos, igualmente vestida; com a morte de sua tia, ela em breve navegaria de volta à Inglaterra para reunir-se a seus pais, armada com dois esplêndidos braceletes de pérolas e diamantes, presentes do rei da França. Até a pequena Anne-Marie, com menos de 1 ano de idade, estava igualmente envolta em veludo púrpura e teve que receber cumprimentos, que ela dificilmente recordaria.[14]

Para apaziguar a horrorizada dor de Carlos II, Luís ordenou um funeral de Estado semelhante ao de uma rainha da França, enquanto um dos anéis de Henriette-Anne era devolvido a seu irmão. Num afastamento ainda maior da tradição, Luís enviou a rainha Maria Teresa para a cerimônia em caráter anônimo. (Por costume, o próprio rei nunca comparecia a estes rituais.) A oração de Bossuet no enterro em Saint-Denis, em 21 de agosto, foi o que coroou a vida de Henriette-Anne com a nobreza que ela merecia.[15]* Ele destacou a brevidade de sua vida: "Madame passou subitamente da manhã ao crepúsculo, como as flores do campo." Ele remontou aos primeiros anos de Madame na França: mencionou como "os infortúnios de sua Casa não puderam esmagá-la em sua juventude, e já naquele tempo vimos nela uma grandeza que nada deveu à fortuna", ela, que tinha a cabeça e o coração ainda mais altos que seu nascimento real. Mas agora: "Ó noite desastrosa! Ó noite horrenda! Quando lá chegaram de súbito estas assombrosas notícias:

---

* Comparada por Lytton Strachey no século XX à "lava derretida". Havia sempre um considerável hiato entre a morte e um funeral de Estado, pois o corpo era embalsamado e os órgãos vitais eram enterrados em outro lugar.

'Madame está morrendo! Madame é morta!'" E o bispo disse a Luís XIV que Madame fora "tranquila em face da morte como fora com todo o mundo".[16]

Assim como La Fontaine saudara Henriette-Anne pela recuperação da "face risonha de nossa corte", madame de Sévigné escreveu ao primo, Bussy-Rabutin, que "toda a felicidade, todo o encanto e prazer" partiram da corte com sua morte. A condessa de La Fayette colocou de forma bastante simples: era "uma daquelas perdas para as quais ninguém jamais encontra consolo".[17]

Alguns dias após a morte de Henriette-Anne, ocorreu uma cena que pode parecer bizarra segundo quaisquer padrões, a não ser os da corte francesa criada por Luís XIV. O rei ficou devastado pela morte da esposa de seu irmão: seus pensamentos pairavam na perene jovialidade que ele recordava de Madame (independentemente do que acontecera a ela nos anos mais recentes) e em sua devoção por ele, vista em sua missão na Inglaterra. Acima de tudo, Henriette-Anne foi a primeira pessoa querida de sua geração a morrer, um momento extremo na vida de qualquer ser humano, inclusive de um rei.

Vendo-se em companhia da Grande Mademoiselle, Luís disse-lhe que havia agora o que, em termos modernos, seria chamado de oportunidade de emprego: a posição de Madame estava vaga, e ela talvez quisesse ocupá-la.[18] Anne-Marie-Louise tinha 43 anos, e sua capacidade de engravidar, que teria sido questionada na casa dos 30, certamente agora estava extinta. Portanto, o rei pensava em duas frentes. Por um lado, ele estava, como sempre com a infeliz herdeira, de olho naquelas ricas propriedades cobiçadas por tantos ao longo dos anos e especulando sobre o destino das posses após a morte da Grande Mademoiselle. Por outro, ele sinceramente acreditava na necessidade de uma nova Madame para substituir a antiga. Como uma futura titular diria mais tarde, "ser Madame" era um *métier*, uma profissão. Còm efeito, enquanto segunda dama da corte — a filha sobrevivente de Luís, conhecida como "Petite Madame", só tinha 3 anos —, Madame tinha um papel a desempenhar na ordem monárquica das coisas.

CASAMENTOS COMO A MORTE

Como se viu, tanto a noiva solteirona quanto o noivo viúvo tinham outras prioridades. Monsieur definitivamente queria um filho e herdeiro, ao passo que a Grande Mademoiselle acalentava por algum tempo o extraordinário e até exótico desejo de casar-se com um cortesão chamado Lauzun, que não era um par apropriado para ela sob nenhum ponto de vista concebível. Assim, Anne-Marie-Louise disse ao rei que ela *pensara* em se casar, sem especificar quem tinha em mente.

Antonin Nompar de Caumont, conde de Lauzun, estava agora no fim da casa dos 30 anos, era um homem de boas relações familiares e muito favorecido pelo próprio Luís. Desinteressante aos olhos da posteridade, ele claramente possuía considerável poder de atração, apesar de ser descrito como "muito diminuto" pelo duque de Berwick, que ficava pasmo pela simpatia que Lauzun angariava. Talvez fosse o encanto do ultrajante e até vulgar comportamento o que o beneficiava numa sociedade controlada. Nem todos os seus comentários relativos à sua pretensa noiva eram cavalheirescos: por exemplo, ele criticava Anne-Marie-Louise por ir a balés e festas na sua idade, quando ela deveria estar rezando e fazendo boas ações. Ele também desaprovava a fita vermelha excessivamente juvenil em seus cabelos. A Grande Mademoiselle era de opinião diferente. "Pessoas de meu nível são sempre jovens", disse ela certa vez.[19] Em todo caso, ele chamou a atenção dela (as potenciais recompensas para Lauzun eram enormes), e de algum modo insinuou-se na mente emocionalmente virginal da Grande Mademoiselle a deslumbrante perspectiva do casamento. Isto é, era deslumbrante para esta solteirona em termos românticos, mas de outro modo era horrivelmente ousado e até temerário.

Embasbacando a maioria da corte, Luís de fato deu permissão para o casamento, o que era essencial para o reconhecimento público da união (um casamento secreto com a bênção da Igreja era outra história). A rainha Maria Teresa e Monsieur, ambos fiéis às formalidades, opuseram-se ferozmente ao par. Ainda assim, foi significativo que o choque e o horror da notícia desta temida *mésalliance* fosse sentido com mais agudeza pelos próprios servos da Grande Mademoiselle. Três dias depois, em 18 de novembro, com o coração pesado, mas consciente do dever de soberano,

Luís rescindiu sua permissão, para devastação de Anne-Marie-Louise. A desculpa do rei — dada num memorando sobre o tema — era de que Anne-Marie-Louise fingira que ele, o rei, promovera o casamento: "minha reputação foi envolvida."[20] Mas a desaprovação da corte foi a maior razão. Se Luís tinha sido fraco de início ao ceder ao desejo tão fortemente expresso por ela ou se estava agindo com fraqueza agora ao cancelar sua decisão, era uma questão de opinião. A maioria das pessoas da época achava que a verdade estava na primeira alternativa.

Luís, tendo partido o coração da pobre mulher em favor da ordem real na qual ele acreditava com tanta paixão, agora mostrava sua máxima consideração. Quando Anne-Marie-Louise caiu em prantos num baile, foi o rei quem partiu em seu auxílio, impedindo, assim, a desagradável zombaria dos cortesãos. "Prima, não te sentes bem", disse ele e a escoltou pessoalmente para fora. Assim, a Grande Mademoiselle permaneceu com sua fortuna — quem a herdaria agora? O tema não desapareceu quando ela ficou mais velha — e nem sua alta posição na corte. Luís também manteve Lauzun em seu favor, chegando até a empregá-lo numa missão confidencial, até que o extravagante conde, de maneira altamente melodramática, trouxe para si sua própria desgraça.

Foi uma questão envolvendo a reputação de Athénaïs. Lauzun pediu à favorita para intervir em seu favor com o rei sobre o tema do casamento e depois ficou escondido embaixo da cama dela quando Luís estava no aposento, para se certificar de que ela cumpriria sua missão. Athénaïs, acreditando-se a sós com o rei, não fez nada disso. Ela depois mentiu sobre o assunto para Lauzun. As pessoas da corte tendiam a se assustar com a violência do homem, e com boas razões. Furioso pelo que considerou uma descarada traição (e ignorando sua própria invasão descarada da privacidade dos amantes), Lauzun agora gritava para o rei que ele mesmo já havia dormido com Athénaïs. Luís, dominando seu férvido ultraje com grande dificuldade, quebrou sua bengala no meio e atirou-a pela janela "para não atacar um cavalheiro". (Seu autocontrole mais tarde incorreria na máxima aprovação daquele purista da corte, Saint-Simon.)[21] Lauzun terminou numa prisão no sul, na companhia do desgraçado ministro Fouquet, onde amargou dez anos.

CASAMENTOS COMO A MORTE

Tudo isto deixou o problema do segundo casamento de Monsieur pendente. A solução final, em novembro de 1671, trouxe à corte de Luís XIV não apenas seu membro mais original do sexo feminino, mas também sua observadora mais divertida, rivalizada apenas por Saint-Simon (mas a nova duquesa de Orléans teve mais de vinte anos de corte à frente do grande memorialista).* A pessoa em questão, conhecida pela história por seu apelido de família, Liselotte, era Élisabeth-Charlotte, filha de Carlos Luís, eleitor palatino.

À primeira vista, Liselotte era uma obscura princesa alemã, bem longe de ser o grande partido da Europa que Maria Teresa fora outrora. Nem era irmã de um rei importante no cenário europeu, como a primeira Madame. Mas o Palatinado, um principado do Reno com sua capital em Heidelberg, tinha considerável importância geográfica no que tocava os planos de Luís XIV para o leste. A dinastia Wittelsbach adquirira o Palatinado no século XIII, e no começo do século XVII este era o principal Estado protestante alemão. Contudo, ele sofreu muita devastação durante a Guerra dos Trinta Anos. O contrato de casamento de Liselotte, se não cumprido, oferecia direitos e oportunidades no Palatinado, num paralelo lúgubre (sob o ponto de vista daquele país) com os direitos de Maria Teresa nos Países Baixos espanhóis.

Liselotte nasceu em 27 de maio de 1652 e, portanto, era quase 12 anos mais nova do que seu futuro marido. Sua interessante linhagem incluía a avó paterna, Elizabeth Stuart, a filha de Jaime I conhecida como a Rainha do Inverno, ela mesma neta de Maria, rainha dos escoceses, a mais romântica *femme fatale* da história.** Contudo, Liselotte não era bela e nem romântica. Ela era insensível, para não dizer bronca, e até ostensivamente vulgar em certas ocasiões. Em suas cartas para casa, Liselotte cobria estas vulgaridades com palavras polidas. Dizia, "com a vossa

---

* A copiosa correspondência da segunda Madame com seus parentes e amigos em casa começa em 1672 e constitui um relato em primeira mão que não tira vantagem de uma visão em retrospectiva. As próprias memórias pessoais de Saint-Simon começam na década de 1690 e foram escritas de 1739 em diante.
** A bisneta de Liselotte foi Maria Antonieta: aquela então fornece ligação sanguínea direta entre as duas rainhas trágicas, sem se parecer com nenhuma delas.

permissão, com a vossa permissão", quando dava vazão a comentários como este: "Com meu resfriado, provavelmente pareço uma cenoura cagada." Mais divertido era seu frequente uso de provérbios populares, como este: "A neve cai tão facilmente sobre a bosta da vaca [*Kuhfladen*] quanto numa pétala de rosa." Outro: "Quando a cabrita fica muito assanhada, sai dançando no gelo e quebra uma pata."

Ficará claro que, num mundo onde o estilo e a dignidade — tudo que a primeira Madame possuía — eram tão altamente estimados, Liselotte era a exceção. A Grande Mademoiselle deplorava-lhe a "falta de um ar francês" devido às origens alemãs. Provavelmente ela falava com um forte sotaque alemão, como indica sua ortografia fonética de algumas palavras francesas. E Liselotte certamente detestava dançar, a arte que distinguia a corte francesa, começando com o excepcional talento do próprio rei. "Este baile maldito", ela descreveu exasperada em certa ocasião, provavelmente a única pessoa na corte a pensar desta maneira (Monsieur, como o irmão, era um ótimo bailarino). E ela não era nada romântica. O lamento de Bérénice por perder Tito na peça homônima de Racine não a comoveu: "Todos os uivos que ela emite sobre isto me impacientam."[22]

Quando o assunto era sua aparência, a segunda Madame também estava na extremidade oposta à de sua antecessora. Onde Henriette-Anne era graciosa e esguia, ficando mais esbelta com a idade sem jamais sacrificar seu encanto, Liselotte era grande e tornou-se maior. Um vivo interesse em comida e bebida ajudou no processo: ela nunca perdeu seu gosto por guloseimas e bebidas alemãs como salsichas, *sauerkraut* e cerveja, que lhe eram enviados por sua tia favorita, Sofia. Liselotte era a primeira a descrever seu rosto em termos cômicos — era uma cara de "texugo-gato-macaco" e o nariz um "focinho de texugo". Quanto à sua pele, o rosado viço de sua juventude rapidamente deu lugar a uma rude aparência marcada pelo clima, pois sua pele se enrugou prematuramente e ficou "vermelha como camarão" devido à sua mania de caçar o dia inteiro e todos os dias sem a máscara convencional para protegê-la. Tudo muito diferente da lendária pele de "jasmim e rosas" de Henriette-Anne. Quando seu peso aumentou, Liselotte mais uma vez deu o melhor veredicto quanto à própria aparência: "Eu seria ótima para comer se fosse assada como um leitão."[23] Suas roupas também não ajudavam: Liselotte se gabava de não ter qualquer interesse nelas. Nada de convidativa *déshabille* para ela; ou eram as paramentadas roupas da corte ou as práticas vestes de caça; nada intermediário.

As circunstâncias peculiares de sua formação familiar certamente explicam a atenção excessiva que a Liselotte adulta passaria a prestar ao que Saint-Simon chamava de "honra, virtude, título, nobreza", com ênfase nas duas últimas. Com o tempo, esta atenção ganharia um toque um tanto histérico, especialmente quanto ao status dos bastardos reais: "cocô de rato disfarçado entre a pimenta" era a sua forma crua de descrevê-los.[24] No entanto, Liselotte fora criada no ambiente de um casamento altamente incomum, ou melhor, de dois. As constantes disputas de seus pais por fim levaram ao desaparecimento de sua mãe da corte. Carlos Luís já havia instalado sua amante num aposento acima do seu, e ela deu à luz diversos filhos dele; mais tarde ele tornou-se bígamo, casando-se com sua amante ainda durante a vida da esposa para "legitimar" os filhos.

Os tempos mais felizes da infância de Liselotte foram os sete anos que ela passou com sua adorada tia Sofia, irmã de seu pai, casada com o duque de Hanover.* Sofia, para quem muitas das cartas de Liselotte seriam endereçadas mais tarde, levou a menina a uma visita prolongada a Haia, onde sua avó, Elizabeth, Rainha do Inverno, montara residência. Foi lá que Liselotte veio a conhecer seu primo, Guilherme de Orange,** dois anos mais velho e, como ela, protestante. Liselotte tinha acalentado a esperança de se casar com ele eventualmente. Agora, por razões de *realpolitik*, ela não apenas se casava em outro lugar, mas desposava um católico, e em consequência teve que mudar sua própria religião. Ninguém em seu círculo familiar pareceu ver nada de estranho nisto,

---

* Esta suscetível décima segunda criança de Elizabeth, Rainha do Inverno, nasceu em 1630, mesmo ano que seu primo-irmão Carlos II, com quem ela flertou em 1648 quando ele estava em exílio. Como neta de Jaime I, ela obviamente estava na linha de sucessão inglesa, que admitia mulheres, embora neste ponto houvesse muitos candidatos entre ela e o trono.

** Conhecido em português como Guilherme de Orange, ou Guilherme III, ele será mencionado na presente tradução como Guilherme de Orange até sua ascensão ao trono. (*N. da T.*)

O AMOR E LUÍS XIV

incluindo a firme protestante Sofia: o irmão do rei da França era um casamento magnífico para alguém como sua sobrinha. Simplesmente era preciso fazer sacrifícios...

Liselotte disse mais tarde que ela apenas concordou com a conversão para honrar seu pai. Certamente não se pode dizer que o catolicismo chegou a ficar gravado em Liselotte. Mais uma vez, foi algo que a separou dos outros membros da corte francesa, sempre preocupados com sua própria salvação. Os tormentos de uma Louise de La Vallière eram desconhecidos para Liselotte. Louise lutava com uma consciência católica; Liselotte, não. Era algo que ela aceitava em si mesma; não era devota e não tinha o tipo de fé que move montanhas. O máximo que Liselotte podia fazer, declarou ela, era tentar observar os Dez Mandamentos. Quanto a Deus Todo-poderoso, ela admitiu que de fato o admirava, "embora sem compreendê-Lo".[25]

Ao longo dos anos, Liselotte tornou-se bastante anticatólica por inferência: "O tédio de toda aquela lamúria em latim", escreveu ela em particular sobre uma Páscoa especialmente arrastada. Qualquer sermão mais longo do que 15 minutos fazia Liselotte cair descaradamente no sono. Talvez seu cinismo tenha começado no dia de seu casamento por procuração na catedral gótica de Metz, onde uma enxurrada de sacramentos lhe foi despejada num curto espaço de tempo: conversão, comunhão, confirmação e casamento. (Na época foi dito que sua conversão se devia "ao Espírito Santo".)[26]

Quando chegou à corte francesa, Liselotte tinha um grande bem que durante os primeiros anos sobrepujou suas desvantagens de estilo: ela divertia o rei, que afinal tinha encomendado sua chegada. Sua fala franca era uma agradável novidade, pois pessoas no poder sempre apreciam opiniões francas — até que elas as firam. Seu entusiasmo pela vida ao ar livre, independentemente do que causava à pele, também era muito do gosto do rei. Liselotte, que outrora desejara ser um menino, era magnífica na montaria — não uma graciosa Diana caçadora como fora Maria Mancini, mas uma amazona. A gazeta *Mercure Galant* escreveu que "poucos homens são tão vigorosos na realização deste exercício", e Madame certamente era capaz de caçar das 5 da manhã até as 9 da noite. Liselotte também gostava de caminhadas, diferente da maioria das pessoas na corte da França, sobre as quais ela reclamava que ficavam "bufando e ofegando" vinte passos atrás dela, à exceção do rei. Como o próprio Luís, Liselotte tinha paixão pelo teatro.[27]

Assim, Luís demonstrou grande gentileza para com a nova recruta da corte desde o início, quando a apresentou a Maria Teresa: "Coragem, Madame", disse ele gentilmente. "Ela tem muito mais medo de ti do que tu tens dela." Ele também gostava do fato de Liselotte ser virtuosa. Nenhuma galanteria deveria ser esperada desta Madame, e quando a sofisticada princesa de Mônaco, uma erotista *avant la lettre*, sugeriu um *affair* lésbico, Liselotte ficou ultrajada. Mesmo que ela estivesse um tanto apaixonada platonicamente pelo rei, como alguns suspeitavam, isso era algo que só se podia esperar de uma "destas outras estrelas" que cercavam o sol "como uma corte", nas palavras das memórias de Luís, e dificilmente o desagradava.[28]

Por mais contraditório que pareça, Luís XIV tinha grande gosto por mulheres virtuosas, que ele podia admirar sinceramente como admirara sua mãe. Uma delas era a filha de Colbert, Jeanne-Marie, casada com o duque de Chevreuse, contemporânea de Liselotte com "sua admirável virtude que nunca a abandonava em qualquer provação": por sinal, ela foi uma das poucas companheiras de caminhada que Liselotte descobriu; talvez a virtude e os exercícios andassem juntos. Mais tarde, Luís admiraria a jovem esposa de Saint-Simon, filha do duque de Beauvillier, por sua mescla de virtude e postura nobre. O exemplo supremo era a bela princesa italiana de olhos negros, Maria Beatriz d'Este, que passou pela França aos 14 anos em 1673 para se casar com James, duque de York. Nesta ocasião, Luís se descreveu paternalmente como seu "padrinho", mas ele não esqueceu Maria Beatriz, aquela visão de juventude e beleza católica, mesmo que ele mal pudesse prever as circunstâncias em que eles se reencontrariam. E por fim havia a preceptora de seus filhos, Françoise Scarron, a quem Luís conhecia cada vez mais em suas visitas clandestinas à casa parisiense de suas pequenas incumbências: ela era um paradigma da virtude.

A opinião de Liselotte sobre todo o tema do casamento foi expressa desta forma: "Casamentos são como a morte. A hora e a estação estão marcadas, não se pode escapar. É o desejo de Nosso Senhor, e é como temos que fazer."[29] Era uma visão que sua antecessora teria compartilhado, da mesma forma que Liselotte rapidamente passou a compartilhar do desgosto de Henriette-Anne pelo Chevalier de Lorraine, que agora se dedicava a humilhar a segunda esposa sempre que possível, exatamente como humilhara a primeira. Quanto ao próprio Monsieur, o melhor que Liselotte pôde fazer em sua descrição para sua tia Sofia foi considerá-lo "não ignóbil", com seus cabelos, sobrancelhas e cílios muito negros, seu nariz grande e sua boca pequena.

Mas em um aspecto crucial, o casamento de Monsieur com a segunda Madame foi um sucesso. Liselotte concebeu seu primeiro bebê, um menino, menos de um ano depois do casamento. "Logo, logo haverá um grande rebento", escreveu ela alegremente em maio de 1673. Embora este menino não tenha tido vida longa, um segundo e saudável filho, Filipe, nasceu em agosto de 1674 e recebeu o título de duque de Chartres. Seu horóscopo previa que ele poderia ser papa, "mas tenho muito medo de que ele seja mais propenso a se tornar o Anticristo", acrescentou Liselotte.* Uma filha, Élisabeth-Charlotte, nasceu dois anos depois e, evidentemente, puxou a mãe: era "gorda como um ganso de Natal e grande para a sua idade". Depois disso, por acordo mútuo, Monsieur e Madame encerraram as relações maritais. Ao que parece, Monsieur as considerava ainda mais difíceis com Liselotte do que com Henriette-Anne, quando, afinal, ele era uma década mais jovem. Sabemos pelas confidências de Liselotte que Monsieur precisava da inspiração de rosários e medalhas sagradas instalados em locais apropriados para executar o ato necessário.**

A satisfatória fertilidade de Liselotte estava em contraste com a da infeliz rainha. Houve um triste número de mortes de infantes reais em torno desta época: três em apenas um ano. O pequeno duque d'Anjou morreu à idade de 3 anos em julho de 1671; seu irmão, nascido no ano

---

* Filipe, quarenta anos depois regente da França, não cumpriu nenhuma das profecias, embora, sob o ponto de vista da depravação pessoal, tenha chegado mais perto da última que da primeira.

** Já que Monsieur gerou pelo menos 11 filhos ao longo de sua vida, o rosário evidentemente foi eficaz.

seguinte, estava morto no começo de novembro; e depois a Petite Madame, uma criança especialmente querida, morreu com 5 anos em março de 1672. A linha de sucessão real agora levava do delfim a Monsieur e, portanto, ao novo bebê, Filipe. As más línguas diziam que as mortes dos filhos da rainha se deviam ao escândalo da promiscuidade de seu marido, embora, como já foi ressaltado, repetidos casamentos consanguíneos fossem a explicação mais plausível.

Havia outro e mais marcante contraste, para pôr as más línguas novamente em frenesi, entre as experiências da rainha e às de Athénaïs, aquela Ceres da fertilidade. Ela deu à luz um segundo menino, Luís-César, em 1672 (pouco depois da morte do filho de Maria Teresa) e uma segunda filha, Louise-Françoise, em junho de 1673. Com Luís-Auguste, nascido em 1670, e seus dois filhos com o marido, Athénaïs deu à luz seis crianças em menos de dez anos, dentre as quais apenas uma, o misterioso bebê de 1669, morreu na primeira infância. Era um feito prodigioso, especialmente quando combinado com os deveres sensuais de uma amante. E a pólvora rápida de Athénaïs seria inflamada novamente no futuro.

Contudo, havia um ponto de interrogação sobre estes pequenos rebentos do amor — ou símbolos de virilidade real, até mesmo nacional, como muitos de disposição menos repressora os teriam visto. Por quanto tempo as crianças permaneceriam na confortável obscuridade da rue de Vaugirard, cuidadas pela virtuosa Françoise Scarron? Isto foi especialmente crucial depois que Athénaïs deu à luz Louise-Françoise em 1º de junho de 1673 em Tournai, enquanto todo o cortejo real de guerra estava mais uma vez em Flandres.

Luís declarou guerra aos holandeses em 1672, buscando solidificar seus domínios a noroeste. Esperava-se que a chamada Guerra Franco-Holandesa terminasse em mais um triunfo para o monarca militar mais deslumbrante da Europa. Mas desta vez os vitoriosos exércitos franceses encontraram um rival à altura. A heroica resistência dos holandeses assumiu a forma de abrir os diques e inundar seu próprio país, praticamente impossibilitando mais avanços franceses. Tudo isto foi feito sob o comando de seu recém-nomeado líder, o jovem príncipe Guilherme de Orange (aquele sobrinho protestante de Carlos II que Liselotte ou-trora esperara desposar).* Os franceses foram obrigados a recuar no co-meço de 1673.

Na campanha da nova estação, Luís se engajou no cerco de Maas-tricht, e a corte permaneceu na vizinha Tournai. A rainha e Louise de La Vallière ocuparam a casa do bispo, enquanto Athénaïs dava à luz no forte da cidade. Esta distinção de hospedagem dificilmente dava espaço para dissimulações.

---

* William, nascido em 1650, foi o filho póstumo de outro William (Guilherme) de Orange e da princesa Maria Stuart, filha de Carlos I e Henriqueta Maria; ele era, portan-to, um distante primo-irmão de Luís.

CAPÍTULO 8

Uma posição singular

Já tenho uma posição singular, invejada por todo mundo.
— Françoise Scarron

Em 18 de dezembro de 1673, uma menina de seis meses foi batiza-da na igreja de Saint-Sulpice na margem oriental do Sena em Pa-ris. Esta era uma importante paróquia para aqueles que viviam nesta área "ruralizada", como madame de Sévigné a chamava.[1]* Entre eles estavam incluídos madame Scarron e suas misteriosas incumbências. A criança recebeu o nome de Louise-Françoise, em homenagem à madri-nha — ninguém menos que Louise-Françoise, duquesa de La Vallière. Ninguém mencionou o fato de que estes dois nomes também se ligavam aos do rei e de Françoise-Athénaïs de Montespan. O pároco agiu como representante do padrinho de 3 anos de idade, o irmão mais velho da menina.

Dois dias depois aconteceu algo mais incomum do que um mero batismo paroquial. O rei emitiu um édito, devidamente registrado pelo Parlamento, legitimando Louise-Françoise e seus irmãos Luís-Auguste

---

* Saint-Sulpice, muito mais simples do que é hoje, foi construída em 1646 no local de uma estrutura anterior e aumentada de 1670 em diante. A atual e imponente fachada clássica data do século XVIII; muitos outros ornamentos e acréscimos foram feitos nos séculos XVIII e XIX.

e Luís-César. Eles receberam títulos: mademoiselle de Nantes, duque Du Maine e conde de Vexin, respectivamente. O édito se referia à "ternura que a natureza nos leva a ter por nossas crianças" — um eco do édito que legitimara Marie-Anne e o conde de Vermandois quatro anos antes —, assim como às "muitas outras razões" que aumentavam tais sentimentos.[2] Contudo, o rei não repetiu aqui as palavras de profundo tributo que prestara às "virtudes e à modéstia" da mãe dessas crianças naquela ocasião. Na verdade, dessa vez não houve menção alguma à mãe, a menos que ela esteja incluída entre aquelas "muitas outras razões". Era como se fossem crianças milagrosas, nascidas apenas do pai, sendo o pai o rei.

A razão não estava tão fora de vista. Athénaïs ainda estava oficialmente casada com o marquês de Montespan, embora houvesse uma separação judicial em processo para acertar a situação até onde fosse possível, já que o divórcio no sentido moderno não existia. A anulação era reconhecida pela Igreja católica, mas significava que nenhum casamento válido chegara a acontecer; no entanto, este era um argumento controvertido, já que Athénaïs dera dois filhos ao marido. A separação judicial, que deveria ser ratificada pelo Parlamento, era a melhor solução disponível. Por fim, a separação só seria concedida no julho seguinte.

Enquanto isso, Athénaïs reinava em triunfo. "Ela deve receber o que quer que deseje", era a constante declaração do rei a seu ministro Colbert. Não surpreende que o apelido "Quanto?" tenha sido acrescentado a "A Torrente" por madame de Sévigné. Joias eram derramadas sobre Athénaïs, pérolas, diamantes, brincos "que devem ser finos", conjuntos de gemas multicoloridas que podiam ser intercambiadas: "Será necessário incorrer em alguma despesa neste caso, mas eu estou bastante preparado."[3] Numa instrução sobre os pátios de Saint-Germain, menciona-se que uma gaiola para os pássaros de Athénaïs e uma fonte onde os pássaros poderiam beber foram encomendadas para um pátio, enquanto um outro receberia terra e seria transformado num pequeno jardim. De 1671 em diante, Athénaïs teve uma das mais belas suítes de aposentos do palácio, um esplendor positivamente majestoso. Em Versalhes, tais aposentos eram situados no alto da Grande Escadaria, com

UMA POSIÇÃO SINGULAR

cinco janelas com vista para o Pátio Real (aquelas janelas sob as quais os cortesãos temiam passar por medo da língua da dama), e tinham, naturalmente, acesso direto aos próprios aposentos do rei. Ela possuía uma galeria especial com sua própria coleção de pinturas.

Enquanto Versalhes tomava forma num perpétuo alvoroço de obras, o mesmo ocorria com os planos de Athénaïs, que incluíam um pequeno retiro decorado com azulejos de Delft azuis e brancos nas paredes, de autoria de Le Vau, e uma nova residência toda para si em Clagny, perto de Versalhes e reformada por Mansart. (As primeiras modificações em Clagny foram rejeitadas pela soberba Athénaïs, que alegou serem adequadas apenas para uma corista...)[4] Mais uma vez, a palavra de ordem nesta construção era a vontade da amante. "Não tenho qualquer resposta no momento, pois desejo certificar-me do que madame de Montespan pensa sobre isto", respondeu Luís quando seu ministro Colbert tentou consultá-lo sobre os planos para Mansart. Athénaïs encheu Clagny com sua favorita mobília rococó. O resultado certamente foi um paraíso, e um paraíso fértil, por sinal, comparado por madame de Sévigné ao palácio da feiticeira Armida e por Primi Visconti à Casa de Vênus. Lá, angélicas,* jasmins, rosas e cravos espraiavam seu perfume, sem falar nas laranjeiras símbolos do rei, presentes caros que ele derramava em grandes quantidades sobre sua favorita. Uma conveniente fazenda particular continha "as mais adoráveis pombinhas" e "vacas que produziam uma abundância de leite..."[5]

O irreprimível temperamento zombeteiro de Athénaïs continuou a ser uma característica de sua relação com Luís. Uma conversa típica ocorreu quando a carruagem da rainha caiu num córrego em uma das jornadas em campanha. "Ah, a rainha bebe!", gritou Athénaïs. "Madame, ela é tua rainha", disse o rei em reprovação. Athénaïs foi rápida na réplica: "Não, senhor, ela é *tua* rainha." Similarmente, seu gosto pelo patrocínio literário e teatral — algo que Maria Teresa jamais demons-

---

* Em Versalhes, o perfume das angélicas numa noite de verão às vezes era tão forte que a corte era compelida a retornar para dentro do palácio; como já foi dito, em certas ocasiões esse perfume era conveniente para encobrir odores diversos nos interiores.

O AMOR E LUÍS XIV

trara — fazia de sua companhia, bem como da companhia de todo o seu círculo, uma fonte de estímulo. Athénaïs era mecenas de La Fontaine, que lhe dedicou a segunda edição de suas *Fábulas*, com a favorita metaforizada como Vênus: "Palavras e visões, tudo é encanto em ti."[6] Os ensaios de Molière para *Alceste* ocorreram nos aposentos de Athénaïs em novembro de 1673, e não surpreende que a hilária e ultrajante *Tartufo*, que chocara Ana da Áustria, fosse muito de seu gosto. Pessoalmente, ela amava tocar espineta, mas também atuava como o magnânimo centro dos elaborados eventos musicais que o rei apreciava.

Apesar desta atmosfera artística, que agradava o rei e impressionava os embaixadores, o verdadeiro poder de Athénaïs consistia no domínio sexual ou "*império*" — a palavra geralmente usada — que ela tinha sobre o rei. Houve histórias de que a paixão de Luís era tanta que ele não conseguia esperar que sua amante fosse adequadamente despida por suas damas de companhia antes de começar a fazer amor com ela. A seu temperamento sarcástico, Athénaïs acrescentava um elemento explosivo sempre que ela não conseguia exatamente o que queria: talvez isto desse ainda mais tempero ao relacionamento.

Em todo caso, a imagem característica de Athénaïs, a amante, certamente era íntima: reclinada, voluptuosamente vestida, usando suas sapatilhas de salto alto favoritas em seu fabuloso *appartement des bains*. Não havia nada de espartano nesta cena. Pinturas de Le Brun, esculturas de Le Hongre, bronzes, tudo isso era realçado por brocados que exibiam pastores e pastorinhas em divertimentos campestres. Ali o casal podia ter sua própria diversão: eles podiam relaxar em sofás cercados de laranjeiras em vasos de prata e desfrutar a imensa banheira octogonal esculpida num bloco único de mármore no *cabinet des bains*, forrado com linhos e rendas.[7*]

Em face desta supremacia dos sentidos e do intelecto por parte de Athénaïs, era notável que a duquesa de La Vallière ainda estivesse na corte. Suas necessidades eram atendidas com elaborada cortesia: no que dizia respeito à exibição pública, havia até demonstrações de igualdade

---

* As laranjeiras ainda podem ser vistas na Versalhes de hoje, embora tenham sido transferidas para a *Orangerie*: uma notável lembrança de amores passados.

UMA POSIÇÃO SINGULAR

entre as duas damas, de modo a preservar a ficção de que a solteira Louise era a *maîtresse en titre*. Em 1669, ordens específicas foram dadas ao arquiteto Jean Marot para que as duas damas tivessem grutas artificiais idênticas, duas para cada uma, decoradas no estilo rococó.

Nada disso fazia diferença para os sentimentos pessoais de humilhação e desespero de Louise, o que provoca outra comparação com a confissão da rejeitada freira portuguesa: "Eu não estava completamente cônscia do excesso de meu amor até que resolvi usar de toda a minha força para curar-me dele." Na Quarta-feira de Cinzas, Louise lançou-se em mais uma fuga para o convento em Chaillot dedicado à sua santa favorita, Maria Madalena, e pediu abrigo. Desta vez, o rei não apanhou uma capa cinza para cobrir o rosto, nem pediu por seu corcel mais veloz para em galope sair atrás dela. Ele simplesmente lhe deu ordens de retornar, enviando Lauzun (ainda em favor) ao convento. É possível divisar uma fraca defesa para este cínico gesto: Louise não pediu permissão para deixar a corte. Na verdade, Luís reagiu com tanta impaciência quanto Orgon em *Tartufo*, quando sua filha Marianne implorou de joelhos para se retirar num convento: "Todas querem ser freiras / Quando seu amor é desafiado. / Levanta-te!"[8] Verdade é que a necessidade de ter Louise como fachada ainda era absoluta. Não foi um dos melhores momentos do rei; o cinismo da situação pode ser medido pelo fato de que, no fim das contas, Louise implorou a Athénaïs para que persuadisse o rei a deixá-la partir...

Foi em torno desta época que Louise começou sua prática de usar uma veste de cilício sob suas vestes da corte como penitência. Ela perdeu muito peso e parecia bastante emaciada para os observadores impiedosos. O cilício era menos incômodo que a luta diária para viver na intimidade de seu ex-amante e sua atual favorita. Não está claro quando cessaram as relações sexuais entre Luís e Louise: é certo que ele chorou de emoção quando Louise voltou à corte sob suas ordens em 1671, mas Luís chorava com facilidade, e ninguém jamais teve dúvidas quanto à sua afeição por ela, mesmo que não estivesse na mesma escala que os sentimentos dela por ele. Athénaïs também chorou. Toda a cena foi extremamente sentimental, mesmo que divertida para os observadores céticos.

O AMOR E LUÍS XIV

Enquanto Louise tentava deixar a galáxia, uma antiga estrela tentava retornar, igualmente em vão. Maria Mancini não fora feliz em seu casamento de conveniência com o príncipe Colonna; ele acabou se revelando um bruto, apesar de toda a sua ascendência nobre. Em 1672, privada de seus filhos, ela tentou retornar à corte francesa, talvez com alguma ideia nostálgica de fascinar o soberano mais uma vez com um olhar daquelas hipnóticas íris negras. Ela aguardou em Grenoble, esperando por uma mensagem positiva.

Mas isto não aconteceria. Ao menos uma vez, tanto a rainha quanto a amante, Maria Teresa e Athénaïs, estavam de acordo. Houve uma desastrosa viagem a Fontainebleau — lá onde Luís e Maria haviam amado e caçado 15 anos antes —, na qual Maria apostou no poder de sedução da lembrança. Em vez disso, uma fria mensagem chegou do rei: Maria deveria retornar a Grenoble. Luís enviou a ela um grande presente em dinheiro: 10 mil pistolas (mais de 3 mil libras em moeda de hoje). Mas se recusou a recebê-la.[9]

Maria Mancini não havia perdido toda a sua espirituosidade. Ela comentou que já tinha ouvido falar de damas que recebiam dinheiro para permitir acesso a elas, mas nunca para mantê-las a distância. Por fim, ela teve permissão de se retirar na abadia de Lys, próxima a Lyon. A pobre Maria, que sempre detestara conventos, mais uma vez foi condenada a residir em um. Não surpreende que ela tenha observado em suas memórias que "o destino sempre pareceu interessado em me perseguir".[10]

Foi o verão de 1674 que viu a formalização da nova ordem da corte, como pretendida para o futuro previsto (embora poucos tivessem imaginado as consequências desta nova ordem). Houve dois passos. Primeiro, com quase 30 anos, Louise finalmente recebeu permissão de realizar o desejo que ela acalentara por mais de dez anos e vestiu o hábito. Bossuet desempenhou seu papel em persuadi-la, mas, como ela escreveu, as palavras foram dele, mas as ações, dela. Ela cumpriu sua parte de um modo que foi amplamente admirado: Louise insistiu numa última entrevista com Maria Teresa, na qual ela pediu o perdão da rainha por todos os males que lhe havia causado. Embora as altivas damas de companhia da rainha tentassem evitar que esta cena acontecesse por ser

UMA POSIÇÃO SINGULAR

inapropriada, Louise retorquiu: "Já que meus crimes foram públicos, assim também deve ser minha penitência." Com suas maneiras suaves, Maria Teresa ergueu Louise do chão, onde ela se prostrara, beijou-a na testa e disse-lhe que tinha concedido seu perdão havia muito.

A entrevista com o rei foi lacrimosa: ele ainda tinha os olhos vermelhos na missa do dia seguinte. Sem dúvida, Luís XIV chorou por sua juventude, assim como pela fidelidade que Louise lhe dedicara por mais de 13 anos, na qual ela colocara o rei acima de seu Deus, uma ordem que agora seria revertida para sempre. No futuro, ela seria contada entre aquelas damas para quem, nas palavras de Saint-Évremond, Deus era "um novo amor, que as conforta" pelo que haviam perdido.[11] Depois, Luís lançou-se imediatamente com a corte na direção de Franche-Comté, que fora devolvida à Espanha em 1668. Mais uma vez, com sua capital Besançon, Franche-Comté foi facilmente tomada. Tudo isto representava a pressão por mais conquistas na Europa, desde aquele inesperado revés com os holandeses.

De sua parte, Louise deixou para trás uma pintura especialmente encomendada com Pierre Mignard, que a apresentava com seus dois filhos, Marie-Anne e o conde de Vermandois. A imagem mostrava as vaidades descartadas do mundo, incluindo um baú de joias e uma grande bolsa de jogo a seus pés. As palavras SIC TRANSIT GLORIA MUNDI — assim passa a glória do mundo — foram inscritas em grandes letras num pilar às suas costas: a rosa em sua mão, como a própria Louise, parecia bastante esmaecida. Naquela noite no convento carmelita da rue d'Enfer em Paris, Louise cortou suas famosas madeixas louras para indicar o fim de sua antiga vida.

Louise foi oficialmente "coberta" em seu hábito de noviça no começo de junho. Estavam presentes a rainha, Monsieur, Madame, Marie-Louise d'Orléans — a filha do primeiro casamento de Monsieur — a Grande Mademoiselle e muitos outros dignitários. Numa cartada brilhante, Louise se transformou de duquesa humilhada em freira respeitada. A nova irmã Louise de La Miséricorde era uma penitente, e não havia nada que o século XVII apreciasse mais que uma penitente, quer fosse a remota mas venerada Maria Madalena, quer fosse a antiga amante do rei.

Claro, foi relevante para a adoção da nova vida de Louise que seus filhos, que ela via como o produto de sua vergonha, estivessem bem estabelecidos. Marie-Anne, em particular, causara sensação com sua dança em celebrações do carnaval no começo daquele ano, uma visão esplendorosa em veludo negro e diamantes. Madame de Sévigné descreveu como o rei estava encantado com ela e todos os outros seguiram ansiosamente seu exemplo.[12]

Aos sete anos e meio, Marie-Anne já estava cônscia das prioridades da corte. No meio do baile, ela se aproximou da duquesa de Richelieu e indagou ansiosamente: "Madame, podes dizer-me se o rei está satisfeito comigo?" Ela também compreendia a necessidade de ser divertida. "Uma infinidade de coisas sai de sua linda boquinha", continuou madame de Sévigné; "ela fascina as pessoas com sua sagacidade, que ninguém poderia ter mais". O parceiro da menina na dança foi um jovem Príncipe do Sangue de 13 anos, Luís-Armand, filho do príncipe de Conti. "Ah, os pequenos noivos!", murmuravam os cortesãos, pois um casório tão elevado não estava fora de questão para a filha de Louise. O fato de Louise chamar Marie-Anne (que tinha sangue real legitimado) de "Mademoiselle", sendo, contudo, chamada pela filha de "belle Maman", era sintomático da posição hierárquica dos filhos naturais do rei e suas mães agora emergentes.

Algumas semanas após a partida de Louise, e pouco depois do registro formal da separação de Athénaïs, o novo grupo de filhos naturais foi apresentado à corte. Provavelmente ficou óbvio para aquele mundo observador que Athénaïs muito em breve acrescentaria mais uma criança àquele número: seu quinto bebê com o rei, Louise-Marie, nomeada mademoiselle de Tours e apelidada "Tou-Tou", nasceu em novembro. (Tou-Tou teve sorte de nascer após a separação oficial e, portanto, diferente de seus irmãos e irmã, não era o fruto daquele complicado duplo adultério.) Louise-Françoise, o duque do Maine e o conde de Vexin estavam sob os cuidados da governanta Françoise Scarron. A recém-nascida tinha de ser carregada, assim como Maine, que, com sua perna imperfeita, ainda não podia andar com a idade de quatro anos e meio. Foi um momento tenso para Françoise, uma mulher de 38 anos então, de

UMA POSIÇÃO SINGULAR

nascimento modesto, com um casamento com um simples dramaturgo em seu passado. Mas, além da amizade com Athénaïs, que assegurou sua posição, Françoise já tinha outro aliado na corte. E este era o rei.

Françoise d'Aubigné nasceu em 27 de novembro de 1635: assim, ela era três anos mais velha que o rei, cinco anos mais velha que Athénaïs e quase dez anos mais velha que Louise de La Vallière. Desde o início, as circunstâncias de sua vida foram incomuns; na verdade, pode-se até ir mais longe e dizer que, pelos padrões da época, foram adversas. Embora ela não tenha nascido exatamente numa prisão, como seus inimigos mais tarde sugeriram, na época, seu pai, Constant, estava na cadeia em Niort, perto de Poitiers. Françoise provavelmente nasceu perto do local de confinamento do pai.* O crime de Constant foi conspiração contra Richelieu, mas, na verdade, esta não era sua primeira passagem pela cadeia; anteriormente ele fora acusado de sequestro e estupro.

A linhagem de Françoise não era pouco distinta: seu avô, Agrippa d'Aubigné, que morreu antes que ela nascesse, fora um celebrado poeta —, mas um poeta huguenote (protestante). Embora os huguenotes ainda fossem legalmente tolerados na França da década de 1630 devido ao Édito de Nantes de quarenta anos antes, Richelieu já havia anulado algumas das cláusulas políticas que lhes garantiam vantagens; mais uma vez, a ascendência huguenote, como a desgraça de seu pai, tornava Françoise uma excluída. Certamente havia um contraste com a criação convencionalmente católica de Louise, filha de soldados que serviram bravamente ao rei, ou a grandeza do nascimento de Athénaïs, filha de um duque com seu tão laureado sangue Mortemart.

A mãe de Françoise, Jeanne de Cardhillac, uma moça de 16 anos quando se casou, era filha do carcereiro de Constant. Ela era católica, e Françoise recebeu um batismo católico alguns dias após seu nascimento, no qual sua madrinha foi Suzanne de Baudéan, filha do governador da cidade, o barão de Neuillant.[14] O evento em si e a ligação social

---

* Uma placa marca seu local de nascimento sugerido, no Hôtel du Chaumont, 5 rue Du Pont, Niort.[13]

O AMOR E LUÍS XIV

garantiriam estabilidade a Françoise. Embora à primeira vista criada como protestante, o essencial batismo católico significava que ela sempre poderia reassumir a religião oficial do Estado sem uma cerimônia de abjuração; Suzanne, com apenas 9 anos na época, cresceria para honrar seu compromisso como madrinha em estilo apropriado.

Jeanne já tinha dado à luz dois filhos, Constant e Carlos, quando nasceu a menina que seria conhecida na infância como Bignette; o primeiro filho, Constant, morreu sob circunstâncias misteriosas à idade de 18 anos, mas Carlos d'Aubigné, apenas um ano mais velho que sua irmã, cresceria para constituir o tipo de aflição de que nenhuma família precisa e que muitas famílias têm. Em todo caso, a verdadeira vida familiar de Bignette não foi passada na insalubre atmosfera da prisão e suas imediações (embora ela visitasse o pai aos domingos, observando-o em silêncio enquanto ele jogava cartas com seus carcereiros). O lugar mágico que ela amava, não apenas naquele tempo, mas em suas lembranças ao longo de toda a vida, era o castelo de Mursay, onde rios se encontravam num vale arborizado em Parthenay, não muito longe de Niort.

O adorado Mursay era o lar da irmã de Constant, a marquesa de Villette, que, diante das circunstâncias perturbadoras de Constant e da pobreza de Jeanne, levou Bignette para sua casa. Além da tia e de seu gentil tio — "foste como um pai em minha infância", escreveria ela mais tarde ao marquês de Villette —, havia as três belas filhas de cabelos claros, todas mais velhas que ela, e o único menino, Filipe de Villette, nascido em 1632, que se tornou uma importante figura fraterna.

Para a marquesa de Villette, a pequena Bignette foi, com efeito, uma quinta filha. Mas uma quinta filha que também era uma parente pobre.* Era um estado de coisas que dificilmente diminuiria os sentimentos naturais de insegurança de Bignette. Criada em contato com o luxo, ela sabia que a situação não perduraria em sua vida adulta necessariamente, já que dificilmente ela receberia o dote exigido até para a vida num

---

* Uma clássica combinação de intimidade e desigualdade, mais bem capturada por Jane Austen ao descrever a posição de Fanny Price em Mansfield Park no romance homônimo.

UMA POSIÇÃO SINGULAR

convento. Para acostumá-la a isto, Bignette não tinha lareira em seu quarto, usava toucados de segunda mão dispensados por suas glamourosas primas e tamancos de madeira que começavam por ser grandes demais, para que ela pudesse crescer e ainda utilizá-los — até lá, ela deveria preenchê-los com palha. Entretanto, Bignette amava os Villette, sentia gratidão por eles e no geral recordava estes dias em Mursay como os tempos mais felizes de sua infância.

Mais tarde, Constant foi libertado. Repouso e domesticidade não se seguiram: em vez disso, viagens aventurosas e arriscadas. Quando Bignette tinha oito anos e meio, na primavera de 1644, ela foi reincorporada à sua família para viajar às Índias Ocidentais francesas.[15] Os dois meses de travessia do mar foram pavorosos para todos os envolvidos. Mais tarde, Françoise contaria ao bispo de Metz como uma febre a bordo aparentemente a deixara como morta; seu corpo estava prestes a ser atirado ao mar quando sua mãe, dando-lhe um último beijo, viu sinais de vida. "Ah, Madame", comentou o bispo portentosamente, "uma pessoa não retorna de tal distância para nada."

Primeiro desembarcaram na ilha de Guadalupe. Ali, contudo, a vida não melhorou radicalmente. Jeanne era uma mãe severa. Bignette tinha pouca liberdade para provar as delícias de uma ilha selvagem e uma cultura diferente. Sua educação foi convencional, religiosa (ainda protestante) e ocorria a portas fechadas. Enquanto isso, o posto de governador da ilha de Maria Galanda ficou vago. Contudo, após uma breve estadia por lá, a família se instalou na Martinica.* O insatisfeito Constant retornou à França, deixando Jeanne para ser "tanto pai quanto mãe" de seus filhos, como ela mesma descreveu. Sempre combatendo a pobreza, Jeanne foi para sua filha um forte exemplo de perseverança feminina sob circunstâncias difíceis. Também não seria surpreendente se Bignette, tanto por observar seu pai quanto nas conversas com sua mãe, tivesse formado uma imagem menos que perfeita do sexo masculino.

---

* Junto à prefeitura de Prêcheur, uma das vilas mais antigas da Martinica, uma pequena placa ao lado da igreja celebra a presença ali de Françoise d'Aubigné durante sua infância.

O AMOR E LUÍS XIV

Seguiu-se outra temerária viagem, quando Jeanne levou a família de volta à Europa em 1647 para reunir-se ao pai. Mas Constant faleceu no fim de agosto. Ao menos para Bignette estavam de volta as delícias de Mursay e a mescla de intimidade e trabalho duro, pois foi durante este período que ela foi posta para trabalhar na fazenda e em outros lados, criando perus, às vezes caminhando descalça, mas sempre tomando o cuidado de preservar sua preciosa pele de dama com uma máscara.[17]

O que aconteceu depois foi o que criou, mesmo que brevemente, um verdadeiro trauma em sua vida. Recordemos que Bignette fora batizada como católica, embora educada segundo o modo protestante, com aulas sobre os Salmos e a Bíblia. Mesmo assim, madame de Feuillant, mãe da madrinha Suzanne, aproveitou a oportunidade para fazer uma petição a Ana da Áustria sobre o destino desta pobre alma — e teve sucesso em levá-la para um convento católico com o objetivo de restaurá-la na verdadeira fé. Bignette não gostou do convento e houve considerável disputa por sua alma até que, significativamente, sua verdadeira afeição por uma das freiras ali, irmã Céleste, persuadiu-a a (re)unir-se à Igreja católica.

Bignette fez sua primeira comunhão para agradar irmã Céleste, disse ela, e não por qualquer princípio religioso. "Eu a amava mais do que podia expressar. Quis sacrificar-me em seu benefício", escreveria ela mais tarde.[18] Mais uma vez, era uma trajetória diferente da inata religiosidade de Louise e da formação familiar devota de Athénaïs, ao menos pelo lado da mãe.

Foi madame de Feuillant quem abrigou Françoise, como Bignette passou a ser conhecida, numa visita a Paris à idade de 16 anos. Lá ela foi apresentada às damas e aos cavalheiros inteligentes e sofisticados de Marais, cujo patrocínio e amizade teriam um efeito significativo em seu destino. Não era difícil ser amigável com Françoise, pois ela era, segundo qualquer padrão, uma jovem agradável. A sociedade do Hôtel Rambouillet, bem como nos lares das *Précieuses*, gostou do que viu: uma jovem séria e recatada, cuja melhor característica era um par de enormes olhos escuros. Madeleine de Scudéry fez um eloquente elogio deles num esboço do personagem de Françoise sob o nome de Lyriane: "Os mais belos olhos do mundo", descreveu-os ela, "brilhantes, suaves, apaixonados e cheios de inteligência." Além disso, "uma leve melancolia" permeava os encantos de Lyriane: seu olhar era gentil e também um tanto triste.[19]

A pele de Françoise — "agradável, mesmo que um tanto escura", declarou Madeleine de Scudéry — deve ter adquirido certa medida de morenice apesar de todas as precauções, pois ela recebeu o apelido de "La belle Indienne". Contudo, sua massa de lustrosos cabelos negros foi unanimemente admirada. O rosto de Françoise tinha um maravilhoso formato de coração, e, embora seu nariz fosse ligeiramente longo, a boca um tanto pequena e o queixo um pouco cheio, o efeito geral, como concordavam seus contemporâneos, era dos mais atrativos.

Além disso, Françoise, quando jovem, era discretamente feminina em seus gostos. Por exemplo, o perfume representava um papel importante em sua vida, assim como as roupas, quando ela as podia adquirir: uma saia de cetim rosa, corseletes de veludo negro usados sobre blusas brancas, lenços de renda genovesa. Seu confessor certa vez destacou o gosto da moça pelas anáguas finas (invisíveis, mas não inaudíveis): "Tu dizes que só usas coisas muito ordinárias, mas quando te pões de joelhos a meus pés [no confessionário], ouço o farfalhar de algo nada ordinário."[20]

Seu caráter dócil e aparentemente submisso também tornava Françoise agradável para a sociedade na qual ela se encontrava. Os anos de dependência a haviam dotado de um profundo desejo de agradar. Mais tarde, Françoise diria a madame de Glapion: "Eu era o que se poderia chamar de uma boa mocinha", sempre obediente e particularmente adorada pelos criados, porque desejava agradá-los tanto quanto aos senhores e amas. Enquanto sua criação difícil poderia ter tornado outras mulheres subversivas, Françoise tinha, pelo contrário, um forte sentido de hierarquia de sociedade segundo o direito divino. Uma instrução característica que dava a meninas sob seus cuidados era evitar murmurar contra os ricos: "Deus quis torná-los ricos, assim como quis tornar-te pobre."[21] (Claro, era uma filosofia que também podia justificar uma trajetória emergente na sociedade: esta também podia ser vista como uma determinação divina.)

Além disso, ela estava desesperada para assegurar a boa opinião de pessoas respeitáveis: "Esta era minha fraqueza", como ela colocou. Mas, claro, era uma fraqueza que a tornava uma companhia excelente para estas mesmas pessoas respeitáveis que ela queria tão ansiosamente agradar. Do mesmo modo, sua veemente preocupação com sua própria reputação — "o que me importava era meu bom nome" — significava que ela não constituía perigo ou desafio às outras mulheres.[22] Ou assim parecia na época.

Foi durante sua viagem a Paris que Françoise se encontrou pela primeira vez com o dramaturgo Paul Scarron, que por volta de 1648 já se descrevia como "uma condensação de infelicidades humanas" graças à aguda artrite reumatoide que o torcia de modo insuportável. Mais tarde, Scarron se divertiria e ficaria impressionado com as cartas dela, escritas do campo para uma certa mademoiselle de Saint-Herment, uma daquelas úteis amigas que Françoise adquirira.* Estas cartas não eram o que se poderia esperar de uma moça "criada em Niort" ou, ainda pior, "nas ilhas da América", como as Índias Ocidentais eram chamadas usualmente. Assim, em certo sentido, a relação de Scarron com Françoise começou como o romance epistolar adorado por escritores, no qual as cartas de um lado acabavam por levar o outro a cair de amores.[23]

Vinte e cinco anos mais velho que Françoise e fisicamente atormentado, é possível que o dramaturgo não tenha exatamente caído de amores. Era tarde demais para isso. O que ele de fato fez em 1652, com a doçura alegre e vívida que era uma de suas características, foi oferecer à empobrecida Françoise — cuja mãe morrera dois anos antes — uma solução para sua vida. Ele lhe daria o dote necessário para um convento ou se casaria com ela. Françoise, mesmo sendo piedosa, não era fã de conventos. Sua primeira carta remanescente de 1648 ou 1649, implorando à tia, madame de Villette, para resgatá-la, assim dizia: "Tu não imaginas que inferno é para mim esta suposta Casa de Deus."[24] Assim, ela escolheu o casamento.**

---

* O escritor Chevalier de Méré, que viveu em Poitou e conheceu Françoise na juventude, talvez tenha ajudado com conselhos na composição destas cartas, embora ele tenha subsequentemente exagerado sua importância na vida dela.
** Eles viveram numa casa na rue de Turenne, junto à Place des Vosges em Marais; hoje o prédio abriga uma loja de artigos esportivos.

UMA POSIÇÃO SINGULAR

É improvável que Scarron tenha sido capaz de consumar o casamento por completo, ou até parcialmente, nesta época. Esta foi uma questão levantada pelo padre no casamento, para irritação de Scarron. "Isto fica entre mim e madame", retrucou ele, o que era bem verdade. No fim das contas, os detalhes do que aconteceu entre o senhor e a senhora Scarron permanecem um mistério. O fato de que, após a morte de Scarron oito anos depois, Françoise tenha saído da experiência do casamento com uma perene indiferença — ou até repulsa — pelo sexo (que via como algo bastante desagradável que os homens esperavam das mulheres) talvez indique que atividades de algum tipo limitado vieram a ocorrer. Muito mais tarde, Françoise escreveria sobre si mesma para seu infame irmão Carlos, dando conselhos maritais, como "uma mulher que nunca foi casada".[25] Se ela estava sendo honesta, isto torna a consumação total improvável. Em todo caso, é justo destacar que a atitude de Françoise em relação ao sexo dentro do casamento — na melhor das hipóteses enfadada — era bem mais comum entre as mulheres de sua geração do que o libertário entusiasmo de Athénaïs.

É fato que Françoise não tinha nada de bom para dizer sobre a instituição do matrimônio: quando, em agosto de 1674, ela recebeu uma proposta de casamento por conveniência de um desagradável e idoso duque, replicou: "Já tenho uma posição bem singular, invejada por todo mundo, sem precisar buscar outra que traz a infelicidade para três quartos da raça humana." Vinte anos depois, ela ainda pregava a mesma doutrina lúgubre, mas realista: "Não esperes por felicidade perfeita no casamento." O sexo feminino sempre estaria exposto ao sofrimento, porque era dependente: o casamento era "o estado em que uma pessoa experimenta as maiores tribulações, mesmo na melhor situação". E, afinal, ela teve um contato precoce com damas parisienses de alta casta que, de suas posições privilegiadas, suspiravam e reclamavam do casamento como "escravidão".[26]

A morte de Scarron, em 6 de outubro de 1660 (pouco depois daquela entrada triunfal de Luís e sua rainha em Paris, que Françoise testemunhou), deixou a viúva mais uma vez mergulhada na pobreza — e, ainda por cima, com dívidas. Mas Françoise preservou sua preciosa reputação.

O AMOR E LUÍS XIV

Teria sido fácil para a bela e jovem esposa de um inválido desfrutar de romances; pelo contrário, Françoise fazia questão de evitar tais encontros, recolhendo-se a seus aposentos após o jantar quando a companhia ficava por demais inconveniente. A história de que ela tomou parte em "galanterias" com o extravagante marquês de Villarceaux não tem qualquer base contemporânea e possui grandes indícios em contrário, a começar pela obsessão de Françoise quanto à sua virtude.*

A mulher que contou a história trinta anos mais tarde, alegando ter emprestado suas próprias acomodações para o *affair*, foi a famosa cortesã** Ninon de Lenclos. Outrora tão bela que podia seduzir qualquer homem de qualquer idade, sendo pais e filhos uma especialidade sua — e talvez avós também, tamanha foi a longevidade de seu reinado —, em idade avançada Ninon tornou-se invejosa da posição augusta de sua antiga e recatada amiga. Em seu relato, Ninon conseguiu matar dois coelhos com uma cajadada só. Segundo ela, Françoise realmente teve um caso, mas era "desajeitada" no ato do amor (com isto, Ninon insinuava que ela própria não o era).*** La Rochefoucauld tinha uma máxima sobre o tema das damas e suas galanterias, que parece relevante no caso de Françoise. Diversas mulheres, escreveu ele, jamais tiveram *affair* algum, mas era frequente encontrar uma mulher que só tivera um.[29] Já que Villarceaux foi o único candidato mencionado (e tantos anos depois), Françoise certamente pertencia à primeira categoria.

Protegida por sua virtude, Françoise conseguiu desfrutar o patrocínio e a amizade de outras mulheres, uma delas Athénaïs. A rainha Ana foi persuadida a dar-lhe uma pensão. Aristocratas como a duquesa de

---

* Os embriagados vitupérios do enciumado irmão de Françoise, Carlos — "um louco que deveria estar trancado", na opinião de Saint-Simon —, sobre o assunto das depravações dela nos dias de Scarron certamente deveriam ser ignorados: esta foi a recompensa que Carlos deu à irmã por ter passado a vida inteira dependendo dela.[27]
** Neste caso, designação de prostituta que atende às classes altas. (*N. da T.*)
*** Uma pintura de uma mulher nua que pertenceu a Villarceaux, otimistamente descrita como Françoise, às vezes é apresentada como prova do romance; na verdade, a figura se parece bem mais com Ninon (que definitivamente teve um *affair* com Villarceaux); mesmo que a figura seja de fato uma representação de Françoise, não há provas de que ela tenha posado para o quadro.[28]

UMA POSIÇÃO SINGULAR

Richelieu e a marquesa de Montchevreuil a abrigaram por certos períodos em suas casas de campo, no papel extraoficial de algo entre secretária e governanta. Um dos filhos de Montchevreuil era coxo da perna: uma prévia dos problemas do duque do Maine.

Françoise era submissa, mas não era fraca de modo algum, e tinha um forte traço prático. Acima de tudo, ela amava estar com crianças, ensinando-as a ler e cuidando de seu bem-estar, inclusive espiritual, ao instruí-las no catecismo. Esta devoção pode soar como um traço obviamente feminino, mas, na verdade, não havia qualquer sentimentalismo com relação à infância nesta época; este profundo afeto e interesse por crianças era mais uma característica que tornava Françoise incomum para seu tempo.

No decorrer de seu trabalho, Françoise também encontrou diversas crianças ilegítimas, que existiam em grande número na sociedade e não apenas nos círculos reais. A irmã do Sr. Scarron, também chamada Françoise Scarron, era amante do duque de Tresmes-Gescres, tendo sido seduzida por ele à idade de 15 anos; ela teve cinco filhos ilegítimos. Em certo momento, Françoise d'Aubigné passou um ano na casa de sua cunhada e família.* Em 1667, ela incluiu os bastardos de seu irmão Carlos, Toscan e Chariot, em sua pequena creche.

Assim, de muitas maneiras, Françoise parecia a pessoa ideal para assumir o prestigioso — embora complicado — posto de preceptora dos bastardos reais. Em se tratando de sua natureza religiosa, o fato de que em 1666 ela escolheu para seu confessor a pessoa do abade Gobelin a tornou ainda mais adequada. Gobelin, cuja correspondência com Françoise viria a ser uma fonte vital para os verdadeiros sentimentos dela, era não apenas profundamente espiritual em si mesmo, mas também intelectualmente brilhante. Ele exigiu — e conseguiu — a obediência de Françoise ao longo de muitos anos, pois isto era parte do trato. Como Françoise confidenciou à marquesa de Montchevreuil, ela sabia que uma vez que escolhesse Gobelin, deveria obedecer-lhe em tudo.

---

* Já foi sugerido que a coincidência das duas Françoise Scarron, uma delas com uma animada vida privada, pode ter sido responsável por calúnias posteriores.[30]

Assim, foi a Gobelin que Françoise revelou a proposta de seu novo posto. Em réplica, o abade lhe disse para ter certeza de que realmente se tratava de filhos do rei e não de bastardos de um caso amoroso entre uma grande dama da corte e um nobre desconhecido: corria um boato de que o duque de Lauzun estava envolvido, devido ao sigilo sob o qual a Casa estava guardada; se fosse a prole do rei, então cuidar deles podia ser visto como uma espécie de dever... até mesmo um destino sagrado (Gobelin era muito interessado na busca individual pelos destinos sagrados das pessoas). Assim, a ligação entre deveres religiosos e seu papel como preceptora semirreal esteve desde o início na mente de Françoise. Acima de tudo, disse Gobelin, Françoise precisava fazer a distinção entre madame de Montespan e seu amante: "Ela não tem importância, mas ele é o rei."[31]

Portanto, Françoise finalmente aceitou: outra decisão bastante incomum numa vida já incomum. No momento em que ela foi recebida na corte com suas nobres e legitimadas incumbências no verão de 1674, Françoise já havia passado quatro anos administrando uma inortodoxa mas confortável e receptiva Casa, principalmente no número 25 da rue de Vaugirard, junto ao Palais du Luxembourg na paróquia de Saint-Sulpice.* Madame de Sévigné, que visitou a casa, descreveu-a como dotada de grandes salas e um necessário jardim de dimensões amplas, no qual as crianças (ainda oficialmente escondidas do mundo) podiam brincar em segurança. Infelizmente, esta necessidade de sigilo significava uma falta de ajuda doméstica e até de funcionários: Françoise mais tarde descreveria como ela corria por todo lado, pintando, esfregando, decorando... tudo isso sem auxílio, por medo de abrir espaço para perigosas especulações. Mesmo assim, ela criou uma atmosfera doméstica feliz, coisa que era bastante habilidosa em fazer.

Foi nesta casa remota, "nas sombras", como colocou Saint-Simon, que Luís XIV, que havia seduzido tantas mulheres, terminou ele pró-

---

* A Aleia Maintenon, encontrada no número 108 da rue de Vaugirard, celebra aquele tempo perdido: um silencioso e arborizado beco sem saída, longe da agitada rua tomada pelo tráfego, o lugar é guardado por uma porta; o pátio interno contém várias casas, incluindo uma missão quacre.[32]

prio seduzido, mas de uma maneira bastante diferente, embora o processo não tenha sido intencional. Ele fazia visitas sem aviso prévio em seu caminho para as caçadas. Encontrava uma encantadora e carinhosa figura materna, com uma criança no colo, outra no ombro, uma terceira num berço, lendo um livro em voz alta. "Como seria bom ser amado por uma mulher como esta", devaneava ele. No sentido moderno da palavra, Françoise era fria — algo expresso pelo apelido dado a ela pelo círculo Sévigné: "O Degelo", enquanto Louise era "O Orvalho" e Athénaïs "A Torrente", entre outros nomes.

A seu genuíno instinto materno, Françoise acrescentava outra qualidade muito diferente: a da conversação — e a associada arte de ser uma boa ouvinte. Foi madame de Sévigné, uma legítima juíza do tema, quem atestou as habilidades de Françoise neste aspecto. Luís, que a princípio não gostava de mulheres intelectuais e, portanto, tivera preconceito contra Françoise no começo, foi vencido pelas suaves artes sociais que ela aprendera entre suas amigas *Précieuses*. Françoise compreendia perfeitamente bem a força daquela observação de Madeleine de Scudéry, de que uma mulher jamais deveria soar como um livro falante.

Claro, na casa dos 30 anos, Françoise ainda era uma mulher atraente. Teria o rei, de acordo com seu hábito, passado uma cantada nela neste estágio inicial? Uma carta de março de 1673 na qual ela reclamou do "senhor" e seus avanços, de como ele se foi "desapontado, mas não desencorajado", certamente é forjada, utilizando-se da visão em retrospecto.* A importância do laço entre eles na época em que ela chegou à corte em 1674 tinha por base a admiração de Luís por sua virtude, sua respeitabilidade, sua feminilidade, exatamente as qualidades que Françoise se orgulhava de possuir. Foi um feliz encontro de temperamentos.

Infelizmente houve uma perdedora nisto, e a perdedora foi Athénaïs, a mãe das crianças. Não era uma questão de ciúmes sexuais: o problema era o eterno ciúme da mãe (em geral ausente) pela babá ou governanta

---

* Infelizmente, um organizador das cartas no século XVIII, Angliviel de La Beaumelle, comportou-se "sem compromisso com a honestidade", rearranjando e até forjando documentos; mais tarde, editores do século XIX expandiram este material.[33]

(sempre presente). Athénaïs certamente amava seus filhos tanto quanto as damas de grande posição podiam fazê-lo, especialmente em se tratando de uma mulher cujo papel na vida — fartamente recompensado — era divertir o rei. De seu lado, Françoise deu vazão a sentimentos corretos: "Nada é mais tolo do que amar excessivamente um filho que não é meu" (embora seu amor por seu favorito, Maine, certamente fosse excessivo). Este bom-senso não a impediu de sentir seus próprios ciúmes pela bela e dominadora mãe, cujo comportamento para com os filhos era danoso, ao menos em sua opinião. Françoise considerava que Athénaïs mimava as crianças com doces e outros regalos; Athénaïs acreditava que Françoise estava tentando afastar os filhos dela. Era o clássico combate.

E ninguém jamais sugeriu que Athénaïs fosse fácil de lidar, independentemente de quão fascinante fosse. Em setembro de 1674, Françoise reclamava regularmente com o abade Gobelin sobre os chiliques e caprichos da amante real: era possível que a vontade de Deus ditasse que ela deveria continuar a sofrer daquela maneira? Françoise começou a falar sonhadoramente sobre aposentadoria. Ela até ameaçou tornar-se freira, embora tenha retirado a ameaça rapidamente: "Estou muito velha para mudar minha condição."[34]

Quando o rei recompensou Françoise por todo o seu leal cuidado com uma grande soma em dinheiro no fim de 1674, ela conseguiu dar entrada na compra de uma propriedade em Maintenon. Este adorável castelo cercado por águas, a 40 quilômetros de Versalhes e 56 quilômetros de Paris, recordava-a vivamente de seu paraíso perdido da infância, Mursay.* De origem medieval, o lugar foi reformado e aumentado ao longo dos anos, principalmente no século XVI. Françoise o descreveu para seu irmão Carlos em janeiro de 1675 como "um lugar bastante belo, um pouco grande demais para a Casa que pretendo manter, numa situação razoável". Lá ela sonhava com a aposentadoria, segundo disse a

---

* Hoje a Fundação do Château de Maintenon, criada em 1983 graças à generosidade de descendentes indiretos de madame de Maintenon, possibilita acesso público ao castelo. É belo e tranquilo em sua paisagem repleta de águas.

UMA POSIÇÃO SINGULAR

Gobelin, e em deixar para trás "a pecaminosa corte". Ela amava todos os detalhes daquele retiro campestre, *sua* manteiga, *suas* maçãs, *suas* roupas de cama (que tinham de ser guardadas com fragrância de lavanda em vez de pétalas de rosas). E ela podia nadar no rio Eure, cujas águas acariciavam a antiga torre de pedra.[35]

Mas ela se aposentaria sob o nome de madame de Maintenon. O rei deu-lhe permissão para usar a designação tomada de "minha terra" como ela orgulhosamente a chamava (o título de marquesa veio mais tarde). O nome Scarron, com seu toque ligeiramente infame, foi abandonado. Mesmo que o sonho da aposentadoria estivesse fadado a ser apenas um sonho, algo que a nova madame de Maintenon mencionava tristemente quando as coisas na corte não funcionavam segundo seus planos, ela já tinha — como ela mesma dissera — alcançado "uma posição singular", ela que começara como uma parente pobre e depois uma viúva atormentada pela miséria.

O que nem Françoise, nem Athénaïs ou Luís XIV podiam prever era que a Páscoa de 1675 traria uma extraordinária ameaça à *maîtresse en titre*, afetando o destino de todos. A verdadeira adversária de Athénaïs acabou não sendo a emergente preceptora que ela escolhera, mas a própria Igreja católica.

CAPÍTULO 9

Abandonar uma paixão

Tu falas de abandonar uma paixão como se fosse tão fácil
quanto trocar uma camisa.
— Angélique de Fontanges a Françoise de Maintenon, 1680

Em 10 de abril de 1675, a quarta-feira da Semana Santa, um obscuro
padre na paróquia local de Versalhes chamado padre Lécuyer recusou-se a conceder absolvição a madame de Montespan. O sacramento
da penitência era uma preliminar essencial para que Athénaïs pudesse
"fazer sua Páscoa": ou seja, tomar a exigida comunhão sagrada como
ordenado pela Igreja a católicos praticantes.

Padre Lécuyer anunciou esta brava proibição de modo dramático.
Através da treliça, ele inquiriu: "És tu a madame de Montespan que
escandaliza toda a França? Vai, madame, abandona tua vida indecente
e depois retorna e te atira aos pés dos ministros de Jesus Cristo."[1] Esse
não era o tipo de conselho que a alarmada e indignada favorita estava acostumada a receber. Um apelo foi feito ao superior de Lécuyer, o
padre Thibout, mas — horror! — ele apoiou o padre Lécuyer. No fim
das contas, nem mesmo o rei podia simplesmente ordenar que os "ministros de Jesus Cristo" rompessem suas próprias leis, e, para resolver o
impasse, o bispo Bossuet foi trazido à cena.

No geral, a Igreja católica não dava qualquer sinal de desistência em
sua campanha pela salvação do soberano, desde aqueles primeiros dias

quando os sermões de Bossuet colocavam desconfortável ênfase nos pecados daquele mulherengo bíblico, o rei Davi. O próprio Bossuet foi até endossado, ao ser apontado para preceptor do delfim de 9 anos em 1670. Entretanto, o mais célebre prelado agora pregando para a corte era o padre Luís Bourdaloue, um homem entrando na casa dos 40 anos, que fugira do lar para se tornar um jesuíta. Nada inexperiente na arte da condenação moral, Bourdaloue faria dez ciclos de sermões da Quaresma e do Advento na corte nas décadas de 1670 e 80, mais que qualquer outro clérigo. Seu sucesso em Paris — onde chegou em outubro de 1669 — ocorreu de imediato, e ele foi convidado à corte pela primeira vez em 1670. Na opinião de madame de Sévigné, "ele ultrapassava tudo o que já tínhamos ouvido". Na Sexta-feira Santa de 1671, ela sequer conseguiu entrar na igreja em que ele tinha um sermão marcado, porque estava cheia de lacaios que lá se encontravam desde a quarta-feira, guardando lugares para seus senhores.[2]

Poderíamos supor que um pregador tão popular daria aos cortesãos em pecado (e seu pecaminoso rei) o tipo de mensagem adoçada e fácil de aceitar. Pelo contrário, Bourdaloue era notoriamente rígido em seus julgamentos, destacando como a moralidade pregada por Jesus Cristo estava em direto contraste com a do mundo; em certas ocasiões, ele justapôs as virtudes dos pagãos com a preguiça dos cristãos. Ele apontava a necessidade de comungar com frequência, bem como as sérias preparações que um cristão deveria fazer para ela: "Amanhã eu me aproximarei da mesa [da comunhão]." Mas Bourdaloue, um homem de devoção exemplar, que dava ênfase a visitas de caridade aos doentes e prisioneiros, compreendia como a condenação ao pecado podia ser aliada à gentileza — mas não à indulgência — para com os pecadores. Seus modos eram amigáveis e não severos, e, como resultado, o efeito geral era convincente. Ele era amplamente visto como um *honnête homme*, ou homem civilizado, aquele supremo termo contemporâneo de elogio, com sua "probidade, prudência e compreensão", nas palavras de apresentação de um livro de seus sermões em 1707. Mais tarde, o rei faria o seguinte comentário: "Padre, tu me tornaste descontente comigo mesmo."[3]

O AMOR E LUÍS XIV

A ascensão de Bourdaloue não era boa notícia para Athénaïs. Acima de tudo, Bourdaloue martelava em qual deveria ser o objetivo essencial: "Vivas como um rei cristão", disse ele a Luís XIV, "e merecerás salvação." Era a mesma salvação que a rainha Ana declarara em perigo em 1664, levando o filho às lágrimas. Ela continuava em perigo (e pela mesma razão). Agora, no interesse de uma dupla salvação, onde outrora houvera um duplo adultério, o rei e Athénaïs abandonaram sua relação. Foi uma decisão que impressionou as sofisticadas mulheres parisienses como Madeleine de Scudéry. O par se separou, ela escreveu a Bussy-Rabutin em 20 de abril, "puramente por um princípio de religião". Tal reação foi mais radical que a pregação de padre Bourdaloue sobre Madalena como exemplo: "Amai como Madalena amou", e depois "a paz interior nascerá" da severidade da penitência.[4]

Nesta época, havia outra mulher interessada no "projeto" da salvação de Luís. Maternal, já na meia-idade segundo os padrões da época (ela fez 40 anos em 1675), virtuosa e inteligente, Françoise de Maintenon desenvolvera uma personalidade benevolente mas controladora, adequada para lidar com crianças. Como mostra sua correspondência com seu confessor Gobelin, ela achou fácil adaptar estas qualidades à nova situação em que se viu: ser a discreta preceptora dos filhos do rei não estava assim tão longe de discretamente aconselhar, ou mesmo governar, o próprio rei.

Embora sua relação com Luís evoluísse, Françoise não agia de modo algum como uma substituta de Athénaïs. Françoise era uma companhia agradável, todos diziam; sua doçura natural combinada com anos de uma posição subserviente haviam produzido isto, mas ela não era especialmente sedutora ou divertida. E, independentemente da volubilidade amorosa do rei, em 1675 ele ainda estava sob o poder sexual de Athénaïs.

O evento que se segue é importante, uma vez que a fonte é a própria madame de Maintenon, como confidenciou muitos anos depois à sua protegida Marguerite de Caylus, filha de seu primo Filipe de Villette. As brigas de Athénaïs e Françoise continuaram e houve algumas "conversas terríveis" entre elas, conforme as cartas a Gobelin. A desconfortável intimidade que lhes era imposta, com toda a exibição pública de amizade — foi Athénaïs quem Françoise levou a uma viagem "campestre"

ABANDONAR UMA PAIXÃO

em Maintenon em abril — não ajudava. Por fim, provocada além dos limites de sua habitual serenidade, Françoise teve sucesso em falar a sós com o rei, algo que Athénaïs tentara evitar. Françoise despejou seus problemas com a mãe das crianças sobre o pai, o homem que Gobelin a encorajara a ver como seu verdadeiro empregador.[5]

Ela ressaltou os frequentes e tempestuosos ataques de ciúmes (com os quais Luís tivera ampla experiência nos oito anos anteriores). O rei respondeu: "Tu não notaste, madame, como os lindos olhos dela se enchem de lágrimas quando lhe contas alguma ação generosa ou tocante?" Eram as palavras de um homem ainda apaixonado, e dificilmente apaziguaram a indignada preceptora, mais acostumada nestes dias a ver os lindos olhos de Athénaïs chispando de raiva e não com adorável compaixão. E talvez a própria Françoise tivesse uma pequena pontada de inveja da triunfante beleza de sua antiga amiga, algo com que ela jamais poderia rivalizar, mesmo com todos os seus atributos.

Apesar dos numerosos percalços, as duas mulheres obviamente estavam destinadas a continuar numa espécie de intimidade espúria, do tipo que outrora unira Athénaïs e Louise. Agora que Athénaïs estava devidamente separada do rei, resultado daquela emboscada eclesiástica, Françoise tomava cuidado para preservar sua neutralidade — e reputação —, levando o duque do Maine, de 5 anos, numa longa viagem para os banhos termais em Bourbon, na esperança de fazer algum bem a seu infeliz físico. Foi uma ação ditada pelo coração, já que o indefeso Maine provavelmente era a pessoa que Françoise mais amava no mundo, mas também deu ênfase pública a sua ternura maternal.

Enquanto isso, Bossuet dedicava-se à batalha pela alma de Athénaïs, bem como pela alma do rei e pela continuidade da separação de duas pessoas que certamente não haviam perdido seu profundo apego mútuo. Luís ainda estava determinado a que sua amante — ou melhor, ex-amante — tivesse cada capricho satisfeito. Em 1675 apenas, Colbert foi obrigado a gastar quase 23 mil *livres* em laranjeiras, aqueles palpáveis sinais de favor de Luís, para a residência de Athénaïs em Clagny. Foi uma ordem real explícita: "Continua a levar as mais belas [para ela]... de modo a agradar-me."[6]

Bossuet agia como intermediário, uma tarefa facilitada pelo fato de que o rei partiu para Flandres em campanha. A Guerra Franco-Holandesa começada em 1672 ainda não lhe havia trazido as vitórias da anterior Guerra de Devolução. O bispo otimista sugeriu que a providência divina agora recompensaria o rei por seu sacrifício com a vitória: a insinuação era que os problemas militares anteriores (bem como as mortes de tantos de seus filhos legítimos) tinham sido vingança divina por sua lubricidade.[7]

Por uma feliz coincidência — do ponto de vista *dévout* — os votos finais de Louise de La Vallière como irmã Louise de La Miséricorde ocorreram em 3 de junho de 1675. Uma grande multidão compareceu, incluindo a própria rainha, bastante satisfeita com este espetáculo da amante arrependida e indubitavelmente desejando que Athénaïs seguisse o exemplo. Todos comentaram sobre a nova beleza espiritual de Louise em suas vestes negras. Alguns anos mais tarde, ela escreveu um tratado religioso, com alguma ajuda de Bossuet, que organizou o manuscrito *Reflexões sobre a misericórdia de Deus*. Seu título de nobreza não foi esquecido por completo, pois a autora foi descrita como uma "Freira carmelita, conhecida no mundo como a duquesa de La Vallière". Uma rima usada como epígrafe explicava como irmã Louise outrora dera "seu coração à Terra", até que um raio de luz sagrada a obrigou a "declarar guerra / Ao Mundo e ao Demônio para merecer o Paraíso". Em toda a obra, irmã Louise declarava sua devoção à santa penitente que era seu modelo: "Acima de tudo, ver a mim mesma sem cessar como Madalena. Como ela, lavarei teus pés com minhas lágrimas..."[8]

Enquanto isso, Bossuet não achava assim tão fácil lidar com aquela outra Madalena, cuja penitência, ao que parecia, estava incompleta. Seria este bispo o homem certo para a tarefa? "Ele tem suficiente inteligência", escreveu Françoise, "mas não se trata da sabedoria mundana da corte." Bossuet também não gostou de ver que Athénaïs poderia ser um hábito difícil de romper. Há uma indicação na correspondência do bispo no verão de 1675 de que até este prelado de 48 anos, um homem de religiosidade exemplar, sentia atração física por ela. Numa ambígua carta sobre o assunto de seu pesado fardo, ele pediu ao marquês de Bel-

ABANDONAR UMA PAIXÃO

lefonds para "orar por mim" e "que Deus faça com que morra em mim todo o varão".[9] Para Luís, Bossuet relatou que Athénaïs era bastante tranquila, ocupando-se de boas ações (como o tempo mostraria, outro aspecto de sua indubitável energia viria a ser o apetite pela caridade). Mas ele compreendeu que terminar a relação — extinguir "uma chama tão violenta" — não era trabalho de um dia só. O rei voltou das campanhas em agosto, mas certamente não havia perigo: madame de Montespan, não mais na corte, residia em Clagny. Foi Bossuet quem observou com certo mau pressentimento: "Sim, Majestade, mas Deus ficaria mais satisfeito se Clagny estivesse a setenta léguas de Versalhes."

Bossuet tinha razão. Pensar em Athénaïs isolada foi demais para o rei; ela teve permissão para voltar à corte, mas com certas precauções tocantes (embora ligeiramente ridículas). O casal jamais ficaria a sós, ou, se ficasse, seria num aposento com janelas de vidro para que a corte pudesse supervisionar sua conduta e assegurar que era suficientemente apropriada.

Contudo, no fim das contas, talvez a precaução não fosse tão ridícula. Em maio de 1676, Athénaïs fez uma viagem de reabilitação para os banhos termais em Bourbon, pelo bem de sua saúde (e aparência). Bourbon, próximo a Moulins na província de Bourbonnais, a sudeste de Paris, era um retiro conhecido desde os tempos romanos, quando suas águas — *aquae Borvonis* — foram elogiadas por Vitrúvio. Havia outros retiros como Vichy e Barèges, mas Bourbon estava mais em voga.* E Athénaïs foi acolhida de modo extremamente pródigo, com leais boas-vindas em cada cidade onde passava. Era o que exigia o status da *maîtresse en titre* do rei. Ironicamente, o governador local era irmão de Louise, o marquês de La Vallière. Entretanto, a própria Athénaïs estava mais interessada em sua nova válvula de escape, as boas ações: ela doou vinte leitos para o abrigo de indigentes local e uma considerável soma em dinheiro para instituições de caridade da região.[10]

---

* Madame de Sévigné, visitando o local devido ao reumatismo, descreveu um regime de banhos termais entremeados com dolorosos jatos de água fervente ou água gelada, bastante parecido com as saunas modernas. O pequeno "anfiteatro" do subsolo onde o tratamento ocorria a levou a pensar no Purgatório.

Contudo, em julho ocorreu uma cena em Clagny digna do mais notório dramaturgo da corte, Racine. Grande cuidado foi tomado para que "damas respeitáveis" estivessem presentes como guardiãs dos bons costumes, e a princípio Luís falou com sua antiga amante em tons graves, como se ele fosse uma espécie de clérigo — um Bossuet. Athénaïs o interrompeu: "É inútil passar-me um sermão: compreendo que meu tempo acabou." Depois, o casal que não ficava a sós havia 15 meses, discretamente recuou para uma alcova envidraçada, enquanto os cortesãos, incluindo as respeitáveis damas, permaneceram a uma educada distância. A conversa ficou mais intensa, e depois ainda mais emocional. "Tu és louco", disse Athénaïs. "Sim, sou louco", respondeu Luís ardentemente, "pois ainda te amo." Após esta declaração, tanto o rei quanto Athénaïs "fizeram juntos uma profunda reverência àquelas veneráveis matronas".[11] E então se recolheram ao quarto dela... Era este o momento que Bossuet e madame de Maintenon tanto temiam.

Depois, Athénaïs decidiu livrar-se rapidamente de alguns alvos da galanteria do rei, mulheres conquistadas durante a ausência dele de sua cama. A princesa de Soubise provou não ser uma esposa tão virtuosa na maturidade quanto fora na adolescência: havia rumores de que um de seus filhos era do rei. Seu marido, contudo, era notavelmente condescendente com a associação. Afinal, nas palavras de Saint-Simon, a ascensão da família se devia totalmente à beleza da princesa de Soubise, "e ao uso que ela fazia do atributo".

Isabelle de Ludres, com seu corpo escultural e impressionantes cabelos com tom de ouro queimado, foi uma oponente mais séria. Este *affair* real começou no curso de um minueto. O rei contemplou os belos olhos azuis de Isabelle num êxtase: "Estou seguro, madame, de que estes *fripons* [bandidos] fizeram grandes estragos em seu tempo." Isabelle foi rápida em sua resposta galante: "Não tanto quanto eu gostaria, senhor, pois conheço alguém que ainda se defende firmemente contra a força deles."[12] Verdade é que o rei baixou suas defesas imediatamente. Ao que parece, o que faltou à princesa de Soubise e a Isabelle de Ludres foi a inteligência ou gênio para prender o rei, muito embora tivessem o espírito para capturá-lo. Em todo caso, antes que Isabelle de Ludres fosse

ABANDONAR UMA PAIXÃO

completamente derrotada, o drama de sua rivalidade com Athénaïs na corte teve que assumir uma expressão no palco, à verdadeira moda de Versalhes. *Ísis*, uma ópera de Quinault e Lully, fazia uma clara alusão a Isabelle por meio de Io, que despertava a fúria de Juno por ousar seduzir Júpiter; Athénaïs obviamente foi caricaturada como a ciumenta Juno, a quem Júpiter no fim prometia fidelidade. Toda a corte cantarolava a adorável canção de Io do terceiro ato: "É ofensa cruel / Parecer bela / A olhos enciumados", como madame de Sévigné sabia de cor.[13*]

Houve duas provas visíveis da reconciliação do rei com Athénaïs. Como um observador resumiu em termos bastante crus: "E logo vieram a segunda mademoiselle de Blois e o conde de Toulouse."[15] Era a verdade. Athénaïs logo estava grávida novamente, e sua filha, Françoise-Marie, concebida em agosto, nasceu em março de 1677. Ela foi nomeada mademoiselle de Blois, assim como Marie-Anne. Foi um exemplo da intimidade de Athénaïs e Françoise — assim como da fragilidade da renovada relação com o rei — que a pequena tenha nascido em Maintenon (embora a posição de Françoise fosse agora muito elevada para cuidar destas crianças posteriores). O sexto filho de Athénaïs com o rei, Luís-Alexandre, nomeado conde de Toulouse, nasceu em 6 de junho de 1678. "Tiveste Augusto [Maine] e tiveste César [Vexin]", disse Athénaïs a seu amante. "Agora, claro, precisas ter Alexandre."

Entretanto, nenhum outro herói marcial seria homenageado em nomes de filhos de Luís. Há boas razões para crer que o rei cessou por completo as relações sexuais com Athénaïs após o nascimento de Toulouse. De modo pouco galante, mas realista, é possível que o término estivesse relacionado ao aumento de peso de Athénaïs aos 38 anos de idade, fato que os cortesãos começavam a comentar. A gentil madame de Sévigné notou que o rosto "angelical" continuava belo como sempre, com os encantadores cachos louros, "um milhar deles", penteados de modo a emoldurar sua face num estilo chamado *hurluberlu*, tão

---

* O libretista Quinault foi momentaneamente dispensado por causa desta sátira, dando aos Mortemart uma oportunidade para fazer avançar seu favorito, La Fontaine. Contudo, Lully não sofreu represálias, com Luís tornando-se padrinho de seu filho pouco depois.[14]

promissor que até a rainha o copiava (talvez a tonalidade loura agora devesse algo ao artifício humano, mas o efeito não deixava de ser arrebatador). Por outro lado, o malicioso Primi Visconti disse que um dos tornozelos de Athénaïs estava mais grosso que sua própria coxa, embora tenha acrescentado, como se para minimizar o insulto: "Andei perdendo peso ultimamente."[16] A herança genética de Athénaïs, recordando a notória circunferência de seu irmão Vivonne, provou ser um traço fatal quando combinada a seu grande apetite e repetidas gestações. Ela era incessantemente massageada e perfumada, mas isso não fazia diferença contra estes fatores mais poderosos.

De sua maneira metódica, Luís ainda visitava Athénaïs para as habituais duas horas, e ela continuou a desfrutar seus suntuosos aposentos em Versalhes. Mas a paixão de Luís já se havia apagado.

A Guerra Franco-Holandesa foi finalmente concluída em 1678. Através da Paz de Nijmegen de 1678-9, Franche-Comté, conquistada dez anos antes, foi formalmente anexada à França e retirada do domínio espanhol. Luís XIV agora tinha tempo livre para dois novos entusiasmos. Em primeiro lugar, ele se concentrou mais uma vez em Versalhes. Seu novo arquiteto oficial, Mansart, recebeu somas para gastar que se elevaram dramaticamente ao longo dos anos seguintes, chegando a 5,5 milhões de *livres* em 1680, partindo de meros três quartos de milhão em 1676 (respectivamente 18 milhões e 2,5 milhões de libras em moeda atual). O objetivo em todos os casos de modificações e adições era a grandiosidade, grandiosidade para os olhos de toda a Europa, o continente onde a Paz de Nijmegen visivelmente tornara Luís o monarca dominante. Liselotte, enquanto residente do palácio, tinha outra opinião sobre o tema: "Não há canto algum que não tenha sido alterado dez vezes", escreveu ela sobre Versalhes. O desagradável cheiro de gesso foi algo com que todas as grandes damas de Versalhes tiveram que se acostumar, para não mencionar a inevitável sujeira e o barulho dos eternos trabalhos de obras.[17]

O segundo entusiasmo foi do tipo habitual: o rei se apaixonou. O nome da mulher era Angélique. Contudo, como este era o amor de um homem de 40 anos por uma moça de 18, havia um novo aspecto na

ABANDONAR UMA PAIXÃO

relação: tratava-se de pura paixonite pela juventude e pela aparência alourada, etérea e virginal da moça; espirituosidade ou inteligência já não eram exigidas. Havia até um aspecto embaraçoso no caso, pois os cortesãos viam o rei Sol, que completara 40 anos em 5 de setembro de 1678, tornando-se um pateta por amor, devotando-se a uma menina que tinha a mesma idade de seu filho, o delfim, e era vinte anos mais nova que sua *maîtresse en titre*, Athénaïs.

Talvez o lado bélico do rei merecesse esta adorável recompensa: esta foi a opinião expressa por Bussy-Rabutin, embora satiricamente. Como Luís seduziu a virginal Angélique diante de um cenário de tapeçarias de Le Brun representando suas vitórias militares, ele a via como sua mais recente conquista. Claro, Angélique apaixonou-se perdidamente pelo rei: nisto, escreveu Liselotte, ela era mais semelhante a uma heroína de romances. E, mesmo que ela também fosse estúpida — Luís "parecia envergonhado toda vez que ela abria a boca na presença de uma terceira pessoa" —, sua doçura era um contraste agradável com a acidez de Athénaïs, que não diminuiu nem um pouco com a idade.[18]

Angélique de Scorailles de Roussille, demoiselle de Fontanges, vinha de uma antiga família da região Auvergne, na qual seu pai, o conde de Roussille, era lugar-tenente do rei. Ela era de fato muito bonita, um tanto parecida com a jovem Louise de La Vallière, embora suas feições fossem mais classicamente perfeitas: ela era "semelhante a uma estátua", comentou a sarcástica Athénaïs. Outros disseram, mais elogiosamente, que ela era a mulher mais bela já vista em Versalhes. Angélique chegou à corte em outubro de 1678, como dama de honra de Liselotte. Mais tarde, segundo Liselotte, a menina tivera um sonho premonitório sobre seu próprio destino, que devidamente recontara para sua ama: no sonho, Angélique se viu subindo uma imensa montanha, mas, ao alcançar o topo, subitamente foi envolvida por uma grande nuvem e lançada na total escuridão... Angélique acordou aterrorizada por esta visão e consultou um monge local. A interpretação não foi muito confortadora: a montanha era a corte, onde ela estava destinada a alcançar grande fama, mas esta fama teria duração curta. Em suma, disse o monge: "Se tu abandonas a Deus, Ele te abandonará, e tu cairás em escuridão eterna."[19]

O AMOR E LUÍS XIV

Embora o relato de Liselotte sobre o sonho certamente devesse algo à visão em retrospecto, foi verdade que Angélique galgou a "montanha" com notável rapidez: por volta de fevereiro, Bussy-Rabutin, fofoqueiro, mas exato, previa "mudanças do amor na corte". Madame de Maintenon ficou, claro, horrorizada. Ela contribuiu com sua própria analogia, também pontuada por dramática imagética: "O rei", disse ela a Gobelin em 17 de março de 1679, "está à beira de um grande precipício."

O que aconteceria agora com a famosa salvação do rei, na qual Françoise, Bossuet e Bourdaloue vinham trabalhando com tanto afinco, cada um a seu modo? Alegremente indiferente a este importante tema e intoxicada pelo ar do cume da montanha, Angélique se gabava de seu sucesso. Sua carruagem era puxada por oito cavalos, dois a mais do que Athénaïs chegara a exigir. Seus servos usavam libré cinza, para combinar com o celebrado gris de seus olhos de ninfa do mar. La Fontaine prestou-lhe um tributo em verso com a permissão de Athénaïs (que via em Angélique uma ameaça menor do que Françoise). Primeiro ela foi instalada num pavilhão do Château Neuf em Saint-Germain e depois num aposento junto ao quarto do rei. É indubitável que a deslumbrante demoiselle de Fontanges tenha momentaneamente despertado os exauridos poderes sexuais do rei, de um modo que Athénaïs, mesmo com todas as suas artes, já não conseguia fazer nos últimos anos. Os homens de letras sabiam tudo sobre este tipo de excitação. Tratava-se de um caso de "encanto da novidade... o viço da fruta", nas palavras de La Rochefoucauld. Saint-Évremond discursou sobre a diferença: "Num novo Amor, tu encontras delícias em cada hora do dia", ao passo que numa paixão de longa data "teu tempo se arrasta de modo bastante embaraçoso".[20]

Em marcante contraste com os mimos do rei para esta juvenil amante estava sua cruel imposição de dever dinástico a outra moça praticamente da mesma idade. Esta era Marie-Louise, mademoiselle d'Orléans, a filha de 17 anos da falecida Henriette-Anne e Monsieur. Na ausência da guerra, Luís XIV voltou-se para outro método conveniente de impulsionar o poder de uma nação: a aliança estratégica por matrimônio. Em 1679, qualquer observador imparcial teria desconsiderado o rei Carlos

ABANDONAR UMA PAIXÃO

da Espanha como material para um noivado promissor. À idade de 18 anos, Carlos era notório por seu comportamento rude, até brutal, com seus cortesãos. Tinha uma voz estridente de eunuco e repugnantes hábitos à mesa, com uma língua por demais extensa que descaía de sua boca de lábios frouxos sobre um queixo recuado; o espesso cabelo louro, seu melhor quesito, em geral era deixado desgrenhado e ensebado. Casar-se com tal homem era uma perspectiva pavorosa para qualquer moça — exceto sob o ponto de vista de que ele era o maior *partido* da Europa, e isto jamais poderia ser uma perspectiva pavorosa para qualquer moça que também fosse uma princesa.

A noiva mais plausível em termos dinásticos teria sido a filha de Luís, a Petite Madame, mas, após sua morte em 1672, Luís voltou suas atenções para a princesa mais velha da Casa Bourbon na França, sua sobrinha Marie-Louise. Ele estava especialmente ávido, como sempre, para vencer a corrida contra qualquer candidata Habsburgo. Era óbvio que todas as dúvidas quanto à capacidade física de Carlos em gerar um herdeiro continuavam sem resposta; entretanto, no outono de 1678, a corte espanhola anunciou que ele de fato estava ansioso por se casar.

Num capricho, Carlos desenvolveu uma violenta fantasia com o retrato de sua bela prima. (Ambos descendiam de Filipe III.) E Marie-Louise *era* bela. Com seus grandes olhos escuros como ameixas e seus cabelos negros, ela herdara a aparência dos Médici de sua avó Henriqueta Maria; em outros aspectos, fazia lembrar sua mãe notoriamente encantadora, mas numa versão mais morena. Sua postura era soberba: "Ela merece um trono", sussurravam os cortesãos franceses. Uma proposta formal chegou em janeiro, seguida de um casamento por procuração e da planejada partida de Marie-Louise para seu novo reino.

Marie-Louise ficou devastada. Ela também visionava um destino monárquico, que, enquanto Neta de França, considerava seu por direito. Mas o noivo de sua predileção, aquele que ela acreditara desde a infância que seria seu, era seu primo-irmão, o delfim Luís. Um rapaz robusto — cuja aparência alourada lembrava sua mãe —, o delfim tinha mais interesse em caçar do que em qualquer outra coisa, a não ser, talvez, comida. Ele era capaz de bastante destreza quando se dedicava a esta paixão, falhando apenas quando tentou caçar uma doninha num celeiro com uma matilha de bassês. Entretanto, ele não tinha qualquer gosto intelectual, e um tutor brutal em sua infância o deixara aterrorizado com a autoridade da figura de seu pai. Mas o delfim era essencialmente bondoso e popular com o povo e também com a corte.

Na loteria real, qualquer princesa poderia ter um destino bem pior do que tê-lo como marido, sem mencionar a perspectiva de ser rainha da França no futuro. Como qualquer princesa da França, Marie-Louise considerava que era este o mais alto destino possível. Sua mãe, Henriette-Anne, embora desiludida com Monsieur, certamente acreditara nisso; era a mesma visão que a rainha da Espanha — nascida na França — inculcara em Maria Teresa. Infelizmente, de sua maneira insensível no que dizia respeito a tais assuntos, Luís XIV planejava seu filho para uma princesa alemã, para assegurar ainda mais sua posição no leste.[*] À princesa aos prantos, Luís destacou que não poderia ter feito melhor nem por sua própria filha. "Sim, Majestade", respondeu Marie-Louise, em triste referência a suas esperanças soçobradas de se casar com o delfim, "mas poderias ter feito mais por tua sobrinha."[21]

Marie-Louise prestou uma série de visitas oficiais de despedida, incluindo o convento de Val-de-Grâce, onde o coração de sua mãe estava enterrado; ela se encontrava perpetuamente em lágrimas. Até mesmo atirou-se aos pés do rei, em seu caminho para a missa, gritando: "Não me obrigues a ir!"

"Madame", brincou Luís, "seria muito engraçado se a Rainha Mais Católica [da Espanha] impedisse o rei Mais Cristão de ir à missa." Sua verdadeira indiferença ao sofrimento dela em face à "glória" ficou claro quando Marie-Louise deu seu último adeus. Era um caso semelhante ao da Grande Mademoiselle e Lauzun: a dinastia vinha primeiro, independentemente do que exigisse. "Adeus" disse o rei, firmemente. "Para

---

* Luís XIV chegou a considerar Mary, filha mais velha de James, duque de York, para seu filho, embora (como Liselotte) ela fosse protestante; é interessante especular quais teriam sido as consequências desta união. O verdadeiro casamento de Mary com Guilherme de Orange levou ao domínio protestante e ao seu reinado como rei Guilherme e rainha Maria.

sempre. Ver a França novamente seria tua maior infelicidade." Ele se referia à tradição segundo à qual uma princesa casada com um soberano estrangeiro jamais retornava a seu país natal, exceto em circunstâncias de desgraça ou fracasso. Ainda assim, Luís tinha extrema afeição por esta jovem infeliz, primeiramente devido ao afeto por sua mãe e agora ao seu próprio. Ele simplesmente colocava o dever — segundo via, o dever da princesa em defender os interesses da França na Espanha — acima dos sentimentos humanos. E esperava que os outros fizessem o mesmo.

Assim, Marie-Louise partiu para uma vida tão infeliz quanto ela havia previsto. Ela era tão confinada pelas regras da repressora corte espanhola que sequer podia olhar pela janela. Era obrigada a passar ao menos quatro horas por dia em oração reclusa, além dos prolongados rituais das missas. Quanto à diversão local de assistir a hereges sendo queimados pela Inquisição, isto, como um embaixador francês em Madri observou secamente, "provoca horror nos que não estão acostumados". A princípio, o próprio Carlos ficou obcecado por sua jovem esposa e altamente enciumado; depois ele começou a desgostar dela devido a sua (nada surpreendente) incapacidade de engravidar. Ele passou a distribuir pontapés nos animais de estimação com os quais ela tentava se consolar: "Fora, fora, cães franceses." Por coincidência, outra vítima do senso de dever de Luís XIV terminou na Espanha, num convento de Madri: Maria Mancini, ainda às turras com o marido. A agora rainha Maria Luísa a levava em passeios em sua carruagem: duas mulheres, uma de 40, outra de 17, que ansiavam pela França.[22]

O destino daquela outra jovem, Angélique, cujo dever era nada menos que divertir o rei da França, não foi muito melhor no fim das contas, embora menos prolongado que o de Marie-Louise. Neste caso, Luís XIV não pode ser totalmente culpado, já que Angélique era essencialmente uma vítima voluntária, que usara seus encantos para obter uma alta posição. Ela engravidou, claro, como todas as outras amantes, mas não era dotada da triunfante fertilidade de Athénaïs. Pelo contrário, seu filho morreu no parto, e a própria Angélique sofreu lesões no processo que a deixaram, como disseram os cruéis cortesãos, "ferida a serviço do rei". Já que o sexo teve que diminuir, o mesmo ocorreu com o amor do rei, e a imprudência de todo o episódio se tornou evidente. A religião ocupava um papel cada vez mais proeminente no cenário da corte. A celebração da missa encontraria ambas as mulheres envolvidas com o rei, Athénaïs e Angélique, orando fervorosamente de joelhos e tremelicando seus rosários. Athénaïs e seus filhos ficavam à direita, Angélique à esquerda. "Na verdade", escreveu Primi Visconti, "a vida na corte fornece as cenas mais engraçadas que se pode imaginar."[23]

Por fim, Angélique foi nomeada duquesa, o tradicional presente de despedida do soberano. Ela também recebeu uma visita de madame de Maintenon, que por duas horas discutiu com ela sobre a necessidade de abandonar a relação culposa. Em certo ponto, a infeliz Angélique exclamou: "Tu falas de abandonar uma paixão como se fosse tão fácil quanto trocar uma camisa!"[24] Sendo ela mesma uma personagem romântica, ou até tola, que adorava se vestir em cores que combinavam com as roupas do rei, Angélique não podia compreender a praticidade religiosa de alguém como Françoise. A frágil saúde de Angélique piorou, e ela começou a dar sinais de doença pulmonar. Ela se retirou no convento de Port-Royal e atravessou uma morte longa, provavelmente causada no fim por um abscesso pulmonar.

Em geral, a política de Luís era ignorar as amantes que deixavam a corte: por exemplo, ele nunca visitava a irmã Louise de La Miséricorde em seu convento. (Isto ficava a encargo de Athénaïs, que em uma ocasião notória fez o molho para a refeição do convento, já que a comida, como já notamos, era um de seus interesses na vida.) Mas Luís, talvez por ternura — ou consciência pesada —, fez uma visita a Angélique *in extremis* quando retornava de uma caçada. Ela viu as lágrimas nos olhos dele — como alguém, e principalmente Luís, poderia deixar de chorar ante a visão de uma moça de 20 anos à beira da morte? — e segundo um relato, como resultado ela se reconciliou com a morte: "Morro feliz já que vi meu rei chorar." Talvez fosse por culpa que Luís desse dinheiro para uma missa anual em memória de Angélique, algo que, mais uma vez, ele jamais faria por outra amante. *Sic transit gloria mundi*, comentou madame de Sévigné: era a mesma alusão à natureza transitória das

O castelo de Saint-Germain-en-Laye onde Luís nasceu em 1638.

Luís XIV, aproximadamente aos 12 anos; a beleza do Rei menino – a criança "dada por Deus" – era tema de comentários gerais, e sua cascata de cabelos castanho-alourados (que escureceram com a idade) era especialmente admirada.

Luís XIV dançando no papel de Apolo, Deus do Sol, à idade de 14 anos; a imagem de Luís como o "Rei Sol" foi cuidadosamente cultivada.

Quando jovem, Ana da Áustria era vivaz e atraente, e também uma famosa amazona, gosto que Luís herdou; ela teve muitos admiradores, incluindo o Duque de Buckingham, mas os íntimos acreditavam que estes flertes permaneceram castos.

Luís XIV no início dos vinte anos, por volta da época em que começou seu governo.
Por Nicolas Mignard.

A figura da Reputação sustendo um medalhão de Luís XIV.

A Grande Mademoiselle como Minerva, padroeira das Artes; ela sustém um retrato de seu pai, Gaston, Duque de Orléans.

Maria Mancini (à direita), primeiro amor de Luís XIV, com sua irmã Hortense; embora o Cardeal Mazarin fosse seu tio, ele ficou horrorizado com a possibilidade de um casamento muito inferior à dimensão do Rei.

Filipe IV cumprimenta Luís XIV na ocasião do casamento deste com a Infanta Maria Teresa, 1660; o rígido traje cerimonial da Infanta simboliza sua criação formal e restrita na corte espanhola.

Duas Rainhas da França: Ana da Áustria e Maria Teresa, que era sua sobrinha e também nora, com o Delfim, uma criança notavelmente robusta desde o nascimento.

Rainha Maria Teresa e seu único filho sobrevivente, o Delfim Louis de France, por Pierre Mignard.

Ana da Áustria, mãe de Luís XIV, como viúva (seu esposo falecera quando ela estava na casa dos quarenta anos); ela conservou seu amor por joias magníficas, com os braceletes chamando especial atenção para suas mãos notoriamente belas.

A triunfante figura de Luís XIV representado num cavalo de guerra na fronteira de Maastricht, cercada por ele em junho de 1673; uma nova imagem militarista quando ampliou seus planos de conquista.

À medida que a opinião europeia se voltava contra Luís XIV e suas aventuras militares fracassavam, surgiram numerosos ataques satíricos contra ele. Uma gravura anônima de 1693, *Luís se retira com seu harém*, mostra o rei com uma fileira de damas às suas costas.

Louise de La Vallière, a jovem virginal que Luís tornou sua amante e que lhe deu diversos filhos; ninguém a descrevia como bela, mas todos a consideravam atraente.

Louise de La Vallière como caçadora: apesar de seu físico aparentemente frágil, Louise era uma habilidosa amazona, o que a tornava uma companhia ideal para o Rei.

Athénaïs de Rochechouart de Mortemart, Marquesa de Montespan, *maîtresse en titre* do Rei por dezessete anos; sua beleza, que incluía os cabelos cacheados admirados por Madame de Sévigné e os grandes olhos azuis, fascinava os contemporâneos. Por Louis Elle Ferdinand II.

Athénaïs reclinada em frente à galeria de seu castelo em Clagny; como engravidava com frequência, adotou roupas largas, lânguidas e elegantes para esconder seu corpo.

Athénaïs por Pierre Mignard.

O *Appartement des Bains* onde Madame de Montespan e o Rei repousavam, com uma banheira de mármore e divãs; ilustração sobre leque.

Satiristas adoravam representar a voluptuosa silhueta de Athénaïs à medida que ela engordava com a idade; vista aqui num banquete com Luís XIV, servido por duendes e demônios. Por Joseph Werner.

Angélique de Fontanges tornou-se amante do Rei aos 18 anos, quando ele tinha quarenta; ela faleceu dois anos depois, após uma traumática experiência no parto; alguns achavam que ela era a mais bela jovem já vista em Versalhes – "como uma estátua" –, mas que lhe faltava inteligência.

Françoise de Maintenon, mostrada aqui como a atraente jovem cujos olhos e cabelos escuros foram muito admirados; ela também amava as roupas finas, ao contrário das depreciativas alegações posteriores de que ela era uma puritana que sempre se vestia de preto.

Madame de Maintenon com dois filhos de Athénaïs, para quem ela atuou como governanta numa casa secreta na rue de Vaugirard: o Duque do Maine, seu favorito, e o Conde de Vexin, que morreu na infância.

Gravura para frontispício da sátira *A aparição de Scarron para Madame de Maintenon*, 1664; o dramaturgo de meia-idade, com quem ela se casou aos 16 anos e que faleceu nove anos depois, observa com tristeza sua viúva vestida em toda a suntuosidade da corte.

Madame de Maintenon com sua sobrinha Françoise-Charlotte, filha de seu réprobo irmão Charles d'Aubigné; ela proclamou Françoise-Charlotte sua herdeira, casou-a com o Duque de Noailles e deu-lhe o Castelo de Maintenon.

"Que tua fidelidade permaneça inviolável até o fim..." Os "Cadernos Secretos" de Madame de Maintenon, que ela redigiu desde cerca de 1684 em diante, anotando textos religiosos, citações bíblicas e máximas dos santos.

Madame de Maintenon pintada como Santa Francisca Romana; contemporâneos especulavam se o "régio" arminho indicava que ela estava secretamente casada com Luís XIV; quando perguntado sobre a pele, o Rei comentou que Santa Francisca certamente merecia arminho.

Rei Davi tocando harpa, por Domenico Zampieri, que Luís adquiriu das posses do Cardeal Mazarin; a pintura mostra um Davi mais espiritual que o devasso rei bíblico, censurado por clérigos como forma indireta de atacar os adultérios de Luís XIV.

Miniatura baseada na pintura de Santa Francisca, que Luís carregou em seu bolso até a morte.

Uma gravura mostrando a visita de Luís XIV a Saint-Cyr em 1704, a instituição superior para educação de moças de berço, porém pobres, fundada por Madame de Maintenon; o Rei desenvolveu grande interesse em Saint-Cyr, lá desfrutando de música e peças de teatro.

O Castelo de Maintenon, comprado por Madame de Maintenon com dinheiro fornecido pelo Rei; mais tarde doado à sobrinha de Maintenon, Françoise-Charlotte, quando de seu casamento com o Duque de Noailles; como sempre, o Rei estava interessado em fazer melhorias no castelo. Acima, o aqueduto abandonado; à direita, o quarto de Madame de Maintenon atualmente.

(*esquerda*) Marie-Jeanne d'Aumale atuou como secretária de Madame de Maintenon e é uma importante fonte de informações sobre esta em sua maturidade; o Rei gostava de sua companhia espirituosa.

(*centro*) O Delfim e a Delfina: o Delfim era um homem de boa índole que vivia apenas para caçar; Marianne-Victoire da Baviera era inteligente e culta, mas não possuía qualquer tipo de beleza. Aqui são mostrados com seus três filhos, os duques de Borgonha (direita), Anjou (centro) e Berry (no colo da mãe).

(*abaixo*) O noivado de Monsieur, único irmão do Rei, com sua prima-irmã Henriette-Anne d'Orléans, 1661; ilustração sobre leque.

Henriette-Anne da Inglaterra, primeira esposa de Monsieur Duque d'Orléans, com sua spaniel favorita, Mimi, presente de seu irmão Carlos II; Henriette-Anne tinha tanto amor pela cadela que chegou até a dançar com ela em seus braços no Balé da Corte.

A família real da França, pintada por Jean Nocret em 1670, a pedido de Monsieur, e representada como deuses e deusas. À esquerda, Monsieur (sentado) tem sua família reunida a seu redor, incluindo sua primeira esposa Henriette-Anne (de pé). Luís XIV tem sua esposa Maria Teresa da Espanha a seu lado (sentada no canto inferior direito), afagando a cabeça do Delfim, e sua prima, a Grande Mademoiselle (de pé, à direita), no limite da pintura.

Henriette-Anne, Duquesa de Orléans, com um medalhão de seu esposo, Monsieur; este exibe os traços morenos dos Médici, compartilhados por muitos descendentes de Henrique IV e Maria de Médici.

Henriette-Anne com sua spaniel Mimi sobre uma almofada e um músico tocando; a toalete de uma grande dama (realizada em seus aposentos) era uma ocasião social; ilustração sobre leque.

Monsieur sustendo um retrato de sua filha favorita, Marie-Louise d'Orléans.

(*abaixo à esquerda*) Liselotte, princesa alemã que se tornou a segunda esposa de Monsieur, conhecida como "Madame", autora de cartas divertidas e por vezes indecentes que descreviam a corte francesa.

(*abaixo à direita*) Liselotte, Duquesa d'Orléans, na maturidade; ela mesma zombava de sua vasta silhueta e do rosto queimado de sol devido a caçadas por longas horas sem utilizar a habitual máscara para damas.

Marie-Louise d'Orléans, sobrinha de Luís XIV e a jovem de mais alta posição na corte francesa, já que ele não tinha filhas legítimas; foi casada com o grotesco Rei Carlos II da Espanha por razões de estado; sua beleza é como uma versão mais morena de sua mãe, Henriette-Anne.

Marie-Anne, Princesa de Conti, filha de Luís XIV com Louise de La Vallière, era em geral considerada a mais bela de suas filhas, e ele a mimava; viúva ainda muito jovem e sem filhos, ela declinou de se casar novamente e viveu uma vida de feliz dissipação na corte.

As duas filhas sobreviventes de Luís XIV com Athénaïs de Montespan: Françoise-Marie, que se casou com o herdeiro do Duque de Orléans, e Louise-Françoise, que se casou com o Duque de Bourbon e era conhecida como Madame la Duchesse; ambas escandalizaram a corte com seu comportamento ousado e por vezes vulgar.

Bénédicte, Duquesa do Maine, esposa do filho ilegítimo do Rei; pequenina, descrita por Liselotte como "a pequena sapa", Bénédicte era extremamente inteligente e tinha real interesse nas artes, que ela patrocinava em seu *salon* em Sceaux.

Maria Beatriz d'Este, filha católica do Duque de Módena, segunda esposa de James Duque de York, mais tarde Jaime II; sua combinação de virtude, dignidade e beleza impressionou Luís XIV e Madame de Maintenon.

Rainha Maria Beatriz.

A família real inglesa em exílio em Saint-Germain-en-Laye, como convidados de Luís XIV em 1694: (*da esquerda para a direita*) James Edward, Príncipe de Gales, cujo nascimento como herdeiro católico ajudou a provocar a crise de 1688 e levou à expulsão de seus pais; Rainha Maria Beatriz; Princesa Louisa Maria, nascida no exílio, aqui aos dois anos; Jaime II, que era vinte e cinco anos mais velho que sua segunda esposa e faleceu em 1701.

Um festival de caça em Saint-Germain-en-Laye, oferecido por Luís XIV "para aliviar as infelicidades" de Jaime II e Maria Beatriz, representado num vaso de porcelana de Sèvres.

Carta de Adelaide, Duquesa de Borgonha, escrita quando ela tinha quinze anos, para sua "querida avó", Madame Royale da Saboia; Adelaide pede desculpas pelo fato de as festividades do carnaval a terem impedido de responder mais cedo; ela fica feliz em saber que a avó recebeu bons relatos sobre a neta, pois deseja agradá-la em tudo e preservar a amizade que sua avó sempre teve por ela. Dos arquivos nacionais de Turim.

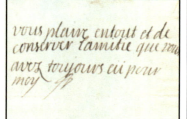

Adelaide, Duquesa de Borgonha.

Adelaide, Duquesa de Borgonha, em traje de caça (o vermelho era uma de suas cores favoritas), diante do Grande Canal em Fontainebleau; sua silhueta delgada fica bem evidente aqui.

O casamento de Adelaide da Saboia com Louis, Duque de Borgonha, neto de Luís XIV, em 7 de dezembro de 1697, um dia após o décimo segundo aniversário de Adelaide, na Capela Real em Versalhes; destaque para a figura dominante do Rei em comparação com os pequeninos noivos. Por Antoine Dieu.

Visão em perspectiva do Castelo de Versalhes em 1668, antes de se tornar residência oficial do Rei.

(*centro*) Construção do Castelo de Versalhes, cerca de 1679; o rei se mudou oficialmente para Versalhes em 1682, quando estava na casa dos quarenta anos, mas as obras continuaram durante a maior parte de seu reinado, causando muito desconforto para damas da corte com o barulho, a poeira e o cheiro de gesso úmido.

A Fonte de Versalhes, contendo a figura muda e angustiada do gigante Encélado, com água jorrando de sua boca; Luís XIV exibiu essa mesma resistência durante a provação de sua cirurgia para a correção de uma fístula.

Função da corte em Fontainebleau em setembro de 1714; a Duquesa de Berry (*née* Marie-Élisabeth d'Orléans) pode ser vista em seu traje de luto preto e branco, após a morte do esposo naquele ano (quarta da direita para a esquerda).

A *Orangerie* em Versalhes, que ainda pode ser vista atualmente; Luís XIV tinha muito prazer com suas laranjeiras, que ele adquiria de muitas fontes e também dava de presente a suas favoritas.

Luís XIV adorava seus cães de caça; Bonne, Nonne e Ponne aparecem aqui; ele os alimentava pessoalmente no luxuriante aposento chamado *Cabinet des Chiens*, com biscoitos especialmente preparados pelo *chef* real.

Duplo L entrelaçado, entalhe em madeira que contorna as janelas da câmara do Rei em Versalhes.

Appartement era uma noite agendada em que se desfrutava de teatro, carteado, bilhar e música em Versalhes; a orquestra pode ser vista no camarote às costas das damas; o Duque de Chartres (mais tarde Duque de Orléans, Regente da França) se apresenta com sua irmã Marie-Élisabeth (mais tarde Duquesa de Berry).

O tabaco era um hábito apreciado tanto por homens quanto por mulheres, incluindo as filhas ilegítimas de Luís XIV, embora os mais velhos ficassem escandalizados com damas fumando cachimbos "como marinheiros".

A cascata de Marly, retiro de Luís XIV, onde as formalidades eram mínimas e os convites, cobiçados.

A mais famosa imagem de Luís XIV na maturidade, por Hyacinthe Rigaud, 1701; a heroica beleza da juventude desapareceu, dando lugar a um ar de inexorável majestade e um toque de melancolia.

ABANDONAR UMA PAIXÃO

glórias mundanas que Louise exigira no pilar de seu retrato de despedida pintado por Mignard.[25]

O desaparecimento de Angélique e a efetiva deposição de Athénaïs das afeições íntimas do rei abriram caminho para a ascensão mais pública de Françoise. Athénaïs recebeu a autoridade e os direitos de uma duquesa (ela não podia receber o título em si porque seu ex-marido se recusou a ser elevado de seu marquesado). Ela também ganhou o posto de superintendente da Casa da Rainha, o ofício mais prestigioso para uma mulher na corte, algo que Luís sempre declinara de conceder a ela. Mas o papel público que apontava para o futuro foi dado a madame de Maintenon.

Janeiro de 1680 viu a chegada na França da noiva do delfim, a princesa bávara que tomou o lugar tão cobiçado por Marie-Louise. Uma nova aristocrata significava uma nova casa: madame de Maintenon foi nomeada Second Dame d'Atour (dama dos trajes) da delfina. Ela agora tinha, na percepção pública, a respeitabilidade e a posição que por sua própria admissão significavam tanto para ela. Esta nomeação era um tributo àquelas conversas, talvez de duas horas por dia, que o rei começava a ter com ela. Este homem, que experimentara a maioria das formas de relacionamento heterossexual que existiam, provava pela primeira vez as delícias da amizade, segundo escreveu madame de Sévigné. Em consequência de sua nomeação, Françoise teve que adotar o grave vestuário que acompanhava o posto: "Agora que pertenço a uma princesa, hei de usar preto em todas as horas", disse ela a Gobelin.[26]*

Marianne-Victoire, princesa da Baviera e agora delfina da França, era um ano mais velha que seu noivo. Ela tinha pouco a recomendá-la segundo os padrões da corte francesa, exceto seu sangue francês: sua avó fora Cristina da França, duquesa da Saboia. Ela estava a caminho de se tornar uma intelectual, falando alemão, francês e italiano, além de ter algum conhecimento de latim. Marianne-Victoire não tinha interesse

---

* Desta regulamentação do vestuário da corte, que ela teve que usar por dez anos, surgiram muitas zombarias contra madame de Maintenon, descrevendo-a como uma megera sempre trajada de preto. Na verdade, Françoise sempre preferira roupas claras ao negro, e quando jovem amava o azul acima de todas as outras cores.[27]

em caçadas, a paixão de seu novo marido (ela não gostava de qualquer tipo de exercício), e nem nos jogos de apostas que a corte adorava; Liselotte a considerou "horrivelmente feia", talvez um exagero, já que agora Liselotte seria rebaixada de segunda para terceira dama de Versalhes. Madame de Sévigné escreveu de modo mais imparcial que era estranho como os vários atributos de Marianne-Victoire não se combinavam para criar um todo atraente: a testa era alta demais, o nariz um tanto bulboso, apesar de seus olhos escuros vivos e penetrantes. Mas o fato de Marianne-Victoire ter interesse na nova arte da conversação a tornou querida para o rei, que não apenas respeitava seu título (a segunda dama sempre seria sagrada para ele), mas definitivamente gostava de sua companhia séria e inteligente.[28] E ela também era devota, algo que se tornava cada vez mais importante para ele, como em suas conversas com Françoise.

Há uma comparação a ser feita com outro rei galante que finalmente se aquietou nesta data — com sua amante. Carlos II era oito anos mais velho que seu primo-irmão, de modo que celebrou seu quinquagésimo aniversário em maio de 1680. Ele também levara uma vida de extrema licenciosidade, na qual uma *maîtresse en titre* foi cercada por um elenco cambiante de amantes menores. Por muitos anos, a resplandecente posição principal fora ocupada por Barbara Villiers, duquesa de Cleveland, cuja beleza sensual na juventude — "o olhar langoroso que revelava a doçura da alma" — tornou-a um dos temas favoritos do pintor Lely. Ela tinha muito em comum com Athénaïs, inclusive a fertilidade, um marido embaraçoso e uma natureza tempestuosa que alternava explosões de ciúmes e risadas bem-humoradas.

Mas Carlos, com a gradual indolência da idade, decidiu-se por uma vida mais tranquila. Sua atual *maîtresse en titre*, Louise de Kéroualle, duquesa de Portsmouth, era uma francesinha bastante domesticada, apelidada de "Fubbs" (Gorducha) pelo rei devido à sua silhueta rechonchuda e seu rosto infantil; ele até batizou um de seus navios como *Fubbs*, em homenagem a ela. Catarina de Bragança, a infelizmente estéril rainha portuguesa de Carlos, achava que Fubbs era muito mais simpática que a insolente Barbara: ela até a protegeu quando Fubbs foi atacada publi-

ABANDONAR UMA PAIXÃO

camente por seu catolicismo. Portanto, existiu algo como um tranquilo triângulo doméstico naqueles que provaram ser os últimos anos da vida de Carlos II. Na França, um tranquilo triângulo doméstico também estava em formação.

A relação de Louise Portsmouth com o rei Carlos fora sexual em origem, independentemente de quão serena se tornara depois. Voltando a Luís XIV em 1680 e sua recatada e conversativa Françoise (por sinal, 15 anos mais velha que a amante francesa do outro lado do canal): estaria ele dormindo com ela nesta época? Em outras palavras, o papel de dama dos trajes da delfina, concedido a ela por volta desta data, seria uma recompensa ou o reconhecimento de um novo papel? Ou quem sabe não se tratava de nenhuma destas coisas, mas de um incentivo para adotar um novo papel no futuro? Há uma considerável divergência de opinião entre os biógrafos sobre a data na qual os dois se tornaram amantes, e foram sugeridas épocas que variam num espectro de dez anos, começando tão cedo quanto 1673.[29]* Na ausência de qualquer certeza absoluta, duas coisas se tornam cruciais: o conhecido caráter de Françoise, desenvolvido ao longo de 45 anos de uma vida frequentemente turbulenta, e sua correspondência com seu confessor.

Considerando primeiramente seu caráter, Françoise certamente era capaz de ter ciúmes femininos, como já vimos, incluindo a rivalidade pelas atenções do rei com sua antiga patroa Athénaïs. Mas ela não era um *Tartufo* de saias, uma hipócrita calculista que ostensivamente pregava uma coisa e vivia outra. Sua religiosidade era sincera e sua preocupação com a salvação do rei, genuína. Assim como a amizade que oferecia a ele. Ao mesmo tempo, a vida a tornara uma realista. Mesmo que ocasionalmente severa, Françoise não era uma puritana, como mostrariam seus conselhos realistas a moças sob sua tutela. Ela fez troça de uma que ficou horrorizada quando seu pai usou a palavra "culotte": como se um mero "rearranjo de letras" tornasse o termo indecoroso. E ria daquelas que só conseguiam falar sobre gravidez aos sussurros — apesar de ser mencionada na Bíblia.[30] Em todo caso, pelo menos os seis anos na corte

---

* As principais teorias e seus defensores estão listados nas Notas.

O AMOR E LUÍS XIV

certamente a convenceram de que o rei dificilmente seria apartado por completo dos prazeres do sexo ilícito.

Num passo significativo, a nova dama dos trajes de fato persuadiu o rei a "retornar" para sua esposa no verão de 1680 e dormir com ela de vez em quando: algo que fez Maria Teresa imensamente feliz.* Esta boa ação era grande parte da imagem que Françoise projetava (para si e para seu confessor) da política de trabalhar-pela-salvação, com a qual ela se comprometera na corte. Gradualmente ficou óbvio que poderia haver um preço a pagar por todas estas boas ações. Angélique desapareceu e perdeu seus encantos, mas isto não significava que o olho do rei não recairia sobre outra bela mocinha da corte. Novos bastardos poderiam nascer (que providencial que o filho de Angélique estivesse morto!), afinal, como diria o jocoso provérbio gascão: "Enquanto consegue erguer o feixe de palha, um homem pode produzir."[31] Talvez a amizade — aquele território antes desconhecido do rei — não fosse suficiente para mantê-lo a salvo.

Os indícios na correspondência de Françoise com Gobelin apontam delicadamente para a possibilidade de envolvimento em algum momento no futuro. Numa carta de 27 de setembro de 1679, por exemplo, ela escreveu que estava determinada a lucrar com as instruções que o rei lhe enviara "e compensar com caridade os maus atos que estou cometendo".[32] Claro, esta é a linguagem convencional de uma penitente a seu confessor, mas também aponta para o acordo que Françoise começava a selar consigo mesma (e, esperava, com Deus, por intermédio de seu confessor). Boas ações podiam reparar outras ações que não eram tão boas; em suma, o lema dos jesuítas — os fins justificavam os meios — podia ser discretamente aplicado.

Tudo isto não aconteceu imediatamente. É bastante inconcebível que Françoise estivesse dormindo com o rei na época em que passava sermões em Angélique sobre a necessidade de abandonar sua paixão

---

* Maria Teresa, com quase 42 anos, dera à luz pela última vez oito anos antes; supõe-se que o rei cessou suas atenções maritais quando ficou evidente que ela já não tinha mais idade para engravidar.

em março de 1680. A nomeação para segunda dama dos trajes foi, portanto, uma recompensa por seus serviços e um reconhecimento de seu valor para o rei — um valor ainda não sexual, se é que um dia o seria no verdadeiro sentido da palavra. Significativamente, Luís fez uma comunhão pública em Pentecostes em 1680, que coincidiu com o declínio dos encantos de Angélique e seu encenado retorno à cama da rainha, o que parece indicar ao menos um arrependimento parcial por delitos passados.

Ao mesmo tempo, madame de Sévigné relatou no começo de junho que os longos colóquios de madame de Maintenon com o rei estavam "fazendo todo mundo questionar"; ela crescia o tempo todo, e madame de Montespan caía.[33] Era verdade. No começo de 1680, aquela posição inviolável que Athénaïs angariara para si, com seus aposentos, seus filhos, suas habituais horas de conversa com o rei todas as noites, parecia estar sob ameaça. Mas nesta ocasião o perigo não vinha da Igreja católica. Vinha do cerne do mal no século XVII: alegações de envenenamento.

CAPÍTULO 10

Madame Agora

Madame de Maintenon é agora Madame de *Maintenant*.
— Madame de Sévigné, setembro de 1681

A marquesa de Brinvilliers, uma notória envenenadora, foi tortu-rada e executada em julho de 1676; depois, seu corpo franzino foi queimado numa fogueira colossal, e suas cinzas espalhadas ao vento. É revelador sobre os costumes da época que madame de Sévigné, a mu-lher mais civilizada de seu tempo, tenha feito grandes esforços para as-sistir ao evento e tenha terminado desapontada porque as multidões aglomeradas significaram que "tudo que vi foram toucados". Madame de Sévigné prosseguiu a fantasiar sobre o efeito da dispersão das cinzas da assassina: "Então vamos inalá-la, e ao absorver as pequenas substân-cias vitais, estaremos sujeitos a certos humores venenosos, o que a todos nos surpreenderá."[1]

Independentemente da mítica potência dos restos mortais da cri-minosa marquesa, verdade é que, durante 1679, uma crise de primeira grandeza fermentou em torno do tema dos venenos e envenenadores, na qual alguns nomes célebres foram mencionados por notórios crimi-nosos já sob ameaça de morte. E, por um momento, as cinzas sopraram para junto do rei, com a menção ao nome da marquesa de Montespan. Assim começou a temporária implicação de Athénaïs, banida dos favores reais — embora não da presença real — no brutal labirinto do episódio conhecido como o Caso dos Venenos.*

A prisão de Catherine Monvoisin, conhecida como La Voisin, por suspeita de bruxaria (um crime capital) em março de 1679 foi o verdadeiro começo de tudo. La Voisin era fornecedora de poções de diversos tipos às grandes damas da corte e, como resultado, foi apropriadamente descrita como "uma duquesa entre as bruxas".[3] La Fontaine resumiu jocosamente seus diversos talentos: se alguém queria manter o amante ou perder o marido, buscava diretamente a assistência de La Voisin. A solução para os dois importunos problemas podia vir por meio de pós — afrodisíacos ou ao contrário —, e certamente La Voisin forneceu uma grande quantidade de pós em seu tempo. Havia também a questão dos horóscopos, feitiços, magia negra e até aquele blasfemo uso do cerimonial invertido conhecido como Missa Negra. A visão da época quanto a qualquer aspecto da magia negra foi expressa por Furetière em seu *Dictionnarie Universel* como segue: "Uma arte detestável, que aplica a invocação de demônios e os usa para realizar coisas além da força da natureza."[4]

Aqui é preciso delinear a distinção entre as várias funções que La Voisin supostamente realizava. Fornecer afrodisíacos, que podiam funcionar ou não, era muito diferente de fornecer venenos. Da mesma maneira, uma visita a La Voisin para inquirir sobre o futuro — de um caso amoroso, por exemplo — era uma atividade inofensiva; consultar um horóscopo podia ser um tanto ingênuo, mas dificilmente era algo maligno (caso contrário, inúmeras pessoas ao longo das eras e até os dias de hoje teriam que ser condenadas). Por outro lado, tomar parte numa Missa Negra, com seu uso do corpo humano como um altar e o corpo assassinado e o sangue de uma criança como sacramentos, era algo tão blasfemo para os padrões do século XVII (para não mencionar o horror sob qualquer ponto de vista) que nenhum católico poderia fazê-lo sem a intenção deliberada de rejeitar a religião convencional.

---

* O livro mais recente em inglês, Anne Somerset, *The Affair of the Poisons* (2003), oferece um relato lúcido sobre todo o caso.[2]

La Voisin se descrevia como "uma praticante da quiromancia, uma estudante da fisiognomia", artes que ela dizia ter aprendido no colo de sua mãe, também uma sacerdotisa. Ela mencionou um enorme número de suspeitos ao ser presa e finalmente foi executada um ano depois. Em consequência de suas revelações, um tribunal não oficial, mas explicitamente conhecido como a Chambre Ardente (Câmara Ardente), foi instaurado sob o comando de La Reynie, o chefe de Polícia, e vigorou até julho de 1682. Mais de quatrocentos casos foram ouvidos, mais de trezentas prisões foram ordenadas, 34 pessoas foram executadas, cerca de trinta outras foram enviadas para as galés ou banidas. Os crimes variavam, assim como as sentenças, de envenenamentos ao uso de horóscopos: era, bastante literalmente, uma caça às bruxas.

A corte começou a sentir o drama quando o nome da irmã mais velha de Maria Mancini, Olympe, condessa de Soissons, foi mencionado por ter envenenado o marido, que morreu em 1673. Embora a última pesquisa sobre o tema sugira que Olympe não foi culpada, ela fugiu para Flandres em janeiro de 1680 e mais tarde para a Espanha, deixando sua grande prole para trás. Havia muito que ela tinha perdido os favores do rei — haviam desaparecido as lembranças do passado amoroso que eles tinham compartilhado, ao mesmo tempo que seus delitos causaram intensa irritação a Luís. Olympe perdeu sua posição como superintendente da Casa Real, e Luís certamente ficou aliviado ao vê-la partir. Outra irmã Mancini, Marianne, a "espontânea e ousada" duquesa de Bouillon, permaneceu "imperturbável" sob acusações semelhantes de planejar danos a seu marido: ela apareceu diante do tribunal acompanhada pelo marido mencionado, bem como pelo amante, que supostamente se beneficiaria do crime. Foi um gesto de alto estilo, que teve sucesso. A duquesa não fugiu.[5]

O nome de Athénaïs foi apresentado num momento relativamente avançado dos processos, quando La Voisin já estava morta. Crucialmente, La Voisin nunca mencionara a favorita sob tortura, embora tivesse implicado vinte outras pessoas. Outro conspirador, chamado Falastre, que citou Athénaïs (sob tortura), retirou a acusação na véspera de sua morte. As provas de La Voisin sobre o tema da favorita vieram de segunda mão, por intermédio de sua filha, Marie-Marguerite. Não era uma rota muito convincente, já que Marie-Marguerite estava desesperada para fazer algo, qualquer coisa, que a poupasse de tortura e execução.

A sugestão de que Athénaïs tomara parte numa Missa Negra, com seu corpo voluptuoso estendido como um altar e um padre renegado executando a "cerimônia", obviamente era absurda. A religiosidade de Athénaïs era genuína, parte tão integrante de sua personalidade quanto a radiante sexualidade que encantara o rei por tanto tempo. Em certa ocasião, ela deu uma memorável resposta à duquesa d'Uzès, que questionou sua assídua frequência à igreja em contraste com sua vida imoral: "Porque cometi um pecado [adultério], não significa que cometi todos os outros."[6] Esta declaração sempre deveria ser lembrada no que diz respeito a Athénaïs. Nos anos vindouros, ela se mostraria quase tão devota quanto Louise de La Vallière, embora sua expressão de religiosidade fosse menos extrema. Se empregar magia negra — "a invocação de demônios" — já colocava um católico do século XVII em risco de danação no inferno, a participação na blasfêmia assassina da Missa Negra sem dúvida teria condenado qualquer um — e não apenas aos olhos da Igreja, mas na temerosa imaginação de Athénaïs, a católica em questão.*

Igualmente absurdas eram as alegações de que a *maîtresse en titre* também encomendara venenos "para realizar coisas além da força da natureza", na frase de Furetière — ou seja, com a intenção de matar o rei. De que modo a morte de Luís teria beneficiado sua amante de longa data? Toda sua posição em termos materiais dependia dos favores dele, seu estilo de vida pródigo, incluindo seus esplêndidos aposentos, suas gemas, seu dinheiro, sua casa em Clagny; além disso, o status era igualmente importante para sua autoestima, e o rei dava todos os sinais de respeitar isto, mesmo que o laço sexual estivesse partido. Não resta dúvida de que o acesso do delfim ao trono (com a eterna adversária de

---

* O índex de livros proibidos aos católicos após o Concílio de Trento em 1564 incluía (*Regula IX*) trabalhos sobre necromancia, quiromancia, preparação de poções mágicas ou venenos, divinação e encantamentos mágicos. "Todas estas coisas estão completamente proibidas."

O AMOR E LUÍS XIV

Athénaïs, Maria Teresa, como rainha-mãe) a teria levado à desgraça e ao seu provável banimento da corte.

Quanto às alegações de outros envenenamentos — Angélique teria recebido uma tigela de leite envenenado? —, estas eram tão endêmicas na corte francesa, e na verdade em toda a sociedade daquele tempo, que qualquer hostilidade ostensiva seguida de algum sinal de doença ou morte era facilmente transformada numa acusação de envenenamento.[7] (Lembremos como o Chevalier de Lorraine fora falsamente acusado de envenenar Henriette-Anne apenas porque eles estavam em maus termos no momento da morte dela.) Por exemplo, Liselotte, que tinha um traço vingativo em sua natureza aparentemente alegre e extrovertida, acusou madame de Maintenon de envenenar tanto o ministro Colbert quanto o arquiteto Mansart. Athénaïs estava em posição bem mais elevada que pobres velhas que entravam em alguma disputa com seus vizinhos e eram devidamente queimadas como bruxas quando esses vizinhos faleciam de alguma moléstia comum da época. Mas sua situação era essencialmente a mesma. Seu previsível ciúme de Angélique e seu papel como a furiosa Juno para a inocente e adorável Io de Angélique na ópera *Ísis* foram facilmente transformados em uma acusação de envenenamento quando as cinzas letais da marquesa de Brinvilliers adejavam ao vento.

No que Athénaïs provavelmente tinha culpa, como muitas de suas amigas — se é que "culpa" é a palavra correta —, era na aquisição de afrodisíacos de La Voisin, os "pós do amor".[8] A menção de suas damas de companhia nesta ligação, a atrevida demoiselle des Oeillets — que provavelmente teve um filho do rei em 1676 — e outra conhecida como Catau, é perfeitamente plausível. Sem dúvida, as duas visitaram La Voisin em nome de sua ama (e talvez Oeillets em seu próprio benefício também), especialmente porque uma data citada era 1678, quando Athénaïs estava perdendo seu poder sexual sobre o rei. Dizem que Catau pediu uma leitura da palma de sua mão: outra atividade bastante inocente, apesar da proibição da Igreja. O nome da cunhada de Athénaïs, a marquesa de Vivonne, também foi citado. Este comportamento podia ser vulgar, mas dificilmente malévolo.

Afrodisíacos eram um tema de prodigioso interesse no século XVII, como em todos os séculos até o presente: assim como na contracepção, a necessidade trazia a solução, ou era o que se esperava. (O mesmo é verdade sobre o recurso aos horóscopos em momentos de angústia pessoal.) A cantaridina — tirada dos élitros das asas do besouro cantárida — e outras substâncias moídas eram apregoadas, incluindo extrato de sapo ou cobra. Quando Margaret Lucas, uma das damas de honra da rainha Henriqueta Maria, casou-se com o futuro duque de Newcastle, trinta anos mais velho, ela o encontrou na infeliz posição de estar tão impotente quanto necessitado de um herdeiro. Já que o remédio popular das "comidas caloríferas" [apimentadas] falhou em realizar a mágica, os Newcastle se voltaram para a Europa. De Roma, Sir Kenelm Digby relatou uma cura por um boticário que regularmente matava 3 mil víboras para compor seu remédio: "Por uso continuado de tais carnes de víboras", escreveu ele, homens que se tornaram eunucos com a idade "voltavam a ser priápicos". (Isto não funcionou para o duque; não houve herdeiro; a duquesa de Newcastle se consolou com a escrita.)[9]

Havia um mercado negro de tais coisas em Paris. E não eram apenas as grandes damas ou suas criadas que se aventuravam por lá. Durante toda sua vida, o rei usufruiu de um acesso discreto ao mercado. Um dos homens mais importantes na vida íntima de Luís XIV era seu principal valete, Alexandre Bontemps, cuja discrição era tão famosa que manter silêncio sobre um assunto era proverbialmente conhecido como "fazer um Bontemps". Um homem obeso, quase vinte anos mais velho que o rei, Bontemps era adorado por Luís por sua total lealdade e também por sua perícia em realizar missões particulares para as quais ele usava um coche especial sem insígnias reais. Bontemps não tinha malícia. Após sua morte, foi dito que ele nunca falara uma palavra má de ninguém e, ainda mais notável em Versalhes, nunca passara um dia sem elogiar "alguém a seu senhor".[10] Mas, apesar de toda a sua boa índole, Bontemps não era desprovido de seus contatos no submundo.

Outro dedicado valete do rei, François Quintin de La Vienne, foi um celebrado nadador e tornou-se um *baigneur*, algo entre um atendente de banhos e barbeiro. Ele dirigia uma *étuve* ou casa de banhos, que o rei

O AMOR E LUÍS XIV

frequentara no passado para ser banhado e perfumado. (Ser massageado com *eau de toilette* era a forma de higiene mais em voga numa época em que a água era vista com ampla desconfiança — e com boas razões.)

Essas *étuves* tinham muitos dos mesmos atrativos de um *spa* moderno, com instalações para banhos e massagem. Mas sob o álibi de casas de banhos, elas também ofereciam — discretamente — algumas das mesmas funções de um bordel. Todos sabiam o que significava a discreta frase *coucher chez le baigneur* (dormir na casa de banhos). A atendente poderia estar disponível para mais serviços. Homens jovens usavam os locais como pontos de encontro, especialmente com mulheres casadas cujos maridos tinham de ser mantidos na ignorância. Havia também um aspecto medicinal em tais estabelecimentos: as pessoas apareciam para ser curadas dos mesmos problemas provocados pelos "grandes prazeres", ou seja, doenças venéreas. Certamente eram locais onde afrodisíacos podiam ser obtidos. La Vienne levou crédito por fornecer "fortificantes" ao rei quando este descobriu que já não podia realizar "tudo o que desejava" em seu caso com Angélique. O afável La Vienne, sempre elegantemente trajado, era um membro popular da Casa interna de Luís.[11]

Tudo isto significa que o rei, um homem de extraordinária energia sexual na juventude, encorajado a alçar voos ainda mais altos na casa dos 30 anos pela inspiradora Athénaïs, começava a declinar um pouco dos altos padrões que ele passara a esperar de si mesmo quando se aproximava dos 40. Assim, ele precisara recorrer a estimulantes. Athénaïs pode ter adquirido alguns destes "pós do amor" de La Voisin por intermédio de suas servas ou em seu próprio nome. (Embora tenha sido alegado que a antiga *maîtresse en titre* Athénaïs tinha guarda-costas instalados pelo rei, que certamente teriam monitorado e relatado tais visitas desonrosas.) Mas Luís também tinha sua própria rede de discretos servos quando tais coisas eram necessárias.

Certamente não há qualquer evidência que associe os acessos periódicos de "*vapeurs*" do rei às poções fornecidas, e menos ainda a venenos. A palavra "vapores", com sua conotação de histeria feminina, não descreve bem estes ataques do soberano, que estavam mais para minidesmaios. Por exemplo, Luís teve uma síncope quando sua mãe ficou realmente doente no verão de 1664 (ele se curou com a natação). E ele teria outro ataque em abril de 1684, muito depois de Athénaïs ter oportunidade ou motivo para administrar uma droga. Estes acessos talvez tivessem origem nervosa, indisposições cíclicas e rápidas causadas principalmente por sua extraordinária agenda diária, que decerto incluía o sexo (mais tarde com estimulantes), mas também horas em conselho planejando políticas internas e estratégias militares externas. Como veremos no próximo capítulo, outras doenças estavam a caminho, incluindo a temida gota a que foram sujeitos tanto seu pai quanto seu avô. Enquanto isso, as frequentes purgações e *lavements* (enemas) dos médicos, recontados em detalhes assustadores em seus diligentes diários, eram o bastante para enfraquecer até o homem mais forte e causar desmaios.

A reação de Luís XIV às "revelações" da filha de La Voisin, e de seus detestáveis cúmplices também na prisão, foi imediata. Todos os processos associados à marquesa de Montespan foram interrompidos. Por ordens do Conselho, todos os documentos relevantes sobre Athénaïs, sua cunhada, madame de Vivonne, e sua dama, Oeillets, teriam que ser retirados do dossiê. Os próprios criminosos foram isolados e colocados em calabouços onde suas vozes não podiam e não seriam ouvidas. O rei guardou os papéis pessoalmente por 25 anos e depois os queimou. Sua conduta em relação a Athénaïs não mudou — as visitas diárias —, e esta já é em si a mais convincente prova de que ele acreditava em sua inocência.

Luís XIV era um fanático por ordem e por uma boa imagem pública, mas também era humano. Se estas acusações sobre envenenamento e Missa Negra fossem críveis, a antiga *maîtresse en titre* certamente teria recebido ordens de se retirar da corte para a zona rural ou para o exterior, como Olympe, condessa de Soissons. Há outra prova, bastante diferente da já mencionada implausibilidade psicológica. Colbert, o primeiro-ministro do rei durante todo o seu reinado pessoal, o sábio e prudente Colbert que no passado administrara a questão dos bastardos, também não acreditou nas acusações. Ele citou a máxima latina de que uma única acusação (infundada) era o mesmo que nenhuma acusação: *Testis unus, testis nullus*. E ele havia examinado todas as provas.[12*]

Também havia uma dimensão política no Caso dos Venenos, que Colbert compreendeu completamente. Ele tinha uma rivalidade de longa data com Louvois, ministro da Guerra de Luís. Athénaïs sempre pertencera ao lado de Colbert, sendo parente dele por casamento; ela não gostava de Louvois, que, por sua vez, se ressentia de sua influência sobre o rei. Colbert, absolvendo Athénaïs por boas razões, também estava protegendo seus próprios interesses.

Assim, no que dizia respeito a Athénaïs, "todos os sinais externos de amizade e consideração foram mantidos", segundo escreveu Voltaire em sua história sobre o reinado de Luís. Ele acrescentou: "embora não oferecessem a ela nenhum consolo."[13] Era verdade. O longo reinado de Athénaïs estava finalmente acabado por completo, não pelo Caso dos Venenos, que foi um constrangimento muito desagradável, porém temporário, mas porque Françoise estava agora estabelecida em seu lugar. O Caso dos Venenos não ajudou na posição de Athénaïs, mas já era uma posição perdida de qualquer maneira. É possível argumentar que a resoluta defesa do rei para sua antiga amante indicava a continuidade de seus profundos sentimentos por ela — afeição, mesmo que não mais paixão.

Claro, Athénaïs de Montespan era a mãe dos filhos de Luís, e a corte da França era cada vez mais dominada pela presença de uma geração mais nova. Ou, para colocar de outro modo, já que esta era uma corte centrada no rei, o papel do rei como patriarca começava a ser glorificado. Em janeiro de 1681, um balé foi encenado em Saint-Germain-en-Laye em homenagem à delfina. Embora oficialmente dedicado a Marianne-Victoire, o balé foi descrito como "uma espécie de celebração da paternidade real". Concebido pela habitual equipe de Quinault e Lully, a obra é vista como a primeiríssima ópera-balé e mais tarde foi ence-

---

* Há uma comparação a ser feita entre o Caso dos Venenos e o Caso do Colar de Diamantes, no qual Maria Antonieta foi publicamente humilhada cem anos depois. As pessoas da época (e historiadores mais tarde) viam culpa em Athénaïs e Maria Antonieta se estivessem propensas a isso.

nada em Paris na Academia Real, ligeiramente alterada. O amor era o tema aparente, mas o triunfo da juventude também foi louvado. Louise-Françoise, a filha de 9 anos de Luís e Athénaïs, representou a própria juventude. Ao fim da apresentação ela cantou docemente: "Reservai vossas críticas para a velhice / Todos os nossos dias são de encanto / Todos se alegram com nossos desejos."[14]

Louise-Françoise já era uma criaturinha matreira: "Uma bela gatinha; enquanto tu brincas com ela, ela faz com que sintas suas garras." Em um espaço de um ano — dois meses antes de seu aniversário de 12 anos* — ela seria casada com um Príncipe do Sangue, o duque de Bourbon, herdeiro do príncipe de Condé e conhecido na corte como Monsieur le Duc. Portanto, o título oficial pelo qual ela sempre seria chamada foi Madame la Duchesse.** O duque de Bourbon era extremamente pequeno e sua cabeça, muito grande; ele era singularmente deselegante, e arrogante quanto ao tema do título, que era sua única característica de distinção. Na época, o marquês de Souches exclamou que "era uma coisa ridícula ver estas duas pequenas marionetes" se casando.[15] A noiva, contudo, não permaneceu como marionete. A voluntariosa Madame la Duchesse, irreverente e bastante preguiçosa, acabaria por expor os novos valores de Versalhes, onde todos riam pelo comportamento dos jovens, ou assim pensavam os jovens.

Entretanto, a estrela daquele balé em particular foi sua meia-irmã Marie-Anne, filha de La Vallière. Ela estava recém-casada com outro Príncipe do Sangue, o príncipe de Conti,*** um casal que cortesãos entu-

---

* Estes casamentos de Estado, realizados numa idade tão tenra (o duque de Bourbon tinha 17 anos e sua noiva, 11), não eram consumados até um momento mais apropriado; neste caso um ano depois, quando Louise-Françoise ainda não completara 13 anos.

** Louise-Françoise será daqui em diante designada como "Madame la Duchesse", em virtude da quantidade de prenomes similares.

*** As casas reais de Bourbon-Condé e Bourbon-Conti neste período descendiam de dois irmãos, respectivamente o príncipe de Condé e o príncipe de Conti, filhos de Henrique II, príncipe de Condé, e Charlotte de Montmorency na década de 1620. O príncipe de Condé (conhecido como Monsieur le Prince, assim como seu herdeiro seria Monsieur le Duc) era o mais velho dos dois; portanto, era o mais velho Príncipe do Sangue. Casamentos entre primos os tornariam ainda mais inextricavelmente aparentados.

siasmados previram como "os pequenos noivos" quando eles dançaram juntos pela primeira vez. A beleza arrebatadora de Marie-Anne fez jus à promessa de sua infância: Seu rosto em perfeito formato ovalado e seus grandes olhos eram celebrados em cada baile, incluindo os bailes de máscaras onde Marie-Anne frequentemente declinava de ocultar as famosas íris, para que seu "fogo" não fosse apagado. (Como outras beldades, Marie-Anne era extremamente míope: o tipo de pessoa divertida que "perdia" seus óculos porque os tinha prendido no alto da cabeça.) "A deusa Conti" era uma descrição frequente para ela e, afinal, não era ela "descida do Olimpo", "a Filha de Júpiter", como La Fontaine a caracterizou? Sua câmara perfumada era conhecida como "o altar de Vênus". Talvez até seu nascimento ilegítimo fosse responsável por sua atração. Quando Marie-Anne insensatamente comentou sobre a delfina em seu leito, "Vê como ela é tão feia dormindo quanto acordada", Marianne-Victoire abriu os olhos e retrucou: "Se eu fosse uma bastarda, seria bela como tu."[16]

Marie-Anne, este paradigma da graça, sem qualquer razão para ser atormentada pela angústia espiritual da mãe, era considerada a melhor dançarina da corte; segundo um contemporâneo, ela eclipsava os bailarinos da ópera de Paris. Neste balé, Marie-Anne representou a ninfa Ariane num figurino de plumas e bordados luxuriantes, considerado o vestuário adequado para as ninfas naquele tempo. O poeta Benserade descreveu-a como "ofuscando todas as outras flores / Até o lírio de sua origem".[17]

O lírio em questão era sua mãe Louise, agora no convento, que recebeu uma devida visita de Marie-Anne na ocasião de seu casamento, assim como as congratulações da corte. (Madame de Sévigné achou irmã Louise tão adorável como sempre, ainda que mais magra; sua graça era inigualável, assim como "a maneira com que ela nos olha".) Embora sua filha estivesse fazendo um casamento de prestígio, a atitude de Louise com seus "filhos da vergonha" continuou ambígua. Alguns anos depois, o bispo Bossuet teve que dar a Louise a notícia da morte de seu filho, Vermandois, à idade de 16 anos, sob circunstâncias nefastas: houve algum tipo de escândalo homossexual. Louise respondeu gelidamente: "Hei de chorar por seu nascimento muito mais do que choro por sua morte." Para a freira, ambas as crianças eram lembretes de sua "deplorável vida [prévia], mais deplorável ainda porque não me causava qualquer horror", nas próprias palavras de seu livro.[18]

Assim como Madame la Duchesse, Marie-Anne pertencia a uma geração muito diferente; afinal, ela não podia se lembrar das circunstâncias problemáticas de seu nascimento, quando sua mãe teve que fazer uma aparição na capela apenas algumas horas depois. Marie-Anne definiu os rumos para um novo tipo de princesa emancipada quando reclamou de sua noite de núpcias, dizendo que "faltava força" a seu marido e que ela preferia o irmão dele. Os cortesãos se perguntavam exatamente como, aos 13 anos, ela era capaz de comparar os dois; mas Marie-Anne começara como pretendia continuar. Durante o casamento de vida curta (o príncipe de Conti morreu em 1685) Marie-Anne constantemente angustiava o marido com seu comportamento ousado, de acordo com Primi Visconti, que dificilmente ouvia um boato que não passava à frente. O príncipe de Conti reclamou com o pai dela. Mas Marie-Anne jogava os braços em torno do pescoço do rei e era perdoada por sua graciosidade, seu encanto e, acima de tudo, por diverti-lo com seus modos adoráveis e travessos.[19] Mesmo que o rei marchasse decidido — ainda que às vezes arrastadamente — em direção à virtude, nisto havia uma lição. O diligente potentado ainda tinha que ser entretido.

Após a morte de seu jovem marido, Marie-Anne, aos 18 anos, não deu qualquer sinal de querer se casar novamente. Segura em sua posição, ela estava preparada para viver uma vida de prazeres na corte, desfrutando a amizade e os favores especiais de seu meio-irmão, o delfim. E Marie-Anne usufruía de um benefício que foi negado a Madame la Duchesse (Louise-Françoise). Embora ambas fossem casadas com Príncipes do Sangue, a mãe de Marie-Anne não era esposa de outro homem à época de seu nascimento; Madame la Duchesse, por outro lado, apesar de todo seu *hauteur*, estava para sempre estigmatizada como fruto de duplo adultério.

Havia outras princesas nascidas na década de 1670 prestes a crescer e aparecer: nenhuma delas mostrava sinais de docilidade. A mais jovem filha sobrevivente do rei com Athénaïs, Françoise-Marie, fruto da reconciliação do casal, era uma pequena espoleta. A filha de Liselotte, Élisabeth-Charlotte, Neta da França, foi descrita por sua mãe como "terrivelmente descontrolada" e "bruta como um rapaz". Havia um toque de orgulho na forma como Liselotte acrescentou: "Acho que esta impertinência na infância deve pertencer à natureza de todas as Liselottes."[20] (Sua meia-irmã Anne-Marie, filha de Henriette-Anne, uma personagem mais suave e doce, casou-se com o duque da Saboia em 1684 e deixou a França.) E, por fim, havia as Princesas do Sangue, as pequenas filhas do príncipe de Condé com a princesa bávara — apelidadas "Bonecas do Sangue" — como Anne-Louise-Bénédicte de Bourbon-Condé, irmã de Monsieur le Duc. Bénédicte compensava seu tamanho pequeno com uma língua afiada e uma vasta inteligência, bastante preparada para desafiar as ortodoxias da corte de Luís XIV.

Tudo isso ficaria para o futuro, quando cresceriam as meninas que podiam ser descritas como os dentes de dragão de Luís XIV, apesar de todas as suas rivalidades de nascimento e posição.* Por ora, o *accouchement* da delfina foi considerado o mais importante evento da família em 1682, e com razão. A responsabilidade de produzir um herdeiro na linha direta de sucessão foi confiada a Marianne-Victoire (se o delfim não tivesse um filho, a sucessão iria para o ramo Orléans, ou seja, para seu tio Monsieur e para o filho único deste, Filipe, duque de Chartres), e ela já tinha sofrido dois abortos espontâneos.

Assim, em 6 de agosto de 1682 a tensão era considerável quando ela entrou em trabalho de parto, usando a famosa prancha real entre dois colchões na qual haviam nascido Luís XIV e o delfim. Luís compareceu, cumprindo seu papel de perambular pelo aposento com a delfina enquanto as horas passavam. Também presentes entre a horda de cortesãos — exercendo seus direitos de presenciar importantes ocasiões de Estado — estavam tanto Athénaïs quanto Françoise: a primeira como

---

* No mito clássico, Cadmo matou o dragão que guardava a fonte sagrada para Ares; quando por ordem de Atena ele semeou alguns dentes do dragão no solo, deles brotaram guerreiros.

superintendente da Casa da Rainha, a segunda como dama dos trajes da própria delfina. Entretanto, foi proibido que qualquer pessoa perfumada entrasse na câmara de parto: odores fortes eram considerados perigosos nesta situação. Cães farejadores foram colocados à porta, para assegurar que não haveria qualquer penetra.

Quem assistiu o parto foi o *accoucheur* (parteiro) real, o calmo e competente Julian Clément: ele já havia cumprido a mesma tarefa para Athénaïs. Quando o bebê finalmente nasceu, pouco depois das 10 horas da noite, Clément respondeu à pergunta do rei sobre o sexo utilizando um código pré-combinado: "*Ainda* não sei, Majestade." Isto significava um menino. ("Não sei, Majestade" era o código para uma menina.) Assim, foi o rei subitamente radiante quem gritou: "Temos um duque de Borgonha!"[21] O bebê foi colocado numa bandeja de prata e examinado — com sucesso — para averiguar sua perfeição.* Ao "pequeno Príncipe", como Borgonha ficou conhecido, foi prometido um destino esplêndido segundo seu horóscopo, com o Sol no signo de Leão e Saturno na casa 11 na hora de Júpiter. Do ponto de vista de Luís XIV, a dinastia agora estava segura, principalmente porque Marie-Victoire ficou grávida novamente, sem reveses, alguns meses depois. Como um avô de 44 anos de idade (um pouco mais velho do que seus pais tinham sido à época de seu nascimento), Luís agora podia relaxar. Ele já não tinha necessidade pessoal de gerar outros herdeiros legítimos.

O contentamento patriarcal do rei contrastava com o ânimo de Liselotte. Em julho de 1682 ela se descreveu como "infeliz como um cão velho". Todos comentavam sobre como Liselotte estava triste, escreveu ela, "quando eles mesmos são a causa, a cada dia e cada hora". Mais uma vez, como com Henriette-Anne, o problema não era a homossexualidade de Monsieur; após o nascimento de um filho e uma filha saudáveis, "eu tive licença para viver em perfeita castidade" nos quatro anos seguintes. (Alguns anos depois, ela concluiu que a abstinência de fato a tornara "uma

---

* Julian Clément, cuja carreira como *accoucher* real floresceu, finalmente foi enobrecido em 1711. Considerando-se a pressão colocada sobre os partos reais, com suas implicações dinásticas e a fanática esperança por meninos, ninguém poderia merecer mais que ele.

virgem" novamente.) Era a escrava adoração de Monsieur pelo Chevalier de Lorraine o que abalava o equilíbrio daquilo que poderia ter sido uma situação perfeitamente aceitável. Também houve rumores, provavelmente espalhados pelos defensores de Monsieur, sobre a galanteria da própria Liselotte com o Chevalier de Saint-Saëns: bastante falso, já que Liselotte tinha preferência muito maior por seus cães ("as melhores pessoas que conheci na França, nunca tenho menos de quatro ao meu redor (...) nenhum cobertor poderia ser tão aconchegante").[22]

Em sua infelicidade e indignação, Liselotte pediu para se retirar num convento onde uma de suas tias do Palatinado era uma abadessa católica. Mas Luís recusou, dando a ela três razões. "Primeiro de tudo, tu és Madame", disse ele, "e tens obrigação de sustentar esta posição. Segundo, tu és minha cunhada, e minha afeição por ti não me permite deixarte partir. Terceiro, tu és esposa de meu irmão, e não posso admitir que ele seja tocado por escândalos." Diante disso, Liselotte não teve escolha a não ser submeter-se com as palavras: "És meu rei e, portanto, meu senhor." Rei, Monsieur e Madame se abraçaram a um só tempo.

Com a genuína afeição que sentia por ela, Luís então assegurou a Liselotte que, apesar de ter tomado o lado de seu irmão e de que não mudaria de ideia, em todas as outras questões ele tomaria o lado dela. Isto teria que ser o bastante. O número de cães de Liselotte aumentou: sua Mione, "a cadelinha mais linda do mundo", Rachille atrás de sua poltrona, Titti junto à escrivaninha, Mille Millette a seus pés, Charmion sob suas saias choramingando para estar junto da dona, Charmante também sob suas saias do outro lado, Strabdille, Charmille...[23]

Havia um subtexto para a insatisfação de Liselotte, e este era sua crescente inveja de madame de Maintenon, uma mulher não apenas inferior em nascimento e com um casamento questionável em seu passado, mas 17 anos mais velha. Liselotte, em suas alusões francas e por vezes extremamente vulgares a Françoise, nunca parou de tripudiar da idade da outra: ela era "*die alte Zott*" (a velha vagabunda), e em anos vindouros seria estúpida, mendiga, arrumadeira, bruxa, prostituta, lixo e excremento (uma palavra alemã extremamente grosseira foi usada nesta última). Um conveniente provérbio alemão era citado: "Aonde o demônio não pode ir, ele manda uma velha."[24] Era o começo de um duelo que só terminaria com a morte do rei.

Outros, acostumados a ver amantes reais no ápice de sua beleza, ficaram simplesmente pasmos ante o espetáculo das atenções do rei a uma mulher agora mais próxima dos 50 que dos 40 anos. Por exemplo, Primi Visconti especulava que Françoise talvez fosse "uma pessoa talentosa que o rei usava para ajudá-lo a reescrever suas memórias".[25]

Madame de Maintenon não estava ajudando Luís com suas memórias, mas, neste período, a questão sobre qual exatamente era a relação entre os dois permaneceu em aberto (e sempre será objeto de especulação). Foi em setembro de 1681 que madame de Sévigné fez seu famoso trocadilho usando a palavra francesa para "agora": madame de Maintenon tornou-se "madame de *Maintenant*" (madame Agora).

O verão seguinte marcou a data em que Luís XIV oficialmente designou Versalhes como sede de sua corte e governo. Segundo o marquês de Sourches, em 6 de maio de 1682, o rei deixou o castelo de Monsieur em Saint-Cloud para instalar-se em Versalhes, onde "deseja estar por um longo tempo, embora ainda esteja cheio de construtores".[26] Apesar da presença dos pedreiros e pintores, incômoda para as grandes damas, a disposição dos aposentos na nova residência oficial ilustrava muito bem o estado presente dos relacionamentos do rei. Os aposentos de Françoise, por exemplo, tinham uma qualidade ambivalente, reflexos de sua própria posição ambivalente.

A rainha Maria Teresa recebeu aposentos imensos e esplêndidos na face sul do bloco central do Parterre du Midi. O delfim e a delfina também ficaram no andar da realeza, e esta perturbava o rei com seus resmungos sobre os operários. Athénaïs, teoricamente ainda *maîtresse en titre*, tinha quatro câmaras principescas no mesmo andar, com vistas para o Cour Royale. E por fim havia um enxame de cortesãos no andar de cima, espremidos no que hoje em dia seriam considerados sótãos, obrigados a compartilhar uma cozinha um tanto remota, embora tivessem seus toaletes privados. Eles preferiam a proximidade do soberano a uma vida mais confortável.

O AMOR E LUÍS XIV

Mas as acomodações de Françoise não caíam em nenhuma destas categorias. Ela tinha pequenos aposentos com vistas para o norte e não muito bem aquecidos (no frio ela sofria com o começo de uma artrite e adorava a aconchegante Maintenon por seu clima ameno). A cabine contendo a *chaise percée* — ou latrina — era pequena o bastante para ser extremamente inconveniente; encher e esvaziar a banheira de cobre também não pode ter sido tarefa fácil. Uma pequenina escadaria de madeira levava a um andar superior, onde Nanon Balbien, leal serva de Françoise e sua companheira desde os tempos do velho Scarron, mantinha o guarda-roupa de Françoise numa única cômoda. As janelas ficavam diante das janelas de Athénaïs, mas não havia comparação entre os dois conjuntos de aposentos: um exibia esplendor, o outro, intimidade.[27]*

Em agosto de 1682, Françoise ainda tomava cuidado para dissociar-se da posição antes ocupada por Athénaïs. "As pessoas dizem que desejo colocar-me no lugar dela", escreveu, com sua habitual sensibilidade a fofocas sobre sua reputação. "Eles não compreendem minha distância deste tipo de *commerce* [sexo] e nem a distância que quero inspirar no rei."[28] A batalha pela salvação do rei certamente não estava ganha: houve boatos sobre os flertes de Luís com mulheres belas e mais jovens. Françoise decerto tinha em mente o aviso do Mapa do Amor de Madeleine de Scudéry, sobre o tema das corredeiras do Rio da Inclinação, que levavam ao Mar do Perigo. Françoise disse que seu objetivo era ser "a melhor amiga" de Luís. Contudo, a evidência é de que pouco depois que Françoise escreveu estas palavras, ela decidiu que o dever de uma melhor amiga de Luís XIV infelizmente incluía dormir com ele, para evitar que outras pessoas mais frívolas e menos religiosas o fizessem sem os mesmos motivos puros que ela possuía.

Claro, ela não colocou o caso desta forma para si mesma: seis anos antes, Françoise criticara o confessor do rei, padre La Chaise, por se contentar com "uma semiconversão" e comentara com a condessa de Saint-Géran como "a atmosfera da corte estraga a mais pura virtude e

---

* Estes aposentos, ocupados por madame de Maintenon por trinta anos com certas modificações e adaptações, ainda hoje têm uma atmosfera apertada.

abranda os mais severos". Agora ela mesma fora abrandada. Bem mais tarde, Françoise pôde avaliar o passado com algum distanciamento e dizer a sua secretária e confidente, Marie-Jeanne d'Aumale, que o rei "teria buscado seus prazeres em outro lado se não os tivesse encontrado comigo".[29] Sua opinião sobre Maria Teresa seguia o mesmo padrão: a rainha era uma santa, mas "não muito inteligente", já que estava sempre em oração quando o rei precisava dela. Entretanto, no momento, sua fuga em comungar publicamente em setembro causou-lhe perturbação; ela se angustiou ainda mais com a necessidade de "fazer sua Páscoa" em 1683.* Françoise disse a madame de Brinon que era verdade que ela tomara sua comunhão pascal "após uma noite muito perturbadora, deitando muitas lágrimas", embora soubesse muito bem que estas podiam ser consideradas fingidas. Depois Françoise mencionou suas caridades como uma distinção entre ela e as outras pessoas em sua posição: uma injusta alusão a Athénaïs, que era extremamente caridosa. Françoise não conseguia se obrigar a ser generosa com sua antecessora. Algo das implicâncias passadas ainda subsistia: Françoise escreveu em maio de 1681 que Athénaïs estava "um palmo mais gorda" do que quando a vira pela última vez.[30]

Assim, desde o início houve algo sóbrio na relação sexual de Luís XIV e madame de Maintenon: uma necessidade de duas pessoas de meia-idade, mas de pontos de vista completamente opostos. Para Luís, era o desejo que ele não podia dominar; para Françoise, a paixão que tinha de suportar em nome de um bem maior. Para Luís XIV não havia a ânsia por conquista como com Louise, nenhuma luxúria desenfreada como com Athénaïs, nenhum saudosismo da juventude como com Angélique. Independentemente de como haviam sido as relações sexuais de Françoise com Scarron 25 anos antes, ela não ficara com uma boa opinião sobre os homens naquele aspecto particular. Como eram dominados por seus anseios físicos! Ela refletiria anos depois: "Os homens, quando a paixão não os guia, não são ternos em suas amizades."[31]

---

* Isto não significa que Françoise deixou de comungar por completo durante este período; como sempre, o problema era a natureza pública da Páscoa: "fazer a Páscoa", quando o mundo inteiro sabia que um adultério fora cometido (pelo rei), ou o pecado menor da fornicação (pela viúva Françoise).

Madame Agora, pelo contrário, especializou-se em ternas amizades nas quais a paixão física não tomava parte.

Com uma serena — mesmo que em teoria ainda pecaminosa — vida pessoal, Luís XIV estava livre para se concentrar em maiores glorificações para Versalhes, o que levou a um salto de 6 milhões de *livres* a mais nas despesas (20 milhões de libras esterlinas em moeda atual) em 1685. Embora fosse um lugar onde reinavam estritos valores hierárquicos, Versalhes também era cenário de extraordinária desordem. Não se tratava apenas dos perpétuos trabalhos de obras, com andaimes por todo lado, cheiros, poeira, barulho. Também não havia segurança segundo os padrões modernos. As franjas de ouro da própria cama do rei foram arrancadas, e o crime só foi descoberto quando um pacote anônimo que as continha foi deixado sobre a mesa de jantar real com uma mensagem do ladrão para o valete Bontemps: "Toma tuas franjas de volta, Bontemps, o prazer não vale a importunação. Meus cumprimentos ao rei." Enquanto o médico real examinava as franjas devolvidas em busca de possíveis traços de veneno, o próprio rei permanecia tranquilo, limitando-se a observar: "Quanta insolência!",[32] o que era bem verdade.

Ainda assim, Versalhes era, como Luís pretendia que fosse, glorioso.[33] Talvez a mobília de prata favorita do rei simbolizasse o apogeu desta glória: as cintilantes cadeiras e mesas de prata, os reluzentes vasos de prata que continham as adoradas laranjeiras da *Orangerie*, mais e mais numerosas a cada ano, muitas delas trazidas de Fontainebleau. A relação de luz e sombra em Versalhes também era simbólica. Os passadiços externos eram escuros, e os criados tinham que guiar os visitantes e residentes com tochas. Ainda assim, o próprio palácio de Versalhes, com os aposentos de Estado iluminados à noite por uma miríade de velas e archotes, era uma visão majestosa e inesquecível.[34*]

---

* Seria equivocado imaginar que a Versalhes de hoje, uma Meca turística, um aglomerado de diferentes raças, representa algo totalmente alheio à Versalhes do século XVII. Enormes amontoados de carruagens e outros veículos puxados por cavalos outrora se aglomeravam nas áreas que hoje são estacionamentos e paradas de ônibus; quanto às raças, príncipes asiáticos prestavam visitas cerimoniais e africanos eram populares como pajens e guardas, como pode ser visto nos retratos do período.

A política externa militante e militarista do rei também tomava parte de seu conceito de glória pessoal. Em 1682, dois jovens lordes da Escócia, filhos da marquesa de Queensberry, admiraram-se com o imenso navio folheado a ouro chamado *Grand Louis* em Toulon. A lenda sobre seu casco corria: "Sou único sobre as ondas / Como meu senhor o é no mundo." Era assim que o rei francês começava a ver a si mesmo. Infelizmente, ambos os aspectos da vontade do rei — a criação de Versalhes como o centro da Europa e sua saga por glória militar — exigiam enormes somas de dinheiro: e o dinheiro era finito, mesmo que não o parecesse para o rei Sol na época.[35]

A frágil Paz de Nijmegen de 1678, que encerrou a Guerra Franco-Holandesa, foi violada quando Luís passou a anexar gradualmente certas cidades e territórios que considerava franceses por justiça. Esta subversiva política de *réunions* foi o bastante para provocar outra Grande Aliança contra a França em 1682. O imperador Habsburgo, a Espanha, a Holanda e a Suécia se envolveram, e a guerra certamente assomava no horizonte. Foi a chegada dos turcos aos portões de Viena em 1683 que desviou o imperador e os reis cristãos, e foi John Sobieski, rei da Polônia, quem salvou a Europa da invasão muçulmana, e não Luís XIV: este, por sua vez muito menos prestimoso, viu sua oportunidade de fomentar a revolta na Hungria. Foi nesta atmosfera de iminente caos na Europa que um evento totalmente inesperado aconteceu tanto na vida pública quanto na vida pessoal de Luís XIV, produzindo um impacto irrevogável sobre seu curso futuro.

Na última semana de julho de 1683, a rainha Maria Teresa foi vista passeando alegremente nos jardins de Versalhes, admirando a dança das novas fontes. Sua saúde parecia perfeita: a pele estava clara, a cor, boa. Alguns dias depois, ela ficou doente devido a um tumor sob o braço. O tumor ficou roxo e formou um abscesso purulento. Apesar dos melhores — ou piores — esforços dos médicos, dos vomitivos acrescentados ao vinho, das habituais purgações e sangrias, dos irritantes enemas, a saúde da rainha piorava cada vez mais, e suas dores aumentavam proporcionalmente.[36] Para espanto de seus médicos, que compreendiam as agonias que ela devia sofrer, a rainha não reclamava — mas ela raras vezes reclamara em sua vida.

Uma vez que a situação piorou velozmente, a necessidade de que o Santíssimo Sacramento chegasse da capela tornou-se urgente. Em geral, o Sacramento era escoltado formalmente por servos carregando enormes tochas flamejante: foi o rei quem ordenou que velas comuns do altar fossem usadas, porque não havia tempo a perder. Ele tinha razão. A rainha morria rapidamente. Teria ela de fato murmurado "Desde que me tornei rainha, tive apenas um dia de felicidade"? E se isso é fato, que dia foi este? Ninguém sabia. O dia de seu casamento? Sua noite de núpcias, quando ela tinha certeza de que o rei a amava? O dia do nascimento de seu primeiro filho, o menino que todos queriam? Ela não revelou. Maria Teresa, infanta da Espanha e rainha da França, faleceu quase no fim de seu 45º ano de vida, às 3 horas da tarde de 30 de julho de 1683. O rei proferiu seu próprio epitáfio sobre esta tímida, tristonha, apagada mas sempre dedicada mulher, com quem ele fora casado por mais de vinte anos: "Este é o primeiro problema que ela me trouxe na vida."

Comparado ao veredicto carinhoso embora autocentrado do rei, a oração de Bossuet no funeral de Estado de Maria Teresa foi previsivelmente magnífica, assim como o Réquiem de Lully, incluindo seu solene e plangente *Dies Irae*. Ainda assim, se alguém pensasse que, na verdade, Bossuet estava louvando Luís XIV em vez de enterrando Maria Teresa, poderia ser perdoado, tamanha foi a ênfase dada ao rei e suas obras — e acima de tudo a seu apoio à religião: "Não nos esqueçamos daquilo que trazia júbilo à rainha: Luís é a fortaleza da religião: foi à religião que ele serviu com seus exércitos em terra e mar."

E, na atmosfera política predominantemente tensa, o nascimento espanhol de Maria Teresa e os direitos de sucessão que dele derivavam (agora, claro, passados para seu único filho, o delfim) receberam uma longa e especial menção. Foi somente numa espécie de lembrança tardia que Bossuet comentou como as virtudes de Maria Teresa, assim como seu alto nascimento, tornaram-na adequada para desposar Luís XIV. Com sua fé cristã, seu amor pela comunhão sagrada e sua confiança em sua eficácia, "ela agora caminha com o Cordeiro porque é merecedora". Entretanto, dizer que o amor de Luís continuava firme como sempre, após 23 anos, certamente era ser econômico com a verdade. Foi só quando Bossuet evocou os nomes das duas rainhas, Ana e Maria Teresa, ainda mais próximas em religiosidade do que o eram em sangue, que ele tocou um ponto com que todos podiam concordar, inclusive o rei.

O cortejo do funeral foi encabeçado, numa esplêndida ironia, por madame de Montespan, já que ela fora a superintendente da Casa da falecida rainha (um cargo que agora desaparecia). Segundo a Grande Mademoiselle, Athénaïs, com seu senso inato de grande estilo, ficou chocada com as frivolidades de alguns membros mais jovens do cortejo. Restava saber em qual direção a corte se desenvolveria após a morte da rainha: se seria dominada pelo espírito irreverente da nova geração ou se o renovado ânimo devoto do rei, encorajado por madame Agora, manteria seu domínio.

PARTE TRÊS

Outono

CAPÍTULO 11

A necessidade do rei

Este não é momento para deixar o rei; ele precisa de ti.
— Duque de La Rochefoucauld para madame de
Maintenon, agosto de 1683

A morte da rainha Maria Teresa no fim de julho de 1683 mergulhou Luís XIV numa crise interna. Era consenso entre seus conselheiros e cortesãos que o rei se casaria novamente: mais uma vez, sua noiva seria uma grande princesa. Era o que faziam os reis, repetidas vezes se as esposas insistiam em morrer, como acontecera com muitos monarcas europeus.

E por que não? Às vésperas de seu aniversário de 45 anos, Luís ainda era um homem vigoroso. Mas a aparência dourada de sua juventude evanesceu: os belos cabelos que a Grande Mademoiselle outrora admirara haviam começado a recuar na casa dos 30, e agora ele estava praticamente careca, recorrendo a perucas encaracoladas e imensamente volumosas, representadas em seus retratos oficiais. A boca do rei começara a se curvar para baixo, abandonando o sorriso de Pã de sua juventude, e seu nariz tornara-se mais pronunciado. As belas pernas e pés que, como os cabelos, haviam sido tão admirados quando ele dançara em papéis heroicos no Balé da Corte, eram frequentemente torturados pela gota.

Luís começou a ganhar peso, o que não surpreende muito dado seu enorme apetite, para desespero daqueles que comiam em sua companhia, pois esperava-se que estes o acompanhassem com o mesmo apetite. Grandes pilhas de aves de caça eram consumidas, garrafões de vinho, começando de manhãzinha e continuando até as ceias tarde da noite que não deixariam nada a dever ao gigante Gargântua de Rabelais; para consumo noturno, outra ave e mais refrescos líquidos eram providenciados. Liselotte descreveu como por vezes viu o rei devorando uma perdiz e um faisão inteiros após quatros tigelas de diferentes tipos de sopa, "um grande prato de salada, dois enormes pedaços de presunto, carne de carneiro servida com molhos e alho, um prato de tortas doces e, para arrematar, frutas e ovos cozidos".[1]*

Ainda assim, se Luís já não impressionava os observadores com sua beleza divina, sua mera presença os dominava: "Aquela força secreta de majestade real." E também havia sua voz, a inconfundível voz de um rei, dificilmente alterada, sempre esperando obediência. Um oficial veterano que pediu um favor começou a tremer ao som da voz de seu soberano e gaguejou: "Senhor, jamais tremi assim diante de nossos inimigos."[2] Quanto ao olhar de Luís, a expressão vívida do menino travesso tornou-se a mirada penetrante de um grande monarca, com seus escuros olhos oblíquos que tinham uma qualidade quase oriental.

Certamente ainda havia muito em Luís XIV para contentar uma princesa, para citar o comentário sonhador que Françoise fizera sobre a escolha do marido de Maria Teresa tantos anos antes, na entrada oficial em Paris. As energias do rei não diminuíram. Apesar da gota, ele ainda saía para atirar e caçar, mesmo que às vezes usasse uma conveniente carruagem pequena. Seu volume de trabalho continuava tão pesado como sempre, e, por outro lado, as festas de Versalhes ainda eram gloriosas. Em 1684, Mansart adicionou a fabulosa Galeria dos Espelhos aos aposentos oficiais. E, além disso tudo, a nova esposa de Luís XIV seria a rainha da França.

---

* Após sua morte, foi descoberto que seu estômago e seus intestinos tinham o dobro do tamanho e da capacidade normalmente encontrados num homem comum. Não há dúvidas de que esta informação confortou os cortesãos sobreviventes que outrora tinham que acompanhar seu apetite.

A NECESSIDADE DO REI

Não faltavam princesas de idade e status apropriados: quem sabe uma princesa toscana, para garantir mais influência na Itália central? Também havia a infanta de Portugal: uma aliança portuguesa sempre fazia bastante sentido para equilibrar a força de seu poderoso vizinho, a Espanha, na Península Ibérica. A tia de Liselotte, Sofia, eleitora de Hanover, nutria esperanças de que outra princesa alemã pudesse reunir-se à própria Liselotte e à delfina Marianne-Victorie na corte francesa: ela tinha em mente sua filha de 15 anos, Sophia-Charlotte, conhecida como Figuelotte. Tecnicamente, Figuelotte era uma protestante (como Liselotte fora outrora), mas Sofia postergou a confirmação protestante de sua filha, apenas caso outra conversão rápida se fizesse necessária...[3]

Quanto a Figuelotte, já uma moça sensata, ela definitivamente estava apta para o trono da França. A posição podia ter suas restrições, mas ela enfrentaria restrições onde quer que as encontrasse; ao menos com Luís XIV "valeria a pena".* Apesar deste espírito esportivo por parte da jovem princesa protestante, a infanta católica portuguesa continuava à frente no páreo — até onde o mundo sabia. Foi apenas no fim de novembro que o embaixador francês recebeu ordens de informar discretamente à rainha de Portugal:[4] não haveria casamento do rei Sol com a princesa portuguesa, trinta anos mais jovem que ele.

O que ninguém além de um seleto círculo sabia no alto verão de 1683 era a crise que o rei enfrentava e mais tarde resolveria. Uma reunião do Conselho ocorrida em 13 de agosto decidiu, segundo o relatório na ceia da noite, que segundos casamentos eram desafortunados.[5] No ano seguinte, tais sentimentos (independentemente se do Conselho ou do rei) receberam significância emblemática. Os aposentos da rainha em Versalhes foram demolidos, sendo que grande parte do espaço foi ocupada pelo rei. Nos termos de Versalhes, estava agora bastante óbvio que não haveria rainha, já que não havia aposentos para ela.

---

* A desapontada Figuelotte casou-se com outro homem mais velho, o viúvo eleitor de Brandeburgo, mais tarde primeiro rei da Prússia; seu filho foi Frederico Guilherme I, o rei Soldado, e seu neto foi Frederico, o Grande. Uma possível prole de Figuelotte com Luís XIV — certamente formada por grandes guerreiros — é material de especulação.

O AMOR E LUÍS XIV

As razões aparentes para a decisão eram duas. Primeiro, havia a presente expansão da família real, combinada à nova e saudável gravidez da delfina (ela daria à luz um segundo príncipe, o duque d'Anjou, em dezembro). Segundo, havia o tenebroso exemplo de rixas de família no passado. O comportamento rebelde do tio de Luís, Gaston d'Orléans, causara muita dor, e a falecida rainha detestara sua madrasta, a segunda esposa de Filipe, e não sentira nada além de hostilidade por seu meio-irmão. Uma nova e jovem rainha da França inevitavelmente significaria uma nova e jovem família: afinal, Luís tinha acabado de gerar um filho com Angélique de Fontanges. Estes rebentos seriam meios-irmãos — possivelmente subversivos — para o delfim agora na casa dos 20. Seria algo bem-vindo para um rei que crescera na tenebrosa atmosfera da disputa familiar?

Tudo isto era bastante plausível em termos dinásticos. Mas resta a dúvida: será que Luís XIV realmente teria dado o passo pouco convencional — nos padrões da realeza — de permanecer como um viúvo público se não tivesse um forte motivo pessoal para fazê-lo? Este motivo se relacionava com sua salvação, aquele projeto que poderia finalmente chegar a uma conclusão feliz se ele se casasse secretamente com sua melhor amiga e agora amante, Françoise de Maintenon.

Estas uniões secretas, conhecidas como casamentos morganáticos, eram, na verdade, uma característica do período: implicavam a Igreja e não o Estado, e não eram registradas. Um casamento numa capela, realizado pelo clérigo e com testemunhas, era o bastante, embora a união não trouxesse consigo qualquer posição oficial (neste caso, a de rainha da França). Em 1665, por exemplo, George William, duque de Celle, prometeu fidelidade a sua adorada "esposa aos olhos de Deus", Eléanore d'Olbreuse,* de posição mais baixa. Outra forma de descrever este tipo de aliança — lembrando que não era aliança alguma no senti-

---

* Embora os casamentos morganáticos fossem principalmente usados para permitir que um homem de posição real se casasse com uma mulher de status inferior, já foi sugerido que a Grande Mademoiselle se casou com seu pretendente Lauzun por este método quando ele foi libertado de sua longa prisão, como muitos dos contemporâneos acreditavam.[6]

do diplomático — era "o casamento de consciência".[7] Claro, ambas as partes estariam em estado de graça para o futuro, aos olhos da Igreja, mesmo que a falta de registro tornasse a cerimônia inválida no sentido civil. Filhos de uniões morganáticas não tinham direito a herdar reinos ou principados: mas no caso de Françoise, agora com quase 45 anos, a questão dos filhos não parece ter figurado em qualquer ponto de sua carreira.

Os indícios da correspondência inquieta, sigilosa, ansiosa e por fim exultante de Françoise neste ponto demonstram que o rei não chegou imediatamente a esta decisão em favor do "projeto de salvação". Isto deve significar que o rei Sol levou algum tempo para abandonar os valores públicos nos quais fora criado, os quais fariam de um casamento com uma mulher de menor berço, alguns anos mais velha que ele e viúva de um artista dúbio, uma proposta impensável. Por exemplo, ele teria que declinar de presentear a corte com o ponto focal de uma nova rainha, um papel que ele avaliava com extrema seriedade, como vimos, seguindo o antigo exemplo de sua mãe.

Segundo o costume, o rei da França não podia estar na presença da morte: após o falecimento de Maria Teresa, Luís partiu para Saint-Cloud. Mas Françoise permaneceu em Versalhes. Madame Agora, até então companhia sempre presente com conselhos, conforto e encorajamento — além dos prazeres mais leves —, era escrupulosa o bastante em sua consciência e cuidadosa o bastante com sua reputação para saber que sua posição já equívoca tornara-se ainda mais precária.

A sugestão de que Maria Teresa passou um anel de diamantes para Françoise em seu leito de morte como símbolo de sua aprovação a ela como sua sucessora é certamente apócrifa, bastante improvável para uma grande princesa espanhola que, em todo caso, estava na agonia da morte.[8] A verdade é que Maria Teresa teve uma relação satisfatoriamente tranquila com madame Agora durante sua vida, e Françoise teve o cuidado de demonstrar o maior dos respeitos em todos os momentos: no outono anterior, Maria Teresa presenteou seu próprio retrato incrustado de diamantes para Françoise, um tradicional indício de excepcional favor real. Mas Maria Teresa se foi, e com ela partiu a ilusão de respeitabilidade.

Foi neste momento que o amigo e contemporâneo de Luís, o duque de La Rochefoucauld, filho do escritor, tomou uma decisão fatídica. Ele fora grão-mestre dos trajes reais (uma posição íntima), assim como grão-caçador (uma posição social) pelos dez anos anteriores. Ninguém conhecia melhor o rei em todos os seus estados de melancolia e festividade, a primeira reprimida por seu formidável autocontrole, a segunda, por seu senso de dignidade pessoal.

"Este não é momento para deixar o rei", disse o duque a Françoise, "ele precisa de ti." Assim, madame de Maintenon viajou para Saint-Cloud atrás de Luís. Quando ele partiu para Fontainebleau, ela se reuniu a ele também lá. Talvez este antigo e romântico castelo fosse o ambiente apropriado para as discussões cruciais que agora aconteceriam entre o casal. Fontainebleau era uma das poucas residências reais onde Luís XIV ainda não colocara seu lado construtor em ação e continuava praticamente como ele o herdara. Suntuosamente tradicional, não muito grande, bastante sóbrio com suas chaminés fumegantes, Fontainebleau servia como uma espécie de retiro periódico, especialmente para as temporadas de caça com sua bela e conveniente floresta. A natureza provisória da ocupação real era ilustrada pelo fato de que, quando a corte estava fora — a maior parte do ano —, as crianças de vilarejos próximos adoravam banhar-se nas fontes do castelo, enquanto suas mães lavavam roupas e seus animais pastavam nos jardins.[9]

No bosque onde o jovem Luís outrora cavalgara com Maria Mancini e Henriette-Anne, Françoise agora fazia suas caminhadas em estado de constante inquietude, acompanhada por sua amiga de longa data, a marquesa de Montchevreuil, uma mulher sisuda e tão fervorosa que se dizia que desencorajava da religião até os mais devotos. Esta agitação por parte de Françoise, a violenta incerteza quanto a seu estado — seus pensamentos, seus medos, suas esperanças — foi relembrada mais tarde por Marguerite de Caylus, na época com 12 anos de idade, que Françoise "adotara" três anos antes.[10]

Fica claro por sua correspondência que Françoise neste ponto estava muito incerta sobre o curso que o rei tomaria: dada a proximidade dos dois, isto torna provável que o próprio Luís estivesse incerto também.

A NECESSIDADE DO REI

Em 18 de agosto, Françoise pediu a sua amiga madame de Brinon que relatasse o que as pessoas estavam dizendo sobre o assunto (uma referência à infanta de Portugal). Em 22 de agosto, ela tinha esperança de que madame de Brinon fosse visitar Madeleine de Scudéry, agora em idade bastante avançada, mas ainda o epicentro das fofocas elegantes, e "envia-me tudo que ouvires, bom ou mau".

Em 22 de agosto, madame de Maintenon ainda estava, em seu modo cauteloso, desdenhando de todas as fofocas sobre o *affair* "Luís e Françoise". Foi apenas em 19 de setembro que Françoise escreveu para o diretor de sua consciência: "Minhas perturbações estão acabadas. Eu me encontro em estado de paz, o que me dá muito mais prazer em contar-te sobre os problemas que costumávamos debater entre nós. Não me esqueças perante Deus, pois tenho grande necessidade de força para fazer bom uso de minha felicidade."[11]

A decisão crucial parece ter sido tomada pelo rei na primeira semana de setembro. Um acidente de montaria em 2 de setembro, no qual temeu-se que seu ombro estivesse quebrado — na verdade estava apenas deslocado —, pode ter influenciado. Não tanto porque deu a Françoise uma oportunidade de exibir sua ternura feminina (Luís já estava bastante convencido disso, já que foi a qualidade que primeiramente o atraíra para ela na casa da rue de Vaugirard), mas porque paralisou o rei, impedindo-o de retornar a Versalhes por um mês, e assim forçando-o a um período de apropriada reflexão. O rei amava Françoise e, no fim das contas, ele não imaginava que se apaixonaria novamente. Nisto ele estava errado, mas em 1683 ele dificilmente poderia imaginar as circunstâncias de sua última grande paixão. Quando o décimo aniversário de morte de sua mãe foi solenemente lembrado em janeiro de 1686, Luís sentia que as lágrimas e as orações de Ana por sua salvação não tinham sido em vão.[12]

Assim, quando ocorreu este casamento, que nunca foi oficialmente anunciado ao mundo e por isso não deixou qualquer prova documental? Restam poucas dúvidas de que de fato aconteceu, mesmo que Françoise jamais tenha confirmado diretamente, nem mesmo para seus mais leais acólitos no fim de sua vida.[13] A maioria das opiniões históricas tende para a noite de 9-10 de outubro, com a velha capela de Versalhes, depois reformada, como o local mais provável. Teria acontecido noite alta, em nome da discrição, e provavelmente foi realizado pelo arcebispo de Paris, Harlay de Champvallon, com o cura de Versalhes como outra possibilidade. Se é verdade, como uma fonte sugere, que vestes verdes foram usadas, isto significa que deve ter acontecido num dia de semana entre Pentecostes e o primeiro domingo do Advento. O sempre discreto Bontemps teria organizado tudo e, além disso, pode ter atuado como testemunha, junto com a fiel serva de Françoise desde sua viuvez, Nanon Balbien. Outras testemunhas possíveis, de posições menos íntimas, eram o novo primeiro-ministro do rei desde a morte de Colbert em setembro, o marquês de Louvois, e o marquês de Montchevreuil, um sujeito decente, mesmo que um tanto estúpido, marido da sisuda amiga de Françoise.

A fofoca sobre o casamento se espalhou por toda a Europa, e em 1686 uma canção corria nas bocas, contrastando a reputação da velha amiga de Françoise, a cortesã Ninon de Lenclos, com a da virtuosa esposa romana Lucrécia: "Se ela é esposa ou amante / Se Ninon ou Lucrécia / Pouco se me dá." Quanto ao rei, que "de amante virou marido / Ele faz o que se faz nesta idade". Em 1687, segundo Liselotte, poucas pessoas na corte duvidavam que os dois estivessem casados; embora ela mesma achasse difícil de acreditar, "já que não houve nenhum anúncio oficial". Sendo Liselotte, ela não deixou de acrescentar uma alfinetada na moral da corte francesa: "Se eles estivessem casados, seu amor dificilmente seria tão forte quanto é. Mas talvez o segredo acrescente um tempero pouco familiar às pessoas em matrimônios oficiais." No ano seguinte, Liselotte, com seu forte senso de status, ainda estava perplexa pela falta de anúncio oficial (ela não deveria reclamar, porque isto lhe permitia manter a precedência sobre "a velhota"). Mas Madame teve que admitir que Luís jamais sentiu "por qualquer amante tanta paixão quanto sente por esta".[14]

Françoise tinha suas próprias ideias sobre como sua posição poderia ser administrada. Por exemplo, ela se recusou a assumir o posto de dama de honra da delfina — a nomeação mais importante para uma

A NECESSIDADE DO REI

mulher da corte — quando a duquesa de Richelieu faleceu, apesar dos apelos de Marianne-Victoire. (Esta tinha visto a luz: quando chegara à França, ela demonstrara hostilidade para com Françoise, encorajada por seu marido; agora ela percebia seu erro.) Foi dito que esta abnegação era "um comportamento muito generoso e nobre" por parte de Françoise; mas, na verdade, ela não queria ser vista trilhando o caminho de Athénaïs, a amante nomeada superintendente da casa da rainha. Por outro lado, em 1692 Françoise desfrutava o direito de visitar conventos enclausurados, teoricamente exercido apenas por rainhas da França. Ela também tinha o privilégio crucial de se sentar na presença da realeza — sempre um vital indício de status em Versalhes.

Contudo, a prova real do casamento jaz na atitude do clero, acima de tudo da Santa Sé. Para que Françoise mantivesse sua posição como uma mulher de virtude, era necessário que o papa fosse informado privadamente sobre o casamento. Isto provavelmente aconteceu em 1685. É certo que o papado a tratou com todo o respeito, o que dificilmente seria o caso se ela continuasse apenas como amante ou suposta melhor amiga do rei. Uma coroa de lápis-lazúli de uma estátua da Virgem e uma medalha de ouro estavam entre os presentes enviados de Roma para Françoise.[15]

À medida que os anos passaram, houve pistas, atos falhos da pena ou da etiqueta, que não admitiam qualquer outra hipótese além do casamento entre os dois. A referência do embriagado e dissoluto Carlos d'Aubigné a seu "cunhado" real não deve ser tomada como prova, já que Carlos gostava de constranger quando podia e certamente não tinha qualquer informação privilegiada. Mas houve a carta do abade Godet des Marais, diretor de consciência de Françoise após Gobelin, que se referia a ela como "uma mulher ocupada com a glória de *seu esposo*" (itálicos acrescentados). E houve o incidente mais cômico no qual Monsieur deu de cara com seu irmão sozinho com Françoise numa cama, com as cobertas retiradas devido ao calor (ele estava tomando remédios, não fazendo amor). O rei simplesmente riu e disse: "Na condição em que me vês com madame de Maintenon, podes imaginar o que ela é para mim."[16]

O AMOR E LUÍS XIV

Uma das claras indicações dadas por Luís XIV de que não haveria uma nova rainha oficial da França foi sua transformação dos aposentos de sua falecida esposa. Agora, os próprios aposentos de madame de Maintenon eram adaptados de vez em quando para adequar-se a seu novo status — qualquer que fosse —, e ela recebeu uma sala de recepções apropriada (e um guarda-roupas melhor), de modo que o rei podia desfrutar a domesticidade que desejava. As instruções para a reforma vinham misturadas com ordens para os próprios aposentos do rei, e os do delfim e da delfina. Mas, apesar do espesso damasco nos vários cômodos — vermelho, verde, carmim e ouro, em poltronas, camas e mesas, assim como nas paredes —, estes não podiam ser confundidos com os aposentos de uma rainha. Apenas a cama na alcova com seus quatro arranjos de plumas oscilando no alto tinham algo de semirreal.[17]

O rei não recebeu qualquer congratulação pelo casamento, que, aos olhos de seus súditos, não lhe dava nem o prestígio de uma esposa da realeza e nem a virilidade encarnada numa amante requintada. Uma rima popular indicou isto: "Eu pequei muitas vezes com Montespan / Eu pequei com aquela boa rapariga / E com esta aqui / Eu pago meus pecados."[18] O que ele ganhou foi o que quis ganhar: um novo puritanismo na corte. *O tempora! O mores!* Galantes de ambos os sexos na corte devem ter lamentado como Cícero pela mudança da moral trazida pelos novos tempos, quando na Páscoa de 1684 o rei criticou severamente aqueles que não cumpriram seus deveres religiosos.

Uma certa dama galante que deve ter olhado com desconfiança para a mudança foi Athénaïs, ainda presente na corte, ainda recebendo suas ritualísticas visitas diárias do rei. Seu suntuoso presente de ano-novo do rei em 1685 foi muito admirado: consistia num livro encadernado com ouro e iluminuras representando todas as cidades holandesas que Luís capturara em 1672; o texto foi parcialmente fornecido por Racine. O marquês de Dangeau relatou sobre a aparência deslumbrante e o bom gosto do presente em seu *Journal*[19]* (embora certamente houvesse um

---

* Os *Journals* do marquês de Dangeau, de 1684 em diante, são uma importante fonte sobre a rotina diária, incluindo a saúde, de Luís XIV.

A NECESSIDADE DO REI

elemento de nostalgia em recordar aqueles dias — e noites — de campanhas passadas). Uma saída em trio para caçar no outono de 1685, numa carruagem ocupada por Françoise, Athénaïs e o rei, também aparentava uma reedição da dupla Louise e Athénaïs de 15 anos antes. Mas o poder mudara de mãos para sempre.

Athénaïs já tinha sido transferida de seus magníficos aposentos para habitar apenas no *appartement des bains* do térreo. O piso de mármore trabalhado teve que ser substituído por parquete para torná-lo habitável no inverno. Em dezembro, foi a Françoise que Athénaïs solicitou uma posição junto ao delfim para seu filho do primeiro casamento, o marquês e mais tarde duque d'Antin, de 20 anos de idade. (Ela mal o vira na infância depois que o marido o levara embora, e sua filha Marie-Christine falecera no começo da adolescência.) A pedido de Françoise, o rei concordou. D'Antin, belo e efusivo, com a beleza e a espirituosidade de sua mãe, prosseguiu para ter uma carreira de distinção na corte e no Exército.

Entretanto, o poder de Françoise era limitado tanto por sua própria inclinação — ela tinha sua ideia pessoal do que lhe cabia fazer — quanto pela má vontade do rei em sofrer interferências femininas no que via como sendo uma esfera masculina. A revogação do Édito de Nantes em 1685 foi um exemplo. Em 1589, um lei promulgada por Henrique IV garantiu liberdades civis e religiosas aos súditos huguenotes do rei. Embora o cardeal Richelieu anulasse as cláusulas políticas em 1629, foi a revogação de Luís o que pôs em marcha as conversões forçadas, com outros huguenotes fugindo para o exterior. Tudo isto tinha a ver com a direção da política eclesiástica de Luís XIV desde o começo de seu reino, e nada a ver com Françoise.[20]

As únicas pessoas que a culparam por isso foram a rancorosa Liselotte, que tentou fingir que "a velha prostituta" e o padre La Chaise exigiram esta compensação do rei por ele ter dormido com Montespan; e Saint-Simon, que só tinha 9 anos naquele tempo. Por mais desagradável que a revogação pareça para o coração e a mente modernos, e ainda mais os horrendos sofrimentos posteriores para os huguenotes que permaneceram na França, a decisão foi popular entre os súditos católicos de Luís, maioria no reino.[21]

O AMOR E LUÍS XIV

Nesta época, a tolerância era em geral considerada como um passo para a desordem política — Carlos II não teve sucesso algum em tentar estabelecer "liberdade para consciências mais frágeis". O princípio proposto pela primeira vez na Dieta de Speyer em 1526, *cujus regio ejus religio* (a religião do território deveria ser a religião do governante), teve ampla aprovação. A perseguição aos "falsos reformadores", ou seja, os protestantes, foi vista como um acréscimo à glória do rei e não como um descrédito. Luís foi louvado por extirpar o monstro da heresia: "Esta hidra que a tua mão estrangulou."[22]

Por razões ligadas a sua mesclada formação protestante-católica, Françoise tinha uma atitude muito mais pragmática quanto à religião do que muitos de seus contemporâneos. Por natureza, ela não era uma perseguidora, mas uma persuasora. Quando jovem, ela passara a apreciar a doutrina da religião católica, na qual agora acreditava profundamente. Mas também passara a considerar que no catolicismo, a religião do Estado, estava a chave para uma vida melhor, e esperava que outros chegassem à mesma conclusão. Como escreveu em 1681 para a esposa de seu primo, a marquesa de Villette, protestante: "Espero que Deus, que te deu tantas qualidades boas, te recupere de um estado que te torna inútil para este mundo e o próximo."[23] Vale notar a ordem na qual os mundos são mencionados.

Começando por volta de 1684, Françoise manteve uma série de pequenos "Cadernos Secretos" encadernados em couro, nos quais ela anotava textos religiosos, citações bíblicas e ditos dos santos que a comoviam, como São Francisco de Sales e Santo Agostinho, junto com suas próprias observações.[24]* O resultado é uma colcha de retalhos sagrada, com determinados sentimentos devotos e inofensivos: "Guarde uma regra e ela te guardará", por exemplo, e o texto frequentemente repetido do Velho Testamento: "Aquele que não se torna como as criancinhas não entrará no Reino dos Céus." Ao mesmo tempo, ele fornece uma pista sobre como Françoise via a si mesma e a seu destino.

---

* Os oito pequeninos volumes, 11,4 x 6,4 centímetros, estão agora preservados na Bibliothèque Municipale de Versailles.

A NECESSIDADE DO REI

Ela tinha que ser tão submissa ao rei quanto Sara o era para Abraão (que, claro, eram marido e mulher). Em todo caso, Françoise concluiu "que não devo ocultar dele nada do que ele necessita saber de mim, e que ninguém mais tem coragem de lhe dizer". No que dizia respeito a reis em geral, há considerável ênfase no reinado de Deus, ao estilo de Bossuet e Bourdaloue: "É de Mim, Deus, que vem a sabedoria...", "Os reis governam graças a Mim." E há uma crucial referência ao comportamento hedonista da corte, que Françoise testemunhara de fora: "Jesus Cristo se ofende acima de tudo com os amantes do prazer" (*amateurs de plaisirs*).

Foi em seu trabalho pela educação, particularmente a educação do tipo de moça pobre que ela fora no passado, que Françoise descobriu sua verdadeira vocação — pois se pode dizer que guiar o rei foi uma vocação atirada sobre ela por uma combinação de circunstâncias. Apesar de sua declarada aversão à vida da corte (uma aversão expressa mais fortemente à medida que os anos passavam), Françoise não pôde resistir ao desafio e ao triunfo. Mas a educação dos jovens sempre foi algo que a interessou, mesmo antes de ser nomeada preceptora de Maine e de seus irmãos. Por meio de duas "adoções", Françoise afiou suas habilidades neste âmbito.

Marthe-Marguerite de Villette, conhecida como mademoiselle de Mursay devido ao castelo, era filha do primo-irmão que Françoise amara na juventude, Filipe de Villette. Nascida em 1671, Marguerite era uma moça inteligente e entusiasmada, mas sua relação com a famosa dama que ela sempre chamara de tia não seria privada de seus altos e baixos. Marguerite também tinha um traço rebelde. A princípio, ela não gostou de ser transformada numa pequena católica, embora fosse para seu benefício social, exatamente como Françoise tinha feito. Segundo suas próprias palavras: "Primeiro chorei muito, mas no dia seguinte achei que a missa do rei foi tão linda que concordei em me tornar católica, com a condição de que eu pudesse ir à missa todos os dias — e que eu não fosse chicoteada!"[25]

Algo em Marguerite parece ter irritado Françoise: por que ela não podia aceitar seu lugar na sociedade e ver o quanto era afortunada por ser levada a tamanho avanço? E, ainda assim, ela não avançara tanto quanto poderia. Françoise a achava preguiçosa, apesar de seus talentos naturais para o canto e a dança, e suspeitou de frivolidade quando Marguerite passou a preferir o divertido círculo de estilo Mortemart de madame la Duchesse (Louise-Françoise, a filha do rei com Athénaïs) aos círculos severos de sua "tia". Logo no início, Marguerite, que era bela o bastante para atrair pretendentes, teve um suposto romance com um membro da guarda do rei. Ao que parece, madame de Maintenon tirou uma espécie de prazer amargo do fracasso de Marguerite em maximizar suas chances, segundo seu ponto de vista. "Ela não se sairá tão bem quanto poderia", relatou Françoise em setembro de 1684, "mas sempre terá um casamento melhor do que poderia esperar naturalmente."

Contudo, quando se tratou da questão do casamento de Marguerite, Françoise, na verdade, dispensou um pretendente, o duque de Boufflers, dizendo: "Minha sobrinha não é um casamento bom o bastante para ti." Ainda assim, sua escolha final do conde de Caylus, com quem Marguerite foi casada aos 15 anos, foi desastrosa. Apesar dos bons contatos na corte como membro da Casa do Delfim, e apesar de seus talentos militares, Caylus acabou por ser um bêbado, que queria fazer suas refeições separado de sua esposa para se entregar ao álcool sem testemunhas.

A segunda "adoção" de Françoise, de sua verdadeira sobrinha, Françoise-Charlotte d'Aubigné, saiu-se bem melhor. Françoise-Charlotte, nascida em 5 de maio de 1684, um ano após o casamento real secreto, era filha de Carlos d'Aubigné e Geneviève Piètre, a *bourgeoise* que ele insistira em desposar, para desgosto de sua irmã. Contra a persistente benevolência de Françoise para com o ingrato Carlos deve ser pesado seu igualmente persistente desprezo por Geneviève. Lá estava uma mulher que não apenas comia manteiga e presunto na hora errada do dia, mas também tinha um terrível sotaque "como se saída de Les Halles" (o mercado parisiense). Na verdade, o melhor e o pior da personalidade de Françoise foi exibido em suas reações dúbias aos d'Aubigné enquanto casal.

Quase imediatamente após o nascimento da menina, Françoise decidiu que esta criança seria sua herdeira, ou seja, herdeira da propriedade de Maintenon. Sua carta para o irmão sobre o assunto foi breve: "Casa-

A NECESSIDADE DO REI

rei [Françoise-Charlotte] segundo meu gosto, já que tu me a deste." Ele não deveria criar expectativas. Contudo, a pequena Françoise-Charlotte acabou por ser a criança mais encantadora,* bela e obediente, jovem o bastante para ser neta do rei e de sua esposa secreta, uma prévia dos prazeres de tal relacionamento, no qual a simples infância diverte um homem de idade. Contudo, a admirável Françoise-Charlotte não escapou de todas as restrições de sua tia: em certo ponto, ela foi avisada para não se considerar "uma pessoa de importância", já que era totalmente dependente de madame de Maintenon para suas perspectivas e poderia ser despachada com "algum miserável cavalheiro do campo" se sua tia morresse.[26]

Foi um golpe de boa sorte que o interesse de madame de Maintenon na educação de meninas — especialmente meninas como ela mesma, de nascimento nobre, mas desprovidas de um dote — coincidisse com a necessidade crescente do rei em ser entretido por mulheres mais jovens (daí sua indulgência com suas filhas ilegítimas). O resultado foi o estabelecimento conhecido como a Fundação de Saint-Luís e Saint-Cyr em 1686: era para a educação gratuita de filhas da nobreza empobrecida. Apenas doações reais eram permitidas para apoiar a Fundação; as professoras ficariam conhecidas como as Dames e as meninas como as Demoiselles de Saint-Luís. Doze damas foram convidadas da escola filantrópica Saint-Maur para instruir as Dames em como fazer seu trabalho.[27]

Este foi um assunto em que houve perfeita harmonia entre o rei e sua esposa secreta. Nem Françoise e nem Luís queriam que Saint-Cyr fosse um convento. A própria Françoise resistiu a ir para um convento; Luís não apreciara muito aquelas infindáveis visitas a conventos acompanhando sua mãe quando menino. Emocionalmente ligado às moças e ao seu bem-estar, Luís prestava sua característica atenção a detalhes como os toucados delas, por exemplo. Enquanto outrora a virilidade real fora celebrada pelo espetáculo de suas numerosas amantes, Luís XIV agora ficava feliz em ser visto num papel patriarcal: guardião das "pérolas do

---

* Ela é a menina de olhos grandes e cabelos encaracolados que aparece no famoso retrato de madame de Maintenon.

O AMOR E LUÍS XIV

reino". E ele ficava particularmente satisfeito porque as filhas de soldados caídos na guerra — a serviço da Coroa — seriam cuidadas ali.

Um panfleto satírico impresso na Holanda se referiu a Saint-Cyr como "um harém que a velha sultana preparou para o moderno Assuero" (Luís XIV).[28] Isto só era verdade no sentido de que Luís exultava na atmosfera exclusivamente feminina das adoráveis crianças e moças, com idades entre 7 e 20 anos, que vieram a ocupar o estabelecimento. Ele adorava o recato delas: a forma como nunca se permitiam fitar diretamente a augusta figura de seu soberano, embora obviamente estivessem ansiosas por fazê-lo. Luís fazia frequentes visitas, às vezes a pé (Saint-Cyr ficava convenientemente próxima a Versalhes), e desfrutava a excelente música das estudantes. Elas eram divididas por idade, as mais jovens sendo as Vermelhas; as pré-adolescentes, Verdes e Amarelas; e as mais ou menos adultas, Azuis. Em certo ponto uma tal mademoiselle de Beaulieu, uma Verde, com uma voz particularmente adorável, decidiu organizar uma canção improvisada em honra do rei, quando ele partia a pé após as vésperas. Assim o doce som chegou a ele: "Que ele viva e triunfe para sempre, nosso herói." Era tudo o que o rei queria; no fundo, era o que qualquer respeitado homem de idade poderia querer.

De sua parte, madame de Maintenon encontrou ali a oportunidade perfeita para controlar e moldar as jovens segundo seus próprios valores. Também deveria ser destacado a seu favor que, assim como Françoise estava à frente de seu tempo em sua afeição genuína por crianças e sua companhia, ela também era moderna em sua crença na necessidade da educação feminina para fazer com que a sociedade funcionasse apropriadamente (ela já havia tentado um experimento em Noisy, com base em Versalhes). Françoise passava grande parte do tempo em Saint-Cyr, às vezes chegando às 6 horas da manhã. Em certas ocasiões, os acontecimentos ali provocavam aquele senso de humor um tanto seco que era outro aspecto do caráter de Françoise. Houve uma ansiosa pergunta de uma Demoiselle: contra que tipo de coisa elas deveriam acautelar-se "ao entrar no mundo"? Em vez de um solene sermão, Françoise respondeu com bom humor: "Não te sujes na lama daqueles jardins." Em outra ocasião, ela passou um longo tempo papeando na cozinha quando sur-

giu a necessidade de comparecer a uma cerimônia formal. "Mas, madame", exclamou uma das presentes, "estás com um leve cheiro de banha
de cozinha!" "Verdade", replicou Françoise, "mas ninguém jamais acre-
ditará que vem de mim."[29]

Nenhum detalhe era pequeno o bastante para que ela não o notasse
(atenção aguda aos detalhes era algo que Luís e Françoise tinham em
comum). Bons dentes, por exemplo, eram um assunto que a obcecava,
e tratamentos foram fornecidos para estas meninas provincianas: a voluntariosa Marguerite foi forçada a receber tratamento para seus dentes
inadequados. As meninas ficavam impressionadas por Françoise prestar
atenção em minúcias de suas roupas íntimas e ainda mais quando ela
ordenou que as porções de comida não deveriam ser pequenas demais,
provando-a pessoalmente para garantir a qualidade.

O objetivo era criar boas mulheres cristãs e não freiras: na verdade,
a ênfase estava na educação, que lhes daria oportunidade de assumir
seu lugar no mundo como esposas respeitáveis e úteis de cavalheiros.
Assim, a alegria — sempre útil numa esposa — era uma virtude recomendada. O francês deveria ser falado com entonação adequada. Escritos sagrados eram óbvios materiais de estudo, bem como alguns textos
clássicos. É notável que o teatro tenha sido considerado uma área de
estudo, quando romances literários não eram; mas Luís XIV era e continuaria a ser um ardoroso amante do teatro, e as meninas não poderiam
se sair mal, poderiam?, dedicando-se a uma arte que dava tanto prazer a
seu "herói". Em janeiro de 1689, o rei emprestou joias, algumas "pedras
brilhantes" de sua coleção, assim como tapeçarias adequadamente ricas,
para uma montagem de *Ester* de Racine, com música de Jean-Baptiste
Moreau, um discípulo de Lully.

O dramaturgo já era agora um amigo e aliado de Françoise e talvez
até tenha ajudado com os "Cadernos Secretos", assim como com os es-
tatutos de Saint-Cyr. Ele também era um visitante frequente do castelo de Françoise, em Maintenon. Por exemplo, ele foi até lá junto com
seu colega escritor e historiógrafo real, Nicolas Boileau, para repouso e
recreação em agosto de 1687, quando Racine considerou madame de
Maintenon "cheia de presença de espírito e bom-senso".

A simples e adorável residência de Maintenon estava sofrendo alterações e acréscimos — como sempre era o caso quando a figura de Luís XIV estava envolvida —, incluindo duas novas alas desenhadas por Mansart; empedrados do lado de fora onde os guardas podiam disparar suas baionetas com um som de trovão para receber seu rei; e uma passagem para que ele chegasse a uma *tribune* ou sacada especial, da qual podia avistar a igreja da vila e participar da missa despercebido. Foi pouco depois de uma visita real que Luís outorgou à esposa secreta o marquesado de Maintenon, em junho de 1688: ironicamente, o sonho de Françoise de uma vida tranquila ali, nunca realmente realizado, agora podia ser abandonado por completo devido às crescentes exigências das ambições militaristas do rei.[30]*

E depois houve o aqueduto que foi projetado para atingir a altura da catedral de Notre-Dame, e que Carlos d'Aubigné achou "grotesco".** Era parte de um plano ambicioso do rei de desviar as águas do rio Eure para alimentar as fontes de Versalhes. Soldados labutaram e trabalhadores morreram de malária; no fim, o projeto foi abandonado.

Quanto aos temas das peças em Saint-Cyr, "teatro religioso" era o tom desejado. Contudo, Racine enfrentou um problema com *Ester* quase imediatamente. Sua peça era baseada na história bíblica sobre a virtuosa israelita Ester, preferida por Assuero à "arrogante" e desdenhosa Vasti, que "reinou durante longo tempo sobre sua alma ofendida". Os fofoqueiros não tiveram dificuldade em associar a personagem de Ester a Françoise e Athénaïs a Vasti. A ênfase estava inteiramente na renovação da vida de Assuero, graças à serenidade de Ester: "Ela sopra para longe a mais negra sombra do tormento / e torna meu dia mais obscuro um dia de luz." E novamente: "Tudo em Ester emana inocência e paz." No fim da peça o coro das israelitas saudava a própria virtude de Assuero, "O leão furioso é um cordeiro pacífico" e agradecia a Deus pelo resultado: "Em Vossa mão está o coração dos Reis." Para evitar

---

* Foi calculado que nos 24 anos que Françoise possuiu a propriedade, ela passou ao todo entre oito e dez meses lá, somando-se todas as estadias.[31]
** Hoje uma encantadora ruína, semelhante a uma imagem de Hubert Robert.

o constrangimento do divertido paralelo com a vida amorosa do rei, Racine escreveu às pressas um prólogo deixando claro que Assuero não era nada além de um rei fictício... Este prólogo foi recitado por Piedade, interpretada por Marguerite, a protegida de Françoise e estrela de Saint-Cyr, que o declamou de cor.[32]

O rei adorou *Ester* e a assistiu pelo menos cinco vezes. A peça confirmou sua opinião de que Saint-Cyr era "um ambiente habitado pela Graça", nas palavras colocadas por Racine na boca da Piedade.[33] Ele amou a visão e o som das jovens representando o coro das israelitas: "Um enxame de inocentes belezas / Que amável modéstia se vê pintada em seus rostos." A corte também ficou encantada por encontrar um entretenimento agradável que seu soberano agora puritano aprovava de verdade. Madame de Sévigné se perguntava como uma jovem podia representar o papel de Assuero. Um pouco depois, ela foi capaz de ver por si mesma, sentada na fileira atrás das duquesas superiores na frente. Depois ela teve um daqueles diálogos banais com a realeza, que, entretanto, dava prazer aos mais inteligentes súditos.

"Madame, foi-me assegurado que tu apreciaste", começou o rei. "Senhor, fiquei encantada", derramou-se madame de Sévigné. "Tudo que vivenciei está acima das palavras." "Racine tem muita inteligência", observou o rei. "Majestade, ele de fato tem", concordou ela, "mas para ser honesta, as jovens também foram muito bem; elas dominaram seus papéis como se jamais tivessem feito outra coisa." "Ah, como é certo isto!", foram as satisfeitas palavras finais do rei. E assim ele partiu, deixando madame de Sévigné como objeto de inveja geral da corte pela graciosa atenção que recebeu.[34]

O ano de 1686, que marcou o agradável estabelecimento do "harém" de Saint-Cyr, também foi o *annus horribilis* de Luís XIV no que dizia respeito a sua saúde. Algum pressentimento deve ter levado o rei a ancorar Françoise ao seu lado, pois ele certamente precisava de uma esposa, não de uma amante, neste ponto. Sabemos bastante — por vezes até mais do que queremos — da saúde de Luís XIV pelos detalhados diários de seus médicos, assim como os de Dangeau.[35] Ele passava por rotineiras

O AMOR E LUÍS XIV

purgações uma vez por mês, e dizia-se que estava "tomando remédios" (doses de ervas), bem como recebendo *lavements* (enemas) com misturas de água, leite, mel e óleo de amêndoas.* Mas no começo de 1686 um furúnculo em sua coxa, combinado à dolorosa gota em seu pé direito, significava que ele mal podia andar, apesar das tinturas de mirra e aloé, vinho tinto e absinto. O furúnculo foi finalmente cauterizado, mas o rei só tornou a andar em sua adorada *Orangerie* de Versalhes em maio. Até lá, ele foi obrigado a permanecer deitado nas reuniões de Conselho e a ser alçado de sua pequena carruagem. Em agosto a introdução de quinino ajudou com a gota. Mas o pior estava por vir.

No outono, o rei desenvolveu uma fístula anal, uma fissura anormal na área. Não bastasse a dor que isto causava, o tratamento, que envolvia separar os tecidos com um bisturi (numa época, claro, anterior aos anestésicos), era ainda mais agonizante. A Grande Operação, como ficou conhecida mais tarde, aconteceu às 7 horas da manhã do dia 19 de novembro e foi mantida em estrito sigilo. As pessoas que souberam foram Françoise, padre La Chaise, o médico Fagon e o cirurgião Félix. (Foi dito que a mão de Félix tremeu pelo resto de sua vida — após o evento.) Luís, o mestre do autocontrole, exibiu exemplar bravura e suportou todo o processo com um único grito de "Meu Deus!" quando a primeira incisão foi feita.[37] Seus sofrimentos silenciosos lembraram os do torturado Titã na Fonte de Encélado em Versalhes, cujo ombro é semiesmagado pelas rochas do Monte Olimpo; seus olhos estão arregalados, mas apenas o ruído da água que sai de sua boca silenciosa pode ser ouvido.

Quase tão extraordinário quanto a coragem de Luís sob a faca foi o fato de ele ter comparecido a uma reunião de Conselho naquela mesma noite. Na manhã seguinte, ele também fez seu *lever* habitual para a corte, embora o brilho da transpiração pudesse ser visto em seu rosto

---

* O historiador Le Roy Ladurie argumentou que as sangrias e especialmente as purgações cumpriam "um ritual de pureza real comparável aos constantes banhos e abluções aplicados aos mais altos círculos brâmanes do sistema de castas da Índia". Enemas eram regularmente prescritos pelos médicos do século XVII para livrar o corpo do paciente de seus humores nocivos.[36]

A NECESSIDADE DO REI

pálido como a morte. Mensagens foram enviadas para a família real após o evento, mas os membros da família foram proibidos de correr para encontrá-lo. Apesar disso, o delfim chegou num galope e numa torrente de lágrimas. Athénaïs, que estava com sua filha madame la Duchesse em Fontainebleau, também correu para Versalhes apenas para ouvir que não havia crise alguma e que ela deveria voltar. No momento em que Luís viu o velho príncipe de Condé em 22 de novembro, foi capaz de observar com sangue-frio: "As pessoas que não estavam aqui acreditam que minha doença foi grande, mas no momento em que me veem, percebem que eu praticamente não sofri." (Na verdade, foi o Grande Condé quem morreu algumas semanas depois.) Infelizmente, outra operação menor foi necessária para remediar a supuração que resultou da primeira. A segunda cura funcionou: no meio de março de 1687, Luís conseguiu montar um cavalo novamente.

Durante seu ano de convalescença, Luís não pôde comparecer à inauguração de sua estátua equestre em 16 de março na Place des Victoires em Paris, produzida por Mansart no ano anterior; o delfim foi em seu lugar.* Em 1687, ele conseguiu fazer uma de suas raras visitas a Paris e inspecioná-la por si mesmo. Lá o grande rei se viu montado nas alturas, acima de um baixo-relevo no pedestal da Passagem do Reno. A escala era magnífica e certamente condizente com a imagem contemporânea de "Luís le Grand": vinte homens de fato se instalaram dentro do ventre do cavalo durante a montagem. A voga de estátuas do rei começava a se espalhar pelas províncias e além: Quebec, a capital da Nova França desde 1663, foi agraciada com um busto de Luís XIV em sua Place Royale. Louisiana, a área da América do Norte conquistada por Robert La Salle, em 1682, foi mais longe e homenageou o rei em seu próprio nome.[38] Estas congratulações seguiam o ritmo da própria política real de *réunions* mencionada anteriormente, ou seja, a aquisição de territórios que ele considerava franceses por direito. E havia outras terras que ele julgava pertencentes à França devido a casamentos

---

* A presente estátua é uma réplica do século XIX; a original foi destruída na época da Revolução Francesa.

com princesas herdeiras. Os Países Baixos espanhóis foram um proeminente exemplo disto.

Foi em 1685 que a morte do irmão sem filhos de Liselotte, o eleitor do Palatinado, induziu Luís a um novo surto de adrenalina territorial: em nome de Liselotte, ele requisitou certas terras não cobertas pela Lei Sálica (que não permitia herança feminina); ou melhor, ele as reclamou para Monsieur, já que pela lei francesa os direitos da esposa estavam circunscritos aos do marido. A Liga de Augsburgo de 1686, uma aliança contra a França que incluía Áustria, Espanha e Bavária, tinha por alvo o expansionismo francês. Isto forneceu ao rei a desculpa para dar a hipócrita declaração de que ele agora seria obrigado a recorrer às armas contra sua própria vontade.

No outono de 1688, ficou decidido pelo Conselho que uma rápida guerra preventiva asseguraria as desejadas cidades alemãs. Em 10 de setembro, 6 mil tropas entraram em Bonn, e o próprio Delfim foi destacado para tomar Philippsburg. Em dezembro, Louvois traçava planos segundo "as intenções de Sua Majestade (...) para destruir a cidade, e a cidadela de Mannheim e todas as suas casas".[39] Enquanto isso, Luís disputara com o papado quanto à nomeação do novo bispo de Colônia e aproveitara a oportunidade de conquistar Avignon.

Não há como exagerar a tristeza da própria Liselotte durante o outono. Ela estava particularmente horrorizada com os planos de devastar Mannheim por completo, a cidade que seu pai reconstruíra com tanto carinho: "Meu nome é usado para a ruína de minha terra natal." Ela disse ao delfim que via a destruição de Heidelberg e Mannheim em seus pesadelos. Incapaz de controlar seu sofrimento em público, Liselotte incorreu na forte desaprovação do rei, tanto por seus sentimentos quanto pela forma descontrolada de sua expressão. Alguns anos antes, ela fora advertida indiretamente por Luís — o confessor dele falara com o dela — por uma variedade de falhas. Sua linguagem era vulgar: por exemplo, ela disse ao delfim que mesmo que o visse pelado das solas dos pés até o topo da cabeça, não se sentiria tentada por ele (e ninguém mais). Ela permitira que suas damas se envolvessem em galanterias e se limitara a rir com a ousada Marie-Anne de Conti sobre seu comportamento em vez de censurá-la.[40]

A NECESSIDADE DO REI

Liselotte ficou secretamente furiosa. Como disse a sua tia Sofia, ela não era "uma arrumadeira" para ser tratada desta forma, diferente da preciosa Maintenon do rei, "que nasceu para isso". Tampouco ela era governanta da princesa de Conti para impedi-la de ter amantes se ela os quisesse ter. Por sua linguagem franca — e ela *era* franca com sua conversa sobre fezes e urina —, ela culpou o rei: ele tinha dito uma centena de vezes que, em família, as pessoas podiam dizer qualquer coisa. E, quanto às galanterias das damas, "tal conduta não é sem precedentes" e, na verdade, "é bastante comum em qualquer corte". (Nisto Liselotte certamente tinha um bom argumento.) No geral, a devoção escrava de Liselotte a Luís estava fenecendo. Quando ela implorou por seu pai, e ele meramente respondeu "Je verrai" [Eu verei], Liselotte escreveu amargamente que este lugar-comum real era pior do que uma recusa direta.[*41]

A verdade era que nem Liselotte como segunda dama e nem a delfina atuando como primeira-dama de Versalhes cumpriam as expectativas de Luís; a última teve que ser instruída a formar um círculo adequado com as breves palavras sobre o tema dos deveres reais: "Nós não somos indivíduos."[42] Foi aqui que a ausência da figura de uma rainha se fez sentir para toda a harmonia da corte: era uma lacuna que Françoise não podia preencher.

Entretanto, a decisão do rei de atacar a Alemanha em setembro de 1688 teria consequências inesperadas neste aspecto. Logo haveria uma rainha em Versalhes, mesmo que não uma rainha da França. A incursão na Alemanha implicou a impossibilidade de Luís ajudar o cercado rei católico da Inglaterra, Jaime II, que seu próprio Parlamento tentava depor após um reinado desastroso de menos de quatro anos. Luís calculou que o genro protestante de Jaime, Guilherme de Orange, não ousaria invadir a Inglaterra no fim do outono. Estava enganado. Na ausência da marinha francesa, que Luís dirigiu para outro lugar, Guilherme na-

---

* *Je verrai* era uma expressão impopular para outros além de Liselotte. Um soldado gascão de um braço só exclamou: "Se eu tivesse dito 'Eu verei' para meu general quando este me mandava para a batalha, talvez ainda conservasse meu braço."

vegou em triunfo para a Inglaterra, atracando em 4 de novembro em Brixham, baía de Torbay, West Country. Dentro de algumas semanas, a rainha Maria Beatriz e seu filho infante fugiam para a França. Quando Luís recebeu a infeliz refugiada, estava acolhendo, claro, não apenas uma mulher desafortunada, mas também uma política: era uma política de apoio à causa jacobita, como logo ficaria conhecida a política do exilado rei Jaime.

CAPÍTULO 12

Majestades do mundo

Vê o que é feito das majestades do mundo, haveremos de chegar lá, tu e eu.

— Luís XIV ao delfim, 1690

Maria Beatriz, a fugitiva rainha da Inglaterra que se lançou aos pés da misericórdia de Luís XIV, já não era a princesa tímida e dócil que passara pela França a caminho de seu casamento 15 anos antes. Na época, o amável rei se descreveu para a bela adolescente como seu "padrinho"; ela era, afinal, a filha de uma Mazarinette, Laura Martinozzi, que fora casada por seu tio cardeal com o futuro duque de Módena. Mas o casamento de Maria Beatriz foi desde o início extremamente desafiador tanto em particular quanto publicamente, e ela havia mudado.

Em 1673, à idade de 15 anos, Maria Beatriz se viu casada com um príncipe 25 anos mais velho que ela e não muito impressionante. Jaime, na época James, duque de York, fora um atraente soldado em sua juventude, mas de certo modo os Stuart (os que conservavam a cabeça) não envelheciam bem. Ele também era um notório libertino, como seu irmão Carlos, mas sem o charme que permitia que o Monarca Alegre conduzisse bem a situação: tão feias eram suas amantes que Carlos jocosamente sugeriu que lhe tinham sido impostas por seus confessores. A jovem duquesa de York, católica, teve que tolerar os bastardos de seu marido, assim como as duas filhas protestantes da primeira esposa dele, Mary e Anne. O casamento de Jaime foi desde o início extremamente

O AMOR E LUÍS XIV

impopular no país: é compreensível, já que a intenção de Carlos II ao concordar com o casamento foi incorrer no favor do rei francês e não no do Parlamento inglês.

Os protestantes ficaram satisfeitos, e Maria Beatriz devastada, pelo fato de que ela parecia incapaz de ter filhos que sobrevivessem além da primeira infância. Isabella, que faleceu em 1681, chegou a quatro anos e meio; todos os outros morreram no parto ou muito novos, e houve pelo menos quatro abortos, o último em maio de 1684. Isto significava que a protestante Maria, esposa de Guilherme de Orange desde 1677, subiria ao trono com o passar do tempo; sua irmã, igualmente protestante, Anne, esposa de Jorge da Dinamarca, a seguiria, se Guilherme e Maria não tivessem filhos. Talvez os protestantes tenham sido precipitados ao supor que uma mulher ainda na casa dos 20 anos e que engravidara nove vezes em dez anos não o faria novamente. Em todo caso, no outono de 1687, Maria Beatriz se viu grávida mais uma vez. É possível que as águas minerais terapêuticas de Bath, que ela visitara em setembro, fossem responsáveis por sua renovada fertilidade; ou mesmo sua visita ao poço milagroso de St. Winifred em Gales do Norte, alguns anos antes.

Um dia de ação de graças na Inglaterra foi decretado em 23 de dezembro, na esperança de que "a rainha se tornasse a jubilosa mãe de crianças". Contudo, a sugestão do poeta irlandês católico Diarmaid MacCarthy de que Deus poderia conceder um filho e herdeiro a Jaime, a quem chamou de "aquela brilhante e luminosa estrela da bem-aventurança", não era partilhada unanimemente; e, aliás, nem sua lírica descrição do próprio Jaime.[1] O problema era que esta criança, se homem, seria herdeiro do trono — e católico. Quando Maria Beatriz finalmente deu à luz um menino saudável em 1º de junho de 1688, foram inventadas certas fantasias de que o bebê tinha sido secretamente introduzido na câmara da rainha dentro de um aquecedor de leitos: isto apesar da habitual presença de um vasto número de cortesãos na ocasião, incluindo protestantes.* Ainda assim, este nascimento tão esperado por Maria

---

* A verdadeira fantasia estava na crença protestante de que a rainha era incapaz de conceber: quatro anos depois, ela deu à luz outra criança saudável que sobreviveu até a maturidade, a princesa Luísa Maria, conhecida, com boas razões, como "a Consoladora". Jaime, claro, tinha numerosos filhos ilegítimos.

MAJESTADES DO MUNDO

Beatriz e Jaime foi indubitavelmente o catalisador da crise que irrompeu na política inglesa no alto verão de 1688, resultando no convite a Guilherme de Orange por um grupo de dignitários do partido Whig.

Indefeso diante da invasão de Guilherme de Orange, engrossada por muitos de seus próprios defensores, o rei Jaime foi feito prisioneiro. A rainha Maria Beatriz e o pequeno príncipe James Edward escaparam com a ajuda do duque de Lauzun, o outrora noivo da Grande Mademoiselle; ele havia sido retirado de seu longo cativeiro pela generosidade de Anne-Marie-Louise. Por meio desta ação bem-sucedida, Lauzun finalmente restaurou-se no favor real. Mãe e filho chegaram a Calais em 21 de dezembro, esperaram por notícias de Jaime, e depois partiram para encontrar o rei.

Em consequência de todos estes anos turbulentos, que culminaram na provação da fuga, Maria Beatriz tornara-se uma mulher corajosa, inteligente e de forte resolução, oculta sob um exterior recatado, gracioso e extremamente feminino. Aos 30 anos, ela não perdera nada de sua beleza morena e jovial: tinha uma silhueta extremamente elegante, tendendo para o frágil, o que apenas realçava a impressão de graciosidade delgada. Seus cabelos eram "negros como azeviche", tinha pele branca, lábios vermelhos e cheios, belos dentes, sobrancelhas escuras e expressivos olhos negros, ainda que no momento estivessem "turvados por lágrimas".[2] Tudo isto a tornava bastante parecida com sua tia Maria Mancini, embora as feições de Maria Beatriz fossem bem mais clássicas, talhadas num perfeito rosto oval. Não surpreende que ela tenha sido um dos modelos favoritos de artistas da corte como Lely e Kneller, que a pintaram incontáveis vezes.

Além disso, esta rainha era cosmopolita, falava e escrevia em excelente francês, assim como em italiano e inglês, e conhecia suficientemente o latim para ler as escrituras todos os dias no idioma.[3] Acima de tudo, Maria Beatriz era natural e sinceramente devota. Ela jamais hesitou no catolicismo no qual fora criada, apesar dos ventos da mudança a sua volta. Por todas estas qualidades, toda a corte francesa — incluindo o rei e madame de Maintenon — foi desde o início admiradora respeitosa da rainha exilada.

O AMOR E LUÍS XIV

Maria Beatriz foi acolhida em Versalhes por Luís XIV em 6 de janeiro e recebeu todas as honras. Depois ela foi escoltada para Saint-Germain-en-Laye, sua nova casa com a gentil permissão do rei, que também lhe destinou uma equipe de criados e generosamente forneceu uma pródiga pensão. Quatro dias depois, madame de Sévigné estava em êxtase pela mais nova aquisição monárquica da corte, louvando-a por sua "postura distinta e seu gênio rápido". Isto, combinado com a beleza de Maria Beatriz, significava que ela tinha "poder soberano natural", como lorde Peterborough descrevera muitos anos antes ao inspecionar a futura noiva para Jaime II. A rainha refugiada certamente compreendia as maneiras de Versalhes. Quando Luís XIV acarinhou o príncipe de Gales, então com 6 meses, a rainha comentou que até então ela invejara a boa sorte de seu pequeno filho por ele nada saber sobre as calamidades que o cercavam, mas agora "eu lamento por ele, porque ele também está inconsciente dos cuidados e gentilezas de Vossa Majestade".[4]

Quando o rei Jaime chegou, foi graças a uma discreta vista grossa por parte de Guilherme III. O novo rei inglês, soberano ao lado de sua esposa Maria — no que ele brevemente se transformara devido ao apoio do Parlamento —, não tinha qualquer desejo de aumentar o constrangimento da usurpação da família ao manter seu sogro destronado como prisioneiro. Assim, Jaime teve permissão para escapar e se reunir à esposa e ao filho em Saint-Germain. Maria Beatriz ergueu as mãos para o céu. "Como estou feliz! Como estou feliz!", exultava ela. A corte francesa ficou menos esfuziante.[5] Jaime certamente não recebeu as douradas opiniões angariadas por Maria Beatriz. Provavelmente era uma questão de idade: Jaime tinha 55 anos, e este era seu segundo exílio total na vida (houvera outros episódios, mais curtos). As pessoas notaram que Maria Beatriz era agora a mais ambiciosa dos dois, não apenas porque ainda estava na flor da idade, mas porque tinha um filho pequeno por quem torcer.

O rei e a rainha da Inglaterra, apoiados por Luís tanto financeira quanto emocionalmente, logo estavam integrados aos rituais da corte de Versalhes, depois que as diferenças entre as regras inglesas e francesas foram esclarecidas: as duquesas inglesas, diferente das francesas, não esperavam receber beijos, mas as francesas impuseram seus costumes após protestos. Somente a delfina Marianne-Victoire — como sempre — encontrou algo para reclamar, já que Luís insistia que Maria Beatriz recebesse a precedência total devida a uma rainha. Tecnicamente isto rebaixou a delfina, cujo marido era um mero herdeiro e não um rei; ela tentava evitar o rebaixamento visível ao receber Maria Beatriz na cama — um estratagema bem conhecido que deixava sua precedência aberta a questionamentos. Mas Marianne-Victoire não podia ficar lá para sempre. No fim, ela de fato saiu da cama durante uma visita de Maria Beatriz, por medo da desaprovação do rei. A situação foi mais complicada quando Maria Beatriz deu à luz uma filha, Luísa Maria, em junho de 1692: lá estava uma princesa que era filha de um rei, mesmo que o rei em questão estivesse exilado. Não havia outra princesa de mesma legitimidade na corte. Haveria outros estratagemas à medida que Luísa Maria crescia: dela mesma para estabelecer sua verdadeira precedência, e de outros para evitá-la.

Neste ínterim, o próprio Luís estava seriamente preocupado em apoiar a rainha, que desde o início estimulou o senso de cavalheirismo do rei, enquanto madame de Maintenon rapidamente estabeleceu uma adequada amizade com ela; as duas mulheres, separadas em idade por um quarto de século, tinham muito em comum em sua religiosidade e bom-senso, e além disso a bela e virtuosa Maria Beatriz era uma esposa leal — ainda que sofredora —, exatamente o tipo de amiga que Françoise queria para o rei. Afinal, havia outras candidatas menos apropriadas, mesmo que fosse apenas uma questão de amizade naqueles tempos. Por exemplo, havia a beldade anglo-irlandesa casada com um aristocrata francês, Elizabeth Hamilton, condessa de Gramont. Conhecida outrora por boas razões como "*La belle Hamilton*", antiga e desafiadora parte da corte de Carlos II, Elizabeth era agora flagrantemente religiosa, correspondendo-se com o bispo Fénelon com regularidade. Contudo, mesmo com seu alegre passado deixado para trás, ela continuava afiada e divertida; ao buscar e por vezes exigir a presença dela, o rei optava por manifestar uma pequena medida de independência em relação à sua esposa secreta. O vício de Luís pela companhia da condessa era tão grande que Françoise certa vez confidenciou a uma amiga que, se ela morresse, Elizabeth tomaria seu lugar.

Maria Beatriz, a infeliz refugiada, não apresentava qualquer destes problemas a Françoise. Certamente não havia qualquer fagulha de malícia em seus olhos escuros, ao passo que "*La belle Hamilton*" reteve pelo menos uma parte do gênio e da irreverência que encantara os ingleses em sua conversação. Marly, o novo retiro do rei, onde ele adorava se instalar com cortesãos designados (a maioria damas), era perto o bastante de Saint-Germain para que Luís prestasse visitas quase diárias a Maria Beatriz em 1689, como relatam os *Journals* de Dangeau.[6]

Quanto a Versalhes, a primeira versão do famoso livro intitulado *A forma de apresentar os jardins de Versalhes* foi, na verdade, produzida em julho de 1689 para coincidir com as visitas da rainha para "contemplar as águas".[7] Segundo Dangeau, numerosos refrescos eram servidos durante o passeio, que começava na Fonte de Netuno. Tudo foi especificamente determinado por Luís, com sua habitual atenção para os detalhes, incluindo os refrescos: "Caminha ao longo do extremo da Latona, faz ali uma parada, caminha ao Lago onde haverá frutas e refrescos... Vai às Trois-Fontaines na elevação e estejas certo de dispor refrescos por lá."

Refrescos eram bons, mas também se tratava de uma consideração por alguém que passeava em torno de Versalhes no calor de julho (uma experiência difícil, vivida por multidões desde então), sobre o que *A forma* também instruía: "Assegura-te de que as carruagens estejam esperando nos portões do Trianon." Em todo caso, neste ponto havia pelo menos 15 "cadeiras com rodas" em Versalhes, acolchoadas com damasco de diferentes cores, para os cansados ou os de meia-idade. Para não mencionar os barcos e gôndolas, que salpicavam os canais e lagos artificiais: outra forma prazenteira e encantadoramente descansada de desfrutar Versalhes. Isto nos faz lembrar que o rei Sol, com sua vontade de ferro, também podia compreender as fraquezas dos outros. Enquanto ele vagueava em seu *potager* (horta), os cortesãos que o seguiam recebiam permissão para pegar os frutos e comê-los. No geral, a vida ao ar livre trazia à tona o melhor de Luís XIV.

Este era o homem alegre que adorava seus cães de caça — Pistolet, Silvie, Migonne, Princesse — tanto quanto Liselotte adorava seus cães domésticos, e ele tinha um amor particular pelos setters ingleses. Ele levava nos bolsos os biscoitos "preparados diariamente pelos confeiteiros reais" para os cães e designou uma câmara especial junto à sua, o Cabinet dês Chiens, onde alimentava seus cães diretamente com a mão. Estes favoritos tinham magníficas camas próprias em todos os palácios de Luís, feitas de marchetaria de nogueira e ébano envernizado com veludo carmim (mesmo tratamento dispensado às equivalentes humanas, as amantes, pois Luís cuidava de seus protegidos). O rei cancelou uma reunião do Conselho em fevereiro de 1685 porque o tempo estava excelente e ele queria estar ao ar livre, fazendo uma jocosa paródia de uma ária de *Átis* de Quinault e Lully: "Assim que ele viu sua cadela, deixou tudo por ela / Nada pode impedi-lo / Quando o bom tempo o convoca."[8] (O verdadeiro texto se refere a Belona, deusa romana da guerra: "Assim que a viu, Ele deixou tudo por ela" — ainda mais condizente com a imagem popular de Luís XIV.)

Encorajado por Luís XIV, que destacou uma pequena força de tropas e oficiais franceses, o rei Jaime partiu para a Irlanda na primavera de 1689. Seu plano era recuperar o trono inglês através da entrada alternativa pela Irlanda. O adeus de Luís a seu primo foi o oposto da saudação pela qual ele disse adeus à jovem Marie-Louise d'Orléans (Maria Luísa da Espanha): "Espero, Monsieur, nunca ver-te novamente. Entretanto, se a fortuna deseja que nos vejamos uma outra vez, tu me encontrarás o mesmo que sempre conheceste."[9] Maria Beatriz ficou para trás, com sua dignidade e bom-senso admirados cada vez mais à medida que as fortunas inglesas escasseavam. A campanha pessoal do rei Jaime terminou com sua derrota para seu genro Guilherme III na Batalha de Boyne em 12 de julho (CG) de 1690, e ele retornou à França. A campanha conjunta de França e Irlanda continuou até sofrer uma derrota final na Batalha de Aughrim um ano depois.

Daí em diante, o rei exilado languesceu em Saint-Germain, sem receber da corte francesa nada da aclamação que sua esposa seguia merecendo. Eles o consideravam irresoluto e autocomiserativo e, portanto, sem encanto pelos padrões de Versalhes. Incursões ocasionais foram planejadas para recuperar seu reino perdido. Nenhuma teve sucesso. A derrota da marinha francesa nas águas de Cap La Hogue em maio de 1692 impediu que o exército reunido em Cherbourg navegasse. Quatro anos depois, outra planejada invasão foi cancelada devido à falta de resposta "jacobita" do outro lado do Canal.

Aqui houve uma ironia. Se Luís XIV tivesse decidido apoiar Jaime II na guerra contra Guilherme III tão cedo quanto no outono de 1688, ele certamente teria alterado o curso da invasão de Guilherme e talvez até o derrotasse com sucesso. O apoio a uma campanha irlandesa e as subsequentes iniciativas mais curtas foram demasiado escassas e muito tardias. Em vez disso, Luís envolveu a França — e toda a Europa — numa disputa que duraria quase dez anos, por sua irrefletida e em muitos aspectos brutal invasão da Alemanha. A destruição das cidades que provocava pesadelos em Liselotte, como ela confidenciou ao delfim, provou ser exatamente tão horrenda quanto ela previra.

Guerras são sempre caras, e guerras longas trazem mais depredações para todos os povos, não importando se seus líderes estão vencendo ou perdendo as batalhas. Isto certamente foi verdade quanto à chamada Guerra da Liga de Augsburgo. As palavras suplicantes do grande *De Profundis* de Lalande, que foram ouvidas pela primeira vez em 1689 — "Das profundezas clamei por Ti" — descreveram a angústia de muitos. Assim, o povo da França começou a sofrer; além disso, o clima passou a falhar com o rei Sol; o cruel frio de 1692 provocou colheitas pobres e, assim, levou à fome no inverno de 1693. John Evelyn na Inglaterra, que outrora admirara o grave rei menino, agora escrevia sobre um monarca ambicioso e decidido a lutar por conquistas enquanto a França se encontrava "na mais absoluta miséria e pobreza por escassez de grãos e víveres". Em seu desespero, os pobres comiam gatos e carne dos cavalos mortos na sarjeta, e bebiam o sangue que corria do gado executado nos abatedouros. O número dos despossuídos, obrigados a "padecer" por "fome e miséria", segundo um oficial do bispo de Beauvais, era infinito.[10]

Mais espetacular, ainda que menos doloroso, a mobília de prata cintilante de Versailles e os requintados vasos de prata das laranjeiras foram sacrificados: um inventário de toda a prata derretida entre 1689 e 1690, compilado em 1706, lista cerca de 12 mil objetos, incluindo molduras de espelhos, candelabros, bacias, urnas, jarras, bandejas, saleiros e também "algumas das mobílias mais suntuosas que já existiram". Assim, o esplendor de Versalhes, o palco de um rei no auge de sua glória, começou a perecer. Além disso, a morte de Louvois em 1691 significou que a própria diligência de Luís em governar teria que ser redobrada: Dangeau achava que, em consequência, o rei trabalhava três ou quatro horas a mais. "Após dar suas ordens como um general (...) ele trabalhava como rei nos assuntos de Estado, dos quais nada olvidava, nem o mais mínimo detalhe."[11]

Quanto à guerra em si, já não era tão gloriosa como naqueles prósperos dias quando o rei viajava a Flandres com uma rainha e duas amantes. Ainda assim, as damas foram. O relato de madame de Maintenon sobre todo o processo no começo do verão de 1692 é bastante vívido, embora deprimente. Luís se reuniu ao exército em maio, para cercar Namur, no Mosa; a cidade caiu sob os franceses no fim de junho. Enquanto o escritor épico Racine se via "tão encantado, tão deslumbrado pelo brilho das espadas e mosquetes cintilantes, tão ensurdecido pelos sons dos tambores, tímpanos marciais e espadas", Françoise, a mulher de meia-idade, formou uma opinião muito diferente. A uma correspondente, ela descreveu como era viajar com o rei: o horror das péssimas estradas, as carruagens sacolejando e tombando, as damas se segurando e temendo por suas vidas. A água era ruim, o vinho, acre, e como os padeiros se concentravam nas necessidades do exército, os servos reais não conseguiam achar pão. A cidade (Namur) era muito lamacenta e o pavimento repulsivo, uma vez que as estradas menores serviam como banheiros públicos. Além disso, toda a cidade tremeu sob o fogo da artilharia. E o rei tinha gota em ambos os pés. A outra correspondente, uma Dame de Saint-Cyr, Françoise atingiu um tom ligeiramente mais humorístico: "Se em sã consciência alguém pode desejar que uma freira se aventure fora de seu convento, eu gostaria que tu experimentasses por um breve tempo os lugares da guerra que atravessamos. Ficarias encantada, madame, em sentir apenas o odor do tabaco, ouvir apenas os tambores, comer apenas queijo..." Françoise, que começava a sofrer intensamente de reumatismo, acrescentou que por vontade própria voltaria a fazer tapeçarias com "nossas queridas moças".[12]

De volta a Versalhes, três mortes, um casamento e uma aposentadoria começaram o inevitável rearranjo de uma corte que envelhecia. A primeira e mais trágica morte foi a de Marie-Louise, a azarada moça que Luís despachara para ser rainha da Espanha, em março de 1689. Ela tinha 28 anos. Houve rumores de que sua morte, após anos de infelicidade, foi causada por veneno, e desta vez é possível que haja alguma consistência no boato de que lhe deram arsênico. Ou talvez fossem drogas para remediar sua esterilidade, pela qual os espanhóis culpavam a moça em vez do rei: os medicamentos podem ter sido venenosos. Marie-Louise ficou gravemente doente por dois dias, com vômitos e dores gastrintestinais antes de morrer. Em seu leito de morte, ela disse ao embaixador francês que no fim não acreditava que tivesse sido envenenada, embora antes tivesse suspeitado disso. (Entretanto, ele repassou os boatos para a França.)[13]

Ao longo de seus dez anos como consorte do cretino e cruel Carlos, Marie-Louise fizera de tudo para cumprir seu papel como enviada da França, combatendo a influência da Áustria na Espanha. No processo, ela fizera muitos inimigos. Agora a posição de rainha da Espanha estava mais uma vez vaga, e desta vez a vencedora — em termos de perspectivas materiais, e em nenhum outro — foi uma simples princesa alemã, Maria Ana de Neuburgo, membro da esfera Habsburgo de influência. Ela não tinha nada a recomendá-la além de um grande busto e uma reputação de genética fértil: o papa Alexandre VIII grosseiramente comentou que, para ficarem grávidas, as princesas Neuburgo só precisavam pendurar os calções de seus maridos no pé da cama. Infelizmente, nem Carlos II e nem seus calções foram capazes de produzir o efeito desejado, e ficou cada vez mais evidente que ele morreria sem filhos, com enormes consequências para todo o equilíbrio do poder na Europa.

Luís XIV recebeu a notícia da morte de Marie-Louise, incluindo os boatos de envenenamento, com calma exterior: o luto na corte foi ordenado e todas as festas e bailes de máscaras foram cancelados. Ele falou sobre a afeição paternal que sentira pela jovem morta, "e, além disso, ela pôde contribuir muito para a paz entre seu esposo e mim". Quanto aos rumores, qualquer tentativa de investigá-los por parte da França não produziria, segundo Luís, "utilidade nem satisfação". Mas Luís se deu ao trabalho de dar a notícia da morte pessoalmente ao pai de Marie-Louise, quando ele acordou em sua hora costumeira de 11 da manhã. A condessa de La Fayette relatou que Monsieur ficou tão triste "quanto lhe era possível ficar por qualquer coisa".[14] De fato, foi "Adeus. Para sempre", como Luís tinha dito tão imperiosamente a Marie-Louise quando ela partiu, às lágrimas, para a Espanha em 1679.

A segunda morte teve um efeito mais imediato na corte: foi a da delfina Marianne-Victoire na primavera de 1690. Ela estava em seu 30º ano de vida. Sua saúde nunca fora boa, especialmente desde o nascimento de seu último filho, embora tenha sido descoberto mais tarde por autópsia que ela, na verdade, morreu de uma doença pulmonar. Aos poucos, ela passava cada vez mais tempo deitada na cama do que envolvida com as atividades sociais que o rei julgava apropriadas para uma delfina. Entretanto, diferente de Marie-Louise, Marianne-Victoire deu à luz três meninos saudáveis, três duques com os títulos de Borgonha, Anjou e Berry, respectivamente com 7, 6 e 3 anos na época de sua morte, em 20 de abril. A agonia de morte de Marianne-Victoire foi prolongada o bastante para que ela abençoasse cada um de seus filhos, dizendo ao "meu pobre e pequenino Berry" que lhe dava sua bênção de bom coração, "embora tu me tenhas custado muito". Por sua vez, Liselotte chorou ao ver as cores da Casa de Wittelsbach, que ambas as princesas alemãs partilhavam, sobre o caixão. Ao mesmo tempo, ela fez um juramento secreto de sobreviver à odiada "velhota Rumpumpel" (Maintenon), que, por sinal, era quase vinte anos mais velha que ela.[15]

Luís aproveitou a oportunidade para aconselhar seu filho: "Vê o que é feito das majestades do mundo, haveremos de chegar lá, tu e eu." Marianne-Victoire recebeu as mesmas honras póstumas que a falecida rainha Maria Teresa, embora, segundo a etiqueta, o rei não vestisse luto. Isto porque Marianne-Victoire estava no nível de filha de Luís (mesmo que, na verdade, fosse sua nora), e o rei da França não vestia luto por seus filhos. Houve outro ponto complicado de etiqueta, quando o corpo da falecida Delfina foi cerimoniosamente velado com o rosto exposto. As damas que não tiveram o direito de se sentar na presença da delfina em sua vida aproveitaram a oportunidade para se sentar durante a vigília, agora que ela estava morta. Foi preciso explicar que um rosto descoberto ainda contava como estar na presença da delfina e, portanto, ficar de pé ainda era exigido.[16]

A terceira morte foi a da Grande Mademoiselle, à idade de 66, em 5 de abril de 1693. Sua vasta herança, que dominara sua vida e seu destino — no fim das contas para o mal —, passou para Monsieur, o começo da grande fortuna da família Orléans, que começaria a rivalizar em termos monetários com o ramo Bourbon mais antigo. Lauzun, que outrora fora herdeiro da falecida, por fim perdeu o grande amor que ela tivera por ele devido às suas infidelidades e à sua ingratidão pelos pagamentos que ela tivera que fazer para libertá-lo da prisão. Ela se recusou a vê-lo em seu leito de morte. (Subsequentemente, ele se casou com uma moça de 15 anos.)

A Grande Mademoiselle passou muitos de seus últimos meses de vida escrevendo um comentário sobre *A imitação de Cristo*, no qual a saliente mensagem transmitia: "A grandeza de berço e as vantagens outorgadas por riqueza e pela natureza deveriam fornecer todos os elementos de uma vida feliz (...) Ainda assim, há muitas pessoas que têm todas estas coisas e não são felizes. Os eventos de meu próprio passado deram-me prova suficiente disto, sem buscar por exemplos em outros lugares."[17] Era um testemunho triste, porém preciso, de uma existência que jamais cumpriu sua promessa nem publicamente e nem na vida pessoal. E enquanto avaliação, também tinha algo em comum com a mensagem melancólica de Luís XIV para seu filho quando da morte da delfina.

A aposentadoria foi de Athénaïs, e o casamento foi o de sua mais jovem filha sobrevivente, Françoise-Marie, uma das duas crianças que foram frutos de sua reconciliação com o rei. Mas não houve ligação entre os dois eventos. Na verdade, foi um sinal dos tempos, um símbolo do distanciamento de Athénaïs de sua prole — representativa do desabonador passado do rei — que a mãe sequer tivesse recebido convite para o casamento da filha.

MAJESTADES DO MUNDO

Observou-se que, pouco depois do casamento secreto do rei, Athénaïs foi transferida de sua suíte palaciana, semelhante à de uma rainha, e instalada em seu *appartement des bains* no térreo, outrora cenário de suas luxuriosas dissipações com o rei. Em 1691, num acesso de raiva, ela cometeu o erro de anunciar por intermédio do bispo Bossuet que estava partindo da corte "para sempre" e indo para Paris. Rapidamente — afinal, Luís conhecia sua Athénaïs — ele deu o *appartement des bains* para o filho de Athénaïs, o duque do Maine.* Dizem que o jovem estava numa pressa tão grande para aceitar a oferta do rei que mandou atirar a mobília de sua mãe pela janela, "sob ordens do duque do Maine".[18] Por mais desnaturada que pareça esta conduta, é preciso ter em mente que Françoise, e não Athénaïs, era a verdadeira figura materna na vida de Maine, atormentado por sua incapacidade física: "o menino manco", como Liselotte cruelmente o chamava.

O resto da vida de Athénaïs foi dedicado a boas ações, muito semelhante ao que fora a vida de sua devota mãe, cujo exemplo ela finalmente terminou por seguir. É notável que tanto Luís quanto Athénaïs, cujas mães foram amigas, tenham retornado à senda da virtude, como se o desejo materno fosse forte demais — ou a influência de suas mães no Céu, como os contemporâneos teriam acreditado. A famosa beleza de Athénaïs se apagara. Dez anos após seu retiro, quando Athénaïs tinha 60 anos, Liselotte pôde troçar da aterrorizante visão que a ex-favorita representava: sua pele parecia papel "que crianças haviam dobrado vez após vez", toda a textura como uma massa de minúsculas linhas, seus belos cabelos louros estavam agora completamente brancos.[19] (Seria Liselotte a pessoa mais indicada para fazer troça, horrivelmente obesa, como ela própria admitia, e com seu largo rosto vermelho diante do qual ninguém jamais se extasiou e nem se extasiaria?)

É verdade que Athénaïs ocasionalmente assombrava Versalhes. Lá ela foi poeticamente comparada por Marguerite de Caylus "àquelas

---

* Hoje, apenas os guarda-ventos originais continuam no antigo *appartement des bains* de Athénaïs em Versalhes: golfinhos esguichando água, conchas e algas marinhas podem ser discernidos (a banheira de mármore, como já foi dito, hoje está na *Orangerie*, após passar por um excitante período no qual pertenceu a madame de Pompadour).

almas infelizes que retornam aos lugares onde viveram para pagar seus pecados".[20] Ao mesmo tempo, não há razão para supor que ela estava assim tão melancólica, com a satisfação da expiação por meio das boas ações para apoiá-la (não mais infeliz do que Louise de La Vallière, ocupada com sua própria expiação). Um confessor posterior, padre Pierre François de La Tour, até persuadiu Athénaïs a pedir perdão ao marido. Com seu caráter prático, Athénaïs ficava muito contente em remendar camisas para os pobres, jantar frugalmente e se vestir com tecidos crus segundo as ordens do clero, assim como no passado ela se banqueteara (um pouco demais) e se cobrira de diamantes para encantar o rei.

A nova geração, contudo, não apresentava aquela interessante mistura de sexualidade dosada por fervor religioso que seus pais haviam exibido. Françoise-Marie, a quem foi proposto o glorioso destino de se casar com o filho único de Monsieur, Filipe, duque de Chartres, não tinha tais inibições. Era um passo ainda mais alto para uma bastarda (legitimada): a irmã e a meia-irmã de Françoise-Marie haviam se casado com Príncipes do Sangue, respectivamente o duque de Bourbon e o príncipe de Conti, mas Filipe era um Neto da França, e na linha direta para o trono atrás de seus três primos, os jovens duques. Isto significava que Françoise-Marie, cinco anos mais jovem que madame la Duchesse e 12 mais jovem que Marie-Anne de Conti, agora tomava precedência sobre elas, e as duas eram obrigadas a chamá-la de "Madame". As irmãs furiosas tentaram se esquivar com gritinhos de "Querida" e "Amorzinho", mas em vão: o rei teve que murmurar uma censura por esta violação da etiqueta.

Para Liselotte, a horrorizada mãe do noivo, foi um passo além dos limites. Ela chorou a noite toda antes de se submeter, pois não tinha escolha. A vontade do rei era a lei. Entretanto, ela reagiu ao pedido do rei com a mais breve das mesuras; segundo Saint-Simon, uma mera *pirouette* nos termos do balé, antes de girar nos calcanhares. De sua parte, Luís fez uma mesura ou *révérence* tão profunda que no momento em que se endireitou, tudo que pôde ver foram as costas de sua cunhada que já se afastava. Na linguagem pública de Versalhes, isto era o mais próximo que ela podia chegar de expressar seu desgosto.

Liselotte estava duplamente amargurada. Primeiro, havia sua enraizada objeção à mácula de uma bastarda, o que para ela jamais poderia ser apagado pela legitimação (ao menos Athénaïs estava oficialmente separada de Montespan na época do nascimento de Françoise-Marie). Em segundo lugar, ela suspeitava que os favoritos de Monsieur o persuadiram a aceitar o casamento, em troca da ajuda do rei em outros âmbitos; e, claro, "a velha vagabunda" só podia estar por trás da coisa toda. Liselotte se superou em veneno no assunto de sua futura nora: "A pessoa mais desagradável do mundo, com sua silhueta torta e sua cara feia, embora se considere uma beldade de fazer cair o queixo e esteja incessantemente se gabando de sua aparência e cobrindo-se com pintas cosméticas." Saint-Simon escreveu que Madame se comportava como Ceres, cuja filha Proserpina fora levada para o submundo por Plutão — com a diferença de que Liselotte estava lamentando por um filho em vez de por uma filha.[21]

Na verdade, Françoise-Marie era mais que adequadamente bonita na juventude, como mostram seus retratos: não muito diferente de sua felina irmã madame la Duchesse, mesmo que não tão arrebatadora quanto Marie-Anne. Ao que parece, ela de fato tinha um desvio espinhal, mas mesmo assim sua figura era "majestosa", com um belo busto. Tinha olhos impressionantes e belos dentes, ainda que longos. Seus cabelos cresciam "graciosamente", mesmo não sendo muito espessos, e ela tinha longos cílios, embora suas sobrancelhas fossem escassas. O que gerava atritos era sua personalidade e sua educação — ou melhor, a falta dela. Ela era filha de um casal já não mais apaixonado e não fora criada por madame de Maintenon (muito embora tenha nascido em seu castelo). O resultado foi uma criança imperiosa, mimada e tratada com correções esporádicas e inócuas. Houve algo tocante — mas significativo — na cena em que seu augusto destino foi revelado a Françoise-Marie. Ela estava magnificamente vestida, como um manequim usado por costureiros para exibir suas criações, mas, na verdade, ela imaginava que seria repreendida até que madame de Maintenon a pegou no colo.[22]

Infelizmente, Françoise-Marie tinha os violentos anseios de ambos os pais, mas nada do estilo e do carisma que os haviam tornado magníficos mesmo em seus piores momentos. Ela não fingia amar seu marido e nem esperava que ele a amasse. "Tudo o que importa é que ele se case comigo", acredita-se que tenha sido dito pela futura duquesa de Chartres, gabando-se para suas irmãs. Era verdade que ela tinha o gênio Mortemart, aquele tom de voz langoroso no qual coisas impossíveis podiam ser ditas, e seria por intermédio de Françoise-Marie e seus descendentes que o "gênio" se perpetuaria pelo século XVIII, muito depois da morte de seu exemplar mais famoso. Contudo, quando adolescente ela já bebia em demasia — e após alguns anos como duquesa de Chartres, ela ficava "mais que bêbada" três ou quatro vezes por semana. O amor pela comida combinado com a tendência dos Mortemart à corpulência degeneraram sua silhueta esguia: além disso, com a alta fertilidade de sua mãe, Françoise-Marie deu à luz sete crianças saudáveis, e repetidas gestações não ajudaram. Seu orgulho era desmedido: dizia-se que ela se lembrava de que era uma Filha da França mesmo quando sentada em sua *chaise percée* (latrina), e seu marido a apelidou acidamente de Madame Lúcifer.[23]

Quanto a Liselotte, ela podia ser forçada a se curvar diante da vontade do monarca, mas quando seu filho trêmulo lhe deu a notícia de que concordava com o casamento (o que o pobre Filipe podia fazer contra o rei e seu pai?), ela o esbofeteou no rosto. Foi uma bofetada que ecoou por toda Versalhes — mas com um tom abafado. Independentemente dos valores de Liselotte, Françoise-Marie, duquesa de Chartres, ilegítima no nascimento, era agora a segunda dama de Versalhes, abaixo de sua amargurada sogra.

Saint-Cyr e seu harém virtuoso e encantador era no mínimo um puro prazer para o rei e madame de Maintenon, uma diversão saudável garantida. Estava em contraste com Versalhes, que oferecia infinita jogatina e um evento social que acontecia três noites por semana, conhecido simplesmente como *Appartement*. Em si mesmo, o jogo não era visto como algo errado: tanto Ana da Áustria quanto a falecida rainha tinham sido grandes jogadoras, assim como Mazarin; o rei teve que pagar as dívidas de Maria Teresa após sua morte. Esperava-se que um cortesão jogasse "como um homem honrado", segundo o Chevalier de Méré, "pronto para ganhar ou perder sem demonstrar em sua expressão ou comportamento se ganhara ou perdera". Podia ser uma forma de avanço social: o marquês de Dangeau, por exemplo, aquele dos *Journals*, era admirado por suas habilidades nos jogos: "Nada o distrai, ele nada negligencia, ele lucra com tudo."[24]*

Os jogos envolvidos parecem bastante simples, mas isso ocorre com a maioria dos jogos para aqueles que não estão apostando. *Bassette*, por exemplo, veio de Veneza e incluía uma banca, com os jogadores apostando na virada de suas cartas; Luís ficou tão enfurecido com suas perdas excessivas neste jogo que o proibiu em 1679. *Reversi*, da Espanha, segundo Liselotte um jogo especialmente favorito do próprio Luís, foi apresentado por ele durante a viagem da corte a Strasburgo para dar a Maria Teresa algo para fazer; o vencedor era quem fazia menos pontos e a menor quantidade de jogadas. Trique-traque era um jogo de dados para avançar peões sobre um tabuleiro. Lansquenê, que destronou o popular *Reversi*, era um jogo de cartas levado à França por soldados mercenários alemães (os lansquenês, *Landsknechts* em alemão). Por volta de 1695, era "a febre": até mais simples que *Reversi*, consistia mais uma vez em apostar na retirada da carta. Por alguma razão, o lansquenê provocava uma linguagem particularmente vulgar em seus frustrados jogadores; o rei ordenou o fim dos xingamentos, mas não pôde proibir o lansquenê com sucesso. Existiram muitas outras modas passageiras ou duradouras, incluindo a Loteria, estabelecida havia muito: *Portique*, no qual bolinhas de marfim eram roladas através de arcos, e outro "jogo de habilidade" um tanto semelhante inventado pelo próprio Luís em 1689, uma forma de lançamento de argolas.[25]

Quanto mais apertado ia ficando o dinheiro, mais as apostas se tornavam frenéticas. Luís viria a pagar enormes dívidas de jogo em nome de seu filho, o delfim, de sua filha, madame la Duchesse, e mais tarde de seu neto, o duque de Borgonha. Não surpreende que o austero padre Bourdaloue tenha esbravejado em um de seus sermões na capela de Versalhes: "Jogar sem medida não é para vós [a corte] uma diversão,

---

* Além de suas habilidades nos jogos, Dangeau era um bobo da corte autorizado, capaz de imitar Luís XIV, com quem ele tinha uma forte semelhança física.

mas uma ocupação, uma profissão, um tráfico, uma paixão, uma obsessão, uma fúria. Sois levados a esquecer vossos deveres, enlouquecer vossas casas, dissipar vossas rendas."[26] E, ainda assim, o rei não podia controlar esta pulsão por entretenimento, qualquer entretenimento ou distração, uma vez que os jovens membros da corte já não se envolviam mais com os solenes rituais e achavam que frequentar o retiro do rei em Marly era francamente um tédio.

A informalidade era deliberada em Marly, e o uso do vestuário completo da corte foi abolido. Surgiu um costume encantador, no qual os cortesãos encontravam tudo de que precisavam para passar a noite — incluindo *robes de chambres* e cosméticos — já dispostos em seus aposentos (como ocorre em alguns hotéis de luxo modernos). Isto demonstrava a meticulosidade de Luís como anfitrião — ou talvez sua paixão por controlar cada detalhe da vida a seu redor. As obras começaram em 1679 e a primeira festa aconteceu em julho de 1684; durante o resto do reinado, visitas anuais foram prestadas em números crescentes. Os que estavam sempre presentes eram conhecidos como *"les Marlys"*. Com o tempo, a informalidade era demonstrada até nos métodos de cear: havia um aparador com pilhas de pratos, taças, vinho e água, e uma mesa mecânica *à la clochette* (convocada por um sino), de modo que a refeição era praticamente desprovida de servos. Até o método de convite era informal, ou pretendia ser (na verdade, era extremamente constrangedor). Os aspirantes a convidados tinham que dar um passo à frente e se oferecer: "Majestade, Marly?" Depois, um emissário confirmava ou negava a visita. Apesar de tudo isto, Marly ainda não era o ápice da diversão, e, devido à presença da água, Liselotte passou a reclamar pelo menos dos mosquitos. Havia também grande consumo de chá e café, ainda que o embaixador britânico preferisse um bom borgonha a "todas estas bebidas estúpidas das Índias".[27]*

---

* Marly é hoje um lugar de extraordinária beleza natural, ainda indicado pela placa *Demeure champêtre du Roi* (Retiro campestre do rei), embora os prédios tenham sido destruídos na época da Revolução Francesa. O verdejante local fica numa suave colina com vista para Paris, abaixo de onde outrora havia cascatas; o reservatório sobrevivente é um lembrete da importância da água na visão de Luís XIV.

MAJESTADES DO MUNDO

Comparada a tudo isso, Saint-Cyr parecia oferecer não apenas uma alternativa agradável, mas uma solução para a necessidade de diversão do rei. Portanto, no começo da década de 1690, foi uma enorme decepção quando os problemas de Luís com sua própria Igreja católica, derivados de seus problemas com a Santa Sé, complicaram o simples instituto de Saint-Cyr. Houve um golpe de advertência em janeiro de 1691, quando Racine propôs outra tragédia edificante, *Atália*, a ser encenada pelas moças após o enorme (e também edificante) sucesso de *Ester*. A própria Atália, outra mulher poderosa como Vasti na peça anterior, foi considerada contrária à ordem natural em seu papel de governante por conta de seu sexo: uma referência talvez à situação na Grã-Bretanha, onde Mary (Maria II), a ingrata filha de Jaime II, estava cogovernando com seu esposo Guilherme. Ali estava Atália, uma "estranha ímpia / Sentada, ai de nós, no trono dos reis", e novamente: "Esta arrogante mulher com sua cabeça erguida / Intrusa em uma corte reservada para homens."[28]

Contudo, o confessor de madame de Maintenon, abade Godet des Marais, fez objeções quanto à representação desta peça por moças. Godet des Marais acabava de substituir Gobelin, porque este agora se sentia humilde demais para aconselhar uma dama tão elevada. Em contrapartida, Godet des Marais foi profissionalmente direto ao ponto: *Atália* era inadequada para as demoiselles, mas não inapropriada em si mesma. Afinal, a ênfase do texto repousava inteiramente na derrota da antinatural Atália, e depois na triunfante coroação do legítimo Joas, o menino soberano por sangue. Nisto havia mais alusões contemporâneas: ou à futura restauração de Jaime II, ou ao herdeiro final de Luís, o duque de Borgonha (de 8 anos), o "mais querido júbilo" e, esperava-se, futuro Joas da França.[29]

No fim das contas, a peça foi encenada pelas moças em roupas comuns, uma espécie de performance vocal. Quando o rei Jaime e a rainha Maria Beatriz pediram para ver *Atália* em fevereiro, madame de Maintenon concordou, mas novamente não haveria figurinos. Desta vez compareceram o padre La Chaise e o teólogo abade François

Fénelon, tutor de Borgonha desde 1691, mas o confessor de Françoise declinou outra vez.

O abade Godet des Marais, dez anos mais jovem que madame de Maintenon, era proeminente entre os que encorajavam seu senso de destino, de ser a escolhida de Deus no que dizia respeito ao rei. Mas ele também pregava um desagrado pelo teatro enquanto oposto às boas ações, opinião que madame de Maintenon não compartilhava (e muito menos Luís XIV). O problema era a ameaça à inocência: Marguerite de Caylus, a melhor atriz entre elas, foi afastada de seu papel porque notou-se que ela era indecorosamente apta para a arte. O punho eclesiástico se cerrou ainda mais em 1692, quando foi considerado inaceitável que Saint-Cyr permanecesse fora da estrutura da Igreja. Dali em diante, a vida das moças e das damas que as instruíam seria muito mais convencional, como freiras e aspirantes a freiras.

Luís XIV envolvera-se numa disputa ferrenha com o papado a respeito dos pagamentos eclesiásticos, os chamados "direitos régios", por alguns anos. A fundação Saint-Cyr foi implicada na controvérsia quando ele tentou usar os rendimentos da abadia de Saint-Denis para financiá-la. A Santa Sé reclamou ferozmente sobre uma fundação que partilhava os rendimentos religiosos na qual as mulheres em questão não tinham feito votos. A posição de madame de Maintenon era delicada, pois, independentemente de todas as garantias sigilosas que o papado havia recebido sobre a posição dela, aos olhos do mundo ela não tinha nenhuma — ou pior, tinha a posição de uma amante.

Assim, Saint-Cyr foi modificada, bem como o uniforme, embora Luís XIV — com seu olho para os detalhes e seu desgosto pela morbidez — sugerisse que as moças ao menos não fossem privadas de suas elegantes luvas de couro *bronzé*, que eram um item da moda muito cobiçado, também como símbolos de amor. (Samuel Pepys pagava dez xelins por elas, "muito bonitas e muito em voga".) Não admira que o rei, um sentimental admirador do sexo feminino, protestasse: "Vós as privaríeis de suas mantas, de suas cruzes de ouro e das luvas?", inquiriu ele queixosamente. Ao menos as luvas foram restauradas. Entretanto, a autoridade de madame de Maintenon como chefe suprema de Saint-Cyr continuou intocada. Como suas moças cantaram para ela em 1695: "Tu és nossa leal fundadora..."[30]

A morte de Marianne-Victoire em 1690 tornou o delfim, ainda nem com 30 anos, teoricamente o solteiro mais cobiçado da Europa —, se aceitarmos o fato de que seu pai estava comprometido de outra maneira. Mas o delfim, assim como Luís XIV antes dele, escolheu a alegria doméstica acima do dever, com base em que, ao conceber três filhos, já tinha feito mais do que o bastante. Ele se retirou em Meudon com sua amante, Marie-Émilie Jolie de Choin, que originalmente fora dama de companhia de sua meia-irmã favorita, Marie-Anne de Conti. Ela não era nenhuma beldade — com suas pernas curtas e seu rosto redondo, "parecia um bull terrier" —, mas era inteligente e muito simpática. Ela deu ao delfim a segurança que sua infância extremamente severa roubara dele; este conforto foi simbolizado por um par de "seios monstruosamente grandes" que, dizia-se, o haviam "enfeitiçado" porque ele podia batucar neles "como se fossem tambores".[31] Parece provável que este casal também tenha passado por algum tipo de casamento morganático mais tarde, para o qual nada era necessário além de um padre e duas testemunhas.

A inexistência de uma rainha da França (e sem perspectiva de haver uma) e de uma delfina significava que Liselotte era agora a primeira-dama de Versalhes. Pelo menos ela não tinha de prestar à desprezível "velhota" o respeito devido à esposa do rei, como, por exemplo, entregar-lhe a *chemise* em seu *lever* de primeira-dama real. Era improvável que Liselotte fosse removida do "*métier*", do qual se queixava — mas que ela também estimava — antes do casamento do "mais querido júbilo" da França, personificado no neto de Luís, o duque de Borgonha.

Em face da situação de guerra, seria um casamento certamente ditado por fortes considerações diplomáticas. A Liga de Augsburgo fora transformada na Grande Aliança pela aderência de Inglaterra e Holanda. Em 1693, Luís fracassou em capturar Liège (ele nunca mais se reuniria a suas tropas em campo). Dois anos depois, Guilherme III tomou Namur de volta para a Aliança. Flandres não era a única esfera da ação: ao sul, a França invadiu a Espanha.

Os sofrimentos da própria França (sem falar nos outros países) começavam a ser criticados por indivíduos próximos dos círculos reais. Entre eles destacava-se o abade Fénelon, o próprio tutor de Borgonha, que conseguiu estabelecer uma relação terna e quase paternal com o menino. "Eu deixarei o duque de Borgonha atrás da porta", este dizia, "e contigo nada serei além do pequeno Luís." Fénelon, nesta época entrando na casa dos 40 anos, fora um discípulo de Bossuet. Alto e de aparência ascética, ele tinha notórios olhos ardentes e pregava "como uma torrente", segundo Saint-Simon. Mas Fénelon também tinha doçura e um amor genuíno pelas crianças: ele escreveu um tratado sobre a educação de meninas para os devotos amigos de Luís XIV, o duque e a duquesa de Beauvillier, que, com nove filhas, certamente precisavam da ajuda.[32]

Fénelon era destemido, assim como Bossuet e Bourdaloue antes dele. Ele criticara a revogação do Édito de Nantes numa carta incisiva para madame de Maintenon. Agora, ele escrevia a "Carta Anônima a Luís XIV" de 1694, que pode ter chegado ao próprio rei por intermédio de Beauvillier; é certo que Françoise soube dela. Ele se referiu aos supostos 2 milhões de mortos na fome recente. E quanto ao rei: "Tu vives como se usando uma venda fatal sobre teus olhos." E novamente: "Toda a França não é nada além de um imenso e desolado hospital."[33]

Apropriadamente, Luís agora buscava usar o casamento de Borgonha com uma princesa saboiana como parte de um pacote que traria a paz entre França e Saboia. Também havia esperança de que a medida controlasse o volúvel e malicioso duque de Saboia, Vítor Amadeu, que, com suas numerosas e transitórias lealdades, combinadas a sua vantajosa posição geográfica, vinha revelando-se como a peste da Europa. Por sorte, Vítor Amadeu tinha uma filha, ainda muito jovem, mas de idade apropriada para se casar com Borgonha no futuro. Sua mãe era a princesa francesa Anne-Marie d'Orléans, filha do primeiro casamento de Monsieur (com Henriette-Anne), assim como a infeliz Marie-Louise.

O nome da criança era Adelaide. Ela era três anos e meio mais nova do que seu possível noivo, Borgonha. Uma vez que Vítor Amadeu era especialista em atormentar seus pretensos aliados com as outras possibilidades diante de si, ele também estava considerando um príncipe

Habsburgo austríaco para sua pequena filha, talvez o arquiduque Carlos. O tempo revelaria se Adelaide seria mais uma infeliz nulidade num país estrangeiro, onde as "majestades do mundo" muitas vezes provocavam a aguda infelicidade da princesa importada, como Liselotte e Marianne-Victorie na França. Ou talvez esta princesa em particular tivesse herdado algo da graça especial de sua avó Henriette-Anne, que lhe permitiria sobreviver e florescer...

CAPÍTULO 13

Tornando-se crianças novamente

Todos na corte tornam-se crianças novamente.
— Liselotte, duquesa de Orléans, novembro de 1696

O noivado de Maria Adelaide, princesa de Saboia, e Luís, duque de Borgonha, foi anunciado em junho de 1696. Esta união de duas crianças — respectivamente dez anos e meio e menos de 14 — personificou o Tratado de Turim, por meio do qual o oportunista duque de Saboia abandonou a Grande Aliança em troca da força vencedora de Luís XIV. Foi um tratado que marcou um importante passo na direção da pacificação geral da Europa.

As hostilidades que haviam custado tanto à França (e a outros) em termos de vidas humanas e dinheiro na Guerra da Liga de Augsburgo só foram finalmente encerradas com o Tratado de Ryswick de 1697. Contudo, em 1696 já era possível ver na pequena princesa saboiana um prenúncio da paz — como outrora a espanhola Maria Teresa tinha sido. "É uma princesa? É um anjo?", dizia um poema de boas-vindas. "Não vês a vital diferença? / O anjo apenas anuncia a paz. / Ela nos a dá em pessoa."[1] Além disso, parte do acordo era que a princesa pacificadora deveria ser educada na França. Acreditava-se que ela era suficientemente jovem para ser moldada nas maneiras de Versalhes, antes mesmo que o verdadeiro casamento acontecesse. Assim, Adelaide partiu para seu

TORNANDO-SE CRIANÇAS NOVAMENTE

glorioso destino no outono de 1696, sua pequenina figura conduzida numa imensa carruagem forrada de veludo púrpura (luto real por um primo falecido de Luís XIV).

As circunstâncias da infância de Adelaide conspiraram para prepará-la para o que ela encontraria em Versalhes. Antes de mais nada, sua mãe, Anne-Marie d'Orléans, ensinou-lhe a natureza superior de todas as coisas francesas, como muitas outras princesas francesas expatriadas antes dela. Adelaide falava bem o francês — e com o sotaque adequado (embora pudesse adotar um exagerado sotaque italiano quando queria provocar); em todo caso, a corte de Saboia era descrita como "poliglota", com o alemão e o italiano competindo com o francês.[2]

Além de sua criação, muito do sangue de Adelaide era, na verdade, francês. Ela teve duas bisavós que foram princesas francesas, filhas de Henrique IV: Henriqueta Maria e Cristina de França, duquesa da Saboia. Seu avô, Monsieur, era francês, e sua avó, Henriette-Anne, meio francesa. A mãe de seu pai (uma forte influência para ela), Jeanne-Baptiste de Savoie-Nemours, conhecida como madame Royale, era parcialmente francesa; ela nascera em Paris e descendia de Henrique IV por intermédio de um de seus filhos bastardos, César, duque de Vendôme.

Doze anos antes, a duquesa Anne-Marie deixara a corte na qual fora criada, mas não esquecera nenhum detalhe. Como resultado, o próprio Luís XIV comentaria muito mais tarde que Adelaide fora instruída desde cedo "da única maneira em que ela poderia ser feliz conosco". Por exemplo, não deveria haver nenhum esnobismo tolo para com madame de Maintenon, como o que a falecida delfina manifestara certa vez, pois a influência de Françoise já era palpável quando Anne-Marie partiu para a Saboia. Numa jogada brilhante, a pequena Adelaide se dirigiu a Françoise pelo honorífico título de tia; "Tante" era respeitoso e íntimo, mas também deliciosamente vago. Na atitude de Adelaide para com Françoise, obediente e muito afetuosa, a mão de sua poderosa avó madame Royale, outrora regente da Saboia, pode ser detectada: "Fiz o que me deste ordens de fazer", escreveu Adelaide para madame Royale em certa ocasião, no curso de sua continuada correspondência.[3]

De uma forma bastante diferente, Adelaide também foi preparada para sua vida em Versalhes por suas experiências de infância. Por exemplo, seu pai, Vítor Amadeu, conhecido (para ela pelo menos) como *le Grand*, foi a forte figura masculina que representou o centro do mundo da menina; ele também era abertamente infiel à esposa. Adelaide cresceu compreendendo que os homens tinham amantes e que as amantes tinham filhos deles (a *maîtresse en titre* de Vítor Amadeu, a condessa de Verrue, teve dois que ele legitimou).[4] Depois, grande parte de sua infância se passara no campo, na Vigna di Madama, um retiro favorito da duquesa Anne-Marie, tendo algo do estilo francês. Lá Adelaide fazia queijo e ordenhava vacas; lá ela aprendeu a amar as flores, a jardinagem e os animais — em suma, todas as coisas que Luís XIV amava.[5]

Contudo, não foi uma infância completamente sem traumas. A ruptura anterior de Vítor Amadeu com a França, da qual ele desertou para formar a Liga de Augsburgo, levara a depredações por invasores franceses e destruição de prédios saboianos: contudo, esta experiência trouxe consigo a conotação da imensa força da França enquanto potência. Mais tarde, o inverno de 1693 — pouco depois de Adelaide completar 8 anos em 6 de dezembro — não foi melhor para a Saboia do que para a França, com vinhedos e pomares destruídos e a fome ameaçando os pobres.

Adelaide era bondosa por natureza, excepcionalmente bondosa, detestando causar dor a qualquer um no mundo, e era gentil. Suas maneiras eram soberbas. Por exemplo, sua saudação à exilada rainha Maria Beatriz foi considerada perfeita, com a menina à beira de um destino grandioso mostrando o maior respeito e ternura por aquela cuja sorte estava tão marcadamente em declínio. Em outros âmbitos, Adelaide era perspicaz como o são as crianças de casamentos problemáticos — pois certamente o casamento de seus pais isto era, independentemente das esporádicas noites de Vítor Amadeu com sua esposa na esperança de gerar um herdeiro do sexo masculino. (Entretanto, até a partida de Adelaide para a França um príncipe saudável não havia chegado, apenas outra filha conhecida como Luison, nascida em 1688.)

TORNANDO-SE CRIANÇAS NOVAMENTE

Por mais pobre que fosse sua educação pelos padrões de Saint-Cyr, Adelaide era naturalmente inteligente, rápida, divertida e muito, muito animada. Na verdade, talvez ela tenha sido especialmente designada para divertir o idoso Luís XIV — Adelaide chegou a Versalhes quando Luís tinha 59 anos —, um homem com uma governanta mais velha e religiosa como esposa, filhas problemáticas, mimadas e esbanjadoras, e as questões da Europa (como ele via) sobre seus ombros. Este era o homem que amargamente advertira o filho de que todas "as majestades do mundo" retornariam ao pó, sem exceção de rei e delfim. Seis anos depois, esta doce e irrequieta menina tomou Versalhes de assalto e, no processo, capturou o coração de Luís XIV.

Ao que parece, o rei teve alguma premonição da importância emocional que Adelaide teria em sua vida. Ele insistiu desde o início — ou seja, antes do casamento dela — que Adelaide deveria ter apropriada precedência como primeira-dama de Versalhes. Isto dava a ela paridade com a rainha Maria Beatriz, cuja posição Luís até então preservara ciumentamente. Já que não estava planejado que Adelaide e Borgonha se casassem imediatamente, o rei ordenou que ela fosse conhecida apenas como "a Princesa" — um único título, como todos os maiores títulos em Versalhes. As orgulhosas irmãs Françoise-Marie e madame la Duchesse ficaram indignadas: uma simples "Princesa da Saboia" passando na frente delas![6]

Contudo, Liselotte, afastada da posição que ocupara pelos seis anos anteriores, não se importou pessoalmente. Ela estava mais preocupada em achincalhar madame de Maintenon: ao menos não teria que oferecer a *chemise* da "velha prostituta" se esta viesse a ser oficialmente reconhecida como rainha (uma obsessão habitual): a tarefa ficaria para Adelaide como principal dama da realeza. Liselotte estava com um humor particularmente irascível em relação a Françoise naqueles dias, devido às perspectivas de casamento de sua única filha, a abrutalhada e bastante desgraciosa Élisabeth-Charlotte d'Orléans, nascida em 1676. Liselotte culpava Françoise por negar a sua filha a posição de segunda esposa do delfim por "vingança"; Liselotte também pensara em Élisabeth-Charlotte para Borgonha, apesar de a moça ser seis anos mais velha que ele.[7]

O AMOR E LUÍS XIV

Ao menos Liselotte foi poupada do horror de ter outro bastardo poluindo sua pura família quando o duque do Maine foi casado com uma moça da família Bourbon-Condé, Bénédicte, a irmã anã do marido de Louise-Françoise, monsieur le Duc. Descrita pela sogra como "a pequena sapa", Bénédicte era, no entanto, suficientemente altiva para ser do agrado de Liselotte: embora ela aceitasse Maine, a princípio ela rebaixou as irmãs dele devido a seu nascimento ilegítimo quando elas tentaram zombar de sua baixa estatura "como a de uma criança de 10 anos". Quanto ao segundo filho real de Athénaïs, o conde de Toulouse, "Conseguimos escapar deste fedidinho", relatou Liselotte orgulhosamente.[8] No fim, Élisabeth-Charlotte teve que se contentar com o duque Leopold Joseph da Lorena: um legítimo aristocrata, que ocupava uma área geograficamente questionável nas fronteiras da França. Não foi o casamento grandioso que Liselotte vislumbrara. (Ela também se ressentiu de que as meias-irmãs de Élisabeth-Charlotte, filhas de Henriette-Anne, tivessem feito casamentos melhores, respectivamente com o rei da Espanha e o duque de Saboia.)

A premonição do rei sobre "a Princesa" assumiu uma forma mais nítida quando ele insistiu em cavalgar para recebê-la em Montargis, aproximadamente trinta quilômetros ao sul de Fontainebleau, em vez de esperar com toda a corte. Lá ele se postou numa sacada, observando a estrada como o rei de um conto de fadas, esperando que a poeira da comitiva da Princesa assinalasse sua aproximação. Houve considerável discussão quanto aos arranjos da chegada de Adelaide, segundo relatou sucintamente o embaixador francês: "Queremos a Princesa despida", ou seja, não deveria haver nenhuma das inferiores roupas saboianas... Foi permitido apenas que seus sapatos viessem de Turim. Fora isso, o enxoval de Adelaide foi realmente modesto, algumas *chemises* e vestidos, algumas roupas íntimas de renda, enquanto ela esperava pela panóplia completa da moda francesa com a qual seria presenteada em sua chegada. Seu "corpo", ou seja, um espartilho montado sobre sua verdadeira figura, foi enviado à França antes dela, incluindo uma fita indicando a medida de sua pequenina cintura. Aliás, também não haveria qualquer criada saboiana intrometida para encorajar saudades de casa.

TORNANDO-SE CRIANÇAS NOVAMENTE

Vítor Amadeu se importava menos com as criadas — que, afinal, poupariam despesas de sua parte — e mais com as servas. Era o costume que uma grande princesa tivesse consigo uma numerosa equipe de respeitáveis damas selecionadas em seu país adotado. Na verdade, as francesas vinham se engalfinhando por estas nomeações desde que o noivado fora anunciado: afinal, desde a morte da delfina em 1690 não havia uma Casa tão proeminente. As vencedoras, incluindo a duquesa de Lude como dama de honra, deveram muito à influência de Françoise e Nanon, sua famosa criada e confidente. Um genuíno sentimento de piedade por sua pequena filha parece ter tomado conta de Vítor Amadeu. Esta simples criança não teria nem mesmo uma criada conhecida para encarregar-se de seu urinol, por exemplo? O duque temia que Adelaide perdesse a razão se não houvesse "alguma mulher íntima" presente para confortá-la "em seus momentos de fraqueza". Por fim, houve uma leve concessão por parte da França: foi permitido que Adelaide trouxesse consigo uma mulher, madame Marquet, com a condição de que ela retornasse para a Saboia imediatamente — na verdade, madame Marquet conseguiria ficar por dois anos. Felizmente, o primeiro camarista de Adelaide foi o conde de Tessé, que atuara como embaixador extraordinário na Saboia durante as negociações para o casamento, um homem de meia-idade em quem ela confiava e que agia como uma espécie de figura paterna.

A atitude insensível da França — isto é, do rei, que como sempre supervisionou cada detalhe — era baseada no princípio de usar de crueldade para fazer o bem. Luís queria que todas as lágrimas de Adelaide fossem derramadas antes que ela alcançasse seu novo país (claro, ele estava fazendo o bem para si mesmo e não para a criança). Assim, a Entrega aconteceu, um evento simbólico que ocorria sempre que uma princesa estrangeira deixava seu país para fazer um casamento glorioso. Neste caso, a Princesa foi instalada em sua carruagem numa ponte arqueada que unia os dois países, rodas traseiras na Saboia, cavalo e rodas dianteiras na França. Ela entrou na carruagem em um país e saiu em outro.

Certamente, todas as lágrimas foram derramadas antes do portentoso encontro entre o rei e a princesa em Montargis às 6 horas de 4 de novembro de 1696. (Ela passara os três dias anteriores em La Charité-sur-Loire para a Festa de Todos os Santos.) Adelaide, como a estrela que era, brilhou soberbamente na ocasião, apesar de sua tenra idade. Compreensivelmente, ela deu sinais de nervosismo quando o rei ergueu um archote diante de seu rosto. Mas quando ele declarou: "Madame, estive esperando impacientemente para saudar-te", Adelaide respondeu: "Este, Senhor, é o momento mais importante da minha vida."[9] Quem quer que a tenha instruído nestas palavras — madame Royale? — instruiu-a muito bem. E quando ela tentou ajoelhar diante do rei, ele a ergueu "como uma pluma". E então Adelaide fechou sua mão na dele. Mas houve — tinha que haver — um momento de constrangimento por uma questão de etiqueta, quando Monsieur, o avô biológico, correu à frente para saudar a Princesa, somente para descobrir que o delfim, como futuro sogro da menina, tinha precedência.

Qual foi a opinião do rei? Felizmente, sua carta para madame de Maintenon, que esperava com o restante da família real (incluindo o noivo Borgonha) em Fontainebleau, foi conservada. A nova Princesa, relatou ele, tinha "um encanto imenso e é a figura mais graciosa que já vi (...) quanto mais a vejo, mais fico satisfeito". Ela realmente tinha um tamanho de boneca, e quando o rei apareceu com ela pela primeira vez, segundo uma frase memorável de Saint-Simon, a impressão foi de que ele, na verdade, a tinha em seu bolso. A descrição de Luís, claro, foi escrita para a mulher que se encarregaria desta bonequinha e, portanto, ele apontou os defeitos dela. Adelaide tinha "dentes muito irregulares" (e os dentes sempre seriam um problema geral para ela). Seus lábios eram bem vermelhos, mas também um tanto espessos. Por outro lado, sua tez alva e rosada era soberba. Apesar de sua graça natural, Adelaide fazia mesuras imperfeitas "à maneira italiana" — nunca um termo de elogio na França — e no geral havia "algo ligeiramente italianado" em sua aparência. Ainda assim, Françoise ficaria encantada, como ele ficou, pelo recato da menina.[10]

A aparência "italianada" de Adelaide se devia em parte àquele traço Médici que, por exemplo, sua trágica tia Maria Luísa da Espanha partilhara. Seus olhos eram imensos e escuros, e os cílios notavelmente longos e também muito negros. Mas a aparência se deveu em parte ao fato de que os cabelos dela devem ter sido borrifados com tintura mais escura para o encontro, para tornar sua pele mais alva. Liselotte a descreveria como tendo cabelos "bastante louros", sem deixar passar a oportunidade de zombar da "boca e do queixo realmente austríacos"[11] de Adelaide. Os cabelos da menina eram de um tipo de castanho-claro que escureceu mais tarde — afinal, ela só tinha 10 anos nesta época. Certo é que todos concordaram que seus cabelos eram magnificamente espessos e lustrosos.

O que o rei não mencionou em sua carta a Françoise foi a medida de seu encanto com esta pequena "boneca ou brinquedo" — o termo frequentemente usado por observadores —, uma boneca falante, que caminhava e que tinha as maneiras mais delicadas imagináveis, e um brinquedo que fora educado para respeitar os desejos do rei em todo e qualquer assunto. Não surpreende que Françoise tenha dito à mãe de Adelaide que a menina tinha "todas as graças dos 11 anos e todas as perfeições de uma idade mais avançada". Pois quando Françoise tentou "evitar os mimos" que Adelaide lhe deu, dizendo que estava muito velha, a menina replicou encantadoramente: "De modo algum muito velha." (Embora seja verdade que Françoise estava envelhecendo muito bem; aos 61, ela praticamente não tinha cabelos brancos, seus olhos ainda eram "muito belos", como escreveu um visitante inglês, e havia em "toda a sua pessoa" um charme indefinível que a idade não pôde destruir.) Após esta amostra de lisonja infantil, Adelaide se sentou no colo de Françoise e murmurou a expressão perfeita de seu treinamento: "Ensina-me bem, eu te rogo, o que devo fazer para agradar o rei."[12]

É plausível argumentar que Luís XIV amou Adelaide de Saboia mais que qualquer outra pessoa em sua vida, com a possível exceção do forte amor que sentira por sua mãe. É mais difícil acessar os sentimentos de Adelaide por esta figura de avô bondoso e todo-poderoso. Marguerite de Caylus, observadora da cena, não duvidou de que ela o amava genuinamente, mas fez o adendo de que Adelaide era "coquete" por natureza e facilmente influenciada pelos que estavam a seu redor.[13] O que é notável na correspondência de Adelaide com seu pai, sua mãe e sua avó é a proeminência que ela dá a Luís XIV e a escassez de menções ao duque de Borgonha. Ela reitera seu amor pelo rei, a bondade dele para com ela — mas sobre Borgonha mal se vê uma linha.

Talvez isto não seja surpreendente, já que havia o cuidado de manter os dois noivos afastados, com encontros não apenas estritamente supervisionados, mas racionados de 15 em 15 dias (os irmãos do duque, Anjou e Berry, podiam encontrar Adelaide uma vez por mês). O próprio Borgonha não era exatamente uma figura glamourosa. Seu temperamento misantropo deu origem ao apelido de "Alceste", e com suas fortes convicções religiosas, ele provavelmente teria sido mais feliz como um filho mais novo, que poderia ter sido um príncipe cardeal da Igreja, como em eras passadas. Suas austeridades beatas eram notórias, como quando ele se recusou a comparecer a um baile em Marly porque cairia na festa da Epifania do Senhor. Até o fervoroso Fénelon teve de argumentar com ele que "um grande príncipe não poderia servir a Deus da mesma maneira que um recluso". O contraponto desta religiosidade era um temperamento violento que Borgonha era incapaz de controlar: como escreveu Saint-Simon, ele "nasceu furioso". Um método favorito de alívio era destruir relógios.[14]

Sua aparência física também não era impressionante. Borgonha era bastante baixo, com um ombro mais alto que gradualmente se converteu numa corcunda. Seu rosto era dominado por um nariz pontiagudo, que junto com seu queixo recuado e o maxilar superior pronunciado o tornavam positivamente estranho. Para equilibrar, Borgonha adorava a música, a ópera e o teatro. Era inseguro, mas não mal-intencionado. E, claro, como seu avô, ele caiu loucamente de amores por Adelaide, apesar das estritas proibições que não lhe permitiam mais do que beijar as pontas dos dedos dela.

O encanto geral da população — do rei para baixo — pela "Princesa" teve um efeito curioso naquilo que se tornara uma sociedade um tanto endurecida. Claro, ela foi objeto de intenso interesse desde o início, não apenas em termos de nomeações vantajosas para sua Casa. Foi tal a comoção em sua primeira aparição na corte que houve o perigo de que toda a companhia desabasse "como um baralho de cartas" quan-

TORNANDO-SE CRIANÇAS NOVAMENTE

do grandes damas, como a duquesa de Nemours e a maréchale de La Motte, abriram caminho aos empurrões para chegar mais perto; segundo Liselotte, a própria Maintenon teria caído se ela não tivesse agarrado os braços "da velhota" com firmeza.[15] Além do caso de Borgonha, havia um problema sobre quem podia e quem não podia beijar "a Princesa", com a duquesa de Lude como uma águia da etiqueta, sempre vigiando contra um ósculo inadequado.

Saint-Simon escreveu sobre Adelaide que sua juventude e bom humor reavivaram toda a corte. Liselotte, descrevendo como participara de um alegre jogo de cabra-cega — que ela teve que admitir ter gostado muito —, comentou que "todos na corte tornam-se crianças novamente".[16] Quando Adelaide admitiu que sentia falta das bonecas saboianas que não teve permissão para levar para França, bonecas especiais foram enviadas de Paris, mais belas do que qualquer coisa que a simples Saboia pudesse imaginar. Jogos de varetas também foram considerados benéficos por madame de Maintenon, porque promoviam "a destreza".

Existe uma ilustração da pequena Princesa "patinando", ou seja, sendo rodopiada pelos corredores encerados de Versalhes, coisa curiosamente tocante quando pensamos na reverência com a qual o estabelecimento era percebido por toda a Europa. Um visitante inglês por volta desta época, dr. Martin Lister, ficou boquiaberto com o que viu: "É impossível contar a infinita mobília destes jardins, as estátuas de mármore, os vasos de cobre e mármore, uma miríade de fontes, e aqueles amplos canais como mares correndo em linha reta do fundo dos jardins até onde a vista alcançava. Numa palavra, estes jardins são um país..." Contudo, para Adelaide, brincalhona até em excesso, sempre saltitando, tagarelando, "espremendo" o rei e Tante Maintenon, aqueles jardins eram seu parque de diversões.[17]

Luís podia ser agora um homem no fim da meia-idade, atormentado pela gota, alguém que usava *galoches** nada românticas quando o clima estava úmido; mas, refletido nos olhos da criança, ele se viu sob uma

---

* Uma forma de tamanco com uma sola de madeira e couro na parte de cima, da qual deriva a palavra moderna "galocha".

luz muito diferente. Como relatou Marguerite de Caylus, o rei estava tão "completamente enfeitiçado" por Adelaide que não conseguia suportar ficar longe dela nem por um instante e até pedia seu conselho em reuniões. Quanto a Adelaide, Dangeau afirmou significativamente que a menina "nunca tinha um resfriado" quando se tratava de passear com o rei.[18]

Como mencionado antes, era verdade que Adelaide não fora bem-educada: mas como era conveniente que ela pudesse estudar na vizinha Saint-Cyr de sua Tante três vezes por semana! (Mesmo tendo que frequentar uma turma de meninas com idade abaixo da sua.) Lá ela formou uma amizade com a sobrinha de Françoise, Françoise-Charlotte d'Aubigné, e também interpretou "uma pequena israelita", papel no jovem coro em uma montagem de *Ester*; subsequentemente, ela representou a noiva de Joas, Josabete, em *Atália*, embora tenha ocorrido certa hesitação quanto a sua participação nesta controversa peça.[19] Sua caligrafia continuava infantil — à idade de 13 anos, ela ainda fazia promessas de melhorá-la —, mas ao menos Saint-Cyr deu a Adelaide algumas oportunidades para se socializar com jovens, numa vida altamente cerimoniosa em outros âmbitos.

Toda esta inocente diversão representava uma agradável alternativa à vulgaridade das jovens reais da corte, com suas bebedeiras, seus infinitos chiliques e, acima de tudo, sua jogatina. Dificilmente se poderia esperar que estas princesas atraentes, mimadas e acasaladas — aqui a palavra se faz usar —, por razões de Estado, numa idade tão tenra ignorassem as oportunidades de galanteria a sua volta. Marie-Anne de Conti, a mais velha, liderava o caminho; madame la Duchesse eventualmente se acomodou num longo romance com o marquês de Lassay; a "discrição" de Françoise-Marie em lidar com seus *affairs* recebeu, pelo menos desta vez, elogios de sua sogra Liselotte.[20]

A verdadeira crítica de Liselotte dizia respeito menos à moral do que à mera preguiça das princesas. Elas eram tão ociosas e debochadas que já nem sequer se davam ao trabalho de dançar. (A crítica vinha da mesma Liselotte que participara animadamente de uma improvisada competição de flatos dentro de seu círculo familiar, vencida por Filipe, que conseguia fazer "um ruído como uma flauta".) Pior de tudo, pelo menos para aqueles à volta das princesas, era seu uso desregrado do tabaco. Embora o tabaco fosse usado como um remédio em certos casos de grande dor (Catarina de Médici o administrara ao jovem Francisco II para enxaqueca), aqui ele era consumido em pó, como uma droga. Cavalheiros sofisticados podiam servir-se e passá-lo numa roda em caixinhas elegantes (o valete de Dom Juan, Sganarelle, abre a peça de Molière refletindo que "não há nada como o tabaco"). Mas fumar tabaco num cachimbo, como os marinheiros, era considerado um hábito repulsivo para uma dama. E inalar o tabaco deixava o "nariz sujo", nas palavras de Liselotte, como se as damas tivessem esfregado os dedos na sarjeta ou vasculhado a bolsinha de tabaco de um homem. No entanto, as princesas o faziam, apesar de todas as reclamações.[21]

A opinião de madame de Maintenon sobre o tabaco era similarmente desaprovadora — embora ela aconselhasse um comportamento mais pragmático para as Demoiselles de Saint-Cyr, que tinham que abrir seu caminho no mundo e não podiam se arriscar a provocar ofensas: deviam evitar o tabaco completamente, a menos que fosse oferecido por "uma pessoa de importância", caso em que uma moça deveria pegar um pouco e deixar cair "imperceptivelmente" no chão. Outras medidas contra o que hoje seria chamado de golpe do boa-noite-cinderela eram evitar o vinho e usar o espartilho em todos os momentos.[22]

O casamento de Adelaide e Borgonha foi marcado para o dia em que ela faria 12 anos, 6 de dezembro de 1697, aproximadamente um ano após sua chegada. Adelaide não permitiu que sua iminente grandeza lhe subisse à cabeça: quando o idoso bispo Bossuet, nomeado como seu esmoler, ajoelhou-se diante dela, ela protestou vigorosamente. "Ó Monsenhor, fico embaraçada por ver-te assim." Contudo, o rei estava num humor extravagante, embora nesta época se vestisse de modo bastante simples, cortando gastos devido às demandas da recém-terminada Guerra da Liga de Augsburgo. Ele encomendou "algumas roupas finas" para a ocasião e deu sinais de que seus cortesãos o agradariam com certo emprego de esplendor. Sem titubear, o duque e a duquesa de Saint-Simon gastaram entre eles 20 mil *livres* em seus vestuários (quase 70 mil libras em moeda atual).[23]

Tendo decretado o esplendor, o rei não deveria ter ficado tão surpreso quando aconteceram as costumeiras intrigas, fundadas nas rivalidades da sociedade de Versalhes. O próprio Luís escolheu os bordados para o vestido de Adelaide, mas determinou que o bordador não deveria abandonar imediatamente todos os seus outros clientes em nome da encomenda real. Madame la Duchesse, sem tais escrúpulos, sequestrou os alfaiates da duquesa de Rohan para que trabalhassem exclusivamente em seu figurino, mas foi obrigada a devolvê-los. Na cerimônia em si, Borgonha usou veludo negro forrado com cetim cor-de-rosa, e Adelaide usou prata, salpicada por todo lado com tantos rubis e diamantes que se comentou que o peso total, junto com o de seu toucado cheio de joias, era maior que o peso dela própria. O imenso manto que descia de seus ombros era de veludo azul bordado com a flor-de-lis dourada da França.

A noite de núpcias que se seguiu foi uma ocasião puramente formal segundo os ditames do rei. Jaime II e Maria Beatriz, como os mais velhos monarcas presentes, entregaram ao jovem casal suas *chemises*. Houve alguma conversa da parte do delfim e depois disto a cerimônia acabou. Borgonha chegou a beijar sua noiva corajosamente, apesar da profunda desaprovação da duquesa de Lude, e isto foi tudo. Mas foi a duquesa quem interpretou corretamente as instruções do rei: ele ficou furioso com a notícia, já que proibira expressamente o contato. Somente Berry — "aquele bandidinho travesso", 10 anos de idade e já mais vivaz que seus irmãos — disse que teria tentado muito mais...

O estágio seguinte — a consumação do casamento — só aconteceria cerca de dois anos depois. Enquanto isso, os jovens Borgonha foram cuidadosamente apresentados a uma vida marital limitada e assexuada. Ela incluía visitas ao teatro. Por exemplo, em outubro de 1698, uma viagem para ver *Le Bourgeois Gentilhomme* produziu ruidosas gargalhadas tanto do duque quanto da duquesa. Houve um balé em comemoração ao aniversário de Adelaide em 1698, no qual Borgonha representou Apolo e Adelaide dançou no papel de uma musa. Talvez certos cortesãos presentes tenham relembrado a graça da avó de Adelaide, Henriette-Anne,

TORNANDO-SE CRIANÇAS NOVAMENTE

dançando no mesmo tipo de papel quarenta anos antes (embora poucos se dessem ao trabalho de comparar o pobre corcunda Borgonha com o magnífico Luís XIV quando jovem).

Adelaide também aprendeu a rotina de comparecer a eventos militares: enquanto Françoise, com nenhum apreço pela glória, jamais gostara destas expedições e continuava não gostando, Adelaide se divertia. "Sou uma verdadeira francesa", disse ela à avó quando expressou sua alegria por um sucesso francês.[24] Claro, a Saboia estava neste momento ao lado da França, e a amargura de uma princesa ao ouvir as "boas novas" da destruição de seu país natal, como as que devastaram Liselotte, ainda não havia cruzado o caminho da jovem Adelaide... Apesar de tudo isto, e apesar de Borgonha insistir em visitas noturnas diárias a sua esposa em novembro — após uma estipulação inicial de duas em duas noites —, Adelaide ainda não havia ficado grávida.

A ascendência de Adelaide tanto sobre Luís quanto sobre Françoise teve o feliz efeito de consolidar uma relação que passara bem perto de naufragar. Estranho que a origem do problema tenha sido a religião, o mesmo assunto que tornara Luís e Françoise tão próximos! A nuvem temporária e seu desaparecimento demonstraram como o rei estava pouco (ou nada) preparado para ceder em qualquer coisa para agradar sua esposa secreta; e quão irresoluta e até tímida a própria Françoise se tornava quando havia qualquer tipo de confronto. A dominante Igreja católica na França era ameaçada — segundo acreditava — por qualquer doutrina que substituísse a visão convencional de que a Igreja era o mediador essencial entre os indivíduos na terra e Deus. Uma destas doutrinas era o chamado quietismo, uma prática mística da religião católica de certa forma semelhante à meditação moderna, na qual a prece, e até a prece repetitiva, era tudo.

Françoise não se interessou exatamente pelo quietismo, mas tornou-se amiga da brilhante e carismática Jeanne-Marie Guyon, uma viúva com quatro filhos, e deixou que ela tivesse contato com Saint-Cyr. O livro de madame Guyon sobre "Orações curtas e simples", que podiam ser praticadas diariamente, impresso em 1687, levou-a à cadeia no ano

O AMOR E LUÍS XIV

seguinte; madame de Maintenon conseguiu sua libertação. Mas a segunda prisão de madame Guyon, o seu encarceramento na fortaleza de Vincennes e o interrogatório por La Reynie deixaram Françoise incapaz ou indisposta para ajudar.

A influência do abade Godet des Marais foi importante, pois ele incitou firmemente Françoise a ficar do lado do ortodoxo e severo Bossuet no tema do quietismo, algo que Bossuet condenou num sermão da Quaresma de 1696. No processo, Fénelon também se tornou uma vítima. Françoise abandonou o homem que fora seu amigo e se absteve, impotente, enquanto Fénelon era proibido de ter qualquer contato com Borgonha e todos os quietistas eram removidos da Casa do jovem duque. O abandono de Françoise de seus antigos amigos foi visto como covardia — embora ela provavelmente o tivesse justificado como parte de sua atitude essencialmente pragmática quanto à religião. Em todo caso, Luís tornou-se subitamente frio com relação a Françoise, sugerindo que Fénelon fora "um mau pastor", erroneamente nomeado para cuidar de seus netos. Quanto ao pobre Borgonha, ele ficou devastado, implorando em vão que ao menos lhe fosse permitido escrever a Fénelon: não haveria qualquer contato entre Fénelon e seu "pequeno Luís" até 1701.[25]

Todo este prolongado episódio causou uma degeneração na saúde de Françoise, que pode ter sido psicossomática ao menos em parte. Foi significativo que sua reconciliação com o rei ocorreu quando ele chegou e se postou junto à cama dela com as palavras (que tinham algo de amor, mas também de impaciência): "Bem, madame, então morrerás disto?" E assim estava preparado o caminho para uma apoteose. Numa revista militar em Compiègne em setembro de 1698, o rei reclinou-se ostensivamente na janela aberta do coche de madame de Maintenon. Ele tirou seu chapéu e deixou-o sobre a poltrona para descrever os procedimentos a ela, sob total vista das tropas e cortesãos. Luís praticamente não falou com ninguém mais, e até Adelaide teve dificuldade em conseguir que ele respondesse a suas perguntas. Era a declaração mais aberta que ele já tinha feito sobre o status dela e deixou uma profunda impressão em todos os presentes, inclusive Saint-Simon.[26]

TORNANDO-SE CRIANÇAS NOVAMENTE

Contudo, foi uma apoteose que só ocorreu por um certo preço. Embora Françoise tivesse se ocupado em usar sua influência para assegurar bispados para seus amigos — Godet des Marais foi nomeado bispo de Chartres, e seu aliado Antoine de Noailles, arcebispo de Paris —, ela agora descobria que o preço da influência era a ortodoxia e mais a submissão à vontade do rei, mesmo que ela por acaso discordasse. Como madame de Maintenon confessou ao arcebispo quando fracassou em concretizar uma determinada nomeação eclesiástica: "Vi que o rei não era tão dócil quanto eu pensava."[27] Ela estava muito longe de ser a resoluta manipuladora da descrição de Liselotte e Saint-Simon: estava mais para o submisso "Degelo" do apelido de Sévigné. Entretanto, Françoise teve um claro papel na criação de Adelaide, que não foi precisamente o de uma rainha, e mais o de uma avó e dublê de governanta. Adelaide precisava de Françoise e Luís precisava de Adelaide: a ordem foi restaurada. Deste modo, a ferida não mencionada mas dolorosa foi curada.

Teria Maintenon desejado o papel público total de rainha? Naturalmente, seus inimigos disseram que sim, mas não há qualquer prova além dos próprios preconceitos destes. Assim como não há provas de que Luís XIV tenha considerado seriamente dar o título a ela: a dinastia era sagrada para ele, a realeza também, como lhe foi gravado desde seus primeiros anos de vida por Ana da Áustria, uma poderosa princesa. Mesmo tendo escolhido uma vida íntima discreta e virtuosa com Françoise, não estava no âmbito da imaginação do rei vê-la sentada no trono outrora ocupado por sua mãe (e por Maria Teresa, outra grande princesa). Que razão haveria para isto? Com o crescente egoísmo da idade, especialmente num homem treinado desde o início para fazer do autocentrismo uma forma de dever, o rei sabia que tinha o que queria.

Não lhe ocorreu questionar com seriedade se Françoise estava igualmente satisfeita... Ele a tratava em todos os momentos com escrupulosa educação. Embora Françoise tenha queimado as cartas do rei após sua morte, algumas poucas linhas tratando de assuntos diários sobreviveram, nas quais a linguagem é formal e acima de tudo ponderada, com a reiteração de frases como "se tu aprovas" e "hei de me conformar a tua vontade". Certamente não há indício de comando. "Se desejas dar um passeio comigo às 3 ou 4 horas", escreveu o rei em certa ocasião, "vem à Fonte de Apolo, onde estarei com um coche para ti"; mas "por favor, não te sintas obrigada a fazer isto." E é provável que na maioria das situações Françoise *estivesse* satisfeita, refletindo passivamente sobre "o enigma" de seu destino, nas palavras de seu confessor Godet des Marais: Deus colocou "a salvação de um grande rei" nas mãos dela... "Tu és para ele o refúgio, lembra-te de que teu aposento é a igreja doméstica onde o rei se recolhe."[28]

Contando que sua reputação estivesse segura, Françoise estava satisfeita (era o que ela dizia de si mesma), e, *afora* Liselotte, ninguém na década de 1690 realmente pensava nela como uma "velha prostituta" — velha, sim, já que ela estava na casa dos 60, mas prostituta parecia bem longe do alvo. É verdade que os panfletos indecentes tripudiavam dela como faziam com todo mundo de renome. Apesar das restrições da censura (que podiam ser dribladas com impressões na Holanda), a zombaria era abrangente e obscena: ninguém era poupado.

Por exemplo, é a este período que pertence um panfleto satírico que sugere que o verdadeiro pai de Luís XIV era o conde de Rantzau, um marechal da França oriundo de Holstein e falecido em 1650; claro, não havia qualquer prova contemporânea para esta ousada suposição.[29] Se o passado do rei era difamado, o mesmo ocorria com seu presente. Uma medalha de 1693 mostrava Luís sendo afastado da linha de frente por quatro mulheres, com uma legenda sobre o assunto da invasão malsucedida que era uma rude adaptação do famoso aforismo de César: *Venit, vidit sed non vincit* (Veio, viu, mas não venceu). Oito anos após sua inauguração, a estátua equestre de 1686 na Place des Victoires foi adaptada numa gravura obscena que mostrava um novo pedestal com o rei acorrentado a quatro amantes, Louise, Angélique, Athénaïs e Françoise, em lugar de seus triunfos militares. O gravurista, o livreiro e seu jovem assistente foram todos enforcados por seus trabalhos.[30] Mas as sátiras não cessaram.

Portanto, Françoise dificilmente poderia esperar ser poupada. Diziam que ela fora seduzida muito antes de conhecer Scarron, "com a brecha já aberta" pelo marquês de Montchevreuil, apresentado erroneamente como duque de Montchevreuil. Houve um ridículo boato de que

TORNANDO-SE CRIANÇAS NOVAMENTE

quando muito jovem ela dera à luz um filho ilegítimo chamado Babbé. Apesar do tom destes ataques à "velha macaca", nos quais a idade era uma menção constante, a pior acusação foi de que ela tinha feito um acordo com os jesuítas: seu próprio casamento secreto com o rei em troca da revogação do Édito de Nantes.[31] Nada disto era verdade.

Entretanto, o que constituía o verdadeiro enigma para o mundo exterior eram os sentimentos de Luís XIV. Houve um celebrado momento quando Pierre Mignard estava prestes a pintar madame de Maintenon no papel de Santa Francisca Romana; foi pedida a permissão do rei para envolvê-la em mantos de arminho, no estilo de uma rainha. (Algo que eventualmente era feito em retratos de grandes damas, além de rainhas.) "É claro que Santa Francisca merece arminho!", replicou o rei risonhamente, sem jamais explicitar o que exatamente queria dizer. Mas ele de fato adorou a pintura: uma miniatura baseada no quadro foi algo que ele carregou consigo no bolso de seu colete até o dia de sua morte.*

O Tratado de Ryswick, assinado em setembro de 1697, que deu fim aos nove anos da Guerra da Liga de Augsburgo, foi celebrado por um leal cortesão como o marquês de Dangeau em termos jubilosos: "O rei deu a paz à Europa sob as condições que desejou impor. Ele foi o senhor..."[32] É verdade que, mesmo perdendo a Lorena, "o senhor" conservou o Hainault francês e a Baixa Alsácia, incluindo Strasburgo; nas Índias Ocidentais, Santo Domingo (Haiti a partir da década de 1970) foi uma importante aquisição para o futuro. Ainda assim, houve muitas aquisições — a um enorme preço em vidas — que Luís não reteve. Os exércitos franceses da juventude do rei, que na imaginação popular sobrepujavam os exércitos espanhóis como os guerreiros invencíveis da Europa, já não seriam mais vistos sob esta mesma luz. Guilherme III, outrora apenas o modesto príncipe de Orange, era o principal líder marcial da Europa.

Por implicação, o tratado também reconheceu Guilherme pela primeira vez como rei da Inglaterra. Neste caso, Luís XIV agiu com certo pulso: ele se recusou a banir da França o antigo rei, Jaime II, e a rainha

---

* Hoje preservado, apropriadamente, no Château de Maintenon.

O AMOR E LUÍS XIV

Maria Beatriz com seus filhos. Além disso, ele mostrou sua sensibilidade à provação que o tratado representava para estes infelizes exilados ao ordenar que não houvesse qualquer música ou celebração de triunfo na presença deles. Uma vez que a finalização do tratado coincidiu com a tradicional visita do casal a Fontainebleau, notícias do exterior não poderiam chegar ao rei a menos que ele estivesse a sós. E Luís pressionou Guilherme pelo pagamento da pensão de Maria Beatriz, 50 mil por ano, conferida a ela pelo Parlamento.

Parte deste apoio aos exilados se deveu à genuína reverência de Luís para com Maria Beatriz, nesta época a personalidade dominante do casal em todos os sentidos, já que a conversação do ex-rei Jaime, nunca brilhante mesmo em seus melhores momentos, centrava-se cada vez mais em sua morte iminente. Mas nem ele e nem qualquer outro europeu podia estar inconsciente de que a questão da eventual sucessão inglesa permanecia irresoluta. Guilherme e Maria (que faleceu em 1694) não tiveram filhos. A irmã de Maria, Anne, parecia incapaz de gerar um filho saudável, pois o único de sua vasta prole que sobreviveu à primeira infância foi o jovem duque de Gloucester, praticamente um inválido com uma cabeça enormemente inchada, que morreria à idade de 9 anos em julho de 1700. Sob tais circunstâncias, seria necessária a certeza de uma visão em retrospecto para descartar as chances de sucessão de James Edward, de 10 anos. Ainda intitulado príncipe de Gales, o filho de Maria Beatriz era uma criança feliz e saudável, que vivia sob a proteção da França.

Agora não era a sucessão inglesa, mas a espanhola, o que ameaçava este idílio de paz europeia. Em 1º de novembro de 1700, Carlos II da Espanha, aquele monarca cuja morte fora prevista desde seu nascimento, realmente faleceu à idade de 39 anos e, claro, morreu sem filhos. Num ousado gesto de desprezo pelos vários governantes que vinham planejando usurpar seu império ao longo dos anos, Carlos deixou todos os seus domínios para o neto de sua meia-irmã, com a condição de que fossem mantidos juntos: este era nada menos que o duque d'Anjou, o segundo filho do delfim da França. Era perfeitamente possível argumentar que Anjou era o herdeiro mais próximo de Carlos (o irmão mais velho de Anjou, Borgonha, como o próprio delfim, foi descartado por

TORNANDO-SE CRIANÇAS NOVAMENTE

estar na linha de sucessão para futuro rei da França). Do mesmo modo, os descendentes da irmã de Carlos, Margarida Teresa (que se casou com o imperador), podiam apresentar uma reivindicação: o neto dela, José Ferdinando da Baviera, um príncipe — embora não perigosamente poderoso — era uma escolha adequada: infelizmente, ele morreu em 1699. A próxima escolha imperial foi mais abertamente Habsburgo: o filho mais novo do imperador, o arquiduque Carlos (aquele que outrora fora proposto como noivo para Adelaide).

Mais uma vez, é preciso evitar nossa visão em retrospecto — como no caso do destino de James Edward Stuart — para avaliar a decisão de Luís XIV de aceitar o trono em nome de seu neto. Não seria da natureza de Luís XIV rejeitar uma conquista dinástica tão notável para *sua* própria dinastia — e, claro, ao mesmo tempo privar dela os Habsburgo. Ele não precisou do incentivo de madame de Maintenon (que, em todo caso, não fez nada semelhante a uma incitação, mas apenas concordou educadamente com o delfim, favoravelmente inclinado).[33] O homem que colocou a necessidade de glória no centro de suas ambições de juventude não a rejeitaria agora para Anjou, mesmo que o bom-senso talvez lhe dissesse que a coroa não seria cedida pelo lado austríaco sem luta. A falha de Luís foi não ter percebido mais a fundo os temores da Áustria: ao mesmo tempo que a aceitou em nome de Anjou, também deveria ter deixado claro que Anjou jamais assumiria o trono francês em pessoa. (Neste ponto, os Borgonha não tinham filhos, então isto estava dentro dos limites da possibilidade.)

Quem sabe? Talvez desejos imperiais secretos também excitassem Luís, e a ideia de unir as duas coroas de França e Espanha não fosse completamente desagradável para ele. Por fim, ele deu a notícia de sua decisão a seu neto quando Anjou estava jogando cartas. O menino se ergueu respeitosamente, recebeu a notícia com "a gravidade e a compostura de um rei de 80 anos" e depois sentou-se imediatamente como se esmagado de volta em seu assento pelas preocupações de uma pesada coroa.[34]

"Espero que Vossa Majestade durma bem esta noite", disse Luís XIV. Anjou, que nem completara 17 anos, era um rapaz sóbrio e inteligente, sem a beatice cansativa de Borgonha ou a natureza maliciosa de Berry, então com 14 anos. Não foi relatado se Anjou, agora tornado Filipe V, dormiu. Como sempre, Liselotte tinha algo mais interessante para dizer. Ao sair numa caçada com o novo monarca, ela ostensivamente o deixou tomar a frente: "Depois de Vossa Majestade, grande Rei", disse ela. O duque de Berry "quase morreu de rir".[35]

Mas a ascensão do candidato francês ao trono da Espanha provou ser um assunto sério. A Guerra da Sucessão Espanhola que se seguiu seria descrita por Winston Churchill — sob o ponto de vista de descendente dos duques de Marlborough — como "a primeira guerra mundial", porque envolveu outros continentes além da Europa. Ao longo desta guerra, todo tipo de ruína encurralaria a França.

PARTE QUATRO

Inverno

CAPÍTULO 14

A alegria começa a partir

Até minha alegria está um tanto diminuída.
— Adelaide, duquesa de Borgonha, 1700

"Já não sou uma criança", escreveu Adelaide, a mulher casada, à sua avó da Saboia, em 16 de novembro de 1700.[1] Na verdade, Adelaide estava às vésperas de seu 15º aniversário. Ela ainda não era mãe: um inspirador frasco de água benta contendo uma estatueta em coral branco de um bebê, enviado a ela da Saboia pela princesa de Vaudé-mont, ainda não tinha feito seu trabalho — ou o austero Borgonha não tinha feito o seu, apesar de seu amor passional por sua esposa. Ou talvez ambos fossem apenas jovens demais.

O conde de Tessé acompanhara o bebê de coral com uma carta admoestatória: "Acredito devotamente que ela o enviou de modo que o bebê entalhado em coral pudesse reanimar-te, todas as noites e manhãs, para o pensamento de que tu nos deve um, e de que nenhum outro pensamento, nem sobre tua adorável silhueta, nem sobre nada mais, tem a menor importância comparado a isto." Ele terminava: "Sou teu velho servo, a quem tu às vezes te dignavas a chamar de velho tolo."[2] Apesar de toda a saudação pseudomodesta, a mensagem de Tessé era bem clara: este era o propósito máximo de Adelaide. De qualquer modo, ela de fato concebeu o primeiro filho por volta do fim de 1702, mas sofreu um aborto. Outro aborto se seguiu um ano depois. Seu primeiro filho vivo — um menino, para êxtase geral de rei e corte — nasceu em julho de 1704, quando Adelaide tinha 18 anos. Instantaneamente nomeado duque da Bretanha por Luís XIV, este importante bisneto viveu apenas até o abril seguinte, quando morreu muito subitamente. Como de hábito, Liselotte culpou os médicos. Por outro lado, Adelaide escreveu uma carta correta para sua mãe sobre os desígnios da Vontade Divina: "Se não recebêssemos de Deus todas as tristezas desta vida, não sei o que seria de nós. Creio que Ele deseja aproximar-me de Si."[3]

Assim, Adelaide ainda não tinha uma família quando chegou a seu 20º aniversário em 6 de dezembro de 1705. Por esta e outras razões, ela começou a dar cada vez maiores sinais de melancolia e tensão — "até minha alegria está um tanto diminuída" — intercalados por acessos de celebração febril e movimento constante. Ela desfilava em seu burro, conduzia sua pequena charrete ao redor dos jardins de Versalhes ou escalava como um gato as rochas de Fontainebleau. Adelaide adorava cavalgar: um lindo retrato seu em vestes de montaria vermelhas (uma cor favorita) exibe sua cintura diminuta e sua silhueta formosa, ainda que frágil. Como sua avó Henriette-Anne, Adelaide nunca parecia dormir e amava passear à noite, o que ela descrevia como "um de seus maiores prazeres". Ao mesmo tempo, ela precisava preservar a qualidade inocente que encantara o rei. Isto era parte do problema. Adelaide sentia que sua juventude estava passando — "Já não sou mais jovem", lamentou ela mais uma vez em 1702, o que se tornaria um assunto recorrente —, mas sua infância não.[4] O rei não permitiria que ela se acabasse.

Por um lado, ela lutava para cumprir seu importantíssimo papel feminino e aumentar a dinastia, como esperado. Por outro, ela tinha que conservar aquela doçura travessa que enfeitiçara Luís XIV na criança de 10 anos que capturara seu coração. Ela foi capaz até de sentir ciúmes de outra garotinha doce (de nascimento muito menos augusto) que gracejava e divertia o rei. Jeannette Pincré era a mais nova de oito filhos que entraram na Casa de Maintenon quando sua mãe viúva se atirou aos pés da caridade de Françoise; o rei insistiu que Jeannette ficasse lá.

A ALEGRIA COMEÇA A PARTIR

É óbvio que Adelaide, que não era nenhuma tola, conseguiu fazer sua infantilidade funcionar para si. Não era apenas para agradar o idoso rei. Sua curiosidade era proverbial na corte (e causava muita antipatia a observadores como Liselotte). Ela se dava a liberdade de revirar os escritos do rei, para não mencionar os de madame de Maintenon, e uma boa quantidade de investigação travessa ocorreu: Adelaide podia ser tão enxerida quanto irrequieta. Desta maneira, ela topou com uma lista de homens que estavam prestes a ser nomeados como marechais de França pelo rei e ficou chocada ao descobrir que seu favorito, o conde de Tessé, até então apenas um marechal de campo, foi omitido. Ela correu para seu "avô" numa torrente de lágrimas. Esta flagrante intromissão e interferência foi quase demais para o rei — só quase. Para evitar que sua pequena adorada se aborrecesse, ele decidiu que não nomearia marechal algum nesta ocasião. (Tessé foi nomeado marechal de França em 1703.)

A morte súbita de Monsieur, o avô biológico de Adelaide, em junho de 1701 por um derrame trouxe mais tristeza para ela; afinal, era Monsieur, e não o rei, sua ligação com sua mãe ausente. Pobre Monsieur! Foi bizarro que este fim dramático ocorresse logo depois de uma briga tórrida com o rei sobre a conduta de seu filho Filipe. É verdade que Filipe, aos 25, era sinônimo de depravação, passando todas as noites com as prostitutas de Paris, engravidando sua esposa Françoise-Marie, mas também fazendo filhos com sua amante quase na mesma época. Segundo Liselotte, os favoritos de Monsieur atuavam como cafetões para Filipe. Mas quando um chocado Luís expressou sua reprovação, Monsieur decidiu (imperdoavelmente, sob o ponto de vista de Luís) recordar o irmão de dias passados, quando o rei se relacionava com Louise e Athénaïs ao mesmo tempo...

A reação do grande rei à morte de Monsieur foi a de um ser humano sendo roubado de um irmão, da insubstituível ligação com a infância distante. "Não sei como aceitar o fato de que jamais verei meu irmão novamente." Por outro lado, a atitude de Liselotte à morte de seu marido foi decididamente impassível. Ela protestou fortemente contra a ideia de se retirar para um convento, de acordo com seu contrato de casamento.

"Não! Nada de conventos para mim!", ela foi ouvida exclamando em voz alta. E, assim, Liselotte foi poupada para continuar sua vida em Versalhes. Depois, no processo de queimar as numerosas cartas de amor dos favoritos de Monsieur, ela se declarou nauseada pelo perfume...[5] Liselotte também se infiltrava em performances teatrais anonimamente, embora o luto convencional ditasse uma abstinência de dois anos.

No curso dos arranjos para a viuvez de Liselotte, Françoise foi capaz de provar uma doce vingança. Numa época em que correspondências internacionais eram interceptadas com frequência, nem todas as cartas extremamente desabonadoras de Liselotte sobre "a velha vadia" e sua relação com o rei escaparam à atenção. O rei passou as cartas a Françoise e pediu-lhe que resolvesse a situação. Ela o fez, procurando Liselotte nos aposentos desta. A viúva reclamava rudemente da recente frieza do rei, somente para se deparar com Françoise exibindo tranquilamente a correspondência. Numa torrente de lágrimas, a humilhada Liselotte só pôde pedir perdão profusamente. Foi Françoise quem prometeu intervir com o rei.

Depois, Luís, em seu habitual modo de perdão, foi a graciosidade em pessoa. Ele até riu quando Liselotte — segundo suas próprias palavras para sua tia Sofia — explicou "sem rodeios" a coisa toda como segue: "Se eu não te amasse, não teria odiado madame de Maintenon quando pensei que ela me estava privando de tua bondade."[6] (O que provavelmente era verdade.)

Ele também mostrou benevolência para com o dissipado Filipe, agora duque de Orléans em sucessão a seu pai, quando seu primeiro filho com Françoise-Marie nasceu em agosto de 1703, após uma fileira de filhas. Filipe pediu o título de duque de Chartres, que outrora lhe pertencera, para o bebê.* Luís perguntou se isto era tudo que ele queria. Filipe admitiu que sua Casa o incitara a pressionar por mais, "mas seria indelicado nestes tempos difíceis". "Então eu mesmo vou prever teu

---

* Este nascimento masculino foi importante na dinastia Bourbon: com Adelaide ainda sem filhos, o infante duque de Chartres assegurava a continuação do ramo Orléans da dinastia. Claro, o bebê era sobrinho-neto de Luís, mas também seu neto, através de sua filha legitimada, Françoise-Marie.

A ALEGRIA COMEÇA A PARTIR

pedido", replicou o rei amigavelmente, "e dou a teu filho a pensão de primeiro Príncipe do Sangue."

A morte de Monsieur e sua substituição por Filipe, com uma Casa de Orléans aparentemente florescendo a seu redor, provocaram a necessidade de rearranjos na corte. Também marcaram o surgimento de um novo problema, devido à longevidade do presente monarca — em 1703, Luís já havia reinado por mais tempo do que qualquer rei francês anterior. Havia um Filho da França sobrevivente, o delfim. E havia Netos da França, seus três filhos, e mais Filipe, duque de Orléans, e sua irmã, agora duquesa de Lorena. Em cada caso, o uso da palavra "França" significava ascendência direta de um monarca governante. Haveria agora um novo título de Bisneto da França? Neste caso, o título se aplicaria ao bebê, duque de Chartres.

As reivindicações e contrarreivindicações pela precedência, os bate-bocas entre duques, Príncipes do Sangue e príncipes reais se tornariam cada vez mais ferozes com o passar dos anos. Por exemplo, Françoise-Marie era naturalmente resoluta em apoio a sua grande prole de filhas, que, como seu irmão Chartres, certamente deveriam desfrutar o título de Bisnetas da França, e estava ansiosa para que sua filha mais velha, Marie-Élisabeth, recebesse o simples título honorífico de "mademoiselle", no lugar de "mademoiselle d'Orléans". Afinal, esta era uma sociedade em que, por mais absurda que pareça aos de fora, a distinção vital entre "*Madame*, Duchesse d'Orléans" e "Madame *la* Duchesse d'Orléans" era considerada bastante crucial: enquanto a primeira era casada com um Filho da França, a omissão da vírgula e a adição do artigo indicava que a última era casada mais remotamente com um simples Neto.[7]

A esperada morte por câncer do antigo rei da Inglaterra, Jaime II, ocorreu três meses mais tarde, em 16 de setembro.* Todos os artigos nos aposentos reais de Saint-Germain foram removidos, para serem substituídos pelo luto violeta de James Edward, enquanto novo rei, e cinza

---

* O belo memorial a Jaime II, exibindo as armas reais da Inglaterra, ainda hoje visível na igreja de Saint-Germain, foi erigido em 1824 por Jorge IV, que tinha uma atitude sentimental para com seus laços Stuart, além da ligação com o trono em sua época. O texto, em francês e inglês, descreve Jaime como "recebido na França por Luís/Lewis XIV".

para Maria Beatriz e Luísa Maria. Mobílias à parte, o evento teve consequências políticas sérias e imediatas. Em 1697, Luís XIV concordou tacitamente que Guilherme III era o rei da Inglaterra de fato, mesmo se recusando a banir Jaime, Maria Beatriz e seus filhos. Infelizmente para o destino militar da França, mesmo que talvez felizmente para o caráter moral de Luís, ela agora reconhecia James Edward como rei Jaime III. Contudo, na Inglaterra, James Edward era "o pretenso Príncipe de Gales" ou simplesmente "o Pretendente", condenado por alta traição por um ato do Parlamento de 1702. Sob tais circunstâncias, a decisão de Luís de ignorar isto foi, como notou Saint-Simon, uma política mais digna da generosidade de um Luís XIII e um Francisco I do que de sua [de Luís XIV] "sabedoria".[8]

Foi uma atitude relativa a uma promessa feita a Jaime em pessoa em seu leito de morte: o rei inglês exilado podia morrer feliz, já que seu filho seria reconhecido como seu sucessor. Naquele momento, o moribundo Jaime deu apenas uma piscadela de compreensão do que acabara de lhe ser comunicado. O verdadeiro objetivo do nobre gesto do rei francês seria conquistado mais tarde, quando ele disse à rainha Maria Beatriz o que havia feito. Após a derrota naval francesa em La Hogue em 1692, Luís se negara a admitir as consequências desastrosas para a causa de Jaime II. Pelo contrário, ele se gabara para Maria Beatriz de que seria aquele a dar a ela "o último abraço" antes que ela subisse a bordo do navio que a levaria finalmente de volta à Inglaterra. A justiça e "a tua piedade" assegurariam a bênção dos Céus à empreitada. Os Céus podem ter sido reticentes em sua bênção, mas, nove anos depois, o rei da França não vacilou em seu apoio à rainha inglesa. Mais tarde ele anunciou sua decisão à corte em Marly, e todos o aplaudiram (embora muitos compartilhassem da dúvida pragmática de Saint-Simon).[9]

É indubitável que a terna admiração de Luís por Maria Beatriz, e a similar afeição de Françoise, transformadas numa íntima amizade, eram o principal fator nesta decisão "jacobita". Quão mais simples seria, sob o ponto de vista da política externa da França, deixar o assunto morrer! Mais uma vez, quando Guilherme morreu em 1702, Luís poderia ter-se limitado a reconhecer a meia-irmã protestante de James Edward, Anne

Stuart, como rainha: a menina que outrora passara tempos felizes na França com sua prima-irmã Marie-Louise d'Orléans. O que sucedeu foi que Luís se recusou a permitir luto na corte pela morte de Guilherme, mesmo para aqueles que tinham com ele relação de parentesco — incluindo Liselotte, que outrora desejara casar-se com ele.

Foram as súplicas de Maria Beatriz que ocasionaram isto: se James Edward não fosse reconhecido na França, sua falta de status apropriado recordaria o mundo mais uma vez das calúnias maliciosas que envolveram seu nascimento em 1688, aquelas ridículas histórias sobre o aquecedor de leitos, tão perniciosas (e cômicas) em ouvidos Whig, tão dolorosas para os dela. Assim, Maria Beatriz continuou a desfrutar sua situação privilegiada, mesmo que fundamentalmente triste, na corte francesa. Para Françoise, ela era "esta grande rainha cujo estado é tão digno de piedade que mal posso expressar". Poetas celtas cantavam sobre "Maria, do olhar lânguido / O belo ramo da pura palma de Módena / ... A Rainha doadora / Religiosa e caridosa, prudente e sensível".[10] Sua inteligência era muito respeitada. Entre outros, o rei comentava sobre seu sagaz bom-senso, e sua dignidade em circunstâncias difíceis era igualmente admirada.

É natural que os satiristas atacassem seu caráter moral (Maria Beatriz ainda era uma mulher muito bonita na casa dos quarenta): ela foi representada como Messalina e acusada de ter amantes, entre eles o núncio papal, o arcebispo de Paris, qualquer pajem de ocasião, e claro, o próprio Luís XIV.[11] A maior parte desta lista era obviamente ridícula, mas o rei talvez fosse um caso diferente. Entretanto, até Liselotte teve que admitir que a amizade de Maria Beatriz com Françoise tornava a tentadora ideia impossível. De fato, o apoio de Françoise aos desejos de Maria Beatriz em relação a seu filho foi o mais direto exemplo de sua influência política até então.

Assim, a pequena corte-em-exílio de Saint-Germain sobreviveu, e Maria Beatriz teve uma importante participação no círculo íntimo de Luís e Françoise. James Edward brincava com Adelaide, três anos mais velha que ele, e ela, por sua vez, fez amizade com a jovem princesa Luísa Maria. Talvez a menina pudesse até ser uma noiva para o irmão de Bor-

gonha, Berry, naquele momento o mais cobiçável *parti* da corte francesa. A rainha Maria Beatriz, com uma qualidade de sobrevivente que sua
aparência denunciava, até superou um câncer em 1705. Quanto a James
Edward, ele teve permissão de lutar com os exércitos franceses, embora
1708 trouxesse mais uma expedição fracassada na busca por "seu" trono. Com o tempo, ele adotaria a alcunha mais conveniente de Chevalier
de Saint-George, que não exigia nenhum compromisso de lealdade em
particular e ao mesmo tempo tornava clara sua identidade.

Foi Vítor Amadeu da Saboia quem forneceu a esposa ao francês Filipe V;
ninguém menos que a irmã de Adelaide, Luison, agora tornada rainha
Maria Luisa da Espanha. Luís XIV aprovou a escolha para seu neto desta menina que acabara de "passar seu 12º aniversário" e supostamente
tinha um corpo tão belo quanto o de Adelaide: "importante para uma
mulher e para os filhos que dela se espera." Entretanto, duas filhas que
estavam ou estariam em dois grandes tronos não foram suficientes para
manter o inquieto Vítor Amadeu a bordo do barco francês (e Bourbon-
hispânico). Primeiro, ele se aliou secretamente a seu primo, o príncipe
Eugênio da Saboia, o brilhante general a serviço da Áustria, no começo
de 1702. Suspeitava-se de sua traição em Versalhes, onde, como Tessé
colocou, todos estavam cônscios do característico desejo de Vítor Amadeu de ter "um pé em cada bota". Mas não havia certeza.[12] Em 1703,
contudo, Vítor Amadeu anunciou publicamente que se unira à (nova)
Grande Aliança que consistia em Inglaterra, Holanda e o Império Austríaco. Sua motivação era evidentemente oportunista: ele já não acreditava que a Guerra de Sucessão Espanhola levaria a uma rápida vitória
francesa.

Agora foi a vez de Adelaide suportar as agonias de uma princesa estrangeira pega no lado errado das hostilidades — "meu infeliz destino"
— como se passara com Liselotte.[13] No caso de Adelaide, ela sofreu não
apenas por seu pai, mas pelo futuro de sua mãe e dos dois jovens irmãos
nascidos após sua partida, bem como por sua avó. Entretanto, diferentemente de Liselotte, as sensibilidades de Adelaide foram tratadas com
grande carinho por Luís XIV. O assunto do pai dela não foi debatido

A ALEGRIA COMEÇA A PARTIR

entre eles, com o ligeiro desdém pela situação sendo simbolizado quando o rei manteve as festividades completas no carnaval de fevereiro de 1704 com Adelaide como atração principal, como se a guerra com a Saboia simplesmente não estivesse acontecendo.

Quem teve que lidar com a crescente tristeza de Adelaide foi madame de Maintenon. Françoise se vira envolvida — encorajada pelo rei — numa correspondência com uma notável dama conhecida na França como a princesa des Ursins (do italiano Orsini, o nome principesco de seu segundo marido). Esta brilhante e imponente mulher, nascida na aristocracia *frondeur* francesa, fora encarregada da irmã de Adelaide, a jovem rainha da Espanha. Como *camerera-major*, no termo espanhol, a princesa des Ursins executava para Maria Luisa e Filipe V cada função conhecida, desde empunhar velas e urinóis até, por vezes, os calções do rei quando ele desejava recolocá-los.

Maintenon e Ursins agora estavam lidando com "duas princesas incomparáveis", filhas do renegado Vítor Amadeu; mas sua correspondência também fornecia a Luís XIV uma importante ligação particular com a Espanha. Uma visita à França da princesa em 1705 consolidou a amizade. Luís aproveitou a oportunidade do casamento de Filipe para passar um de seus pequenos sermões sobre a necessidade de evitar qualquer influência feminina, como ele fizera com seu filho o delfim: "A desonra que tal fraqueza acarreta (...). Não se pode perdoá-la em indivíduos. Reis, expostos à vista pública, são ainda mais escarnecidos."[14] Mas é notável que ele estivesse bem preparado para utilizar uma aliança de duas mulheres inteligentes e discretas a seu favor — e até para fomentá-la — assim como empregara Henriette-Anne para o Tratado de Dover, em 1670.

À princesa des Ursins, madame de Maintenon confidenciou os tumultuados sentimentos que estavam devastando Adelaide: acima de tudo, o que a atormentava era a infelicidade de seu querido avô. Sua extrema seriedade sobre este assunto preocupava Françoise, embora em outros âmbitos a sempre presente preceptora em sua alma buscasse instruir Adelaide contra a frivolidade.

De vez em quando, as diabruras de Adelaide iam longe demais. A cruel peça que ela pregou na idosa princesa d'Harcourt, cujas saias e mangas foram presas a sua cadeira, antes que um pajem colocasse um rojão sob o assento, ainda trazia um sorriso aos lábios do rei. Entretanto, quando Adelaide se divertiu fazendo caretas pelas costas de um mosqueteiro particularmente feio, recebeu uma reprimenda afiada de Luís. Ele disse que pessoalmente achava o homem um dos mais belos em seu reino, porque era um dos mais bravos. Para contrabalançar esta tendência, Françoise sugeriu ao marquês de Dangeau que Adelaide deveria ser influenciada com a imagem de alguma princesa heroica como modelo: de preferência, recatada e delicada em seu caráter. Dar a ela um simples livro de história, que poderia ter sido a solução óbvia, foi considerado "um risco".[15] (Qual era o medo? A vida de Joana d'Arc? Catarina de Médici?)

Talvez fosse inevitável que esta menina-moça, o centro das atenções indulgentes de toda a corte — quase toda a corte —, acabasse tentada pelo mundo adulto da galanteria. Ela não estava apaixonada por Borgonha, que, em todo caso, foi despachado em campanha por seu avô, segundo a prática pela qual príncipes reais tinham que provar suas qualidades em liderança na guerra (apoiados por generais mais experientes). A ambiguidade inerente em todo o tema da galanteria já foi mencionada: a palavra cobria qualquer coisa, desde a amizade platônica, passando por ligeiro flerte, até um completo *affair* físico. Os nomes de três homens, muito diferentes em personalidade, foram associados ao de Adelaide neste período. Isto é, foram associados ao nome dela por Saint-Simon, escrevendo de uma distância segura de quarenta anos; Liselotte, cujos escritos datam da mesma época dos supostos envolvimentos, permaneceu em silêncio sobre o assunto, o que é uma razão convincente para duvidarmos da seriedade dos tais flertes, dado que ela não era fã da pequena favorita do rei. Além disso, Marguerite de Caylus, parente e confidente de madame de Maintenon, achou improvável que houvesse muita consistência nos rumores.[16] O escapismo de Adelaide com estes três homens, na verdade, parece dizer-nos mais sobre seus próprios sentimentos de melancolia e frustração em Versalhes do que sobre sua natureza sexual.

O marquês de Nangis, nascido no mesmo ano que Borgonha, tinha "um semblante bastante agradável" e se portava bem, mas fisicamente não era nada fora do comum. O que atraía nele era seu presente especial da intimidade; dizia-se que ele tinha aprendido sua habilidade em agradar damas com sua mãe e sua avó, ambas famosas intrigantes, e "antigas mestras" nas artes do amor. Na verdade, Nangis tinha sua própria amante, a marquesa de La Vrillière, mas, ao que parece, ele certamente encontrou tempo para desfrutar deliciosos flertes com Adelaide, especialmente quando retornou de campanha à corte como um homem ferido, na época um motivo tanto de piedade quanto de admiração.

O marquês de Maulévrier era uma perspectiva muito mais perigosa: mais bruto que o afável Nangis, embora também mais inteligente. Dez anos mais velho que Adelaide, sobrinho de Colbert, ele era casado com uma das filhas de Tessé, antigo embaixador da Saboia. Ao que parece, Maulévrier foi aguilhoado pela inveja da facilidade de acesso de Nangis à duquesa e fingia "perder" a voz, o que lhe permitia sussurrar frivolidades doces e roufenhas ao ouvido de Adelaide. Tudo acabou em tragédia: Maulévrier, uma personalidade desequilibrada, tornou-se violentamente ciumento de Nangis, a quem agrediu. Furioso pela rejeição, ele ameaçou contar tudo ao rei e a madame de Maintenon. Por fim, cometeu suicídio na Páscoa de 1706.

Até agora, Adelaide tivera uma pequena paixonite por Nangis (que, de qualquer modo, estava emocionalmente comprometido com outra mulher) e um tolo envolvimento com Maulévrier, que dera errado. O terceiro homem em sua vida, o abade Melchior de Polignac de 45 anos, era um homem mais velho e sofisticado, com interesse em ciências e religião. Vale notar que Borgonha apreciava sua companhia exatamente por este motivo. Ele também sabia como ser absolutamente encantador com todo mundo. Famoso por suas flagrantes bajulações, ele foi o autor da imortal resposta a Luís XIV sobre o tema da chuva de Marly, quando o rei lamentou que as finas roupas do cortesão estavam ficando ensopadas. "Majestade, a chuva de Marly não molha." Isto não podia durar. Polignac foi despachado para Roma, fora do caminho do mal (e de Adelaide); da mesma maneira, descobriu-se que as feridas de Nangis estavam curadas, e para este cortesão galante chegou a hora de tornar-se um soldado galante novamente. Adelaide chorou o dia inteiro pela partida de Polignac: mas ela chorou no colo de Tante Maintenon, não sozinha.

A presença sempre vigilante de Françoise — para não mencionar as numerosas damas de companhia e, num outro nível, os guardas suíços perambulando pelos palácios do rei — é a verdadeira razão pela qual Adelaide não pode ser plausivelmente acusada de adultério ou qualquer coisa próxima disto: "Ela era muito bem guardada", nas palavras de Marguerite de Caylus.[17] Françoise simplesmente não lhe daria a oportunidade. Ela compreendeu exatamente como manejar Adelaide: por exemplo, ela tirou vantagem do proverbial enxerimento da moça para dar-lhe uma lição. Revirando os papéis de Françoise, Adelaide ficou horrorizada e constrangida ao descobrir uma carta de uma certa madame d'Espernay relatando diversos detalhes de sua "intriga e imprudência" com Nangis. Esta descoberta dificilmente poderia ser resultado de puro acaso. E é certo que teve um efeito salutar. Como parte da subsequente reprimenda que Adelaide recebeu de Tante, ela foi informada de que jamais deveria revelar o que tinha lido na presença da própria madame d'Espernay.

No fim das contas, foi o lamentável progresso da guerra — um tema já tão mortificante para Adelaide — e não os sermões de Tante o que a levou à sua tão adiada maturidade e, da forma mais dolorosa, acendeu nela a apropriada lealdade protetora para com seu marido. Tais mudanças, claro, não podiam deixar de representar uma ameaça à natureza artificial mas efetiva de sua relação com Luís XIV, em cujo colo ainda era esperado que Adelaide se sentasse, mesmo com ela já em meados da casa dos 20 anos.

Uma sucessão de terríveis derrotas francesas, com numerosas baixas e um não menor número de feridos, marcou este progresso. Em 13 de agosto de 1704, o ousado comandante inglês Marlborough arrebatou uma brilhante vitória em Blenheim, uma vila bávara junto ao Danúbio. Ele teve a assistência do príncipe Eugênio, que, uma vez que era filho de Olympe Mancini, era visto em Versalhes como uma espécie de traidor espiritual, mesmo que, sendo saboiano, tecnicamente não fosse um: "Odeio o príncipe Eugênio da forma mais cristã que me é possível", observou madame

A ALEGRIA COMEÇA A PARTIR

de Maintenon alguns anos depois.[18] Os franceses sobreviventes foram decisivamente enxotados, e a Baviera estava fora da guerra. A catastrófica derrota seguinte foi em 23 de maio de 1706 em Ramillies, nos Países Baixos espanhóis, quando Marlborough esmagou o exército francês de 50 mil sob comando do marechal de Villeroi; este foi mais tarde substituído pelo duque de Vendôme, que vinha de campanha contra Vítor Amadeu no sul. Embora praticamente toda Flandres estivesse agora fora do domínio francês, as coisas saíram melhor no Piemonte.

O cerco francês a Turim naturalmente trouxe angústias a Adelaide, embora seja notável que em nenhum momento ela tenha mostrado simpatias pela causa saboiana. Como escreveu para a duquesa Anne-Marie: "Confesso a verdade, minha querida mãe, seria o maior prazer desta vida se eu pudesse ver meu pai recobrando a razão." Para o próprio Vítor Amadeu, ela usou de mais comedimento: "Reconheço que o afeto pode ser um tanto maculado ao ver-te enfileirado contra tuas duas filhas..."[19] Quando a duquesa e seus dois jovens filhos tiveram que fugir da ameaça de invasão francesa, Adelaide sofreu por eles — mas sofreu como uma filha amorosa, que, contudo, se identificava totalmente com a causa francesa.*

E então Vendôme foi convocado para Flandres. Em 7 de setembro de 1706, o cerco a Turim foi erguido com a ajuda do príncipe Eugênio, e os franceses foram expulsos da Itália, deixando Vítor Amadeu à vontade para invadir a França no ano seguinte, quando cercou Toulon. As coisas não estavam nada melhores na Espanha, onde o general inglês lorde Peterborough marchou sobre Madri, de modo que Filipe V e Maria Luísa tiveram que fugir para Burgos. Haveria um período de cinco anos em que os rivais pelo trono espanhol — Filipe V e o duque Habsburgo laureado como Carlos III por seus defensores — disputariam o trono inconclusivamente, com avanços e recuos periódicos, como numa dança solene.

---

* É importante avaliar o patriotismo "francês" de Adelaide, exibido ao longo de sua correspondência, e sua total falta de apoio político a Vítor Amadeu, como contraste à hostilidade do historiador francês Michelet a ela no século XIX, que incluía acusações de traição para as quais não há absolutamente qualquer prova.

Neste ponto, Adelaide ficou grávida mais uma vez. Em novembro de 1706, ela anunciou os cuidados que estava tomando em termos francos: "Não tenho desejo algum de perder o fruto de todas as minhas dores." Seu bebê, misericordiosamente mais um menino, nasceu em 8 de janeiro de 1707; ao que parece, o rei não teve qualquer hesitação em dar-lhe instantaneamente o mesmo título de seu irmão morto: duque da Bretanha. Mas não haveria qualquer celebração pródiga do nascimento bem-sucedido deste bisneto, como houvera em 1704. A dureza dos tempos não o permitia e nem a atmosfera da corte, onde a crescente lista de baixas significava que membros das famílias começavam a desaparecer; alguns retornavam feridos, por vezes mutilados.

Seria agradável acreditar que Adelaide encontrou na intimidade da maternidade algum tipo de consolo para as restrições e frustrações de sua vida. Infelizmente, no que dizia respeito a uma grande princesa, havia pouca possibilidade deste tipo de relação: uma Casa e uma horda de servos se colocavam entre a duquesa de Borgonha e o duque da Bretanha. Mas as cartas de Adelaide a sua avó relatavam devidamente o nascimento dos dentes e outros eventos, e ela se gabou de ter "o bebê mais lindo do mundo"; mas ela também criticou a governanta real, a duquesa de Ventadour, por mimar o menino e torná-lo desnecessariamente irritadiço e malcomportado. Era muito raro que as mães reais neste período rompessem com o cordão aparentemente inexpugnável da etiqueta que afastava mãe e filho; Ana da Áustria fora uma das poucas, mas Maria Teresa e a falecida delfina definitivamente não. Uma triste carta de Adelaide para madame Royale explicitava o ponto: "Só verei meu filho muito raramente, para não me tornar muito apegada a ele."[20]

Madame de Maintenon, apesar de todas as suas críticas ao comportamento de Adelaide — sua jogatina, seu vício secreto na má companhia de madame la Duchesse com suas bebedeiras e tabagismo —, continuava a adorá-la. A esposa secreta dependia cada vez mais de companhia feminina para auxiliá-la em sua árdua existência como conforto e apoio do rei. Como disse à madame de Glapion, ela, Françoise, era aquela que tinha de assisti-lo: "Quando o rei retorna da caçada, ele vem a meus aposentos; a porta se fecha e ninguém tem permissão para entrar." Sozinha com Luís, Françoise "ouvia todas as suas preocupações e lamentos" e enxugava as lágrimas que ele às vezes não podia controlar.[21]

Entretanto, foi ao seu confessor que Françoise revelou que outro aspecto de seus deveres não havia cessado: o rei ainda fazia exigências sexuais; ela descreveu estas ocasiões como "*pénibles*" (penosas). Talvez ela esperasse que o confessor tivesse compaixão por este problema de uma mulher na casa dos 70 anos; em vez disso, ele disse a ela muito secamente que isto era parte de seu destino escolhido: "É ao mesmo tempo um ato de paciência, submissão, justiça e caridade." Assim sendo, Françoise era "Madame Solidez" para Luís XIV: "Os reis têm majestade", disse Luís, "e os papas têm santidade, mas tu tens solidez." Ele às vezes se dirigia a ela desta maneira na presença de seus ministros, reunidos nos aposentos dela, quando pedia que "Vossa Solidez" refletisse sobre um determinado tema.[22]

Para o país em geral, e particularmente para os soldados dos exércitos franceses, madame de Maintenon era vista cada vez mais como uma possível fonte de ajuda. Por exemplo, os soldados na nova fortaleza francesa de Fuenterrabia, nas fronteiras da Espanha, escreveram para ela em dezembro de 1705 sob o grandioso título de "Protetora do Reino": eles queriam pagamento e também roupas, casacos e camisas — "nossos sargentos, madame, não estão mais felizes que nós", e no todo imploraram por sua "gloriosa proteção".[23]

Em tudo isso, a própria madame de Maintenon sofria cada vez mais de má saúde. O reumatismo a atormentava, o frio o piorava (mas o rei não via nada de errado em manter todas as janelas abertas), e sua câmara por vezes ficava tão apinhada de homens em tarefas de Estado que ela dificilmente podia repousar em sua cama. Ela se sentava em seu "nicho", uma poltrona coberta, para evitar envolver-se. Por volta de novembro de 1704, ela se descrevia como "doente e velha"; em maio do ano seguinte, as coisas pioraram: "A vida que levamos aqui me mata, já não sou feita para este mundo."

A torrente de peticionários que buscavam seu favor também lhe causava angústias, como ela confidenciou a madame de Caylus. Se o rei honrasse seus desejos, ele teria menor área de atuação. Se recusasse, "ele me aborrecerá. Se ele me aborrece, tem demasiados sentimentos por mim para não ficar incomodado, e assim eu me torno uma tristeza em sua vida. Achas tu que este era o plano de Deus ao aproximar-me dele?" Françoise disse a madame de Glapion que se sentia como alguém nos bastidores de um teatro onde "o palácio encantado" se revelava como mera lona: em suma, "vejo o mundo em toda a sua feiura". Ela até retornaria à América (isto é, às Índias Ocidentais onde foi criada) se não lhe fosse dito que Deus desejava que ela ficasse.[24]

Teria ocorrido a Françoise, exausta e por vezes torturada pela dor, que Athénaïs fez um melhor negócio com a vida? A marquesa de Montespan começara com beleza suprema, dera e recebera muitos prazeres sensuais e terminara com uma vida repleta de boas ações. Em Oiron, uma magnífica construção renascentista que Athénaïs comprou com dinheiro recebido do rei, ela criou um abrigo em 1703 para cem homens e mulheres pobres. Ela faleceu em maio de 1707 nas estâncias de Bourbon, que outrora visitara no ápice de seu poder como *maîtresse en titre*, com todos os governadores tentando saudá-la em sua passagem. Athénaïs tinha 67 anos. Seu testamento era testemunho de seu profundo e pragmático interesse na caridade; as posses que ela deixou incluíam dois retratos seus como Madalena, diversos livros religiosos, algumas iluminuras do rei — e trinta pares de espartilhos. Antes de sua morte, o rei reduziu a pensão dela entre suas outras economias: Athénaïs aceitou a privação com tranquilidade, com o argumento de que todo o seu dinheiro iria para os pobres de qualquer maneira.

Montespan, aquele homem saturnino e torturado, rejeitou o pedido de perdão da esposa, pedido inspirado pelo confessor de Athénaïs, com suas inclinações jansenistas. (Padre de La Tour fez bem melhor ao persuadi-la de que comer menos era seu dever cristão.) Ainda assim, quando Montespan morreu, em 1701, e seja qual for o motivo — possessividade de última hora ou generosidade — ele a tornou inventariante de seu testamento. A própria morte dela foi, segundo d'Antin — filho de Athénaïs com Montespan e único presente entre os filhos — "a morte mais firme e cristã que se poderia presenciar". O funeral foi atrasado por disputas entre vários clérigos locais e não ocorreu até julho; por fim, Athénaïs foi enterrada na igreja dos Cordeliers em Bourbon, com uma simples lápide quadrada de pedra no muro na qual se lê: "Aqui jaz o corpo de Françoise-Athénaïs de Rochechouart, marquesa de Montespan".[25]

Ao menos d'Antin não ficou marcado pela privação maternal de sua infância (sem mencionar seu desagradável pai, Montespan). Ele era um cortesão bem-sucedido e popular, um marechal de campo nomeado governador de Orléans em 1707. Ele herdou algo do gosto da mãe por gestos grandiosos. Foi neste ano que ele recebeu Luís XIV em sua propriedade em Petit-Bourg, decidindo remover toda uma avenida de castanheiras da noite para o dia porque obstruía a vista do aposento do rei; pela manhã, nada havia para ser visto, nem mesmo os sulcos das rodas dos carrinhos de mão, "como se uma fada tivesse acionado sua varinha". Agora Luís recebia a notícia da morte de Athénaïs numa carta de d'Antin, quando estava prestes a sair para caçar. Ele não cancelou a caçada, mas na volta se retirou em seus próprios aposentos, indicando que desejava ficar sozinho. Os cortesãos o ouviram marchando de um lado para o outro na noite alta. Mas quando a corajosa Adelaide perguntou a ele se não haveria qualquer demonstração exterior de tristeza, o rei meramente replicou que a marquesa de Montespan estivera morta para ele desde que ela deixara Versalhes.[26]

Louise de La Vallière — irmã Louise de La Miséricorde — durou mais três anos. Ela estava para completar 66 anos quando morreu em junho de 1710, tendo passado mais da metade de sua vida como uma freira carmelita. Ao ouvir a notícia, Luís praticamente repetiu as mesmas palavras com as quais recebera a morte de Athénaïs: desde o momento em que ela encontrou a Deus, Louise estivera morta para ele. Entretanto, Luís teve uma longa conversa com seu confessor e comungou no dia seguinte.

Como muitas mulheres cujo fascínio devia muito ao frescor juvenil, fazia tempo que Louise perdera sua antiga graça. As extremas penitências que ela se impôs não ajudaram, e ela estava definitivamente emaciada no momento de sua morte. Em 1701, Liselotte escreveu que "nenhuma alma" agora reconheceria a antiga duquesa de La Vallière.

Louise foi enterrada, segundo o costume da Ordem Carmelita, sob um simples monte de terra, com uma pequena lápide indicando seu nome religioso e a data de sua morte.[27]

Em contraste com os filhos ilegítimos de Athénaïs, que foram amplamente indiferentes à mãe, Marie-Anne de Conti fora fiel em suas visitas a Louise. Portanto, houve um justo contentamento para Marie-Anne no fato de que ela foi a única que recebeu permissão de vestir luto por sua mãe: o miasma do duplo adultério ainda pendia sobre Françoise-Marie e madame la Duchesse; para seu embaraço, o luto foi proibido para elas.

Madame de Maintenon, enquanto reclamava (bastante) de sua rotina diária, encontrava cada vez maior conforto na companhia dos jovens. Seu amor pela companhia de crianças pequenas não era afetado, considerando-se que, em oposição à voga da época, ela não tinha qualquer interesse em animais de estimação. Quando o marquês de Villette ofereceu a ela alguns pássaros raros, ela respondeu que tinha preferência muito maior por crianças. Portanto, um ser humano de estimação, um pequeno mouro chamado Angola, foi o substituto dos pássaros. Angola foi educado e também convertido ao catolicismo: ele morreu jovem, bendizendo, segundo consta, o nome de sua protetora. Uma jovem irlandesa que também foi uma protegida provou ter mais sorte: ela voltou a seu país natal e, igualmente bendizendo Maintenon, casou-se com um homem rico.[28]

Um típico lamento de Françoise em 1709 — "É preciso morrer ou estar sozinha na terra, pois mal consigo fazer qualquer amizade nova" — ignorava a realidade de seu acolhedor círculo. Havia mulheres compreensivas da geração seguinte à dela, como Sophie de Dangeau, que tinha 40 anos em 1704. Sophie começara a vida na corte como dama de honra da delfina bávara, sendo ela mesma descendente da família real bávara por meio de um casamento morganático. Ela foi a segunda esposa daquele adepto dos jogos e diários, Dangeau. Os sentimentos de família da delfina Marianne-Victoire pararam aí: ela deu um chilique histérico quando soube da assinatura de "Sophie de Bavière" no casamento, e o mais plebeu "Sophie de Lowenstein" teve que entrar em substituição. Foi, escreveu madame de Sévigné, uma "cena brilhante e ridícula".[29]

A ALEGRIA COMEÇA A PARTIR

A pobreza, o berço nobre e a aparência alourada "dos anjos" tornavam Sophie totalmente agradável sob o ponto de vista de Françoise — e também do rei. Na verdade, Sophie lembrava a falecida Angélique de Fontanges, a não ser por ser recatada, espiritual e virtuosa; tudo isso e mais uma graciosa dançarina. É possível ter um vislumbre do tipo de intimidade feminina na qual o rei estava envolvido pelos bilhetes trocados entre Françoise e Sophie. Por exemplo, Françoise disse a Sophie que o rei desejava que a dama jantasse com eles no dia seguinte e jogasse *brelan*, um jogo de cartas. Era uma advertência para que Sophie não tomasse o laxativo notoriamente incapacitante naquele dia. "E calemos, calemos nossos estômagos!", rabiscou Sophie no bilhete de resposta. "Eu comparecerei e encontrarei saúde e dinheiro, dois grandes milagres."[30]

Também havia Marie-Jeanne d'Aumale, praticamente da mesma idade de Adelaide e atuando como secretária confidencial de Françoise a partir de 1705.[31] Oriunda de uma antiga família da Picardia, a Marie-Jeanne faltava beleza, mas ela era inteligente, muito lida e trabalhadora. Era também uma correspondente espirituosa, como prova sua descrição do médico real Fagon, cuja peruca ficava tão caída sobre seu rosto quando em campanha que, se não fosse por seu enorme nariz, "ninguém saberia o que era a frente e o que era o verso de sua cabeça". E havia suas anedotas de fazenda sobre "a pérola das vacas" que dava dois litros de leite por dia ou o pato que encontrou um fim infeliz e teve de ser substituído por três outros para evitar o descontentamento de "Madame". Os méritos de divertir não tanto madame de Maintenon, mas o onipresente Luís, jamais devem ser subestimados.

Enquanto isso, Marguerite de Caylus, com um casamento desastroso e agora o marido morto, padecia em Paris recebendo conselhos severos de Françoise sobre sua conduta. Este era o teor de seus comentários: "Cria teus filhos, cuida de teus afazeres, encarrega-te de minhas encomendas e, acima de tudo, satisfaz teu pároco [de Saint-Sulpice]."[32] Encarregar-se das encomendas de Françoise já era um trabalho em si, uma vez que a ex-governanta era adepta de uma pechincha, especialmente se Marguerite estivesse lá para desencavá-la. Marguerite recebeu conselhos de estabelecer uma relação com certos comerciantes de boas roupas de segunda mão: ela deveria buscar promoções de saias, anáguas e luvas, porque Françoise ouvira dizer que em Paris estas coisas eram baratas. Um corte de damasco cinza-acastanhado foi pedido, não muito espesso para que não ficasse demasiadamente caro. O tom se torna beato em certos momentos; certamente havia este lado em Françoise: "Um figurino jamais pode estar correto se pode levar ao pecado", por exemplo. Ainda assim, a feminilidade de sua juventude se faz lembrar também: "Se tomarmos Barcelona, usarei verde e rosa se o arquiduque Carlos [candidato rival ao trono espanhol] cair em nossas mãos."[33] (Nenhuma das duas coisas aconteceu.) Em 1708, Marguerite retornou a Versalhes e ocupou um aposento acima do de Françoise, para que ela pudesse ser convocada à presença de madame por meio de uma conveniente chaminé compartilhada.

Françoise-Charlotte d'Aubigné, nomeada duquesa de Noailles pelo excelente casamento por conveniência arranjado por sua tia, também era parte do grupo de apoio: a propriedade de Maintenon, já não mais parte do estilo de vida da idosa Françoise, foi doada a esta sobrinha duas semanas antes de seu casamento em 30 de março de 1698. O futuro aristocrático de Françoise-Charlotte compensou o desapontamento de toda uma vida provocado por Carlos d'Aubigné. Ele morreu em 1703, após ser finalmente confinado a uma casa de repouso para cavalheiros idosos e de boa família. A esposa *bourgeoise* de Carlos, Geneviève, tão depreciada por Françoise, foi — mais ou menos contra sua vontade — confinada a um estabelecimento semelhante para damas. Também havia os *maréchaux* do exército, a maioria dos quais em excelentes termos com Maintenon e com quem ela se correspondia debatendo os desejos do rei.

Esta satisfatória rede de alianças infelizmente foi confrontada pela Cabala (como ficou conhecida) de Meudon, casa do delfim. Lá, madame la Duchesse, Marie-Anne de Conti e outros, incluindo o filho de Athénaïs, duque d'Antin, contavam histórias maliciosas sobre Tante — e esperavam pelo momento em que o delfim seria rei. Não surpreende que fizessem isto: Luís XIV celebraria seu 70º aniversário em 5 de setembro de 1708, e nesses momentos, como notou devidamente Saint-

A ALEGRIA COMEÇA A PARTIR

Simon, "os pensamentos de todos se voltam para o futuro".[34] A malevolência da Cabala atingiria seu ápice nos eventos de 1708, e a principal vítima seria o filho do delfim, Borgonha.

O ano começou bem, com celebrações nas quais a princesa inglesa de 16 anos, Luísa Maria, estava entre as beldades, vestida em veludo amarelo e diamantes. Ela abriu o baile com seu irmão numa galeria iluminada por 2 mil velas.[35] Um incidente em fevereiro, entretanto, foi um presságio do desastre: Adelaide abortou enquanto visitava Marly. Ela estava nos primeiros estágios de uma gravidez (o pequeno Bretanha tinha pouco mais de um ano) e, ao que parece, suas damas não queriam que ela fizesse a viagem, dado seu difícil histórico ginecológico. Entretanto, a vontade do rei era absoluta, e ele a queria a seu lado. Assim, enquanto ele alimentava as carpas de seu lago de peixes após a missa, esperando por Adelaide para ir a Fontainebleau, uma mensagem foi sussurrada em seu ouvido: a duquesa de Borgonha estava "ferida" (o eufemismo contemporâneo para um aborto). Após uma pausa, o rei fez um breve anúncio do que acontecera. Um grupo de cavalheiros com mais temeridade que tato emitiu interjeições expressando que esta era "a maior infelicidade do mundo", uma vez que a duquesa já havia experimentado dificuldades em conceber filhos e agora talvez já não pudesse ter mais nenhum.

O rei explodiu. "Que me importa quem me sucederá? Mesmo que a duquesa de Borgonha jamais tenha outro filho, o duque de Berry tem idade para ter filhos. Quanto ao aborto, já que tinha que acontecer, graças a Deus está acabado! Já não serei importunado por médicos e velhotas. Poderei ir e vir a meu bel-prazer e serei deixado em paz." Um silêncio horrorizado se abateu; em termos modernos, os cortesãos ficaram passados. Saint-Simon colocou de modo mais elegante: "Era possível ouvir uma formiga caminhando..."[36] Após um momento, o rei se inclinou sobre a balaustrada e fez algum comentário sobre os peixes.

Claro, este episódio ilustra primeiramente o assustador egoísmo de Luís XIV quando se tratava de sua própria rotina nesta época; era equivalente ao ar gelado das janelas abertas que torturava a reumática Françoise ou às pavorosas viagens que as damas da corte eram obrigadas a fazer, marcadas por comes e bebes compulsórios, sem qualquer pausa para descanso, pois o rei majestosamente nunca precisava delas. (Em um episódio notório, a pobre duquesa de Chevreuse quase não suportou a jornada, tal era a sua necessidade de alívio; na chegada, ela correu à capela e fez um uso apressado da pia batismal.) Mas desta vez também houve algo da frustração de Luís no que dizia respeito a Adelaide: por que ela não podia ser a menina perfeita do passado, presente num estalar de dedos e sem qualquer dever feminino para distraí-la? A menininha que jamais tinha um resfriado quando se tratava de passear com o rei... e de produzir herdeiros saudáveis nas horas vagas... Por que ela jogava tão descompensadamente com cavalheiros imprudentes que se arriscavam no desfavor do rei? Por que ela caçava, ia a festas...?

No começo do verão de 1708, o rei deu um passo que na época pareceu oferecer a Borgonha, seu tímido e austero neto, uma oportunidade de brilhar na forma convencional para um príncipe da realeza, ou seja, no campo de batalha. Luís informou Adelaide de sua intenção numa especial visita de cortesia após caçar gamos e depois deu a notícia à corte em 14 de maio. Um tanto morbidamente, Saint-Simon notou que o dia marcava o aniversário de morte de Luís XIII e o assassinato de Henrique IV; mas deixou para fazê-lo só após o evento. No momento, o verdadeiro problema não estava na coincidência dos aniversários infelizes, mas na complicada questão da autoridade do príncipe *versus* a dos comandantes no campo. Borgonha seria enviado a Flandres, onde Vendôme estava agora no comando. Não era um par ideal, e nem era provável que funcionasse no campo de batalha. Borgonha era jovem, inexperiente (a não ser por uma breve incursão na guerra alguns anos antes) e, como já foi dito, faltava-lhe autoconfiança. Ainda assim, ele recebeu a notícia com alegria; já não teria "que ficar ocioso em Versalhes, Marly e Fontainebleau".[37]

Vendôme, agora na casa dos 50 anos, era experiente e bem-sucedido; e, na verdade, era o mais vitorioso general francês vivo.* Era imensamente popular entre o exército, enquanto na corte se inclinava na direção do

---

* Seu avô foi César, duque de Vendôme, bastardo legitimado de Henrique IV; portanto, Vendôme era primo-irmão remoto de Luís XIV.

A ALEGRIA COMEÇA A PARTIR

grupo do delfim em Meudon. Também era excepcionalmente depravado (alguns achavam *Sodom* — Sodoma — uma rima conveniente para Vendôme) e no passado necessitara de uma cura para a sífilis.

Jamais será possível saber ao certo — já que muito encobrimento se seguiu — se a terceira derrota colossal da França em Oudenarde em 11 de julho foi por responsabilidade de Borgonha, de Vendôme ou de algum problema inato de comunicação entre os dois. Com o que a princesa des Ursins certa vez descreveu para madame de Maintenon como "*l'audace de Milord Marlboroug*" (*sic*), o comandante inglês moveu suas tropas de Bruxelas com uma velocidade tão impressionante que pegou os franceses de surpresa.[38] Vendôme lançou-se diretamente à batalha na ala leste. Mas, seja por ter dado ouvidos a conselheiros cautelosos ou por ignorância das intenções de Vendôme, Borgonha falhou em apoiá-lo na esquerda. Ele permaneceu entrincheirado. Seis mil franceses foram mortos ou feridos, 7 mil foram feitos prisioneiros. Depois, aguilhoado pela humilhação militar e forçado a ordenar um recuo para Ghent, Vendôme acusou Borgonha de covardia por deixar de seguir seus comandos.

A notícia da derrota alcançou Versalhes em 14 de julho. As celebrações anteriores sobre a tomada de Ghent se extinguiram. Madame de Maintenon disse à princesa des Ursins na Espanha que o rei estava suportando sua mais recente derrota "com total submissão à vontade de Deus", exibindo sua calma coragem de costume.[39] As acusações entre Vendôme e Borgonha eram bem mais difíceis de suportar. O ponto de vista de Vendôme, exposto rapidamente numa pletora de correspondências altamente combativas e apoiado pela Cabala de Meudon, era dogmático: se Borgonha tivesse avançado para apoiá-lo, como ele tinha todo o direito de esperar, uma grande vitória francesa teria acontecido. Assim, Borgonha foi descrito como um covarde e também um fracasso. Em especial, ele sofreu com a falta de confiança de seu avô, acreditando que Luís XIV estava aceitando a versão de Vendôme para os eventos com demasiada facilidade.

Adelaide foi quem saltou em defesa de Borgonha. Suas personalidades diferentes podem ser julgadas pelo fato de que Borgonha se perguntou se não seria "não cristão" que ela fizesse tal coisa. Talvez ela tivesse

ido "um pouco longe demais" em certos discursos. Madame de Maintenon deveria controlá-la, talvez? Ao mesmo tempo, ele estava encantado
pelo "afeto e confiança" dela; Adelaide não era uma encrenqueira por
natureza; faltava-lhe o que Borgonha chamava de malicioso "espírito de
mulher"; pelo contrário, ela tinha "uma mente sólida" — ou seja, masculina — "muito bom-senso e um coração excelente e muito nobre".[40]

É certo que Adelaide foi direta em sua oposição a Vendôme. E ela se
recusou a ser controlada: Vendôme era "um homem pelo qual ela sempre sentiria o maior desprezo e aversão". Adelaide a frívola, que amava a
jogatina acima de tudo, agora passava horas em vigílias na capela quando deveria estar dormindo. Enquanto isso, Lille caiu sob Marlborough
em 23 de outubro, aumentando a angústia na corte. Quando o próprio
Borgonha retornou a Versalhes, foi ao som de ofensivos versos de madame La Duchesse, com linhas como estas: "Pois ele é um covarde / E
um carola também..." Como Françoise comentou com a princesa des
Ursins: "Ele [Borgonha] precisará de toda a sua fé religiosa para suportar os injustos ataques do mundo."[41] Ademais, Vendôme também estava
de volta, mas ele era o centro de um tipo muito diferente de atenção.

A aclamação a Vendôme, tanto do rei quanto em Meudon, foram fonte de terrível angústia para Adelaide. Ela chorou nos braços
de Françoise: "Ah, minha querida Tante, meu coração está partido."
Por fim, ela prevaleceu sobre Vendôme, mas não antes que o rei cri-
ticasse sua querida acidamente por não exibir a incansável alegria de
costume, que era exigida como um dever em Versalhes. Depressão
em público não era uma opção: "O rei ficou irritado e mais de uma
vez repreendeu-a duramente por exibir mau humor e tristeza." Ainda
assim, Adelaide continuou a ganhar os elogios de Saint-Simon (um
admirador de Borgonha) por ser "incansável" e "cheia de força".[42]

Foi em Marly que Adelaide conseguiu sua vingança. Convidada a
compor uma mesa para o jogo de *brelan* no qual Vendôme tomaria parte, ela declinou: a presença de Vendôme em Marly já era suficientemente
perturbadora, explicou Adelaide, sem que ela tivesse também que jogar
cartas com ele. No fim, com a ajuda de madame de Maintenon, um
acordo foi selado no qual Vendôme teve permissão de comparecer a

A ALEGRIA COMEÇA A PARTIR

Marly mais uma vez, mas depois deveria considerar-se excluído. Na época Adelaide também conseguiu ejetá-lo de Meudon, usando o argumento de seu constrangimento (afinal, o delfim era o humilhado pai de Borgonha). Como escreveu Saint-Simon em admiração: "Viu-se aquele grande monstro afastado pelo sopro de uma jovem e corajosa princesa." Foi Liselotte quem comentou que os anos pós-1708 finalmente viram Adelaide apaixonando-se de verdade por seu marido.[43] O instinto protetor acabou sendo o mais forte de sua natureza — ela que fora protegida, muitas vezes de modo artificial, durante a maior parte de sua vida.

Da forma mais suave possível, Adelaide começou a dominar o modesto Borgonha. Ele a apelidou de "Draco" devido ao notoriamente severo legislador ateniense com seu código "draconiano", mas galantemente celebrou sua subordinação: "Draco, quão doce é ser seu escravo..."[44] Quando foi decidido — tardiamente — dar a Borgonha uma educação militar apropriada, Adelaide foi incluída nas lições: existe uma ilustração que mostra os dois analisando mapas. Tudo isto era um bom presságio para o distante momento futuro em que Borgonha, um homem fraco e bondoso, seria rei da França: mas ele teria seu Draco a seu lado como uma rainha bem mais temível do que todos imaginavam. Foi uma infelicidade que Borgonha jamais tenha de fato recebido seu novo comando: a necessidade de economizar significou que estava fora de questão pagar pelos dispendiosos paramentos necessários quando um Filho da França ia para a guerra.

Enquanto isso, um súbito ataque de um frio terrível, com severidade "além de toda a memória viva", tomou o país na véspera do Dia de Reis de 1709 e durou dois meses. Adelaide disse a sua avó que fazia 102 anos que um tempo tão devastador não se abatia sobre a França. Todos os rios congelaram e, o que ninguém jamais tinha visto, o próprio mar congelou o suficiente "para sustentar veículos por toda a extensão das costas". Pior que o gelo inicial foi o súbito e completo degelo, seguido por outro grande frio que, embora não tão longo quanto o primeiro, manteve os vegetais, as árvores frutíferas e as colheitas totalmente congelados. No interior das residências, até os frascos de água-de-colônia congelavam nas cristaleiras, e a tinta congelava na pena de Liselotte en-

343

O AMOR E LUÍS XIV

quanto ela escrevia. Segundo seu relato, no exterior, "assim que alguém deixa a casa, é seguido pelos pobres, enegrecidos pela fome".[45*]

Houve um triste paralelo com o destino da França e seu rei. Mais uma derrota em Malplaquet em setembro de 1709 deixou quase 5 mil franceses mortos e 8 mil feridos. Todas as damas da corte choraram por seus esposos e filhos. Adelaide estava entre aquelas cujos "olhos arregalados" frequentemente se turvavam de lágrimas. A corte orou durante todo o dia da batalha: tristemente, suas preces não foram ouvidas. O irmão de Marie-Jeanne d'Aumale foi ferido com "tudo a se temer". Também ferido, oscilando "entre a vida e a morte", estava Filipe, marquês de Courcillon, filho de Sophie e do marquês de Dangeau.[46]

Muito embora o rei escolhesse sair em caçada, deixando a lista de baixas para ler apenas na volta — bruta insensibilidade ou magnífica tranquilidade, dependendo do ponto de vista —, ele não pôde evitar a visão do filho de Dangeau e seu colega em seu eventual retorno. Neste período, começou a aparecer um notado contraste nos tons de pele dos cortesãos: "vermelho e negro" indicavam aqueles que haviam lutado, enquanto peles "muito alvas" eram depreciadas como sinal de falta de serviço. Infelizmente, grande parte da nobre brigada "vermelha e negra" estava visivelmente mutilada.[47]

"Os príncipes nunca desejam testemunhar algo triste", escreveu Maintenon amargamente à princesa des Ursins. O egoísmo dos homens, especialmente dos homens da realeza, foi um tema persistente em sua correspondência deste período: uma vez que ela não podia desabafar na frente do rei, Françoise se refugiava em suas cartas para extravasar a queixa constante. Courcillon estava entre os muitos membros da corte mutilados: à idade de 22, após duas operações, ele retornou sem uma perna. O irreprimível bom humor de Courcillon o salvou: ele fazia pequenas *pantalonnades* (palhaçadas) com sua perna de pau. Ele teve que ser perdoado por sua omissão de espada e chapéu na corte, já que não podia manejá-los.[48] Houve muitos outros Courcillons no que Maintenon descreveu como "este ano trágico".

---

* Estimou-se que 800 mil pessoas morreram de frio e fome.

CAPÍTULO 15

Temos que nos submeter

"Temos que nos submeter, Lalande."
— Luís XIV ao compositor, apontando para o céu, 1711

Sophie de Dangeau consolou-se da lamentável mutilação de seu filho em Malplaquet pensando no rei e que "foi por ele que meu filho se arriscou". Outros não eram tão leais ou resignados. Os Dangeau figuraram entre os primeiros a entregar seus vasos de prata para o esforço de guerra: agora os cortesãos que tinham feito o mesmo começavam a reclamar da intolerável "sujeira" de usar simples peltre e cerâmica.[1]

Não resta dúvida de que por volta do fim de 1709, como Adelaide disse à avó, a Guerra da Sucessão Espanhola já durava tanto que não havia quem não desejasse seu fim, assim como Françoise disse à princesa des Ursins: "Nossos tormentos aumentam a cada dia." A própria Françoise tinha um temperamento naturalmente pacifista e estava longe de encorajar o rei em sua sede de guerra. Seus próprios sentimentos pelos sofrimentos do país assolado pela pobreza eram tão fortes que ela tentou (em vão) dissuadir o rei de construir para si mesmo uma nova e magnífica capela em Versalhes. Marie-Jeanne d'Aumale relatou que Françoise "mais que dobrou" suas caridades. Longe de evitar a maltrapilha multidão de crianças mendigas sujas e seminuas, ela detestava Marly cada vez mais por estar tão longe delas: lá não havia ninguém a quem ela pudesse dar dinheiro.[2]

O AMOR E LUÍS XIV

Enquanto outrora Luís fora satirizado (e mais do que ligeiramente admirado) por suas aventuras indecorosas, agora ele era atacado por seus fracassos no combate e pela situação econômica do país. Até sua antiga reputação de virilidade foi usada contra ele: "O Casamento do rei Francês" de 1708 o descrevia como impotente — na guerra e na cama. "As Pragas da Guerra e da Esposa consentem / Em enviar ao rei um presente. / Tu já não podes fazer tua esposa contente..." Outra rima satírica dizia: "Pai nosso que estais em Versalhes / Santificado não é mais o vosso nome / Grande já não é o vosso reino / Não é feita a vossa vontade / Nem na terra e nem no céu / O pão que não conseguimos a cada dia, dai-nos hoje / Perdoai os inimigos que nos derrotaram..."[3] O fato de que a França agora tinha um rei no começo da casa dos 70 anos cujo herdeiro imediato, o delfim, começava a cobiçar o trono (como herdeiros imediatos de pais idosos tendem a fazer) não aumentava o contentamento.

Foi contra o pano de fundo "destes recentes e infelizes anos", na frase de Françoise para o marechal de Villeroi, que veio a ser travada a batalha do casamento do duque de Berry, filho caçula do delfim. Adelaide conseguiu dar à luz outro menino saudável em 10 de fevereiro de 1710, pouco depois do terceiro aniversário de Bretanha; ele foi nomeado duque d'Anjou, o tradicional título do segundo filho, que Filipe V usara antes de sua ascensão ao trono espanhol. O trabalho de parto foi longo e intenso e seus sofrimentos, tão grandes, que os homens, presentes devido à tradição, deixaram o aposento. Contudo, a alta mortalidade infantil significava que a sucessão não estava necessariamente assegurada com as duas cartas na manga; o futuro de Berry, trazendo esperanças de mais filhos, também era importante.

O rei anunciou que um casamento com uma princesa estrangeira estava fora de questão, dada a situação internacional e as realidades econômicas da época. A princesa Stuart, Luísa Maria, era a candidata de madame de Maintenon por ser filha de sua adorada Maria Beatriz, mas ninguém mais achava que esta era uma solução. Levando em conta as verdadeiras possibilidades em Versalhes, foi Adelaide quem assumiu um papel proeminente em defender a candidatura da filha de Filipe e Françoise-Marie, Marie-(Louise)-Élisabeth. Seus motivos para isto,

TEMOS QUE NOS SUBMETER

uma campanha que por fim levaria a um desastre generalizado, não eram os mais nobres. O principal objetivo de Adelaide era afastar a filha de madame la Duchesse, conhecida como mademoiselle de Bourbon. Ambas as meninas eram netas de Luís XIV por intermédio de suas mães legitimadas. Mas suas personalidades eram muito diferentes.

Marie-Élisabeth tinha 15 anos. Ela era a favorita de seu pai entre suas numerosas irmãs.[4]* Fofocas desagradáveis enxameavam em torno desta relação demasiadamente íntima, dizendo que ela certamente o consolava pelo casamento sem amor que ele fora forçado a fazer. Marie-Élisabeth também foi levada pelo pai a desprezar a mãe pela "vilania de seu nascimento adúltero", um ato de vingança da parte dele. Desde o início a menina foi altamente instável, com acessos de fúria sempre que sua vontade era desafiada; ninguém jamais tentou controlá-la — nem sua mãe notoriamente preguiçosa e certamente não seu pai condescendente, a quem ela tratava "como um escravo negro" e governava de modo muito parecido com o que Françoise governara o rei, segundo Saint-Simon. A vivacidade era o forte de Marie-Élisabeth, o que, junto com certa espirituosidade, lembrava aos cortesãos que ela era neta de Athénaïs.

Entretanto, ela permitia que seus apetites a dominassem fisicamente: Marie-Élisabeth tornou-se bisonhamente gorda logo quando jovem, tanto que o rei estremecia de desgosto. Outrora, quando ela era criança, Marie-Élisabeth o encantara, como outras meninas; à idade de 12 anos, após caçar, ela foi convidada a jantar com ele, uma honra incomum para uma pessoa do nível dela. Agora o rei insinuava que ela estava tão gorda que talvez fosse estéril. A descrição de Liselotte para sua neta não foi lisonjeira: pálidos olhos azuis rodeados por pálpebras vermelhas, um corpo atarracado com braços longos, um caminhar desajeitado e uma total falta de graça em tudo que fazia; apenas seu pescoço, braços e mãos eram imaculadamente brancos. Ainda assim, a tirânica Marie-Élisabeth

---

* Françoise-Marie provou ter a mesma fertilidade potente de sua mãe Athénaïs. Por volta de 1710, o duque e a duquesa de Orléans já tinham quatro filhas, dentre as quais Marie-Élisabeth era a mais velha; duas outras viriam no futuro. Chartres ficou como seu único filho.

devia ter alguma qualidade: Liselotte teve que admitir que seu filho Filipe estava convencido de que "Helena nunca foi tão bela".[5]

A recusa de Adelaide em apoiar a muito mais adequada mademoiselle de Bourbon, 17 anos em 1710, era parcialmente baseada em sua forte antipatia pela mãe dela. Madame la Duchesse zombara da pequena princesa da Saboia desde o início, a linda criança que a destronara do papel de jovem estrela da corte; e também houve o imperdoável comportamento de madame la Duchesse para com os problemas militares de Borgonha. Mas enquanto Adelaide se encaminhava para os 30 anos — idade na qual ela decidiu parar de dançar —, ela também temia que mademoiselle de Bourbon, com suas maneiras encantadoramente travessas, tomasse seu lugar nas afeições do velho rei. É certo que Adelaide empregou sua suposta inocência para a causa de Marie-Élisabeth. Em certa ocasião, ela comentou inocentemente em voz alta que noiva adorável a princesa de Orléans seria para o duque de Berry e depois se deteve como se perplexa com sua própria temeridade: "Tante, o que acabo de dizer? Eu disse algo errado?"[6]

Assim como Adelaide apoiava Marie-Élisabeth (que entrou numa dieta especial, comendo apenas quando estava caminhando, para melhorar suas chances), as duas mães em questão, Françoise-Marie e madame la Duchesse, também se engajaram numa venenosa batalha. As velhas rivalidades entre as irmãs entraram na disputa — a humilhação de madame la Duchesse por ter perdido a precedência para a irmã mais nova, por exemplo. E por fim, também o pai do noivo, o delfim, tinha algo a dizer nisto tudo, mesmo que o veredicto final coubesse ao rei.

A questão foi concluída quando Filipe foi persuadido por Saint-Simon a escrever uma carta ao rei, propondo Marie-Élisabeth como noiva para Berry, com Saint-Simon dando instruções quanto ao conteúdo da missiva. Um momento foi escolhido para apresentar esta carta, quando um dos médicos do rei informou que ele se encontrava de bom humor; o rei levou a carta com ele, sem abri-la. No dia seguinte, Luís anunciou que concordava em princípio, mas precisava de algum tempo para convencer o delfim, o que se prontificou a fazer "no tom de um pai, mesclado ao de um rei e senhor". Era uma abordagem diferente daquela

TEMOS QUE NOS SUBMETER

que ele assumira havia pouco para com os filhos de Maine e Bénédicte: naquela ocasião, "aquele mais severo e tirânico dos pais" tornou-se humilde diante do delfim e Borgonha para pedir que os meninos recebessem o mesmo título que seu pai.[7] Toda a questão dos bastardos, seus descendentes e seu nível era delicada, como o tempo mostraria. Mas Luís estava em terreno mais seguro quando se tratava do casamento de um neto (legítimo).

Até ali, ninguém tinha pensado em pedir a opinião do próprio Berry. Com quase 24 anos, ele deixara sua infância travessa e se tornara um jovem de maneiras suaves e natureza tranquila, especialmente devotado a seu irmão Borgonha (e a Adelaide, a quem ele conhecia desde a infância). Ele certamente não demonstrava qualquer inveja pelos destinos superiores de seus irmãos mais velhos. Quando Filipe foi declarado rei da Espanha, Berry anunciou sensatamente: "Terei menos problemas e mais diversões que tu", e deu como exemplo que poderia caçar lobos "por todo o caminho de Versalhes a Madri". Sua educação foi um tanto negligenciada, talvez porque a morte da delfina tenha deixado "meu pequeno Berry" órfão de mãe à idade de três anos e meio. Ele certamente não era tão inteligente quanto Borgonha ou Filipe V, tendia a ser desarticulado em público e tinha pavor de seu avô (o mesmo que o delfim sentira outrora). Mesmo assim, com sua bela massa de cabelos louros e a tez fresca, Berry era positivamente bonito segundo os padrões de um príncipe Bourbon; Marie-Élisabeth podia ficar satisfeita com seu partido (para não falar do título de Berry). Quanto aos próprios sentimentos de Berry, ao ser informado por seu avô de que Marie-Élisabeth era a princesa de mais elevada posição na França, o rapaz reagiu com desconfortável reserva.

Assim, o noivado foi anunciado em 5 de julho de 1710. O evento provocou glaciais conversações entre as irmãs. Françoise-Marie até sugeriu para madame la Duchesse — certamente uma demonstração gratuita de triunfo — que outra filha Orléans poderia casar-se com um filho Bourbon-Condé. Madame la Duchesse apenas replicou que seu filho não teria idade para se casar por um bom tempo, e além disso ele possuía apenas uma pequena fortuna. Mas para ela o pior ainda estava

por vir. Na cerimônia formal, mademoiselle de Bourbon, a noiva prete-
rida, seria a segunda em hierarquia, e pela etiqueta teria que carregar o
véu de Marie-Élisabeth. Isto era intolerável!

O rei, que defendia o cumprimento da etiqueta, mas também tinha
bom coração quando tais problemas surgiam, sugeriu que buscassem
as irmãs mais novas de Marie-Élisabeth que se encontravam em um
convento para realizar a tarefa (pois sua posição na hierarquia era mais
alta que a de mademoiselle de Bourbon). Ao menos isto agradou às
duas meninas em questão, conhecidas respectivamente como mademoiselle de Chartres e mademoiselle de Valois, que aos 11 e 9 anos de-
ploravam seu encarceramento. A decisão de colocá-las num convento
foi unanimemente atribuída à preguiça de Françoise-Marie em relação
a seus deveres maternais, e as meninas ficaram tão abaladas ao passar
por Paris que as cortinas de seu coche tiveram que ser fechadas. Embora os tempos não "permitissem muito entretenimento", o casamento
foi descrito por Adelaide à avó como "tão magnífico quanto permitido
pela política".[8]

Infelizmente, este casamento brilhante — em termos materiais —
teve o efeito de encorajar Marie-Élisabeth em seu comportamento vil,
e Berry não teve recursos para lidar com ela. Segundo Liselotte, de início ele ficou fascinado com sua noiva, mas a paixão fenceu graças à
conduta de Marie-Élisabeth. O resto da corte ficou mais horrorizado
do que fascinado. "Pavorosamente ousada (...) descontroladamente
orgulhosa, vulgar além dos limites da decência": estas foram algumas
descrições que ela mereceu de Saint-Simon. Marie-Élisabeth se empan-
turrava prodigamente em público (lá se foram os dias de dieta) e praticamente nunca falhava em beber até cair inconsciente, "lançando em
todas as direções o vinho que engolira". Sem religião — ela proclamava
que não acreditava em Deus — Marie-Élisabeth zombava daqueles que,
como seu marido, tinham uma. Em um determinado jantar oferecido
por Adelaide em Saint-Cloud, Marie-Élisabeth ficou tão "bêbada" que
os efeitos, "tanto por cima quanto por baixo", foram constrangedores
para todos os presentes. Seu pai também ficou bêbado na mesma ocasião — mas a filha era a mais ébria dos dois.[9]

Liselotte tentou tomar as rédeas da educação de sua irreverente neta, chamando-a de "minha pupila". É verdade que Marie-Élisabeth mostrara uma rara graciosidade em sua relutância em tomar precedência sobre sua avó (enquanto esposa do duque de Berry, ela agora podia fazê-lo por direito): "Empurra-me à frente, madame, de modo a me impulsionar diante de ti. Preciso de tempo para me habituar a tal honra..." Mas quando houve um problema relativo a um belo colar de pérolas e diamantes amarelos que pertencera a Ana da Áustria, que Marie-Élisabeth cobiçava para um baile da corte, seu comportamento para com sua mãe foi tudo, menos gracioso. Quando a mãe se recusou a entregar o colar, Marie-Élisabeth destacou insolentemente que a joia pertencia a seu pai por herança de Monsieur, e ele certamente lhe daria permissão para usá-lo.

Como esperado, num momento de fraqueza, Filipe deu a permissão. Mas o problema não morreu ali. Françoise-Marie reclamou com amargura e Liselotte tomou a frente, levando o caso pessoalmente ao rei. Luís odiava este tipo de problema entre mulheres e ficou furioso. No fim, Marie-Élisabeth foi induzida a pedir desculpas à mãe, e o problema foi abafado. Todo o desagradável incidente, tão trivial e ainda assim tão importante pelos valores de Versalhes, deixou claro que Marie-Élisabeth era mais que rebelde: ela estava praticamente fora de controle, e até o rei achava difícil pôr freios nela.

Além disso, não houve uma grande e confortadora prole de crianças reais para fazer tudo valer a pena em termos dinásticos. Um ano após seu casamento, a duquesa de Berry teve um aborto: porque "se tratava de uma menina", escreveu Saint-Simon, "logo todos estavam consolados".[10] Em todo caso, mais de um ano se passaria até que Marie-Élisabeth concebesse novamente, e naquele momento o equilíbrio de poder na corte já estava radicalmente alterado.

A morte súbita é "o malfeitor na escada" no que diz respeito à monarquia hereditária.[11] Ninguém teria previsto na primavera de 1711 que o delfim, um homem robusto e saudável de 50 anos, cairia doente de varíola, muito embora a doença fosse a assassina universal e igualitária da época. Acredita-se que ele pegou a infecção ao ajoelhar numa calçada quando um padre passava carregando a hóstia sagrada. O delfim não sabia que o padre em questão acabava de visitar uma vítima da varíola.

O povo de Paris, para quem ele era de longe o mais popular membro da família real devido a sua alegria fanfarrona (e visível hedonismo), enviou um destacamento de feirantes prometendo a ele um Te Deum para celebrar sua recuperação. "Ainda não, esperai até que eu esteja bem outra vez", foi a mensagem do príncipe. Mas, por volta da meia-noite, era óbvio que ele estava às portas da morte. O delfim, Luís de France, faleceu no dia 11 de abril. Borgonha e Adelaide ficaram ambos completamente perplexos e "pálidos como a morte". Berry caiu ao chão soluçando em desespero. No andar de cima, mademoiselle de Choin, amante de longa data e (provavelmente) esposa morganática do delfim, ficou condenada pelas duras leis de Versalhes a permanecer fora das vistas, num sótão. Ninguém lhe levou a notícia da morte do delfim, e ela só percebeu o que tinha acontecido "quando ouviu o som dos prantos". Duas amigas a encerraram num coche alugado e levaram a viúva não oficial para Paris. Foi o rei quem continuou a agir com paciente dignidade, mesmo com os olhos turvos de lágrimas. Liselotte até chegou a admitir que Luís precisava de Françoise a seu lado para consolá-lo, embora no momento ela estivesse acamada por um de seus acessos de mal-estar.[12]

Saint-Simon tripudiou do tema do falecido delfim: ele foi "sem vício, virtude, conhecimento ou compreensão" e bastante incapaz de adquirir qualquer uma destas qualidades. "A natureza o moldou como uma bola a ser rolada de um lado para o outro."[13] Felizmente, o padre François Massillon, grande orador na tradição de Bossuet e Bourdaloue (ambos já mortos), fez bem melhor no funeral. Contudo, talvez o mais delicado veredicto esteja no fato de que tanto mademoiselle de Choin quanto o povo de Paris realmente choraram por ele.

No fim, foi o próprio Luís XIV quem achou as palavras certas. Michel-Richard de Lalande, compositor e organista da igreja, tornou-se uma figura cada vez mais importante nos rituais musicais da corte. Ele conseguira produzir uma torrente de grandes motetos nos quais a corte de Luís XIV florescera; ele supervisionara a educação musical das filhas ilegítimas do rei. Um crítico, Le Cerf de La Viéville, ouviu um de seus motetos numa missa e comentou com entusiasmo: "A mim me parece que o rei está tão bem servido em música quanto lhe é possível estar (...) em suma, melhor que em qualquer outro lugar de seu reino." Duas filhas do compositor morreram por volta da mesma época da morte do delfim. Lalande não gostava de mencionar as mortes e considerava uma presunção comiserar-se para seu soberano. Foi Luís quem abordou o assunto: 'Temos que nos submeter, Lalande", disse ele, apontando para o céu.[14]

De um só golpe, o mapa da corte de Versalhes foi alterado para sempre. O duque de Borgonha, à idade de 28, era agora o herdeiro direto do trono, o novo delfim com seus dois filhos na sequência.* (Mas o título especial de "Monseigneur", criado para seu pai, não seria usado por ele: seria doloroso demais.)[15] Em sua dor, Luís XIV consolou-se ao indicar que Adelaide, agora "Madame la Dauphine", deveria ter todos os direitos de uma rainha, incluindo controle sobre sua própria Casa. A escolta real de Adelaide foi dobrada para 24, e havia dois guardas suíços do lado de fora de sua porta, até então um privilégio reservado para o monarca. Fazia quase trinta anos — desde a morte de Maria Teresa — que não havia uma posição feminina de tamanho poder. E, claro, também de um só golpe, as vespas da Cabala no ninho de Meudon perderam seu poder de ferroar. Ao menos a pobre mademoiselle de Choin foi tratada com decência por Luís XIV: ela recebeu uma pensão e uma casa em Paris.

A grande perdedora — em sua própria opinião — foi a duquesa de Berry. Durante a vida do delfim, sua posição e a de Adelaide não tinham sido muito diferentes. Como *segunda* dama de Versalhes, ela agora era forçada pela etiqueta a entregar a *chemise* a Adelaide em seu ritual matutino.[16] Com sua habitual falta de controle, Marie-Élisabeth passou dos limites ao reclamar sobre esta "valetagem", que por sinal fora rotineiramente executada em Versalhes no passado por damas tão ilustres — ou até mais — do que ela, incluindo sua avó (que só criou caso

---

* Aqui continuaremos a nos referir a ele como Borgonha, para evitar confusão com seu falecido pai.

O AMOR E LUÍS XIV

pela fantasmagórica perspectiva de entregar a *chemise* a Françoise...). Quando Marie-Élisabeth foi finalmente obrigada a ceder, ela executou as funções cerimoniais com extrema vagarosidade e indelicadeza. Adelaide manteve a compostura, fingindo não notar a demora durante a qual ficara praticamente nua. Em seu grande desejo de ter "uma relação feliz" com sua cunhada, ela estava disposta a ignorar "esta última peça", segundo Saint-Simon.

Enquanto delfina, Adelaide não perdeu de vista todos os seus truques, os meios pelos quais ela tanto cativara o rei. Talvez um de seus joguinhos não fosse tão fascinante: Adelaide adorava fazer com que a serva e confidente Nanon lhe aplicasse um *lavement* (enema) antes de uma apresentação teatral; ela então assistia a todo o espetáculo num estado de perversa alegria ao pensar em sua condição secreta antes que Nanon se prestasse a aliviá-la.* Mais divertido foi seu tratamento a madame la Duchesse e Marie-Anne de Conti quando em certa ocasião as duas estavam revirando os olhos por seu comportamento infantil em Fontainebleau. Adelaide estava "divertindo" o rei ao fingir falar em uma dúzia de línguas diferentes e outras tolices, enquanto as duas princesas se entreolhavam e davam de ombros sarcasticamente. Assim que Luís partiu para seu gabinete especial para alimentar seus cães, Adelaide segurou as mãos da esposa de Saint-Simon e outra dama; apontando para as desdenhosas princesas, ela disse: "Notastes estas duas? Sei tão bem quanto elas que me comporto de modo absurdo e devo parecer bastante tola, mas ele [o rei] precisa de animação a seu redor, e este tipo de coisa o diverte."[18]

Adelaide foi mais longe que isso. Balançando os braços das duas damas, segundo o relato de Saint-Simon, "ela começou a rir e cantarolar: 'Rá-rá! Posso rir delas porque serei sua rainha. Não tenho que me importar com elas nem hoje nem nunca, mas elas terão que se dobrar a mim, pois eu serei sua rainha', e ela gritava e cantava e saltitava e ria tão alto quanto podia ousar". Quando as duas damas tentaram silenciá-la,

---

* Com a obsessão geral pelos salutares *lavements*, Adelaide não estava sozinha nesta prática; o duque de Richelieu, por exemplo, tomava sena todas as noites, seguido de um *lavement* mesmo antes de comparecer ao Parlamento. Sob tais circunstâncias, Saint-Simon antipatizava fortemente com a ideia de se sentar ao lado dele.[17]

para que as princesas não ouvissem, "ela apenas saltitou e cantarolou ainda mais: 'Por que me preocupar com elas? Hei de ser sua rainha'". Ainda assim, quem poderia dizer que Adelaide um dia não seria uma excelente e atenciosa rainha? A moça tagarela estava começando a fazer sérias reflexões sobre a natureza do dever real: "A França se encontra em estado tão lamentável (...) Temos de nos esforçar com nossa caridade para ajudar os pobres." Afinal eles são "nossos irmãos e irmãs, exatamente como nós", mas já que foi a nós que Deus forneceu as riquezas, "então estamos ainda mais obrigados a ajudar os outros."[19]

Luís XIV continuava a pensar em Adelaide como uma moça mais ou menos perfeita, com uma exceção — um desleixo em seu vestuário e uma franca indiferença pelo tema, que o irritavam ainda mais agora que ela era delfina. A falta de interesse de Adelaide em assuntos como toucados, manguitos, luvas e até joias é cativante para o olhar remoto, em contraste com a avidez da maioria das damas da época. Mas isto agredia o senso de ordem de Luís, ainda tão forte. Em vão, Adelaide fez saber que preferia relaxar em roupas casuais — como seriam chamadas hoje em dia — quando estava grávida; Borgonha apoiou sua decisão de não usar o espartilho em nome do conforto. A resposta de Tante foi que tal estilo não caía bem para a nova delfina — e nem para sua posição hierárquica. Ela deu a Adelaide uma de suas reprimendas: "Teu desmazelo desagrada o rei."[20] E quanto às joias, as gemas atrairiam atenção apropriada para sua bela pele e silhueta formosa. Adelaide deu de ombros e se comprometeu a armazenar sua prodigiosa coleção de joias nos aposentos de Tante, de modo que podiam ser postas antes de suas visitas ao rei e removidas depois.

Pessoalmente, Adelaide não estava completamente errada neste ponto. Sua dama dos trajes, a condessa de Mailly, outra protegida de Maintenon que começara a vida como uma moça pobre e virtuosa, era, na melhor das hipóteses, "indolente", e, na pior, estava surrupiando amplas somas destinadas a vestir sua patroa. Assim, quando o rei decidiu tornar Adelaide "senhora absoluta de sua própria Casa", um dos primeiros atos de Adelaide foi substituir a condessa de Mailly pela bem mais satisfatória madame Quentin.

No fim de 1711, havia "aparências" gerais de paz, como Adelaide escreveu à avó em Turim, com esperanças de que fossem bem fundamentadas. Muito embora levasse mais alguns anos para ser alcançada, neste ponto ninguém tinha muitas dúvidas de que no fim a paz seria selada. A morte do imperador José I em 11 de abril de 1711 levou à ascensão do arquiduque Carlos, até então o candidato rival ao trono espanhol. Se o novo imperador Carlos VI também tomasse posse da Espanha, ele uniria Viena a Madri — uma perspectiva tão impopular para seus aliados quanto a união de França e Espanha. A possibilidade de paz com a rainha Ana da Inglaterra levou a outra das máximas impensadas de Adelaide, depois das quais ela fingia ficar surpresa pelo que acabava de dizer. "Tante, não se pode negar que a Inglaterra está mais bem governada por uma rainha que por um rei", disse ela, "e sabes por quê? Porque sob um rei, um país é, na verdade, governado por mulheres, e sob uma rainha, por homens."[21] Adelaide não sabia que a nostalgia pública pela rainha Elizabeth na Inglaterra, que cresceu nos anos finais de Carlos II, era baseada nesta mesmíssima premissa.

Ao mesmo tempo, o advento de um governo Tory no lugar dos Whigs na Inglaterra significou que o sólido apoio para o audacioso general "Milorde Marlborough" desapareceu, assim como Sarah, duquesa de Marlborough, foi deposta do favor da rainha Ana. Os ingleses, assim como os franceses, estavam cansados da guerra. Nas chamadas Preliminares de Londres em setembro de 1711, as possibilidades de um acordo, incluindo um tratado comercial anglo-francês, foram exploradas.

Enquanto isso, em sua correspondência privada, Adelaide começava a fazer breves referências a dores de dentes. Seus dentes haviam sido uma de suas imperfeições desde sua chegada, e depois Adelaide (que não tinha falso orgulho) admitiu que estavam obviamente enegrecidos. Agora ela era atormentada por dores na boca. No fim de janeiro de 1712, o problema apareceu mais uma vez, e seu rosto estava tão inchado quando ela chegou a Marly que ela teve que jogar cartas com o rei com o rosto envolvido num capuz. Considerando-se os indícios posteriores, parece que Adelaide também estava em estágios iniciais de gravidez. Em todo caso, sua constituição enfraquecida por diversas gestações e abortos ao longo dos dez anos anteriores, para não mencionar os perpétuos problemas causados pelos dentes apodrecidos, já era frágil quando Adelaide caiu doente com uma febre em 5 de fevereiro. Na época, se atribuiu a culpa a uma sopa ao estilo italiano que ela amava (mais uma vez, "italiano" era um termo de depreciação). E também havia uma espécie de bolo cremoso cheio de açúcar e temperos que ela adorava fazer em seu sítio para se lembrar de sua infância na Vigna di Madama; será que Adelaide tinha comido muito daquilo?

Quem dera a gula fosse a culpada! No domingo, de 7 de fevereiro, Adelaide estava novamente enferma, embora tentasse corajosamente comparecer à missa.[22] Uma dor lancinante, pior que tudo que ela já havia suportado, acamou-a e continuou por 24 horas, apesar dos melhores (ou piores) esforços dos médicos com suas habituais sangrias, tanto do braço quanto do pé, e os vomitivos que tornavam pavorosas tantas convalescenças daqueles tempos. Ela recebeu ópio para aliviar a dor e até lhe foi permitido inalar o pavoroso tabaco, que era visto como um profilático satisfatório, ainda que uma prática social odiosa. Nada funcionou. A febre e os opiáceos fizeram com que ela se apresentasse confusa durante as visitas do rei.

Finalmente, algumas manchas apareceram, e o sarampo foi anunciado; havia a esperança de que ela se recuperasse quando as erupções terminassem de brotar. Isto não aconteceu. Na manhã de quarta, 10 de fevereiro, o abalado rei encontrou sua princesa suficientemente lúcida para ouvir alguns detalhes do processo de paz que tivera início em Utrecht. "Tenho a sensação de que a paz virá", disse Adelaide tristemente, "e não estarei aqui para vê-la"; foi um lamentável testemunho do quanto a terrível situação entre França e sua nativa Saboia pesara sobre ela. Naquela noite, Adelaide piorou visivelmente aos olhos daqueles que se mantinham junto a seu leito. Madame de Maintenon ficou presente durante todo o tempo, exceto quando o rei a visitava, e Borgonha esteve lá a maior parte do tempo, apesar de sua crescente febre, que eles atribuíram à exaustão.

Na quinta-feira, 11 de fevereiro, o rei ficou suficientemente desesperado para pedir ajuda publicamente a Santa Genoveva, padroeira de Paris (ela que fora tão proeminente nos apelos por seu próprio nascimento tantos anos antes). O cofre contendo os restos mortais da santa seria descoberto no raiar do dia para que os fiéis implorassem por sua proteção. Era uma ação que, utilizada em momentos de emergência nacional, só podia ser tomada com o consentimento do Parlamento, mas a assembleia a endossou às pressas. Infelizmente, na aurora da sexta, 12 de fevereiro, a princesa estava *in extremis*.

A noite anterior fora considerada o momento correto para trazer os últimos sacramentos, e a questão de sua confissão final fora abordada. Com seu silêncio, Adelaide educadamente rejeitou a oferta do padre jesuíta de La Rue, embora os dois tivessem vivido sempre em excelentes termos. Na verdade, desde o início, Adelaide nunca quis realmente um confessor jesuíta, mas o aceitou porque ele era a escolha do rei — sua habitual postura de obediência. Agora ela sentia que tinha o direito de escolher por si própria. Padre de La Rue lidou com a situação com calma compreensão e concluiu que ela preferia o padre Bailly, um pároco de Versalhes com tendências jansenistas, preferido pelas damas mais devotas da corte. (Adelaide provavelmente sempre se inclinara naquela direção.) Quando se descobriu que o padre Bailly estava distante — e o padre de La Rue teve que dizer a ela que não havia tempo a perder —, Adelaide se contentou com um franciscano, padre Nöel. Naquele tempo, nada disto foi visto como particularmente estranho, pois era o privilégio de uma mulher à beira da morte: na verdade, a irmã de Adelaide, rainha Maria Luísa da Espanha, que faleceu dois anos depois, também pediu por uma mudança de padre.

A confissão de Adelaide, feita em particular, levou algum tempo. Depois, quando madame de Maintenon retornou, Adelaide lhe disse: "Tante, eu me sinto muito diferente, como se estivesse completamente mudada." "Isto é porque te aproximaste de Deus", respondeu Françoise.

Mais tarde, quando Adelaide pediu pelas preces para os moribundos, ela foi informada de que a hora ainda não havia chegado. Enquanto isso, Luís e Françoise desesperadamente reuniram uma conferência de médicos, ao todo sete deles, inclusive alguns trazidos de Paris. O veredicto, como sempre, foi mais sangria e mais um vomitivo se a sangria não surtisse efeito além, claro, de enfraquecer a paciente. Agora a pobre

TEMOS QUE NOS SUBMETER

Adelaide começava a se preocupar obsessivamente com suas dívidas de jogo: "Tante, tenho uma grande angústia..." Ela realmente queria ver seu esposo e explicar, mas quando isto foi proibido sob o argumento da infecção, Adelaide pediu por seu estojo de papéis, conseguiu abri-lo e tentou examinar seus documentos. O esforço foi demasiado para ela (que triste paródia da irrequieta Adelaide que bisbilhotava os papéis do rei e de madame de Maintenon com tanta energia). Maintenon continuava a confortá-la sobre o assunto das dívidas: Borgonha cuidaria delas "devido a seu amor por ti".

Foi comovente como, mesmo em sua agonia, a formação da infância de Adelaide em tentar agradar o rei em todos os momentos ainda se conservava. Quando lhe perguntaram por que ela não falava com Luís, ela respondeu que estava com medo de chorar: como se alguma coisa agora pudesse angustiar o rei ainda mais. Em vários momentos, Adelaide reconheceu a duquesa de Guiche — "Minha bela duquesa, estou morrendo" — e então murmurou algumas palavras insuportavelmente tristes para os ouvintes: "Princesa hoje, nada amanhã, e em dois dias esquecida."

Apesar dos médicos — que sangraram a pobre princesa agonizante pela quinta vez no pé, tanto que ela acabou por desmaiar sob seus cuidados —, apesar das preces, apesar da contrição, a febre de Adelaide continuou a subir. Agora ela se encontrava praticamente inconsciente, com os violentos vomitivos servindo apenas para enfraquecê-la ainda mais, sem trazê-la de volta à consciência. Françoise foi à capela para orar. O rei se recusou a deixar a cabeceira da cama de Adelaide. Um certo tipo de pó forte produzido por um camareiro foi tentado como medida desesperada; Adelaide conseguiu comentar como era amargo. Ao saber que a delfina estava consciente, madame de Maintenon retornou. E foi ela quem admitiu suavemente para a moça que o fim estava chegando. "Madame, dirige-te a Deus", disse ela. "Sim, Tante", repetiu Adelaide, obediente até o fim. "Eu me dirijo a Deus." Alguns momentos depois, Adelaide, princesa da Saboia, duquesa de Borgonha e delfina da França, estava morta.

Luís XIV deixara a câmara da moça agonizante alguns minutos antes, seguindo a tradição pela qual um monarca nunca devia estar na presença da morte (exceto a sua). "Temos que nos submeter", dissera ele a Lalande sobre a morte de seu filho, apontando para o céu. Mas ele não poderia imaginar quanta submissão ainda lhe seria exigida. Adelaide certa vez zombara da religiosidade excessiva de seu esposo: ela disse às suas damas que gostaria de morrer primeiro para que ele pudesse casar-se com uma freira. Mas o pobre Borgonha, com seu coração partido, sobreviveu apenas seis dias após a morte da esposa, o Draco para quem ele fora de boa vontade um escravo. Em suas primeiras visitas devotadas e perseverantes à cabeceira dela, ele fora fatalmente infectado pelo sarampo que a matara. Nesta atmosfera de tragédia, às vezes as pequenas coisas eram as mais pungentes. Liselotte foi reduzida a lágrimas pela visão do pequeno cãozinho de Borgonha procurando pelo dono na capela, porque ali o vira pela última vez, ajoelhado: "O pobre animal olhava tristemente para todos, como se perguntasse para onde seu dono tinha ido."[23]

E, ainda assim, a necessidade de submissão não estava terminada: o pequeno duque da Bretanha, 5 anos de idade, também foi fatalmente infectado e faleceu em 8 de março, enquanto os médicos estavam no ato de sangrá-lo no braço. Ele viveu apenas o suficiente para ser nomeado delfim no lugar de seu pai, segundo a vontade do rei.[24] Luís XIV havia perdido seu filho, seu neto, seu bisneto — três delfins — e, pior de tudo, sua adorada neta (por casamento) num espaço de 11 meses. O filho sobrevivente de Adelaide, Louis, duque d'Anjou, foi salvo apenas pela ação revolucionária e desafiadora da preceptora dos Filhos da França, a duquesa de Ventadour. Os médicos queriam sangrá-lo também. Mas esta esplêndida mulher, que viu o que ninguém ousava reconhecer — que com seus tratamentos os médicos matavam seus enfraquecidos pacientes com mais eficiência que qualquer doença — simplesmente se trancafiou com o príncipe de 2 anos em seus aposentos e não permitiu acesso aos doutores.*

---

* Charlotte, duquesa de Ventadour, que morreu em 1744, à idade de 93, continuou a atuar como preceptora dos Filhos da França nos vinte anos seguintes; o rei Luís XV, como se tornaria o pequeno duque d'Anjou, jamais esqueceu que ela foi a mulher que salvou sua vida.

TEMOS QUE NOS SUBMETER

Assim, Luís XIV foi deixado com um pequenino bisneto, que ainda exigia cuidados, aquele que presumivelmente o sucederia no curso do tempo, e um neto na pessoa do duque de Berry, o próximo herdeiro se o pequeno Anjou falecesse (como tantas crianças haviam falecido). Depois dele vinha Filipe, duque de Orléans. Sinal tanto da crueldade quanto do flagelo da época, houve insinuações de que Filipe envenenara os príncipes. Já foi visto que a maioria das mortes súbitas de pessoas proeminentes era acompanhada por estas lamentáveis acusações. Não só Liselotte as rechaçou fortemente, dizendo que colocaria sua mão no fogo para provar a inocência de Filipe — uma defesa natural de seu filho, talvez —, mas madame de Maintenon, que detestava Filipe, também achava que não havia qualquer fundamento na alegação. Luís XIV também não deu qualquer mostra de acreditar em tais acusações. Na verdade, não havia necessidade alguma de procurar pela horrenda explicação do veneno para compreender estas mortes: houve uma virulenta praga de sarampo nesta época, e nada menos que quinhentas pessoas morreram somente em Paris e Versalhes; mas elas não eram da realeza.

Enquanto alguns dedos apontavam Filipe (apenas porque ele subira dois degraus na sucessão), outros assumiam uma linha mais vingativa. As mortes da família real, disse Frederico I da Prússia, eram "o julgamento de Deus" sobre Luís XIV por saquear Heidelberg 15 anos antes, quando tantos falecidos eleitores e eleitoras do Palatinado haviam sido "perturbados em suas tumbas".[25] O julgamento do céu foi mais difícil para Luís XIV rechaçar: pelo resto de sua vida, teria que se submeter a ele.

Assim como Luís XIV certamente amara Adelaide mais do que qualquer outro em sua vida, sua morte também lhe causou a maior das tristezas. Saint-Simon chegou a dizer que foi "a única e verdadeira tristeza que ele já vivenciou".[26] Liselotte estava igualmente convencida da tragédia pessoal para Luís. A perda de Adelaide foi irreparável, pois "ela foi criada inteiramente ao gosto dele". Ela era "seu conforto e sua alegria, e tinha um espírito tão vivaz que sempre podia encontrar algo para alegrá-lo". Liselotte também citou o habitual horóscopo predizendo o evento, coisa que sempre é citada (como com Henriette-Anne) quando alguém morre jovem — ignorando todos os outros horóscopos que não o previram. Supostamente, Adelaide fora informada em Turim que morreria aos 27 anos de vida e exclamara: "Preciso me divertir porque não será por muito tempo...!"[27] Entretanto, isto é contradito por suas insolentes admoestações às tias: "Hei de ser rainha...", o que provavelmente constituía a verdadeira Adelaide.

O rei e Françoise, devastados, tentaram preencher o enorme vazio — tanto quanto humanamente possível — concentrando-se na moça que aos 17 anos era agora a primeira-dama de Versalhes: Marie-Élisabeth, duquesa de Berry. Assim como Luís abraçara seu neto sobrevivente Berry com as palavras "Não tenho ninguém além de ti", houve também um verdadeiro esforço em moldar Marie-Élisabeth em algo adequado para a augusta posição junto ao trono e para uma posição íntima junto ao coração deles. Mas como eram diferentes as duas jovens! O comportamento vulgar de Marie-Élisabeth e sua proverbial bebedeira já haviam sido notados; ela agora começava a torturar seu esposo com um flagrante *affair* com um membro de sua Casa, um certo La Haye. Talvez se fosse uma infidelidade com estilo, até tivesse sido ignorada: afinal, não era algo exatamente desconhecido em Versalhes... O imperdoável era a atitude de desdém para com sua apresentação. *Mouches* (literalmente moscas) ou pintas cosméticas começavam a entrar na moda. Marie-Élisabeth salpicava seu rosto com elas, às vezes até 12 de uma vez. "Tu pareces uma atriz e não a primeira-dama de Versalhes", resmungou Liselotte.[28] Pior de tudo, Marie-Élisabeth não conseguira esconder sua alegria pela morte de Adelaide, porque traria sua própria elevação.

A impossibilidade de fazer algo — qualquer coisa — da nova primeira-dama foi, decerto, parcialmente responsável por uma amargura que assolou Françoise após a morte de Adelaide. "Hei de chorar por ela pelo resto de minha vida", disse ela ao seu sobrinho por casamento, o duque de Noailles, "mas a cada dia descubro coisas que me fazem pensar que ela me teria causado uma grande quantidade de problemas. Deus a tirou de nós por piedade."[29] Em termos práticos, obviamente é possível que Françoise tenha encontrado material incriminador envolvendo Nangis, por exemplo, ou que os cortesãos criticavam Adelaide (agora incapaz de

TEMOS QUE NOS SUBMETER

reagir) pelo mesmo assunto. Mas a causa predominante desta amargura foi a traição que os velhos sentem quando os jovens morrem primeiro. Estes comentários — de que Adelaide terminaria por não se sair tão bem — pertencem a esta categoria. Em fevereiro de 1712, Luís tinha 73 anos, e Françoise, 76. Adelaide, quase cinquenta anos mais nova, de certa forma rompeu o contrato pelo qual *ela* divertiria e cuidaria do velho casal líder da corte até as mortes *deles*...

Por outro lado, os boatos de sua traição política pertencem a meados do século XVIII e certamente não procedem devido ao que indica sua própria correspondência (e nem psicologicamente, de acordo com seu caráter). Mesmo bisbilhotando os papéis do rei, Adelaide nunca esteve em posição de descobrir planos de guerra e passá-los a Saboia. Em todo caso, este não era seu jogo: uma típica carta para a mãe em 1711 expressava o desejo de que ela pudesse trazer Vítor Amadeu "de volta à razão" — ou seja, de volta ao apoio à França.

Houve uma alegada observação de Luís XIV a madame de Maintenon, quando estavam a sós, relatada na *Historiografia da França* de 1745, obra de Carlos Pinot Duclos, que tinha oito anos na época da morte de Adelaide. O rei teria dito de Adelaide: "A *coquine* [bandidinha], ela nos traiu." Como foi apontado por historiadores, esta linguagem não é de Luís XIV e nem fica claro como uma conversa entre dois indivíduos a sós chegou a ser registrada.[30] Duclos tinha uma divertida carreira como um romancista imaginativo e às vezes apimentado, e este comentário certamente pertence a seu talento para a ficção, não para o fato. As lealdades de Adelaide passaram para a França de modo muito claro desde o momento em que ela chegou, assim como Luís XIV planejara quando privou a criança de suas damas de companhia conhecidas. Adelaide ainda amava Vítor Amadeu na teoria, mas suas cartas para ele eram altamente críticas, com aqueles lamentos de que ele estava combatendo os países de ambas as filhas. Mais tarde, a devoção dela pelos interesses de seu esposo angariou admiração até de Liselotte.[31]

O esplêndido funeral duplo do delfim e da delfina da França foi algo que ninguém jamais esqueceu. Voltaire, escrevendo uma geração depois, disse que até durante o reinado seguinte, qualquer menção às mortes de

O AMOR E LUÍS XIV

1712 produzia lágrimas involuntárias nos cortesãos. O coração deles foi levado para Val-de-Grâce segundo o costume real; seus corpos foram velados publicamente e depois enterrados em Saint-Denis. "Não creio que o mundo já tenha visto o que estamos prestes a ver agora", escreveu Liselotte, "um homem e sua esposa sendo levados juntos para Saint-Denis." Ela acrescentou de modo tocante: "Quase penso que todos nós aqui morreremos, um após o outro", como se até aquele momento todos tivessem sido imortais. Saint-Simon encontrou seu sogro, o duque de Beauvillier, retornando das solenes cerimônias de Saint-Denis, e o abraçou com as palavras: "Tu acabas de enterrar a França!"[32]

O corpo e a alma de Luís XIV resistiram, mas é difícil acreditar que sobrou muita coisa de seu coração. Como Saint-Simon disse sobre Adelaide anos depois: "O luto por ela jamais cessou, uma involuntária tristeza secreta permanece, um vazio terrível que nada pode preencher."[33]

CAPÍTULO 16

Partindo numa viagem

Ele [Luís XIV] dá todas as suas ordens como se estivesse apenas partindo numa viagem.
— Liselotte, duquesa de Orléans, 27 de agosto de 1715

A paz que Adelaide — precisa em sua profecia final — não viu chegou cerca de um ano após sua morte. O Tratado de Utrecht de 11 de abril de 1713 levou a um acordo geral europeu e norte-americano entre França, Espanha, Inglaterra e Holanda. Lille e Béthune foram reintegradas à França, enquanto Luxemburgo, Namur e Charleroi foram dadas ao eleitor da Baviera. Nice (na época uma posse saboiana) foi devolvida a Vítor Amadeu e a Sicília lhe foi prometida. Filipe V foi finalmente reconhecido como rei da Espanha pelos Habsburgo, embora Filipe e seus sucessores tivessem que renunciar a seus direitos sobre o trono francês; os Países Baixos do sul, cena de tantas batalhas sanguinárias, foram para o Império. Uma importante parte do acordo foi o total reconhecimento da rainha Ana como monarca por direito da Grã-Bretanha. Ou seja, o homem lá conhecido como "o Pretendente", James Edward, teria que ser convidado a se retirar da França. Ele foi para Bar-le-Duc na Lorena.

Para a rainha Maria Beatriz foi uma época de terrível dor. Sua filha, a princesa Luísa Maria, a quem adorava, faleceu subitamente por varíola em abril de 1712 à idade de 20 anos, dois meses após Adelaide, que tinha sido sua amiga. Foi mais um golpe para a causa jacobita: alguns de seus defensores haviam acalentado sonhos de um casamento desta adorável moça, cujo semblante "misturava as nobres feições dos Stuart e dos d'Este", com, digamos, um príncipe hanoveriano, reconciliando assim os dois lados religiosos da família. Madame de Maintenon disse a Luís XIV que Luísa Maria fora "a companheira e principal consolo" de Maria Beatriz. Agora o rei e a rainha destronada se encontravam numa visita de condolências. Os dois choraram ao ver que "eles, os velhos, foram deixados, e que a morte levara os jovens".[1]

E as mortes na família real francesa ainda não haviam chegado ao fim. Marie-Élisabeth, a insatisfatória duquesa de Berry, fracassou em conceber um filho saudável e se redimir em termos dinásticos. O menino nascido em junho de 1713, nomeado duque d'Alençon, morreu após alguns dias. Além disso, Marie-Élisabeth, como muitas pessoas autocentradas, não tinha talento para entreter. Em vão Luís XIV derramara joias sobre ela, todas as joias da coroa, para que ela se emperiquitasse regiamente da exata maneira que Adelaide falhara em fazer. Os extravagantes penteados de Marie-Élisabeth também estavam em contraste com os simples arranjos que Adelaide adotara no fim de sua vida. Suas insanas caretas de embriaguez — é mais gentil perceber Marie-Élisabeth como uma mulher à beira da loucura, ou mesmo louca de fato — não eram do tipo que agradava ao perfeccionista Luís XIV.

Marie-Élisabeth ficou grávida novamente na primavera de 1714, ano em que o próprio Berry morreu à idade de 28 anos, em consequência de um acidente de montaria quando caçava em Marly, no qual o cepilho de sua sela esmagou-lhe uma veia do estômago. Sua vida com Marie-Élisabeth vinha sendo cada vez mais infeliz devido ao que Saint-Simon chamou de "súbitos, rápidos e descontrolados" casos amorosos dela. Houve um pavoroso incidente em Rambouillet quando, provocado além do tolerável, Berry chegou a chutar o traseiro da mulher em público.[2] Mas as regras de Versalhes não permitiam que ele se libertasse de seus grilhões.

A filha póstuma de Berry — um bebê prematuro — morreu em 13 de junho de 1714. Talvez fosse melhor assim, novamente de um ponto de vista dinástico, já que a famosa fileira de amantes de Marie-Élisabeth, escolhidos como se para deliberadamente afrontar o marido, provocou piadas dos satiristas sobre a verdadeira paternidade do bebê com uma lista de possíveis candidatos. Depois disso, a viúva duquesa de Berry já não oferecia a possibilidade de mais um herdeiro real para suplementar a vida solitária do pequeno duque d'Anjou. Ainda assim, Luís permaneceu notavelmente tolerante para com ela: mesmo quando ela passou um regimento em revista vestindo uma farda de soldado e obrigando suas damas a fazer o mesmo, o velho e triste rei apenas emitiu uma crítica branda. Foi ele quem deu a opinião mais verdadeira sobre seu próprio martírio: "Hei de sofrer menos no próximo mundo", disse Luís XIV, já que Deus o estava punindo por seus pecados neste mundo, e "eu o mereci".[3]

Um monarca velho e um pequeno menino como herdeiro significavam que, excetuando-se um acidente — como a morte da criança em questão —, uma regência seria inevitável. Filipe, duque de Orléans, o sobrinho de 40 anos do rei, era o candidato óbvio, pois era o mais alto na linha de sucessão após Anjou. Claro, as regências não eram desconhecidas dos séculos XVI e XVII, com uma série de reis-meninos em sucessão na França, incluindo o próprio Luís — embora neste caso o regente fosse a rainha-mãe. De fato, a mãe de Anjou, Adelaide, poderia ter sido uma grande regente se tivesse vivido mais que Borgonha — mas a verdade sobre isto jamais seria atestada. Em todo caso, Filipe estava em maus termos com madame de Maintenon, que antipatizava muito com seu modo de vida abertamente depravado: assim, a ideia de inserir os bastardos reais na sucessão passou a ser cogitada, como um aviso indireto para que ele não excedesse seus poderes. Nisto a influência de madame de Maintenon certamente foi crucial: seu amor por Maine, sua antipatia por Filipe, tudo se somou para uma alteração nas regras que Luís não teria tolerado em seu ápice: era contra todos os princípios de ordem e legitimidade que ele sempre preservara.

Apesar dos resmungos de Liselotte e dos lamentos de Saint-Simon sobre "a era de ouro dos bastardos", estes príncipes e princesas tinham seu papel a cumprir. Os "cocôs de rato", na cruel frase de Liselotte, podiam encher de horror um homem rigidamente religioso como o falecido duque de Borgonha, mas, na realidade, os bastardos de Carlos II

O AMOR E LUÍS XIV

eram regularmente recebidos na corte francesa. Por exemplo, o filho de Barbara Villiers, o duque de Grafton, saía para nadar com o delfim; e sua filha, a condessa de Sussex, comparecia ao *appartement* em Versalhes. O filho de Jaime II, o duque de Berwick, era um brilhante soldado, tanto que até Saint-Simon teve que admitir que seu brilhantismo anulava seu nascimento dúbio. A posição do duque de Vendôme, descendente de Henrique IV, já foi comentada. Comportamento civilizado era uma coisa: o embaixador russo em Versalhes, A. A. Matveev, em seu relato sobre a vida da corte francesa, sugeriu Luís XIV em seu tratamento para com o duque do Maine como modelo para o tsar Pedro, o Grande, que tinha seus próprios bastardos em casa.[4] Mas havia uma larga diferença entre o título que Luís pedira para os filhos de Maine em março de 1710 e a possível ascensão de Maine ou seu irmão Toulouse ao trono — ambos nascidos quando sua mãe estava casada com outro homem.*

O casamento de Maine com a "pequena sapa" de Liselotte, Bénédicte de Bourbon-Condé, acabou saindo surpreendentemente bem (embora o tamanho dela não tivesse aumentado, justificando a preocupação inicial de Françoise de que o peso de suas joias impediria seu crescimento). Com seu gênio brilhante e sua inesgotável energia, a pequena duquesa criou um mundo bastante diferente em Sceaux: era um lugar tão divertido quanto intelectual, onde Plutarco, Homero e Terêncio eram os deuses. Havia grande ênfase no teatro, com as peças de Molière, por exemplo, sendo remontadas. Em suma, lembrava o começo da corte de Luís XIV na década de 1660, mesmo que a escala não fosse tão grandiosa.

A duquesa tinha até sua própria sociedade literária, a Ordem da Abelha no Mel, que consistia em quarenta *chevaliers*, tanto homens quanto mulheres; uma medalha foi cunhada para a ordem em 1703, com o lema: "Posso ser pequena, mas cuida-te de meu ferrão." Gradualmente foi aceito que havia divertimento em Sceaux, mas que se tratava de divertimento inocente e imaginativo em vez de dissipado, e, portanto, tais divertimentos foram tolerados por madame de Maintenon. Até Li-

---

* Embora Athénaïs estivesse legalmente separada de Montespan antes do nascimento de Toulouse em 1678.

PARTINDO NUMA VIAGEM

selotte conseguiu admirar as magníficas fontes novas — a água sempre como um símbolo de status da época —, assim como outrora todos ficaram boquiabertos com as águas de Versalhes. "Sua corte é encantadora", escreveu Marguerite de Caylus sobre a duquesa do Maine. "Havia tanto entretenimento ali quanto tédio em Versalhes." Quanto ao extravagante estilo de vida de Bénédicte, "ela não poderia ter arruinado o marido com mais alegria".[5]

Naturalmente, a duquesa do Maine ficou deliciada pela perspectiva de elevação de seu esposo.[6] Embora seus sobrinhos Bourbon-Condé estivessem na linha de sucessão como Príncipes do Sangue, assim como os Bourbon-Conti, Maine antes não estava. Agora ele saltava para o oitavo lugar, com seus dois filhos reconhecidos como Netos da França às idades de 9 e 10 anos.* Estaria tão fora de questão que Bénédicte, nascida Princesa do Sangue, viesse a se tornar rainha da França? Provavelmente apenas em seus sonhos se tratava de uma perspectiva real. E, no entanto, ela estava vivendo numa época em que três membros legítimos da família real desapareceram num espaço de 11 meses; na Inglaterra, o segundo primo da falecida rainha Ana, filho da tia recém-falecida de Liselotte, Sofia de Hanover, acabava de ascender ao trono como Jorge I; era algo que sequer fora imaginado no nascimento de George de Hanover.

O decreto que determinava tudo isto foi promulgado em julho de 1714. "Se, no curso do tempo, todos os príncipes legítimos de nossa augusta Casa de Bourbon falecerem, de modo que não haja nenhum para herdar a coroa", os bastardos legitimados poderiam ascender.[7] Em maio do ano seguinte, Maine e Toulouse receberam o título de Príncipes do Sangue, com precedência sobre os outros príncipes de Casas soberanas. Entretanto, mais crucial para o presente foi o testamento feito pelo rei, encarregando Maine e não Filipe da "pessoa e educação" do futuro rei-menino. Mais uma vez, a necessidade de agradar Françoise prevaleceu sobre a necessidade de aplacar Filipe (que continuava inescapavelmente

---

* A ordem dos sete primeiros era a seguinte: o pequeno duque d'Anjou; Filipe, duque de Orléans e seu filho o duque de Chartres; três príncipes Bourbon-Condé, filhos de Monsieur le Duc du Bourbon; o príncipe de Conti.

como futuro regente). Tal condição testamentária foi um claro tapa na cara do duque de Orléans.

No começo do verão de 1715, casas de apostas inglesas começaram a receber palpites sobre a data de morte do rei francês. Em 16 de maio, o marechal de Villeroy escreveu para Françoise sobre sua preocupação quanto à saúde de seu senhor: ele estava com péssima aparência e mal podia andar.[8] Luís XIV visivelmente fenecia. Ele ganhara peso na casa dos 50 anos e agora parecia decrépito, pois sua pele começava a pender como ocorre nas pessoas muito velhas. Restavam poucos traços do jovem Apolo, ou até do belo e viril rei cuja rainha fora outrora ligeiramente invejada por Françoise Scarron. Quem se lembrava de Apolo agora? Uma pessoa teria que ter mais de 80 anos para recordar plausivelmente a ascensão ao trono do menino Luís em 1643. O rei passava a maior parte de seu tempo entre mulheres: a secretária de Françoise, Marie-Jeanne d'Aumale, o divertia com seu gênio e ardor pela vida. E o amor pela música continuou até o fim: Luís era levado aos aposentos de Françoise para ouvir música de câmara. A última visita do rei a Marly foi em junho. Depois disto, nenhum outro cortesão tornou a dar um passo à frente para inquirir ansiosamente: "Majestade, Marly?"

O último ato do drama ocorreu em Versalhes, o palácio que Luís XIV criara,* deslumbrante com espelhos, cercado das fontes e estátuas e laranjeiras que ele amava, com seus vasos de prata havia tanto sacrificados às necessidades da guerra.[10] Em 12 de agosto, Luís reclamou de dores na coxa. A causa específica de sua degeneração foi o problema de sua perna, que se tornou perigoso. O dr. Fagon não ousou ordenar uma amputação, que poderia salvar o rei — embora certamente não por muito tempo, já que ele estava sofrendo de gota, pedras nos rins e arteriosclerose. De 17 de agosto em diante, o rei já não saiu de seus aposentos, e Fagon passou a dormir lá. Entretanto, durante toda a longa

---

* E está para sempre associado ao seu nome, apesar das muitas alterações internas durante o século XVII, em parte devidas ao fato de que Luís XIV teve uma grande família de descendentes *legítimos*, necessitando acomodações adequadas.[9]

PARTINDO NUMA VIAGEM

provação em seu leito de morte, Luís manteve todos os padrões da heroica dignidade com os quais se definira por tantos anos.

Por exemplo, a grande festa nacional de São Luís, em 25 de agosto, teve que ser celebrada como sempre, com tambores e conjuntos de pífaros passando sob suas janelas e 24 violinistas na antecâmara antes do jantar. Ainda assim, as despedidas já começavam a acontecer. Numa importante entrevista no mesmo dia com Filipe e Maine, Luís confirmou suas posições respectivas como regente e efetivo tutor do "futuro Rei" (os cortesãos se retraíram quando seu senhor usou estas palavras). Por uma questão de princípio, o rei decidiu morrer como tinha vivido — em público: "Eu vivi entre as pessoas da minha corte, quero morrer entre elas. Elas acompanharam todo o curso de minha vida; é correto que testemunhem seu final." E ele repreendia os muito mais jovens por seus lamentos: "Acreditavas tu que eu era imortal?", perguntava o rei. "Eu mesmo nunca acreditei."

Havia uma qualidade nostálgica nestes últimos dias, que estivera faltando principalmente nos infelizes anos mais recentes, de derrotas militares e lutos pessoais. O marquês de Dangeau escreveu em 25 de agosto: "Venho do maior, mais tocante e heroico espetáculo que a humanidade já viu." Em termos semelhantes, Liselotte chamou de "o espetáculo mais triste e pungente que é possível testemunhar nesta vida".[11] (Ambos instintivamente usaram a linguagem do teatro.)

O autocontrole de Luís continuou impressionante, apesar de sua agonia. Liselotte elogiou sua serenidade: "Ele dá todas as suas ordens como se estivesse apenas partindo numa viagem", escreveu ela, tais ordens incluindo a exigência de união entre as princesas conflitantes da corte. O duque d'Anjou, um belo menino de cinco anos e meio, que lembrava fortemente a mãe com seus "grande olhos negros como azeviche" e longos cílios escuros, foi trazido para ver seu bisavô. "*Mignon*", disse o rei, "logo tu serás um grande rei." Mas ele também disse a Anjou, numa frase memorável: "Tenta permanecer em paz com teus vizinhos: eu amei a guerra em demasia..."

Ao todo, Luís despediu-se três vezes de madame de Maintenon enquanto sua vida ainda resistia, forçando-a a retornar de Saint-Cyr. Seu *alter ego*, o gigante Encélado, o Titã silencioso da fonte de Versalhes com atormentados olhos arregalados, ainda tinha estrada a trilhar antes de sua libertação. A primeira despedida ocorreu no dia após a confirmação da descoberta de gangrena. Esta conversa foi mais realista do que galante e se referiu ao fato de que ela era três anos mais velha que ele: considerando a idade de Françoise, logo eles estariam reunidos, disse o rei. Françoise depois se refugiou em Saint-Cyr.

Na segunda vez, ele se desculpou por não tê-la feito feliz; e, por fim, ele se preocupou com seu futuro: "Nada tens, madame." Era verdade: Françoise jamais dera qualquer passo para construir uma fortuna e exultava em dar a maior parte de seu dinheiro para caridade; ela também se orgulhava do fato de que custara muito pouco ao rei em comparação com as outras amantes, como frequentemente dizia a Marie-Jeanne d'Aumale: elas receberam em três meses mais do que Françoise recebia num ano, e, de qualquer modo, ela dava tudo aos pobres... "Nada sou", respondeu ela, "e só penso em Deus." De qualquer modo, Luís falou ao futuro regente sobre o assunto, uma conversa crucial se consideramos os maus termos entre Filipe e Françoise. "Ela só me deu bons conselhos", disse Luís XIV a respeito de madame de Maintenon. "Ela foi útil de todas as maneiras, mas, acima de tudo, para minha salvação."

Françoise partiu pela última vez em 30 de agosto, quando ouviu a garantia de seu confessor: "Podes ir, já não és necessária para ele." Ela não esteve lá no derradeiro fim — e nem planejara estar. Mais tarde, madame de Maintenon foi criticada por isto, mas pelos padrões de outro século. A tradição da época de Luís XIV era diferente: um leito de morte era mais para o clero que para os cortesãos. Assim como Luís exclamara diante de sua mãe moribunda meio século antes: "Não temos mais tempo para bajulações."

As memórias de Marie-Jeanne d'Aumale, que estava presente, são uma importante fonte sobre estes últimos dias.[12] Quando Luís pegou a pequena bolsa onde mantinha seus pertences particulares, foi a Marie-Jeanne que ele deu uma pequena caixa de casco de tartaruga. Entretanto, para Françoise, ele deu um rosário da mesma bolsa, "como uma lembrança, e não um relicário". Condizendo com a máxima de Saint-Évremond — "quando ficamos velhos, é reanimador ter algumas criaturas vivas ao nosso redor" — os cães estiveram presentes por todo o tempo.[13] Durante um longo período, Luís continuou a alimentar seu cãozinho favorito com bocados de comida, e quando já não podia fazê-lo, disse a Marie-Jeanne: "Faz tu." Foi Marie-Jeanne — com Françoise — que ajudou o rei a destruir seus papéis e lembrou-se da risada dele ante o surgimento de uma lista de convidados para Marly: "Tu certamente podes queimar isto."

Quanto ao tema de sua partida, Françoise disse a Marie-Jeanne que, por um lado, detestava ser incapaz de controlar sua tristeza na presença do rei; por outro, vivia em genuíno pavor quanto ao comportamento de Filipe para com ela assim que ele assumisse o poder. E havia a possibilidade de insulto público a sua carruagem na estrada para Saint-Cyr: Françoise, uma mulher de idade, ainda preocupada com sua reputação, também temia isto.[14]

Em 31 de agosto o rei já estava inconsciente, e ele faleceu às 8 horas da manhã do domingo, 1º de setembro de 1715. Suas últimas palavras foram: "Ó meu Deus! Ajuda-me, apressa-Te a socorrer-me." Luís XIV estava a quatro dias de seu aniversário de 77 anos e reinara sobre a França por 72 anos. "Ele morreu", escreveu Dangeau, "sem qualquer luta, como uma vela que se extingue."* Logo no dia seguinte, Luís Blouin, que sucedera Bontemps como principal *valet de chambre* do rei e ao todo esteve a seu serviço durante 37 anos, vendeu seu cargo por 50 mil *livres*. O desejo de Blouin foi indicar publicamente que jamais poderia servir a alguém além do incomparável rei Sol. Mas era também em conformidade com o outro espírito de Versalhes, o materialista, que Blouin agora lucrava com a morte do rei — o valete já havia construído uma bela casa de campo com os rendimentos de seu trabalho.[15]

O funeral de Luís XIV aconteceu em Saint-Denis em 28 de outubro. A bela e sombria *De Profundis* de Lalande, primeiramente ouvida em 1689, foi transformada com solos prolongados como *De Iniquitatis*

---

* Reinados longos produzem analogias simples assim, mas efetivas. A rainha Elizabeth I foi descrita como uma maçã madura que cai de uma árvore, e a rainha Vitória foi comparada a um grande navio partindo para o mar.

— "Se Vós, Ó Senhor, de fato mantivesse o registro de nossos pecados, quem sobreviveria?" Ela terminava com o assombroso *Requiem Aeternum*, um pináculo da música barroca francesa: "Dai-lhes descanso eterno, Ó Senhor, e fazei com que a luz perpétua brilhe sobre eles." A cerimônia foi profundamente espiritual, embora demonstrações de hostilidade na passagem do cortejo fúnebre indicassem o quanto a estima pelo velho rei afundara na imaginação popular.

O padre François Massillon, o eloquente clérigo que discursara na morte do delfim, fez uma oração retumbante que começou com as palavras: "Só Deus é grande, irmãos meus, e acima de tudo nestes últimos momentos, quando Ele preside sobre a morte dos reis." Luís XIV foi saudado por seu reconhecimento da verdade: "Este rei, o terror de seus vizinhos, a maravilha do universo, o pai dos reis, maior que todos os seus ancestrais, mais magnífico que Salomão em toda sua glória, reconheceu em pessoa que tudo não passa de vaidade."[16]

O sermão também não foi só de elogios imaculados. A Igreja católica não havia esquecido por completo aquelas primeiras batalhas para salvar o rei do "fogo da voluptuosidade". Houve uma alusão ao tempo de sua juventude como "uma perigosa estação na qual as paixões começam a desfrutar da mesma autoridade que o soberano e sobem no próprio trono com ele".

Mas Luís foi louvado por sua generosidade para com Jaime II e "uma devota rainha" (Maria Beatriz). E as mortes reais foram mencionadas, incluindo a de Adelaide, "que fez repousar Luís das preocupações da monarquia". Mais tocante que tudo foi a evocação: "Ide a reunir-vos com Maria Teresa, Luís [seu filho, o delfim] e Adelaide, que esperam por vós. Uni-vos a eles por toda a eternidade, secai as lágrimas que derramastes por suas mortes." É confortador pensar que Adelaide estava esperando do outro lado, jovem para sempre, para receber o rei.

Apesar da expectativa no leito de morte do rei, madame de Maintenon viveu ainda por muitos anos após a morte dele. Ela passou seu tempo em reclusão em Saint-Cyr, onde era simplesmente conhecida como "Madame". Foi lá que Marie-Jeanne d'Aumale a encontrou em 1º de

PARTINDO NUMA VIAGEM

setembro e contou-lhe que todas em Saint-Cyr tinham ido para a capela orar; por este delicado convite, Françoise compreendeu que Luís estava morto. Em suas memórias, Marie-Jeanne descreveu assim a procissão de soluços das Demoiselles que agora passavam diante de madame de Maintenon: "O dia mais triste do mundo." Françoise também chorou, disse ela a madame de Glapion com orgulho: 'É uma coisa nobre, cara menina, chorar por um rei." Foi um homem que ela viu morrer "como um Santo e um Herói". Cinco dias depois, suas preocupações quanto a seu futuro foram apaziguadas quando o regente Filipe prestou-lhe uma visita de cortesia e garantiu-lhe uma pensão vitalícia de 48 mil *livres* (quase 200 mil libras em moeda de hoje). Quando madame de Maintenon tentou agradecer, Filipe respondeu que estava "apenas cumprindo seu dever" — o que era bem verdade.[17]

O novo regente certamente não tinha nada a temer da "velhota". O desejo de Luís XIV relativo à posição de Maine foi rapidamente posto de lado, e as funções deste em relação ao jovem rei Luís XV bastante diminuídas. (Havia um precedente desta indiferença pela vontade do falecido rei: o desejo de Luís XIII também fora posto de lado, e já foi insinuado que o envelhecido Luís XIV, fragilizado, mas não estúpido, talvez tenha previsto isso.)[18] Por um segundo édito, os bastardos foram removidos da sucessão real: se a Casa reinante falecesse, "o direito recai sobre a própria nação em reparar o perigo pela sabedoria de sua escolha". Esta revogação fez pelo menos de Saint-Simon um duque extremamente feliz.

Após a morte do rei, madame de Maintenon recebeu cartas de condolências de dignitários estrangeiros que poderiam ter sido enviadas a uma rainha.[19] Por exemplo, Maria Casimira, rainha da Polônia, referiu-se à "tua extrema aflição" e "grande perda": ela fez votos de que Deus desse a madame de Maintenon a fortaleza de que ela precisava para suportar o fardo. Os bons e grandes da corte francesa escreveram para ela — cardeais, bispos e duquesas —, em geral endereçando suas cartas a Marie-Jeanne d'Aumale, por receio de perturbar sua senhora em seu "luto e retiro". Todos mencionaram a "perda especial" de madame de Maintenon após a morte do "maior e melhor dos Luíses que foram reis". O arcebispo de Strasburgo despachou para ela um dos rosários do falecido rei: "Não poderia estar em melhores mãos"; ele o enviara para que ela recordasse o rei em suas preces. Chamillart, um dos ministros de Luís, citou São João Crisóstomo sobre o tema de uma aflição que "nos dá uma nova glória".

No futuro, missas em memória do falecido rei seriam realizadas não apenas em toda a extensão dos domínios franceses, mas também no império espanhol, incluindo o México, onde um sermão foi rezado na catedral: afinal, Luís era avô de Filipe V. Mais uma vez, como em Saint-Denis, a ajuda de Luís a Jaime II e Maria Beatriz foi destacada como parte de seu trabalho "apostólico" pela verdadeira fé, executado "com entusiasmo e dispêndios dignos de sua magnificência real". Ele sustentou os Stuart exilados com o mesmo estilo grandioso em que eles costumavam viver em Londres, fazendo o possível para restabelecê-los na posse pacífica de sua coroa, de modo que a religião católica pudesse florescer naquele reino.[20]

Quanto a Françoise, ela fora afinal a evidente companheira de Luís XIV por 22 anos — desde o momento da morte de Maria Teresa, quando o duque de La Rochefoucauld a incitou a ir ao rei porque ele precisava dela. Alguns poucos podem ter duvidado de que alguma discreta cerimônia de casamento, aceitável para a Igreja católica, tivesse ocorrido na época. Além disso, a própria Françoise permaneceu resoluta em sua recusa tanto de confirmar quanto de negar o fato. "Ela não queria que falássemos sobre isto", escreveu Marie-Jeanne d'Aumale. Se "uma criança ou pessoa simples" a questionasse sobre o assunto, sua resposta era apenas: "Quem te disse isto?" Quando Marie-Jeanne lia para Françoise seus próprios Cadernos Secretos em voz alta, era interrompida antes que chegasse a qualquer passagem que pudesse envolver o rei. Muito mais tarde, chegou o verdadeiro momento em que madame de Maintenon foi "tratada como uma rainha", nas palavras de seu sobrinho-neto, o duque de Noailles: suas cinzas foram desenterradas na Revolução Francesa como um protesto contra o *Ancien Régime*, assim como as da realeza oficial em Saint-Denis.[21]*

---

* Desde 1969, os restos mortais de madame de Maintenon estão colocados na capela de Saint-Cyr, hoje o Lycée Militaire, após algumas viagens nos tempos de revolução e guerra.[22]

PARTINDO NUMA VIAGEM

Entretanto, para a corte francesa, a mulher que Saint-Simon chamava de "aquela bruxa de 80 anos" foi "esquecida e já é o mesmo que morta". Vivendo tranquilamente em Saint-Cyr e usando as roupas mais simples, a própria Françoise expressou de modo mais elegante: "Eu abandonei o mundo de que não gostava." No entanto, ela conservou sua agradável aparência até o fim. Ironicamente, isto foi mais verdadeiro no caso de Françoise, que jamais dependeu de sua beleza para fazer seu destino, do que no caso da magnífica Athénaïs, que por volta da meia-idade já havia perdido completamente sua beleza. Até Liselotte admitiu em 1711, quando Françoise estava em meados da casa dos 70, que sua inimiga "não aparentava minimamente sua idade"; até o fim, ela teve poucos cabelos brancos (talvez nenhum), segundo seus parentes.[23]

Foi preciso uma personalidade intrépida como a do tsar russo Pedro, o Grande, para penetrar o retiro. Numa visita à França no verão de 1717, ele anunciou sua firme intenção de ver esta célebre relíquia do reinado anterior. Segundo um relato, primeiro ele abriu a janela, e depois abriu as cortinas da cama para ver a velha dama escondida ali dentro. "Estás enferma?", diz-se que o tsar perguntou, e quando Françoise respondeu que sim, ele continuou: "O que há de errado?"; "Uma idade muito avançada", replicou madame de Maintenon. É uma cena bizarra, principalmente pelo fato de o diálogo ter sido travado por intermédio de um intérprete, o ministro do tsar, Kourakin.[24]

Além de visitas de seu adorado Maine, Françoise era confortada pela contínua amizade com Maria Beatriz, que era importante para as duas. Em 1715, James Edward lançou outro infrutífero esforço para ganhar o trono inglês: o regente Filipe tomou providências para que os franceses não o apoiassem. À ex-rainha inglesa restava apenas prestar visitas semanais a Saint-Cyr. Lá as duas damas se sentavam em poltronas semelhantes e eram servidas pelas jovens moças, com um sino de mão junto a Françoise para acelerar as coisas. Após o café, as demoiselles se retiravam. Françoise e Maria Beatriz, respectivamente a rainha que nunca foi e a rainha que não era mais, papeavam a sós por duas ou três horas.

Maria Beatriz tornou-se a heroína da causa jacobita: uma heroína que também era uma santa. Ela morreu em 1718 à idade de 60 anos, finalmen-

O AMOR E LUÍS XIV

te perdendo sua batalha contra o câncer. Os poetas a saudaram tanto em inglês quanto em gaélico. Por vezes a linguagem foi hagiográfica a ponto de sugerir outra mãe plangente, a Virgem Maria. Um lamento irlandês pela "esposa de Jaime II" foi intitulado "A dorida ocasião de minhas lágrimas". Começava assim: "Os galeses são deixados nas sombras" pela perda de "Uma mulher generosa com doações / Uma beleza, devota, generosa e justa..." e prosseguia: "Esta foi a grandiosa Maria / Que ainda há de voltar... Esta foi a sempre franca Maria / Que morreu por minha vida".[25]

Por volta do começo da primavera de 1719, Françoise estava claramente em declínio. Em 13 de março ela disse a uma demoiselle: "Tudo se acabou, querida menina, estou partindo." Ela morreu em 15 de abril de 1719. Tinha 84 anos. A corte prestou pouca atenção, mas ao menos Liselotte alcançou sua antiga ambição de sobreviver à mulher de quem tanto se ressentira. Quando soube da notícia, Liselotte reagiu com animação característica: "Acabei de saber que a velha Maintenon esticou as patas ontem à noite", escreveu ela em triunfo (*die alte Schump ist verreckt* — uma palavra geralmente usada para a miserável morte de um animal). "Quem dera tivesse acontecido trinta anos atrás!" No outro mundo, sugeriu ela, Françoise teria que escolher entre Paul Scarron e Luís XIV. Liselotte também não se fez de rogada quando chegou sua vez de morrer em 1722: "Podes beijar-me apropriadamente", disse ela a uma dama. "Estou partindo para a terra onde todos são iguais."[26]

As princesas da geração seguinte, Marie-Anne, princesa de Conti; Louise-Françoise, madame la Duchesse e Françoise-Marie, duquesa de Orléans, todas viveram até os 70 anos, falecendo em 1739, 1743 e 1749, respectivamente.* Bénédicte, duquesa do Maine, com seu estilo de vida agradável e sofisticado em Sceaux, sobreviveu às três cunhadas cujo nascimento bastardo ela se habituara a comparar com o seu próprio: ela morreu em 1753, à idade de 77. Sua imperturbável autoconfiança real fez com que madame de Staël escrevesse que a duquesa do Maine "acreditava

---

* O monumento a Marie-Anne em Paris, na igreja de Saint-Roch, rue Saint-Honoré, refere-se a ela como filha de Luís XIV, e seu nascimento em Vincennes em 1666 está registrado; mas não há qualquer menção à sua mãe, Louise de La Vallière.

em si mesma da mesma forma em que acreditava em Deus e Descartes, sem explicação ou discussão". Foi uma confiança que se estendeu em suas próprias habilidades teatrais: nenhum dos profissionais que atuaram com ela ousou mencionar o fato de que a pequenina duquesa era uma atriz notavelmente incompetente, ainda que entusiasmada. Voltaire escreveu seus primeiros poemas durante seus cinco anos em Sceaux quando jovem e prestou uma segunda visita no fim da longa vida da duquesa, entre 1746 e 1750. Ele louvou Bénédicte como o "Espírito do Grande Condé" (o grande soldado, avô dela) e com admiração identificou nela uma verdadeira representante do *grand siècle*. No entanto, já que Voltaire considerou que uma bela peça de teatro faria um bem maior à duquesa moribunda do que a extrema-unção, é óbvio que Bénédicte estava, na verdade, muito mais próxima do espírito secular do Iluminismo.[27]

Houve uma exceção a estas longas vidas. A viúva Marie-Élisabeth, duquesa de Berry, continuou sua tumultuada existência, imoderada e imoral a um só tempo, até o reinado seguinte, para desespero de seu pai, o regente. Na primavera de 1719, ela deu à luz uma filha natimorta de seu amante, Rions. Sua saúde, já debilitada pelos excessos, jamais se recuperou completamente; Marie-Élisabeth morreu em julho, às vésperas de seu aniversário de 24 anos.

Os descendentes de Louise de La Vallière morreram sem filhos; madame de Maintenon não teve nenhum. Foi o fértil casamento de Françoise-Marie e Filipe d'Orléans — seis filhas e um filho — o que disseminou o sangue de Luís XIV e Athénaïs em todas as famílias reais católicas da Europa. O sangue legítimo de Luís XIV, na linha direta de sucessão masculina francesa por seu casamento com Maria Teresa, extinguiu-se em 1883 com o conde de Chambord (embora tenham existido e ainda existam espanhóis Bourbon). Mas seus descendentes com Athénaïs floresceram, um tributo ao vigor de sua linhagem. Entre eles figuraram o assim chamado Filipe Égalité, duque de Orléans na era da Revolução Francesa, e — provavelmente um pouco mais ao gosto do Grande Monarca — Luís Filipe, rei dos Franceses. Dele descende o atual pretendente ao trono francês, o conde de Paris, cuja ascendência remonta a Luís XIV e Athénaïs: uma espécie de vitória para a amante suprema.

CAPÍTULO 17

Nunca te esqueças

Nunca te esqueças de que os reis têm um juiz severo colocado acima deles nos céus.

— Joad, o sumo sacerdote, *Atália*

Luís XIV teve sorte no amor. Sua agitada vida privada até aumentou sua glória pessoal — o conceito que foi tão importante para ele — aos olhos do mundo, ao menos quando ele estava no ápice de sua vida. É certo que isto oferece um espetáculo mais simpático do que aquela outra grande parte de seu conceito de glória, sua sede por conquistas militares. Fénelon escreveu em sua história didática de 1695, *Telêmaco*, que "os grandes conquistadores" são como "rios que transbordam", destruindo os próprios campos que deveriam irrigar. Em casa, as coisas eram diferentes. "Nunca houve uma corte tão galante quanto a corte de Luís Le Grand", escreveu Bussy-Rabutin com indubitável admiração. "Como ele era de compleição amorosa, todos achavam um prazer seguir aquele príncipe."[1]

A avançada idade por ocasião do nascimento de Luís, o "presente de Deus", os anos de abortos seguidos por esterilidade que ela suportou, sua difícil relação com Luís XIII, todas estas coisas se agregaram para tornar Luís o grande amor da vida de Ana da Áustria — e ela pode, no mínimo, disputar o trono de mulher mais importante da vida dele. Estes ferozes sentimentos maternos, favorecendo ostensivamente Luís sobre seu irmão mais novo Monsieur, eram justificados pela rainha Ana em termos das posições relativas de seus filhos: Luís era o delfim, e por isso logo seria o rei, o pequeno menino de quatro anos e meio diante do qual ela se ajoelhou em reverência em 1643. Monsieur, dois anos mais novo que o irmão, era meramente o herdeiro presuntivo, antes do nascimento do delfim em 1661. Mas, claro, do ponto de vista da infância compartilhada de Luís e Monsieur, o que importava não era exatamente o *porquê* de Luís ser o adorado, e mais o fato de que desde o início ele pôde ter total confiança no amor e no apoio de sua mãe.

Enquanto isso, a própria Ana da Áustria deu a Luís XIV um ideal de mulher que além de ser uma rainha era também virtuosa, digna, inteligente e forte. Foi apenas ao entrar na casa dos 40 anos que o rei encontrou este tipo de companheira em Françoise d'Aubigné, quando teve fim a "perigosa estação" das paixões, como disse o padre Massillon na oração fúnebre. Mas ao escolher esta modesta e sábia mulher, alguns anos mais velha que ele, Luís foi indubitavelmente influenciado pelo exemplo materno nele gravado tantos anos antes. As lágrimas de Ana da Áustria, derramadas por tanto tempo sobre a questão da promiscuidade e da "salvação" de seu filho, jamais foram completamente esquecidas; foi significativo que quando Luís XIV estava morrendo e desejou recomendar madame de Maintenon ao regente, ele a elogiou pelos bons conselhos que recebera dela e, acima de tudo, por sua utilidade no tema de sua salvação.

No fim das contas, houve pouquíssimos relatos de casamentos felizes nesta história: Liselotte falou por muitos quando descreveu os casamentos "como a morte... não se pode escapar". Mas é possível argumentar que Luís XIV foi bem casado duas vezes — numa, com uma mulher jovem que lhe deu a estatura internacional que ele desejava na época, e que não lhe trouxe qualquer problema, como ele colocou, exceto por sua morte; e na outra, com a salvadora de sua alma.

Neste ínterim, Luís certamente teve sorte durante a "estação perigosa" propriamente dita. Belo e divinal como concordam todos os observadores da época, e com a aura da realeza a agir como afrodisíaco, nunca houve qualquer dúvida de que Luís desfrutaria dos favores das damas se assim o quisesse. Ser seduzida pelo jovem Luís XIV dificilmente representava um destino desagradável, mas, em todo caso, os indícios mostram que as damas correspondiam em igual ou maior medida, desfrutando o prazer tanto quanto as recompensas materiais. Com Luís, não há qualquer história sobre cruéis sequestros, violações, donzelas indefesas: isto era para o esposo de Athénaïs, Montespan, e não para seu amante, o rei.

Claro, esta opinião não leva em conta as críticas da Igreja católica quanto ao adultério. O sexo fora do casamento colocava uma pessoa em estado de pecado. A imensa popularidade na corte do pregador de fala franca Bourdaloue (muito admirado por Luís XIV) e as aristocráticas multidões que se apinhavam para ouvi-lo demonstram a seriedade com a qual o tema era tratado. Felizmente, todas as amantes de Luís XIV, como o próprio rei, conseguiram morrer como penitentes em estado de graça.

Certamente, com uma ou duas possíveis exceções, as mulheres na vida de Luís XIV não foram vítimas e não se viam como tal. E havia um ponto em favor do rei que até o crítico Saint-Simon admitiu: ele era bondoso e generoso com suas ex-amantes.* É verdade que a corte nem sempre era um "palácio encantado". De vez em quando as mulheres devem ter testemunhado o cenário de lona e papelão, as cordas e polias dos bastidores, como na evocativa frase de Françoise. Mas havia outro lado igualmente importante da vida da corte, como descrito por madame de Sévigné: "As caçadas, as lanternas, o luar, os passeios, as refeições num local forrado por narcisos..." As mulheres também estavam lá.

Pode ser cínico sugerir que havia opções muito piores para a vida de uma mulher do século XVII (de uma certa classe) do que ser amante de Luís XIV, mas é também realista. Primi Visconti, observador da corte de Luís, acreditava que "damas nascem com a ambição de se tornarem as favoritas do rei", e certamente há algo de verdade no que

---

* Luís não era um Henrique VIII; o destino de suas seis esposas é tradicionalmente recontado como "Divorciada, decapitada, morta, divorciada, decapitada, precocemente falecida". Com Luís XIV não houve divórcios e certamente nenhuma decapitação: as amantes que abandonavam a corte não eram obrigadas a fazê-lo.

ele disse. A alternativa para a vasta maioria das mulheres era aceitar o robusto conselho de Santa Joana de Chantal: "Coloca-te nas mãos de Deus, e depois, de teu noivo." Outras, na falta de um noivo, simplesmente se colocavam nas mãos de Deus num convento, mas não era uma vida adequada para todas que acabavam lá, e, além disso, as iniciativas educacionais para meninas ainda estavam em seus primórdios, como madame de Maintenon compreendeu.

O número de casos menores de Luís não pode ser computado com certeza alguma, particularmente durante o período em que ele se entregava ao que hoje chamamos de sexo casual. Não sabemos com que frequência ele se divertia *chez les dames*, como dizia a frase da época, mas ao menos materialmente ninguém sofreu com a experiência. O número conhecido de seus filhos também é fluido: houve pelo menos 18 deles, incluindo seus seis filhos legítimos com Maria Teresa. Portanto, ele teve praticamente o mesmo número de bastardos que Carlos II, embora este último não tenha concebido nenhum filho legítimo. Outro primo-irmão, Carlos Emanuel da Saboia, também desfrutou uma enérgica vida sexual, com pelo menos cinco bastardos: dado o talento de Monsieur para a procriação, independentemente de suas preferências sexuais, parece correto saudar o fértil sangue de seu avô comum, Henrique IV.

Apesar do provérbio que diz que um homem pode produzir enquanto consegue erguer um feixe de palha, Luís não gerou nenhum bastardo conhecido após o filho de Angélique, que faleceu. Graças a madame de Maintenon, ele ainda podia desfrutar os prazeres da vida em família, incluindo a aconchegante atmosfera de Saint-Cyr. O amor de Françoise por crianças era aquela emoção particular, com uma qualidade tão professoral, comum a certas mulheres que jamais o tiveram para si. Assim, Luís foi capaz de admirar as ternas qualidades maternais de Françoise sem o inconveniente de uma gravidez dela.

Uma possível exceção a esta falta de vítimas pode ser Maria Mancini, ouvindo tantas promessas de Luís em seus 18 anos, mas abandonada por ele em nome do dever: um sacrifício que se tornou célebre pelo verso de Racine: "Chorais e, no entanto, sois o rei." Entretanto, é difícil criticar a decisão de Luís, pesadamente apoiada pelo cardeal Mazarin, nem um pouco fã de sua errática sobrinha. O casamento de um grande rei era um elemento importante em qualquer política externa, especialmente um casamento que poderia trazer a "paz" junto com "a infanta" a um país devastado pela guerra. A subsequente carreira de infeliz vagar de Maria merece compaixão. Ela terminou novamente na Itália e morreu no mesmo ano que Luís: seu filho, o cardeal Colonna, ergueu um monumento com o epitáfio que ela escolheu para si: "Cinzas e Pó."[2] Ao mesmo tempo, o cardeal Mazarin, aquele astuto negociador, estava certo ao perceber em sua sobrinha algo tristemente autodestrutivo.

Louise de La Vallière é a única exceção plausível à regra geral de que as mulheres desfrutaram tanto de Luís XIV quanto ele delas. Não era sem razão que as mulheres que passavam pelos aposentos do rei quando estavam vazios, segundo a etiqueta, tinham de fazer mesuras para a cama real... Em geral, o rei não voltava suas atenções para mocinhas por demais jovens — algumas impetuosas aventuras tentando bolinar as damas de honra não contam —, mas Louise foi diferente. Uma virgem sem sombra de dúvida, ela também tinha um temperamento extremamente religioso; ao cair insanamente de amores pelo rei Sol à idade de 16 anos, durante um período ela transferiu suas emoções religiosas destinadas a Deus Todo-poderoso para Luís, seu Apolo pessoal.

Este foi o maior caso romântico da vida de Luís: como em qualquer sedução de uma mocinha inocente e religiosa da literatura, o *affair* estava mais ou menos destinado a terminar em traição — e no derramar de rios de lágrimas.[*] Os longos anos de subsequente penitência de Louise, que até declinou do luto pela morte de seu filho devido às circunstâncias nas quais ele fora concebido, atestaram a sinceridade do lado religioso de sua natureza. Certamente houve algo de autopunitivo em seu papel como madrinha da filha de Luís e Athénaïs, chamada Louise-Françoise,

---

[*] É apropriado que, em meados do século XIX, Flaubert tenha feito madame de Bovary voltar-se para La Vallière como inspiração quando tentava recobrar sua fé após ser abandonada por seu amante: "No orgulho de sua santimônia, Emma se comparava às grandes damas do passado, aquelas com cuja glória ela sonhara diante de um retrato de La Vallière, aquelas que (...) deitaram aos pés do Cristo as lágrimas de um coração ferido pelo mundo."[3]

aparentemente em homenagem a ela —, mas, na verdade, uma mistura dos nomes do rei e de sua substituta. Portanto, Louise de fato encarnou a penitência de Madalena, sua santa favorita.

Enquanto La Vallière tentava cumprir um ideal cristão, deve-se notar que por um período Luís desfrutou de um atrativo teoricamente mais familiar às regras orientais que cristãs: o harém. Pois é difícil ver o período das "três rainhas", Maria Teresa, Louise e Athénaïs, juntas em seu coche para a guerra, sob qualquer outra luz. É verdade que o rei precisava de Louise como fachada para seu novo *affair* com uma mulher casada (com um marido problemático). Mesmo assim, este foi um harém como descrito no *Bajazet* de Racine, que indagava no prefácio: "Em verdade, haverá uma corte no mundo em que os ciúmes e o amor possam ser mais conhecidos que num lugar [o harém] onde tantas rivais são trancadas juntas?" Esta situação era responsabilidade moral de Luís XIV. Como Racine acrescentou: "Os homens de lá provavelmente não amam com o mesmo refinamento."[4]

O problema foi que, após a primeira chama do desejo, Luís descobriu que tinha mais uma necessidade que a vulnerável "violeta oculta" Louise não podia cumprir — e, por sinal, nem sua esposa Maria Teresa. Ele descobriu algo daquela necessidade e de sua satisfação em sua *amitié amoureuse* com sua cunhada Henriette-Anne, quando eles dançavam juntos nos magníficos Balés da Corte no começo de seu reinado. À medida que desenvolvia o conceito de rei Sol, o monarca que deslumbrava toda a Europa e tornava a corte francesa a inveja do mundo (incluindo a do jovem oponente de Luís, Guilherme III), o rei buscava uma mulher digna de assumir o lugar ao seu lado, mesmo que fosse um lugar ilegítimo.

Nisto ele teve a sorte de encontrar (ou de ser encontrado por) Athénaïs, marquesa de Montespan, uma mulher em seus 20 anos e com um casamento infeliz, que combinava uma natureza voluptuosa e uma arrebatadora beleza, um gosto pelas artes e um majestoso instinto para o mecenato. Afinal, os longos anos nos quais Athénaïs exerceu seu papel como *maîtresse en titre* não se deveram apenas ao poder sexual que ela tinha sobre o rei, mesmo que isto fosse parte óbvia de seu apelo. Por exemplo, Luís não foi sexualmente fiel a ela, e durante suas frequentes gestações Athénaïs não parece ter esperado dele fidelidade: sua dama, a demoiselle des Oeillets, e, possivelmente, sua própria irmã ofereceram alternativas. O que forneceu ao rei Sol exatamente o que ele desejara por tantos anos da "estação perigosa" foi a presença e o estilo de Athénaïs.

Contudo, o notável nesta estação foi que a incansável campanha da Igreja católica para assegurar a salvação de Luís — em outras palavras, sua fidelidade marital — foi travada sem interrupção. Uma dama da corte como madame de Meilleraye (como relatado por Saint-Simon) podia muito bem oferecer sua "opinião ponderada de que, em se tratando de um homem de berço, Deus pensaria duas vezes antes de condená-lo". Esta não era a mensagem oficial da Igreja católica para os reis, de quem era esperado um comportamento melhor (enquanto regentes de Deus na terra) e não pior que o de seus súditos. Embora muitos concordassem secretamente com a marquesa de Polignac — para quem, embora fosse extremamente necessário morrer em estado de graça, viver nele era muito entediante —, Bossuet vociferou sobre o assunto num tom muito diferente: "Que grande mal quando os reis buscam prazeres que Deus proíbe" e "Deixa de ouvir o ruído dos homens a teu redor, que silencia a Voz do filho de Deus falando dentro de ti".[5] As declarações de Liselotte quanto a sua falta de fé católica mostram o quanto ela se sentia alienada da época.

Uma das peças de Racine que Luís admirava intensamente era *Atália*. As últimas frases pelo sumo sacerdote Joad tornam clara a mensagem: "Nunca te esqueças de que os reis têm um juiz severo colocado acima deles no céu."[6] Confessores individuais como os jesuítas, com a sabedoria do mundo, acreditavam que era preciso dar espaço ao jovem rei, com o argumento de que ele se arrependeria na hora certa (padre La Chaise estava certo: foi exatamente isto o que aconteceu). Mas esta linha compreensiva não foi aceita pelos grandes pregadores da época. Tanto Bossuet quanto Bourdaloue fizeram comparações com o rei Davi, o adúltero, em sermões na corte. Era um comportamento temerário: contudo, nunca cessou por completo. Entretanto, ao longo de sua vida, Luís tampouco esqueceu aquele severo juiz.

Louise fugiu para um convento na primeira ocasião por medo de um sermão da Quaresma; Athénaïs foi de fato obrigada a desistir do rei quando um humilde pároco se recusou a dar-lhe a comunhão na Páscoa. O fato de que a separação terminou quando os extremos sentimentos físicos subjugaram o rei na presença dela não anula o fato de que a ruptura aconteceu. Não há indícios de que o rei Carlos II, outro amante das mulheres, mas um sujeito bem mais cínico, tenha passado por crises de consciência sobre o assunto: pelo contrário, ele acreditava que Deus jamais condenaria um homem por causa de um pouco de prazer. Luís XIV era diferente. "Temos que nos submeter", disse o rei sobre a morte de seu filho, apontando para o céu. No fim, ao menos espiritualmente, ele se submeteu aos ditames dos céus segundo interpretado pela Igreja católica.

O infeliz caso de Angélique de Fontanges — vinte anos mais nova que o rei, bela como seu angelical nome indicava, embora um tanto estúpida — pode ser visto como o último *affair* de Luís antes de se acomodar na virtuosa existência doméstica pregada para ele por tanto tempo. Angélique, também uma virgem, não foi uma vítima, a não ser por sua trágica história ginecológica: com um gosto pela grandiosidade, ela estava ansiosa por assumir o lugar de *maîtresse en titre*, para o qual ninguém a considerava adequada, nem o próprio Luís, enfim.

Certamente ninguém podia chamar Françoise de vítima, exceto talvez ela própria em seus últimos anos com o rei, quando a saúde debilitada a induziu a uma série de queixas levemente cansativas para seus correspondentes. É verdade que Luís teve sorte de encontrá-la, uma mulher notável sob qualquer ponto de vista e preparada para realizar o famoso trabalho de salvação, vendo nele sua missão divinamente designada. Por seu casamento secreto, ele desistiu da perspectiva de desposar outra noiva notável, como, por exemplo, a infanta de Portugal, com o prestígio e a aliança que poderia trazer: e por mais de quarenta anos não haveria rainha oficial na França, apesar da considerável importância da posição.

Ao longo de sua juventude entre as *Précieuses*, nos salões intelectuais que permaneceriam desconhecidos de Luís XIV em pessoa, Françoise foi capaz de adquirir a nova arte feminina da conversação, algo em que a simpatia certamente desempenhava um papel e a galantaria era apenas

O AMOR E LUÍS XIV

uma opção. Madame de Sévigné foi rápida em apontar a habilidade de Françoise nesta direção quando percebeu a intensificação de sua influência: lá estava alguém com quem se podia manter uma conversação. Segundo Baudeau de Somaize em seu *Grande Dicionário das Précieuses Históricas de 1661*, havia quatro tipos de mulheres: elas variavam desde a completa ignorante, passando por aquelas com talentos naturais, mas sem grande formação, as que tentavam emergir em sociedade e, finalmente, as *femmes illustres*.[7] Françoise era uma mescla do segundo com o terceiro tipo: ela tinha talentos naturais e também tentara melhorar sua sorte. A regra beneditina adaptada para mulheres e amplamente citada no século XVII descrevia "vosso sexo" como "débil, frágil e inconstante se as rédeas são soltas": nada disto se aplicava a Françoise d'Aubigné. Seu autocontrole era admirável, e o controle que ela buscava exercer sobre os outros geralmente era para o bem.

Entretanto, as críticas de Françoise à vida da corte não puderam obliterar por completo o fato de que ela de certo modo buscou seu destino ali. A deposição de Athénaïs, mesmo que religiosamente motivada, foi definitivamente em vantagem de Françoise. Isto não equivale a dizer que Françoise trazia qualquer semelhança com a velha prostituta, vadia, lixo ou excremento da vulgar terminologia de Liselotte. Foi uma longa viagem desde a pequena Bignette perseguindo galinhas até a marquesa de Maintenon, "gloriosa (...) Protetora do Reino", como os soldados se dirigiram a ela em 1705. Ninguém alcança uma posição tão notável quanto Françoise alcançou, e a mantém por mais de vinte anos, sem qualquer traço de ambição — mesmo que a ambição fosse apenas salvar a alma do rei.

Quão divertido é encontrar no reino de Luís XV a adorável e amoral madame de Pompadour (cujo poder sobre o rei definitivamente não ajudou em nada na salvação dele) decidida a emular a religiosa madame de Maintenon! "Se a rainha viesse a desaparecer", o rei desejaria "comprar a paz para sua consciência" como seu bisavô, escreveu o embaixador austríaco: "O plano da marquesa está forjado no exemplo de madame de Maintenon." Pompadour prontificou-se a encomendar um monte de pinturas religiosas do sensual pintor Boucher, de modo a fomentar suas alegações de ser uma santificada "esposa secreta".[8] Em vão foram os planos humanos: no caso, quem morreu não foi a rainha Maria Leczinska, mas a própria Pompadour...

Enquanto esposa secreta do rei, Françoise ficou com o problema de diverti-lo. A chegada da pequena Adelaide da Saboia na vida de Luís XIV, resolvendo o problema de um só golpe com seus graciosos modos infantis, foi, portanto, o maior dos golpes de sorte tanto para Luís quanto para Françoise. Dali em diante, todas as esperanças e afetos do rei foram completamente focados naquela criaturinha irrequieta; e já que ela seria a futura rainha da França, ele podia sentir que era seu dever absoluto fazer tal coisa.

A generosidade e cortesia de Luís para com as mulheres, seu apreço pela companhia delas além da alcova, foi destacado ao longo de todo este livro. Ele amava e mimava suas filhas; também adorava suas netas. Mas havia um lado impiedoso em sua natureza no que dizia respeito às mulheres — quando mulheres da realeza. Liselotte foi condenada a testemunhar a destruição de sua terra natal: seus próprios direitos monárquicos foram evocados para justificar as demandas da França, e ela sentiu todo o caso como infinitamente angustiante. Mesmo assim, Luís reagiu com irritação à dor dela; tais tristezas não eram permitidas em Versalhes. Marie-Louise d'Orléans foi enviada rapidamente para a Espanha para se casar com o horrendo Carlos II, apesar de seus apelos plangentes. "Adeus. Para sempre", foi a reação de Luís XIV. Foi um destino que subsequentemente levou Liselotte a exclamar que ser uma rainha era difícil em qualquer local, "mas ser a rainha da Espanha certamente é pior do que em qualquer outro lugar".[9] Até a adorada Adelaide incorreu no ressentimento de seu avô quando demonstrou algo menos que sua habitual alegria quando das acusações a seu marido. Ainda assim, estas experiências, para o bem ou para o mal, eram parte da vida da realeza da época — e não apenas para as mulheres: pode-se argumentar que Berry foi maltratado da mesma maneira ao não receber permissão para se separar da incontrolável Marie-Élisabeth. E é preciso equilibrar a ternura de Luís XIV para com a rainha deposta Maria Beatriz — nem sempre para vantagem da França — contra sua impiedade para com Marie-Louise.

Este sentido de ordem torna ainda mais notável a firme decisão de Luís ao escolher madame de Maintenon como sua segunda esposa, ainda que secreta. Ela não trazia qualquer glória para ele; muito pelo contrário, sua antiga associação com Scarron foi considerada infame. Não só Liselotte, mas também os satiristas lamentavam que ela era uma ninguém em termos hierárquicos — e mais velha que o rei. Mas Luís XIV a escolheu e a conservou. Na casa dos 40, graças à morte oportuna (sob este ponto de vista) de Maria Teresa, ele escolheu o tipo de mulher — em natureza, mesmo que não em posição — que sua mãe tinha sido e ficou com ela. Boas mulheres — no sentido moral — sempre foram fascinantes para Luís XIV, e, apesar de toda a sua (justificada) reputação de promiscuidade na juventude, e o estabelecimento de seu "harém" quando chegou aos trinta, nota-se que ele passou pelo menos metade de seus 77 anos na companhia delas.

"A grandeza de berço e as vantagens outorgadas por riqueza e pela natureza deveriam fornecer todos os elementos de uma vida feliz", escreveu a prima-irmã de Luís, a Grande Mademoiselle, em seus últimos meses. "Mas a experiência nos deveria ensinar que muitas pessoas têm todas estas coisas e não são felizes." Ela acrescentou: os bons momentos acontecem, mas não duram. Luís XIV certamente teve uma vida mais feliz em termos emocionais do que a Grande Mademoiselle, cujos valorosos mas mal arquitetados esforços de fazer um casamento tardio com Lauzun foram esmagados por Luís (outro exemplo de sua impiedosa determinação quando assuntos dinásticos estavam envolvidos). Seria justo dizer que os momentos mais felizes da vida dele foram associados a mulheres, fosse desfrutando a banheira de mármore de Ana da Áustria no Louvre, cavalgando romanticamente com Maria Mancini ou Louise quando jovem, atirando longe a espada que ousara ferir a mão de Marie, emprestando seu próprio chapéu para pô-lo sobre os cachos dourados de Louise, divertindo-se em festivas noites de verão com Henriette-Anne ou passeando com sua neta Adelaide pelos jardins de Versalhes num pequeno coche de pôneis na velhice.

Luís pagou um preço terrível por este último apego: o rei Sol, que não permitia que nuvens estivessem em sua presença, proibindo lamentos como uma questão de princípios, foi levado a reconhecer sua própria impotência em face dos decretos do céu e a se "submeter". Na dignidade deste lamento e no estoicismo de sua morte, Luís XIV ganhou para si o direito de se intitular um *honnête homme*, um homem honrado, o termo máximo de elogio do século XVII.

Também temos de recordar que, no século em que Luís XIV escolheu o Sol como seu símbolo — "a mais vigorosa e esplêndida imagem de um grande monarca" —, um dos atributos declarados do Sol era "a luz que irradia sobre os outros astros, que o cercam como uma corte". E, por sua vez, tais estrelas — as mulheres em sua vida — iluminaram a corte do rei Sol.

Notas

Os detalhes bibliográficos completos dos trabalhos citados de forma resumida serão encontrados na lista de Fontes.

CAPÍTULO 1   *Presente dos céus*

1 Motteville, I, p. 33.
2 *Gazette de France*, 28 abril 1638.
3 Kleinman, p. 137.
4 Sackville-West, p. 49.
5 Spanheim, p. 32.
6 Dulong, *Femmes*, p. 74; *Dictionary of Saints*, St. Leonard.
7 Motteville, I, p. 22; Bluche, *Vie quotidienne*, p. 131.
8 Bluche, *Louis*, p. 11.
9 Motteville, I, pp. 14-15; Kleinman, p. 65.
10 Saint-Simon (1856), I, p. 36.
11 La Porte, p. 36.
12 Kleinman, p. 17.
13 La Porte, p. 93.
14 Bouyer, p. 35.
15 Levi, pp. 14, 19, argumenta pela paternidade de Mazarin ao longo de sua biografia de Luís XIV, baseando-se na prova de um documento que desapareceu; ele não menciona a questão do nascimento de Monsieur dois anos depois. Os historiadores em geral aceitam que Luís XIII foi o pai de Luís XIV.
16 Petitfils, *Louis*, pp. 24s.
17 Teissier, pp. 35s; Goubert, p. 17.
18 Teissier, pp. 57s.
19 Dulong, *Anne*, p. 142, aceita a história da tempestade; Bertière, I, p. 306, é cético.

NOTAS

20 Petitfils, *Louis*, p. 25.

21 Muhlstein, p. 206.

22 *Journal de la Santé*, p. 386.

23 Decker, p. 58; Duchêne, *Femme*, p. 211; Henriette-Anne d'Orléans em 1662, Norrington, p. 54.

24 Wolf, p. 4 & nota 2, p. 623; Dunlop, p. 2.

25 Horóscopo por Liz Greene, *Equinox*.

26 Pitts, p. 124.

27 La Porte, p. 133; Luís, *Mémoires*, I, p. 120.

28 Mademoiselle Andrieu, citada em Kleinman, pp. 112-13 & nota 54, p. 303.

29 Motteville, I, pp. 170s.

30 Bonneville, pp. 82-3; Petitfils, *Luís*, p. 117; Muhlstein, p. 236; La Porte, p. 135.

31 Motteville, I, p. xxvii.

32 Corneille, *Le Cid*, Ato III, cena 6.

33 Wolf, p. 11, considera "improvável (...) talvez a história seja uma daquelas que deveriam ter acontecido, ainda que não sejam verdade".

34 *Ormesson*, I, p. 43; Miller, *Bourbon*, p. 85.

35 Motteville, I, p. 102.

36 Dunlop, p. 27.

CAPÍTULO 2   *O vigor da princesa*

1 Ver especialmente Wolf, pp. 46, 85, & 626, nota 4 para cap. 8, que sugere "um casamento secreto"; mas Kleinman, p. 226, refere-se à "falta de prova sólida" para ele.

2 Madeleine Laurain-Portemer, ver Kleinman ref. 63, p. 322.

3 Visconti, p. 6; Ziegler, p. 193.

4 Dulong, *Amoureuses*, p. 26; Dulong, *Mazarin*, p. 137.

5 Clairambault MSS, 1144, fols. 90-100.

6 Muhlstein, p. 193; Leroy & Loyau, *Sagesse*, p. 780.

7 *Maximes d'Éducation*, *passim*; Leroy & Loyau, *Sagesse*, p. 33.

8 Cornette, "Éducation", p. 217; Pitts, p. 16; La Rochefoucauld, p. 121.

9 Muhlstein, p. 398; *Maximes d'Éducation*.

10 Motteville, I, p. 236.

11 *Halifax*, p. 55.

12 Motteville, II, p. 282s.

13 Motteville, II, p. 341.

14 Pitts, pp. 5, 231.

15 Déon, p. 284.

16 Luís, *Mémoires*, I, p. 120.

17 Evelyn, I, pp. 268-9.

O AMOR E LUÍS XIV

18 Para o Balé da Corte, ver especialmente Christout (1967); Christout (1987); Guest, p. 12; também Hilton, *Dance*; Quirey.
19 Christout (1987), p. 153.
20 Wolf, p. 115.
21 Petitfils, *Louis*, p. 171, descreve sua baixa estatura como "um mito"; ver Bertière, I, p. 490 & nota.
22 *Verney*, III, pp. 65-6.
23 Beaussant, *Louis*, pp. 14s.
24 Ver Oresko, "Marriages", *passim*.
25 Doscot, p. 33; Egerton MS, 23, fol. 32, 91.
26 Mallet-Joris, pp. 9s.
27 Embora Bertière, I, p. 23, descreva esta história corretamente como uma "tradição inverificável", ela geralmente é aceita; ver também Carré, *Vallière*, p. 18; Decker, *Louis*, p. 120.
28 Saint-Simon (1856), I, p. 34.
29 Motteville, IV, p. 158.

CAPÍTULO 3   *A paz e a infanta*

1 Oresko, "Marriages", *passim*, para as carreiras das sete sobrinhas de Mazarin e sua interação com a política da Saboia.
2 Buckley, pp. 238, 296.
3 Pitts, p. 160.
4 Motteville, IV, p. 85.
5 La Fayette, *Secret History*, p. 16.
6 Corneille, *Le Cid*, Ato V, cena 3.
7 Loyau, *Correspondence 1709*, p. 51; Davis, *Society*, p. 124.
8 Davis, "Women in Politics", p. 178; Craveri, p. 358; Duchêne, *Sévigné*, p. 72.
9 Scudéry, *Sapho*, pp. 45, 58.
10 Doscot, p. 107.
11 Doscot, p. 215, nota 2; Doscot destaca que, mesmo que Saint-Bremond as tenha editado, ele utilizou o próprio texto italiano de Maria; e ver Wolf, p. 627, nota 3: "Se (...) não escrito pela própria Maria Mancini, obviamente foi escrito por alguém que a conhecia, e à sua carreira muito, muito bem."
12 Beaussant, *Luís*, p. 35.
13 Motteville, IV, p. 118.
14 Buckley, p. 308.
15 Dunlop, p. 43; Motteville, IV, p. 110.
16 *Journal de la Santé*, nota 2, "Maladie du Roi à Calais", pp. 372-8; Meyer, *Éducation*, p. 151.
17 *Journal de la Santé*, nota 2, "Maladie du Roi à Calais", pp. 372-8.

NOTAS

18 Bouyer, p. 147.
19 Dunlop, p. 49.
20 Doscot, p. 109.
21 Wolf, p. 105 & nota 5, p. 627.
22 Motteville, IV, p. 144.
23 Voltaire, p. 283.
24 Motteville, IV, pp. 147, 156.
25 Racine, *Bérénice*, Ato IV, cena 5; Ato V, cena 6; La Rochefoucauld, p. 29; La Fayette, *Mémoires*, p. 12.
26 Motteville, IV, p. 133.
27 *Caylus* (1908), p. 41.
28 Bertière, II, pp. 43s.
29 Cortequisse, pp. 33s.
30 Pitts, p. 151.
31 Cortequisse, pp. 33s.
32 Motteville, IV, pp. 165s.
33 Bluche, *Louis*, p. 90.

CAPÍTULO 4   *A face risonha de nossa corte*

 1 Geffroy, *Maintenon*, I, p. 70.
 2 Brandi, p. 488; Wolf, p. 124.
 3 Motteville, IV, p. 322.
 4 Cortequisse, p. 87.
 5 Para a composição das *Mémoires*, ver Déon, pp. 55s; Petitfils, *Louis*, p. 217.
 6 Oresko, "*Marriages*", p. 145.
 7 La Fayette, *Mémoires*, p. 30.
 8 Loret, IX, p. 29; Motteville, IV, p. 256.
 9 Saint-André, pp. 96s.
10 Bussy-Rabutin, p. 250.
11 Saint-André, p. 34.
12 Hamilton, p. 91; Cowen, p. 6; Burke, p. 2; Dunlop, p. 142.
13 O título da obra alegórica de Nicolas Poussin *Uma dança à música do tempo*, pintada cerca de vinte anos antes; La Fayette, *Mémoires*, p. 35.
14 La Fayette, *Mémoires*, p. 32.
15 Déon, p. 301.
16 Loret, p. 129; Bottineau, p. 728.
17 Decker, *Luís*, p. 51.
18 La Fayette, *Mémoires*, pp. 31s.
19 Motteville, IV, pp. 260s.
20 Saint-Simon (1967), II, p. 790.

21 Lair, p. 61, nota 4.
22 Sonnet, p. 151; Loyau, *Correspondence 1709*, p. 65, nota 1; Duchêne, *Femme*, p. 75.
23 Petitfils, *Vallière*, pp. 34s.
24 Bertière, II, p. 93.
25 Carré, *Vallière*, p. 45.
26 Lair, pp. 52s.
27 Bussy-Rabutin, *Mémoires*, II, p. 111.
28 Dunlop, p. 87.
29 Loret, XI, p. 173; Decker, *Luís*, p. 63.
30 Loret, XI, p. 173.
31 Déon, p. 162.
32 Petitfils, *Masque de Fer*, p. 58.
33 Sobre jansenismo, ver Doyle, p. 29 e *passim*; Couton, pp. 61s & nota 9.
34 Lear, pp. 75, 107; J. P. Landry, "Bossuet", *DGS*, I, pp. 215-17; Minois, *passim*.
35 Carré, *Vallière*, p. 36; Lair, p. 75.
36 Couton, p. 31; Bajou, p. 28.

CAPÍTULO 5   *Doce violência*

1 Petitfils, Vallière, p. 106; Couton, p. 43; Bardon, p. 302 & notas 107 & 111.
2 Hamelin, p. 8.
3 Haskins, pp. 15s.
4 Jardine, p. 245; Norton, *Sun King*, p. 29.
5 Molière, *Don Juan*, trad. Frame, Ato I, cena 2.
6 Ver Gaimster *et al.* "Dudley Castle condoms".
7 Le Roy Ladurie, *Saint-Simon*, p. 113; Dulong, *Vie quotidienne*, pp. 90s.
8 Pitts, pp. 174-5; Hufton, *Prospect*, p. 182.
9 Carré, *Vallière*, p. 80.
10 Castro, p. 28; *Ormeson*, p. 496, nota 2.
11 Saint-Maurice, II, p. 60.
12 Bussy-Rabutin, II, p. 151; Christout (1967), pp. 111s.
13 Ver Solnon, *Versailles, passim*; Norto, *Sun King*, p. 44; Grasse, p. 29.
14 Farmer, p. 100.
15 Mitford, p. 20.
16 Bluche, *Louis*, p. 180.
17 Beaussant, *Lully*, p. 800.
18 Solnon, *Cour*, p. 256; pp. 274s.
19 Mallet-Joris, p. 39.
20 Solnon, *Cour*, p. 260; Duchêne, *Molière*, pp. 381s.
21 Pitts, p. 250, nota 30; Molière, *Tarttufe*, Ato V, cena 7.

NOTAS

22 Motteville, IV, pp. 344s.

23 Motteville, IV, pp. 357.

24 Kleinman, pp. 283s.

25 Motteville, IV, p. 392.

26 Georges Matoré, "Galant, Galanterie", *DGS*, I, p. 632-3; Scudéry, *Galant*, p. 21; Scudéry, *Clélie*, I, pp. 178s.

27 Sarti, p. 134.

28 Saint-Simon (1967), III, p. 463; Hilton, p. 157. Pitts, pp. 177-8.

29 Motteville, IV, pp. 339s.

30 Luís, *Mémoires*, I, p. 117.

31 Motteville, IV, pp. 437s.

32 Pitts, pp. 174-5.

33 Sévigné (1955), p. 169.

34 Motteville, IV, p. 447; Dulong, *Amoureuses*, p. 11.

35 Racine, *Bajazet*, Ato I, cena I, trad. Hollinghurst.

CAPÍTULO 6   *A ascensão de outra*

1 Decker, *Louis*, p. 82; Saint-Maurice, pp. 105, 130; Couton, p. 84.

2 Carré, *Vallière*, p. 127; Genlis, p. 112.

3 Bertière, II, p. 197.

4 Decker, *Montespan*, p. 45.

5 Hilton, p. 18; Saint-Simon (1967), II, p. 131.

6 Scudéry, *Galant*, p. 112.

7 Petitfils, *Montespan*, pp. 1s.

8 Hilton, pp. 119s.

9 Couton, p. 98.

10 Scudéry, *Sapho*, p. 43; Duchêne, *Femme*, p. 268.

11 Backer, pp. 91-2.

12 Decker, *Montespan*, p. 29.

13 La Rochefoucauld, p. 38.

14 Saint-Simon (1856), I, p. 251; Burke, p. 5; Leroy & Loyau, *Sagesse*, p. 145; Petitfils, *Luís*, p. 322.

15 Lebrun, p. 50; Gady, p. 59; Sabatier, pp. 361-6.

16 Davis, "Women", p. 168, Saint-Maurice, pp. 71s.

17 Lair, pp. 170-1.

18 Furetière, *Dictionnaire*, "Légitimer".

19 Luís, *Mémoires*, II, p. 313; Lair, pp. 176-80.

20 *Letters of a Portuguese Nun*, p. 18.

21 Kay *et al.*, p. 167.

22 Hilton, p. 55.

23 Castro, p. 56.
24 Saint-Maurice, pp. 204s.
25 Duchêne, *Molière*, pp. 511-12.
26 Castari, p. 478; Mainardi, p. 7; Couton, p. 135.
27 Norrington, p. 153.
28 Bertière, II, Annexe I, p. 490, "uma menina?"; Hilton, p. 71, "muito provavelmente uma menina" (Louise-Françoise).
29 Saint-Maurice, p. 527.
30 Flandrin, pp. 114-29; Grieco, p. 70; Duchêne, *Femme*, p. 223.
31 Duchêne, *Sévigné*, p. 132; Goreau, p. 107; Barker, p. 213.

CAPÍTULO 7 *Casamentos como a morte*

1 Christout (1967), p. 118.
2 Christout (1967), p. 133, nota 179; Saint-Simon (1856), II, p. 60.
3 Pepys, IX, p. 352; Fraser, p. 235.
4 Cowen, p. 181.
5 Dunlop, p. 173.
6 Bertière, II, p. 142; Norrington, p. 194.
7 Norrington, p. 195, Saint-Maurice, p. 402.
8 *Visages du Grand Siècle*, p. 232.
9 Fraser, pp. 273s.
10 Hartmann, p. 314.
11 La Fayette, *Mémoires*, pp. 76s; Hartmann, pp. 326s.
12 Dr. Jean Fabre, *Sur la Vie et Principalement la Mort de Madame*; ver Hartmann, p. 333; Bertière, II, p. 1523: "nenhum sintoma de veneno (...) Tudo aponta para morte natural"; Barker, pp. 113s.
13 Erlanger, p. 135.
14 Lear, pp. 157s; Couton, pp. 103-4.
15 Lear, p. 107.
16 *Sévigné* (1955), p. 43; La Fayette, *Mémoires*, p. 9.
17 Pitts, pp. 186s; Bouyer, pp. 206s.
18 *Berwick*, I, pp. 75-6; Bertière, II, p. 171.
19 Wolf, p. 312.
20 Hilton, p. 92
21 Kroll, p. 46; Liselotte Briefe, p. 51; Forster, pp. 5, xxviii.
22 Kroll, pp. 106, 14; Forster, p. 10.
23 Saint-Simon (1967), II, p. 448; Kroll, p. 18.
24 Kroll, p. 27.
25 Cruysse, p. 121.
26 Cruysse, pp. 193s.

NOTAS

27 Luís, *Mémoires*, II, p. 570.

28 Bertière, II, p. 319.

29 Kroll, p. 27; Bertière, II, p. 319.

CAPÍTULO 8   *Uma posição singular*

1 Haldane, p. 75.

2 Carré, *Vallière*, p. 183.

3 Hilton, p. 117.

4 Norton, *Sun King*, pp. 67s.

5 Fumaroli, p. 373; Couton, p. 138; Visconti, p. 70.

6 Fumaroli, p. 370.

7 Bluche, *Louis*, p. 196; Cowen, p. 92.

8 Molière, *Tartuffe*, Ato IV, cena 3.

9 Mallet-Joris, pp. 211s; p. 217, nota 1.

10 Doscot, p. 172.

11 Saint-Évremond, p. 269.

12 Bertière, II, pp. 185s.

13 Desprat, p. 19.

14 Castelot, p. 50; Desprat, p. 236; Bandenier, p. 52.

15 Cordelier, pp. 8-9; Chandernagor, "Maintenon", pp. 936-7.

16 *Guide Bleu: Les Antilles*, pp. 284-5.

17 Le Roy Ladurie, p. 101.

18 Leroy & Loyau, *Sagesse*, p. 41.

19 Leroy & Loyau, *Estime*, p. 28.

20 Bremond, p. 150.

21 Leroy & Loyau, *Sagesse*, pp. 37, 125.

22 Leroy & Loyau, *Sagesse*, p. 38.

23 Bray, p. 245; Mesnard, pp. 193s.

24 Gesroy, *Maintenon*, p. 4.

25 Algum tipo de consumação — "*mariage gris*" enquanto oposto a "*blanc*" — é um veredicto comum dos historiadores: ver Castelot, p. 43; Bertière, II, p. 226; Leroy & Loyau, *Sagesse*, p. 107.

26 *Caylus* (1908), pp. 62-3; Leroy & Loyau, *Sagesse*, p. 288; Gesroy, *Maintenon*, II, p. 328; Scudéry, *Sapho*, p. 22.

27 Saint-Simon (1967), I, pp. 94-5.

28 Castelot, p. 60 & 2 nota 1.

29 Haldane, p. 42; La Rochefoucauld, p. 46.

30 Norton, *First Lady*, p. 3, nota 1.

31 Bremond, p. 146; Milhiet, p. 15.

O AMOR E LUÍS XIV

32 Esta parece ser a ligação mais certa; ver *Demoiselles*, p. 19, que menciona a Aleia, mas se refere à própria casa grande como "desaparecida"; Petitfils, *Montespan*, p. 295.

33 Ver Bryant (2001), pp. 15-16, sobre "sutis alterações nas comunicações originais" e "cartas novas inventadas"; Leroy & Loyau, *Sagesse*, p. 31; Desprat, p. 437.

34 Castelot, p. 79; Petitfils, *Montespan*, p. 117.

35 Gesroy, *Maintenon*, pp. 39, 57; ver Chandernagor, & Poisson, *passim*.

CAPÍTULO 9   *Abandonar uma paixão*

1 Petitfils, *Montespan*, p. 123.

2 Burke, p. 23; J.-P. Landry, "Bourdaloue", *DGS*, I, p. 225.

3 Daeschler, p. 225; *Bourdaloue*, Prefácio; Saint-Simon (1967), I, p. 57, nota 2.

4 *Bourdaloue Sermons*, p. 41; Couton, p. 123; Daescheler, pp. 284s.

5 Wolf, p. 319.

6 Hilton, p. 139.

7 Minois, p. 303.

8 *Refléxions sur la Miséricorde*, nº 1, p. 17.

9 Minois, pp. 302s.

10 *Sévigné* (1955), p. 97.

11 Couton, p. 141; Decker, *Montespan*, pp. 132-3.

12 Decker, *Montespan*, p. 152.

13 Beaussant, *Lully*, pp. 579-92.

14 Fumaroli, p. 416.

15 *Caylus* (1986), p. 44.

16 Visconti, p. 117.

17 Solnon, *Versailles*, p. 107; Kroll, p. 91.

18 Bussy-Rabutin, II, pp. 167-9.

19 Norton, *Sun King*, p. 90; Wolf, pp. 321s.

20 Fumaroli, p. 425; La Rochefoucauld, p. 73; Saint-Évremond, p. 21.

21 Dangeu, I, p. 34; ver Bassenne, *passim*.

22 Mallet-Joris, p. 272.

23 Norton, *Sun King*, p. 91.

24 Bertière, II, p. 217.

25 Petitfils, *Vallière*, p. 293; Hilton, pp. 176s.

26 Desprat, p. 192.

27 Chandernagor & Poisson, p. 66.

28 Dangeau, I, p. 220; Bertière, II, pp. 342s.

29 Desprat, 1674 e depois, não antes de 1679; Bertière II, fim de dezembro de 1679 (quando Dame d'Atour); Dulong, *Amoureuses*, 1680; Cordelier, 1680; Hilton,

NOTAS

c. 1680; Petitfils, *Montespan*, "sem dúvida em 1680, talvez um pouco antes, talvez um pouco depois".

30 Gesroy, *Maintenon*, II, p. 527.

31 Duprat, p. 261.

32 Desprat, p. 187.

33 *Sévigné* (1955), p. 253.

CAPÍTULO 10   *Madame Agora*

1 *Sévigné* (1959), p. 104.

2 Ver também Mongrédien (1953); Mossiker (1972).

3 Hilton, p. 187.

4 Bluche, *Louis*, p. 275.

5 *Sévigné* (1959), p. 120.

6 Hilton, p. 49.

7 Decker, *Montespan*, pp. 157s.

8 Mossiker, p. 223.

9 Whittaker, pp. 104-5.

10 Saint-Simon (1967), I, p. 146; Bluche, *Vie quotidienne*, p. 41; Solnon, *Cour*, p. 360.

11 Bonneville, pp. 40s; Vigarello, pp. 22s; Somerset, p. 64; Saint-Simon (1967), I, p. 69; ver Da Vinha, *passim*.

12 Somerset, pp. 287-8.

13 Bluche, *Louis*, p. 280.

14 Beaussant, *Lully*, p. 617, et seq.

15 Petitfils, *Montespan*, p. 246.

16 Lear, pp. 220-1; Saint-Simon (1856), I, p. 241; Brême, p. 99; Norton, *First Lady*, p. 75.

17 Beaussant, *Lully*, p. 617; Visconti, p. 155.

18 *Refléxions sur la Miséricorde*, nº V, p. 30.

19 Visconti, p. 155.

20 Kroll, p. 43.

21 *Journal de la Santé*, p. 387; Norton, *First Lady*, p. 77.

22 Kroll, pp. 37s.

23 Kroll, p. 113.

24 Ver Liselotte Briefe, *passim*.

25 Spanheim, p. 45; Visconti, pp. 296-7.

26 Solnon, *Versailles*, pp. 119s.

27 Ver Himmelfarb, pp. 307s.

28 Chandernagor & Poisson, p. 50.

29 *Aumale*, p. 81.

O AMOR E LUÍS XIV

30 Petitfils, *Montespan*, p. 232; Desprat, p. 212.

31 Haldane, p. 264.

32 Levron, p. 36.

33 Ver Solnon, *Versailles, passim*.

34 Saint-Simon (1967), I, p. 15, nota 3.

35 Dunlop, p. 211; ver Solnon, *Versailles*, p. 369, Annexe nº 2: "La Cour de Versailles".

36 Cortequisse, pp. 153s.

37 Ver Cortequisse, Annexe, pp. 165-89.

CAPÍTULO 11 *A necessidade do rei*

1 Saint-Simon (1967), II, p. 470 & nota 1; Kroll, p. 47.

2 Voltaire, p. 296.

3 Kroll, *Sophie*, pp. 178-9.

4 Chandernagor & Poisson, p. 50.

5 Wolf, p. 332.

6 Bouyer, p. 252; Pitts, p. 208.

7 Duchêne, *Femme*, p. 151; Kroll, *Sophie*, p. 120.

8 Kroll, p. 41.

9 Solnon, *Cour*, p. 190; Bottineau, p. 290.

10 *Caylus* (1908), pp. 154s; Desprat, pp. 215s.

11 Desprat, pp. 216-17.

12 Dangeau, I, p. 92.

13 Os seguintes autores recentes estão entre aqueles que propõem outubro de 1683; Bertière, Chandernagor, Desprat, também Sarmant, AHG, até a autora; mas ver Bryant sobre janeiro 1684.

14 Chandernagor & Poisson, p. 38; Kroll, pp. 47, 49.

15 Langlois, "Saint-Siège", pp. 33-72; Bryant, "Maintenon", p. 33; Neveu, "Institut", p. 141.

16 Chandernagor & Poisson, p. 47; *Aumale*, p. 81.

17 Ver Himmelfarb, *passim*; Sarmant, p. 344.

18 Wolf, pp. 423-4; p, 648, nota 30.

19 Dangeau, I, p. 81.

20 Historiadores recentes aceitam que seu papel foi exagerado; ver Petitfils, *Luís*, p. 478, sobre o efeito das fraudes de La Baumelle; Goubert, p. 118; Garrison, *passim*.

21 Kroll, p. 46; Molière, *Dom Juan*, Ato I, cena 1; *Vie des Français*, p. 51.

22 Burke, p. 102; Petitfils, *Luís*, p. 459.

23 Leroy & Loyau, *Estime*, p. 38.

NOTAS

24 *Les Petits Cahiers Secrets de Madame de Maintenon*, BMV, Registre 28; Langlois, "Petits livres secrets", *passim*.

25 Leroy & Loyau, *Estime*, pp. 36s.

26 Leroy & Loyau, *Estime*, p. 40; Leroy & Loyau, *Sagesse*, p. 261.

27 Ver *Demoiselles de Saint-Cyr*, *passim*.

28 Desprat, p. 270.

29 Leroy & Loyau, *Estime*, p. 39; *Aumale*, p. 81.

30 Milhiet, pp. 19s; Chandernagor & Poisson, pp. 10s.

31 Chandernagor & Poisson, pp. 33, 153.

32 Beaussant, *Artiste*, p. 245; Blanc pp. 330s.

33 Dubu, *Racine*, p. 117; Racine, *Esther*, Prólogo.

34 Duchêne, *Sévigné*, pp. 492s.

35 Ver *Journal de la Santé*, *passim*; Beaussant, *Roi-Soleil*, p. 50.

36 Forster, p. xxvi.

37 Bluche, *Louis*, pp. 468-9.

38 Wolf, pp. 443-4; Burke, p. 16.

39 Kroll, pp. 60s.

40 Visconti, p. 151.

41 Beaussant, *Roi-Soleil*, p. 115.

42 Bertière, II, p. 354.

CAPÍTULO 12   *Majestades do mundo*

1 MacCarthy, "A Hundred Thanks to God", p. 99.

2 *Sévigné* (1955), p. 313.

3 Oman, pp. 18-19.

4 Strickland, pp. 301s; *Sévigné* (1959), p. 313.

5 Dangeau, III, p. 166.

6 Corp, "Elizabeth Hamilton"; Saint-Simon (1967), I, pp. 216-17; Dangeau IV, *passim*.

7 Luís, *Gardens*, pp. 10s.

8 MacDonogh, p. 139; Saint-Simon (1967), III, p. 115, nota 2; Dangeau, II, p. 105.

9 Dangeau, III, p. 216.

10 Evelyn, II, p. 232; Goubert, pp. 166s.

11 Dangeau, V, p. 180, "Annexe sur l'Argenterie du Royaume"; pp. 261-2.

12 Bluche, *Louis*, p. 444, Leroy & Loyau, *Estime*, pp. 73-5.

13 Bassenne, pp. 11s; p. 310.

14 La Fayette, p. 159.

15 Dangeau, IV, p. 228; Kroll, p. 62.

16 Dangeau, IV, p. 230.

O AMOR E LUÍS XIV

17 Pitts, p. 231; Bouyer, p. 231.

18 Dangeau, V, pp. 175, 198.

19 Kroll, p. 104.

20 *Caylus* (1986), p. 98.

21 Saint-Simon (1856), I, pp. 15-16.

22 Saint-Simon (1967), II, p. 442; Kroll, pp. 72s.

23 Saint-Simon (1967), II, pp. 442-3.

24 Kroll, p. 40; Wolf, p. 284; Ariès, *Childhood*, pp. 9-80; Farmer, pp. 366s.

25 Bluche, *Vie quotidienne*, pp. 65s; Farmer, p. 366.

26 Farmer, p. 370.

27 Ver Maroteaux, *passim*; Dangeau II, pp. 90, 112; Strong, pp. 62-3; Oresko, "Banquets", p. 75; Kroll, p. 108.

28 Racine, *Athalie*, Ato II, cena 2, Barthes, p. 128.

29 Dubu, pp. 121s.

30 Neveu, "Institut", pp. 143s; Pepys, IV, p. 100.

31 Kroll, pp. 64, 144 nota 1, 149.

32 Melchior-Bonnet, p. 34.

33 Cornette, "Bossuet", p. 466.

CAPÍTULO 13   *Tornando-se crianças novamente*

1 Melchior-Bonnet, p. 91.

2 Oresko, "Sabaudian Court", p. 231.

3 AST, fol. 170 (1698 nd); Saint-Simon (1967), II, p. 219.

4 Melchior-Bonnet, p. 76.

5 Norton, *First Lady*, pp. 15-16; Elliott, p. 50.

6 Norton, *First Lady*, p. 60.

7 Kroll, p. 68.

8 Forster, p. 54; Gourdin, pp. 31s; Kroll, p. 80.

9 Carré, *Bourgogne*, p. 20; Melchior-Bonnet, p. 81.

10 Norton, *First Lady*, pp. 64-5.

11 Forster, p. 95.

12 Norton, *First Lady*, pp. 117-18; pp. 101s.

13 Haussonville & Hanotaux, I, pp. 225-6.

14 Melchior-Bonnet, pp. 34s; Saint-Simon (1967), II, pp. 53, 227.

15 Kroll, p. 74.

16 Saint-Simon (1967), I, p. 163; Forster, p. 95.

17 Maxwell, p. 46.

18 Haussonville & Hanotaux, I, p. 225; Norton, *First Lady*, p. 115.

19 Dubu, "Racine the Courtier", p. 127.

20 Bernot, p. 128; Kroll, p. 158.

NOTAS

21 Forster, p. 80; Bluche, *Vie quotidienne*, p. 71.

22 Leroy & Loyau, *Sagesse*, p. 137.

23 Lear, p. 525; Saint-Simon (1967), I, p. 96-8.

24 AST, fol. 170 (1689 nd).

25 Desprat, pp. 311s; Bryant, "Maintenon", pp. 8-9.

26 Desprat, p. 326; Saint-Simon (1967), II, pp. 112-14.

27 Bryant, "Maintenon", p. 8.

28 Haussonville & Hanoteaux, I, pp. 88, 112-14.

29 Saint-Simon (1908), XX, p. 254 & nota 5; Sweetser, pp. 107-8; Leibacher-Ouvrard, *passim*.

30 Burke, p. 137; Duprat, pp. 294-5; *Livres Défendus*, S, 21 743.

31 Leibacher-Ouvrard, p. 110.

32 Bluche, *Louis*, p. 441.

33 Desprat, p. 366.

34 Wolf, p. 509; Kroll, p. 93.

35 Saule, pp. 104-5; Forster, p. 125.

CAPÍTULO 14   *A alegria começa a partir*

1 AST, fol, 170 (16 nov. 1700).

2 Norton, *First Lady*, p. 177.

3 Prescott-Wormeley, p. 202.

4 AST, fol. 170 (16 jun. 1689 & 22 jan. 1702).

5 Erlanger, p. 244; Saint-Simon (1967), I, pp. 158s.

6 Cruysse, pp. 411s.

7 Le Roy Ladurie, p. 52.

8 Nordmann, p. 91; Corp, "Jacobite Court", pp. 245-8; Saint-Simon (1967), II, p. 316.

9 Oman, p. 195; Bryant, "Maintenon", pp. 85-6; Blet, p. 174 (referência por cortesia do prof. Edward Corp).

10 Add. MSS, 20, 919, fol. 275; MacCarthy, "A Hundred Thanks to God", p. 101; *Sévigné* (1955), p. 315.

11 Southorn, p. 7.

12 Wolf, p. 109; Norton, *First Lady*, p. 566.

13 AST, fol. 11 (31 dez. 1708).

14 Add. MS 20918 fol. 31; Wolf, p. 524.

15 Carré, *Bourgogne*, pp. 162-3; Norton, *First Lady*, p. 116.

16 Ela não cruzou "o Rubicão", Melchior-Bonnet, pp. 155, 257; *Caylus* (2003), pp. 128-9.

17 *Caylus* (2003), p. 128.

18 Niderst, p. 278.

O AMOR E LUÍS XIV

19 AST, fol. 11 (3 maio nd).
20 Marie-Adelaide, p. 29; AST, fol. 170 (14 mar. 1707).
21 Leroy & Loyau, *Sagesse*, p. 65.
22 Bertière, II, p. 413; *Aumale*, p. 94.
23 AHG, A1 189 fol. 249.
24 Leroy & Loyau, *Estime*, pp. 85, 97, 94.
25 Le Roy Ladurie, pp. 107, 210; Petitfils, *Montespan*, pp. 262-7, 273; Hilton, p. 297; La Liborlière, p. 171.
26 Saint-Simon (1967), I, p. 337; Hilton, p. 297.
27 Kroll, p. 104; Lair, pp. 350-1.
28 Haussonville & Hanoteaux, I, pp. 106-7.
29 Leroy & Loyau, *Estime*, p. 58.
30 Leroy & Loyau, *Estime*, p. 58.
31 Ver *Aumale, passim*; Milhiet, p. 64 & nota 233, p. 218 & nota 260.
32 Leroy & Loyau, *Estime*, pp. 19-20, 66.
33 Leroy & Loyau, *Estime*, p. 72.
34 Saint-Simon (1967), I, p. 353.
35 Southorn, p. 7.
36 Norton, *First Lady*, pp. 253-4.
37 Saint-Simon (1967), I, p. 362; Norton, *First Lady*, p. 253.
38 Add. MSS, 20, 918 fol. 24.
39 Loyau, *Ursins Correspondance*, p. 63, 67.
40 Prescott-Wormeley, p. 206.
41 Loyau, *Ursins Correspondance*, p. 63
42 Marie-Adelaide, p. 16; Saint-Simon (1967), I, p. 390.
43 Melchior-Bonnet, pp. 237s.
44 Elliott, p. 378.
45 Saint-Simon (1967), I, p. 403; Ast, fol. 98 (4 fev. 1709 & 23 fev. 1709); Cruysse, pp. 457-8.
46 Loyau, *Ursins Correspondance*, p. 289; Egerton MS 23, p. 133.
47 Leroy & Loyau, *Estime*, p. 278.
48 Loyau, *Ursins Correspondance*, pp. 143s; Leroy & Loyau, Estime, pp. 231-3.

CAPÍTULO 15 *Temos que nos submeter*

1 Leroy & Loyau, *Estime*, p. 233; Saint-Simon (1967), I, pp. 440-1.
2 AST, fol. 98 (9 dez. 1709); Add. MS 20, 919 fol. 270; *Aumale*, p. 185; Bryant (2001), pp. 27-8; Bluche, *Luís*, p. 574; ver Chandernagor, "Maintenon", in *DGS*, II, pp. 936-7; Burke, pp. 137s.
3 Burke, p. 137; Haldane, p. 224.
4 Barthélemy, I, pp. 29s; Niderst, p. 271; Saint-Simon (1967) II, pp. 180s.

NOTAS

5 Saint-Simon (1967) II, p. 65 & nota; Kroll, p. 150.

6 Elliott, p. 406.

7 Saint-Simon (1967), II, p. 46.

8 Barthélemy, I, p. 41; AST, fol. 98 (23 jun. 1710 & 10 de jul. 1710).

9 Saint-Simon (1967), II, pp. 332, 446s; Le Roy Ladurie, p. 153.

10 Saint-Simon (1967), II, p. 185.

11 *Madam's Life's a piece in bloom*
Death goes dogging everywhere;
She's the tenant of the room,
He's the ruffian on the stair.
(A Vida de Madame é uma obra em flor
Que o Fim persegue em toda parte;
Ela é a ocupante do quarto,
Ele, o malfeitor na escada.)
– W. E. Henley (1849-1903)

12 Kroll, pp. 146s; Saint-Simon (1967), II, p. 143.

13 Saint-Simon (1967), II, p. 144.

14 Beaussant, *Artiste*, p. 271.

15 Kroll, p. 148.

16 Elliott, pp. 430s.

17 Saint-Simon (1967), II, p. 297.

18 Saint-Simon (1967), II, pp. 221-2.

19 Marie-Adelaide, pp. 49-50.

20 Melchior-Bonnet, p. 266.

21 AST, fol. 98 (7 dez. 1711); Elliott, p. 205.

22 Saint-Simon (1967), II, pp. 217-19; III, p. 321, Elliott, pp. 440s; Melchior-Bonnet, pp. 284s; Norton, *First Lady*, pp. 366s.

23 Kroll, pp. 155-6; Carré, *Bourgogne*, p. 124.

24 Saint-Simon (1967), II, p. 234.

25 Kroll, *Sophie*, p. 271.

26 Saint-Simon (1967), II, p. 223.

27 Carré, *Bourgogne*, p. 219.

28 Bluche, *Vie quotidienne*, p. 74.

29 Melchior-Bonnet, p. 294.

30 Entre os que a estudaram a fundo, Adelaide não é considerada uma traidora; pelo contrário, ela era "ardorosa por tudo que implicava a honra de seu marido", Gesroy, *Maintenon*, II, pp. 307-8; Norton, *First Lady*, p. 234; Prescott-Wormeley, p. 182; Elliott, p. 321.

31 Melchior-Bonnet, pp. 21, 194s.

32 Kroll, p. 340; Voltaire, p. 340.

33 Saint-Simon (1967), II, p. 223.

CAPÍTULO 16   *Partindo numa viagem*

1 Cole, pp. 16-18.
2 Barthélemy, I, pp. 131s.
3 Pevitt, p. 248; Wolf, p. 612.
4 Dangeau, III, p. 26; I, p. 35; Dupont-Logié, p. 51.
5 Dupont-Logié, pp. 41s; Béguin, p. 24s; Cessac & Couvreur, p. 9.
6 Gourdin, pp. 153s.
7 Gourdin, p. 147.
8 Loyau, "Double Mort", p. 295.
9 Hatton, "Louis", p. 233.
10 Sobre a morte de Luís XIV, ver Saint-Simon (1967), II, pp. 467s; *Aumale*, pp. 198s; Déon, pp. 333s; Bluche, *Louis*, p. 99.
11 Leroy & Loyau, *Estime*, p. 254; Kroll, p. 168.
12 *Aumale*, pp. 198s.
13 Saint-Évremond, p. 10.
14 Ver Loyau, "Double Mort", *passim*.
15 Levron, pp. 52s; Saint-Simon (1967), II, p. 501.
16 Sawkins, p. 3, Duprat, p. 12, ver Massillon, *passim*.
17 Add. MSS, III, fol. 332; *Aumale*, pp. 205, 85.
18 Hatton, "Louis", p. 260; Lebrun, "Derniers jours", p. 50.
19 "Lettres adressées à Madame de Maintenon...", G. 328 BMV.
20 Ver Tovar de Teresa sobre *Justo sentimento de la Santa Iglesia*, trad. Hugh Thomas.
21 *Aumale*, p. 86 & nota 1; Leibacher-Ouvrard, p. 122; Langlois, "Petits livres secrets", p. 367.
22 Milhiet, pp. 85s.
23 Add. MSS, III, fol. 332; Saint-Simon (1967), III, p. 108; Kroll, pp. 150-1; Chandernagor & Poisson, p. 52.
24 Haldane, p. 268; Kroll, p. 187.
25 Ó Neachtain, trad. Niall Mackenzie; em irlandês ver Ó Neachtain, pp. 20-4.
26 *Aumale*, p. 234; Kroll, p. 245.
27 Gourdin, p. 337; Cessac & Couvreur, p. 10; Mortier, pp. 15, 20; Dupont-Logié, p. 201.

CAPÍTULO 17   *Nunca te esqueças*

1 Cornette, "Bossuet", p. 467; Bussy-Rabutin, *Histoire amoureuse*, II, p. 49.
2 Doscot, p. 26; Combescot, p. 420.
3 Flaubert, p. 199, trad. Wall.
4 Racine, *Bajazet*, 2º Prefácio, trad. Hollinghurst.

NOTAS

5   Saint-Simon (1967), I, p. 32; Erlanger, p. 53; Lear, p. 75.
6   Racine, *Athalie*, Ato V, cena 8.
7   Backer, p. 16.
8   Hedley, p. 120.
9   Kroll, p. 102.

Fontes

O local de publicação de edições francesas é Paris, e de edições inglesas é Londres, a menos quando mencionado em contrário. Traduções de edições francesas são de minha própria pena quando o nome do tradutor não é dado; o nome do tradutor é apresentado para material alemão, italiano e espanhol.

ABREVIAÇÕES

AHG   Archives Historiques de La Guerre, Vincennes
AN   Archives Nationales, Paris
AST   Archivio di Stato di Torino, Corte, Real Casa, Letteri principi diversi, mazzo 26, Turim
BL   British Library MSS, Londres
BMV   Bibliothèque Municipale, Versailles
BN   Bibliothèque Nationale MSS, rue de Richelieu, Paris

Adamson, John, Ed., *The Princely Courts of Europe. Ritual Politics and Culture under the Ancien Regime, 1500-1750*, 1999
Adamson, John, "The Making of the Ancien-Regime Court 1500-1700", in Adamson, *Courts*
Adamson, John, "The Tudor and Stuart Courts 1509-1717", in Adamson, *Courts*
Additional MSS, BL
Ariès, Filipe, *Centuries of Childhood*, trad. R. Baldick, pbk, 1979
Ariès, Filipe, & Bégin, André, *Western Sexuality. Practice and precept in past and present times*, trad. Anthony Forster, Oxford, pbk, 1985

FONTES

[*Cahiers d'Aubigné*] "Autour de Françoise d'Aubigné, Marquise de Maintenon", 2 vols., *Albineana*, 10 & 11, Niort, 1999

[*Aumale*] *Mémoire et lettres inédites de Mlle d'Aumale*, in Haussonville & Hanoteaux, II

Backer, Dorothy Anne, *Precious Women*, Nova York, 1974

Bajou, Thierry, *Paintings at Versailles. XVIIth Century*, Paris, 1998

Bandenier, Gilles, "Onze lettres inédites de Benjamin de Vallois à Nathan d'Aubigné", in *Cahiers d'Aubigné*, I

Bardon, Françoise, "La Thème de La Madeleine pénitente au XVIIème siècle en France", *Journal of the Warburg & Courtauld Institutes*, vol. 31, 1968

Barker, Nancy Nichols, *Brother to the Sun King. Filipe, Duke of Orléans*, Baltimore, 1989

Barthélemy, Edouard de, *Les Filles du Régent*, 2 vols., 1874

Barthes, Roland, *Sur Racine*, 1966

Bassenne, M., *La Vie tragique d'une Reine d'Espagne. Marie-Louise de Bourbon-Orléans, nièce de Louis XIV*, 1939

Beaussant, Filipe, *Louis XIV artiste*, 1999

Beaussant, Filipe, *Lully ou Le Musicien du Soleil*, 1992

Beaussant, Filipe, *Le Roi-Soleil se lève aussi*, 2000

Béguin, Katia, "Les enjeux et les manifestations du mécénat aristocratique à l'aube du XVIIe siècle", in Preyat, *Duchesse*

Bély, Lucien, "Les maisons souveraines, acteurs ou instruments de l'action politique", in *La Présence des Bourbons en Europe XVI-XXIe siècle*, Ed. Lucien Bély, 2005

Bernot, Jacques, *Mademoiselle de Nantes. Fille préférée de Louis XIV*, Paris, 2004

Bertière, Simone [II], *Les Femmes du Roi-Soleil. Les Reines de France au temps des Bourbons*, 1998

Bertière, Simone [I], *Les Deux Régentes. Les Reines de France au temps des Bourbons*, 1996

[*Berwick*] *Memoirs of Marshal the Duke of Berwick*, autoria do mesmo, 2 vols., 1779

Blanc, André, *Racine. Trois siècles de théâtre*, 2003

Blanning, T. C. W., *The Culture of Power and the Power of Culture. Old Regime Europe 1660-1789*, Oxford, pbk, 2003

Blet, Pierre, *Les nonces du Pape à la cour de Louis XIV*, 2002

Bluche, François, *Louis XIV*, trad. Mark Greengrass, Oxford, 1990

Bluche, François, *La Vie quotidienne au temps de Louis XIV*, 1984

Bonneville, Françoise, *Histoire du bain*, 2001

Bottineau, Yves, "La Cour de Louis XIV à Fontainebleau", *XVIIe siècle*, vol. 24, 1954

Sermons du Père Bourdaloue, Compagnie de Jésus, T.I., Lyon, 1707

Bouyer, Christian, *La Grande Mademoiselle. La tumultueuse cousine de Louis XIV*, 2004

O AMOR E LUÍS XIV

Brandi, Karl, *Carlos V*, trad. C. V. Wedgwood, 1939

Bray, Benard, "Madame de Maintenon épistolière: l'image des manuels éducatifs", in *Cahiers d'Aubigné*, I

Brême, Dominique, "Portrait historié et morale du Grand Siècle", in *Visages du Grand Siècle*

Bremond, Henri, "Madame de Maintenon et ses Directeurs", in *Divertissements devant l'arche*, 1930

Bresc-Bautier, Geneviève, ed., *The Apollo Gallery in the Louvre*, Musée du Louvre, 2004

[Bryant, 'Maintenon'] Bryant, Mark, "Partner, Matriarch, and Minister: Madame de Maintenon of France, clandestine consort, 1690-1715", in Campbell Orr, *Queenship*

[Bryant 2001] Bryant, Mark, "Françoise d'Aubigné, Marquise de Maintenon: Religion, Power and Politics. A Study in Circles of Influence during the Later Reign of Louis IV, 1684-1784", tese dout., University of London, 2001

Buckley, Veronica, *Christina Queen of Sweden. The restless life of an European eccentric*, 2004

Burke, Peter, *The Fabrication of Louis XIV*, New Haven, US, pbk, 1994

Bussy-Rabutin, Comte de, *Mémoires*, 2 vols., 1857

Bussy-Rabutin, Comte de, *Histoire amoureuse des Gaules suivie de la France galante*, edn nouvelle, 2 vols., 1857

Campbell Orr, Clarissa, ed., *Queenship in Europe 1660-1815. The Role of Consort*, Cambridge, 2004

Carré, Lt. Col. Henri, *Mademoiselle de la Vallière*, 1938

Carré, Lt. Col. Henri, *La Duchesse de Bourgogne. Une princesse de Savoie à La cour de Louis XIV 1685-1712*, 1934

Castari, Nicole, "Criminals", in Davis & Farge

Castellucio, Stéphane, "Marly: un instrument de pouvoir enchanteur", *XVIIe siècle*, vol. 192, 1996

Castelot, André, *Madame de Maintenon. La reine secrète*, 1996

Castro, Eve de, *Les Bâtards du Soleil*, 1987

[*Caylus* 1908] *Souvenirs de Madame de Caylus*, Ed. Lionel Péraux, 1908

[*Caylus* 1986] *Souvenirs de Madame de Caylus*, Ed. & notas Bernard Noël, 1965 & 1986

[*Caylus* 2003] Caylus, Comtesse de, *Souvenirs sur Madame de Maintenon*, ed. Clémence Muller, 2003

Cessac, Catherine, & Couvreur, Manuel, "Introduction", in Preyat, *Duchesse*

Chaline, Oliver, "The Valois and Bourbon Courts c. 1515-1750", in Adamson, *Courts*

Chandernagor, Françoise, "Madame de Maintenon", in Chandernagor & Poisson

Chandernagor, Françoise, "Maintenon", in *DGS*, II, pp. 936-7

FONTES

[Chandernagor & Poisson] Chandernagor, Françoise, & Poisson, Georges, *Maintenon*, 2001

[Christout I] Christout, Marie-Françoise, *Le Ballet de Cour de Louis XIV 1643-1672, Mises en scène*, 1967

[Christout II] Christout, Marie-Françoise, *Le Ballet de Cour au 17e siècle. Iconographie musicale*, Genebra, 1987

Clairambault, MSS, BN

Cole, Susan, "Princess over the Water: Memoir of Louise Marie Stuart 1692-1712", Royal Stuart Society, XVIII, 1981

Combescot, Pierre, *Les petites Mazarines*, 1999

Cordelier, Jean, *Madame de Maintenon*, Préface, Gilbert Sigaux, 1970

Corneille, Pierre, *Théâtre complet, 1 & 2*, introd. & notas, Jacques Maurens, 1968 & 1980

Cornette, Joël, "L'éducacion des rois à la guerre", in Cornette, France

Cornette, Joël, ed., *La France de la monarchie absolue. 1610-1715*, 1997

Cornette, Joël, "La querelle Bossuet-Fénelon", in Cornette, *France*

Cornette, Joël, "Versailles: le cérémonial de La Cour", in Cornette, *France*

Corp, Edward, "Elizabeth Hamilton", in *DNB*

Corp, Edward, "The Jacobite Court at Saint-Germain-en-Laye: Etiquette and the use of the Royal Apartments" in Cruickshanks

Corp, Edward, *The King over the Water. Portraits of the Stuarts in Exile after 1689*, Scottish National Portrait Gallery, Edimburgo, 2001

Cortequisse, Bruno, *Madame Louis XIV. Marie-Thérèse d'Autriche*, 1992

Couton, Georges, *La chair et l'âme. Louis XIV entre ses maîtresses et Bossuet*, Grenoble, 1995

Couvreur, Manuel, "Voltaire chez la duchesse ou le goût à l'épreuve", in Preyat, *Duchesse*

Cowen, Pamela, *A Fanfare for the Sun King. Unfolding fans for Louis XIV*, Greenwich, 2003

Craveri, Benedetta, *L'âge de la conversation*, trad. (do italiano) Éliane Deschamps-Pria, 2002

Cruickshanks, Eveline, ed., *The Stuart Courts*, Prefácio de David Starkey, Stroud, Glos., 2000

Cruysse, Dirk Van der, *Madame Palatine, Princesse Européenne*, 1988

Daeschler, R., *Bourdaloue*, 1929

Dangeau, Marquis de, *Journals*, vols. I-X, 2002-5

Davis, Natalie Zemon, "Women in Politics", in Davis & Fange

Davis, Natalie Zemon, *Society and Culture in Early Modern France. Eight Essays*, Oxford, 1987

[Davis & Farge] Davis, Natalie Zemon & Farge, Arlette, ed., *A History of Women in the West, III, Renaissance and Enlightenment Paradoxes*, Cambridge, Mass., 1993

Decker, Michel de, *Louis XIV, le bon plaisir du Roi*, 2002

O AMOR E LUÍS XIV

Decker, Michel de, *Madame de Montespan. La grande sultane*, 1985

[*Demoiselles*] *Les Demoiselles de Saint-Cyr. Maison Royale de l'Éducation. 1686-1793*, Archives départamentales des Yvelines, 1999

Déon, Michel, introd., *Louis XIV par lui-même. Morceaux choisis du roi avec introduction et commentaries*, 1991

Desaire, Jean-Paul, "The Ambiguities of Literature", in Davis & Farge

Desprat, Jean-Paul, *Madame de Maintenon (1635-1719) ou le prix de la réputation*, 2003

[*DGS*] *Dictionnaire du Grand Siècle*, sous la direction de François Bluche, 2 vols. 1990

Dictionary of Saints, A, ed. Donald Attwater, pbk, 1979

[*DNB*] *Dictionary of National Biography*, Oxford, 2004

Doscot, Gérard, ed. & introd., *Mémoires d'Hortense et de Marie Mancini*, 1987

Doyle, William, *Jansenism*, Basingstoke, 2000

Dubu, Jean, "Madame de Maintenon et Racine", in *Demoiselles*

Dubu, Jean, "Racine the Courtier", *The Court Historian*, vol. 7, 2002

Duchêne, Roger, *Être femme au temps de Louis XIV*, 2004

Duchêne, Roger, *Madame de La Fayette, La romancière aux cent bras*, 1988

Duchêne, Roger, *Madame de Sévigné ou la chance d'être femme*, 2002

Duchêne, Roger, *Molière*, 1998

Dulong, Claude, *Amoureuses du Grand Siècle*, 1996

Dulong, Claude, *Anne d'Autriche*, 1980

Dulong, Claude, *Mazarin*, 1999

Dulong, Claude, *La Vie quotidinne des femmes du Grand Siècle*, 1984

Dunlop, Ian, *Louis XIV*, 1999

Dupont-Logié, Cécile, ed. "Une journée à la cour de la Duchesse du Maine", *Musée de l'Île-de-France*. Domaine des Sceaux, 2003

Duprat, Annie, *Les rois de papier. La caricature de Henri III à Louis XIV*, 2002

Duron, Jean, Notas, *Atys, de M. de Lully, Les Arts Florissants*, Harmonia Mundi s.a., Arles, 1987

Egerton MSS, BL

Elias, Norbert, *The Civilising Process. The History of Manners*, trad. Edmund Jephcott, Oxford, 1978

Elliott, Carlos, *Princesse of Versailles, The Life of Marie Adelaide of Savoy*, Nova York, 1992

Erlanger, Filipe, *Monsieur, Frère de Louis XIV*, 1953

Evelyn, John, F.R.S., *Diary and Correspondence...*, nova ed. 4. vols., 1850

Framer, James Eugene, *Versailles and the Court under Louis XIV*, 1921

Flandrin, Jean-Louis, "Sex in married life in the early Middle Ages: the Church's teaching and behavioural reality", in Ariès & Béguin

FONTES

Flaubert, Gustave, *Madame Bovary*, trad. Geoffery Wall, pbk, 2003

Forster, Elborg, trad. & intro., *A Woman's Life in the Court of the Sun King. Letters of Liselotte von der Pfalz, 1652-1722*, Baltimore, 1984

Fraser, Antonia, *King Carlos II*, 1979

Fumaroli, Marc, *Le Poète et le Roi. Jean de La Fontaine en son siècle*, 1997

Furetière, Antoine, *Dictionnaire Universel, contenant tous les Mots Français...*, 3 vols., Hague & Rotterdam, 1701

Gady, Bénédicte, "The Reign of the Sun. Conception, Construction and Interpretation of the Apollo Gallery", trad. Michael Gibson, in Bresc-Bautier

Gaimster, David, Boland, Peter, Linnane, Steve, & Cartwright, Caroline, "The archaeology of private life: the Dudley Castle condoms", *Post-Mediaeval Archaeology* 30 (1996), pp. 129-42

Garopon, Jean, "Madame de Maintenon, d'après les souvenirs de Madame de Caylus", in *Cahiers d'Aubigné*, I

Garrisson, Janine, "La révocation de l'edit de Nantes", in Cornette, *France Gazette de France, La*

Geffroy, A., *Madame de Maintenon d'après as correspondence authentique. Choix de sés lettres et entretiens*, 2 vols., 1887

Geffroy, A., ed. & notas, *Lettres inédites de la Princesse des Ursins*, 1859

Genlis, Madame de, *La duchesse de La Vallière, suivi de deux lettres de Mademoiselle de La Vallière*, avant-propos de Gabriel Balin, 1983

Girard, Françoise H., "Le Système éducatif à Saint-Cyr", in *Demoiselles*

Goreau, Angeline, "Two English Women in the seventeenth century: notes for an anatomy of feminine desire", in Ariès & Béguin

Goubert, Pierre, *Louis XIV et vingt millions de Français*, 1966

Gourdin, Jean-Luc, *La Duchesse du Maine. Louise-Bénédicte de Bourbon, Princesse de Condé*, 1999

Grande Mademoiselle, La, *Mémoires*, ed. Chantal Thomas, 2001

Grasse, Marie-Christine, *Jasmine*, Grasse, 1996

Grieco, Sara F. Matthews, "The Body, Appearance and Sexuality", in Davis & Farge

Guest, Ivor, *Le Ballet de l'Opéra de Paris. Trois siècles d'histoire et de tradition*, ed. revista, 2001

Guide Bleau: Les Antilles, 1964

Guitton, Georges, "Un conflit de direction spirituelle. Madame de Maintenon et le Père de la Chaise", *XVIIe*, nº 29, 1955

Haldane, Charlotte, *Madame de Maintenon. Uncrowned Queen of France*, 1970

Halifax: Complete Works, ed. Com introdução de J. P. Kenyon, 1969

Hamelin, Jean-Yves, Notas, *Charpentier. Salve Regina. Motets à voix seules et à deux voix*, Harmonia Mundi, Arles, 2000

O AMOR E LUÍS XIV

Hamilton, Anthony, *Memoirs of the Comte de Gramont*, trad. Peter Quennell, introd. Cyril Hughes Hartmann, 1930

Hartmann, Cyril Hughes, *The King My Brother*, 1954

Haskins, Susan, *Mary Magdalen, Myth and Metaphor*, 1993

Hatton, R. M., "Louis XIV and his Fellow Monarchs", in Hatton, *Europe*

Hatton, Ragnhild, ed., *Louis XIV and Europe*, 1976

Hatton, Ragnhild, "At the court of the Sun King", in A. G. Dickens, ed., *The Courts of Europe. Politics, Patronage and Royalty 1400-1800*, 1977

Haussonville, Cte d', & Hanoteaux, G., eds., *Souvenirs sur Madame de Maintenon. Madame de Maintenon à Saint-Cyr. Dernières lèttres à Madame de Caylus.* [I] *Mémoire et lettres inédites de Mademoiselle d'Aumale* [*Aumale*], 2 vols., n.d.

Hedley, Jo, *Seductive Visions*, Boucher Exhibition, 2004

[Hilton] Hilton, Lisa, *Athénaïs. The Life of Louis XIV's Mistress, the Real Queen of France*, Nova York, 2002

[Hilton, Dance] Hilton, Wendy, *Dance at Court & Theater. French Noble Style. 1690-1725*, 1981

Himmelfarb, Hélène, "Les logements Versaillais de Madame de Maintenon: essai d'interprétation", in *Cahiers d'Aubigné*, II

Hufton, Olwen, *The Prospect before Her. A History of Women in Western Europe. 1500-1800*, pbk, Nova York, 1998

Hufton, Olwen, "Women, Work and Family", in Davis & Farge

Jardine, Lisa, *Christopher Wren*, 2002

Journal de la Santé du Roi Louis XIV de l'année 1647 à l'anée 1711, écrit par Vallot, d'Aquin et Fagon, introd. & Ed. J. A. Le Roi, 1862

Kay, Sarah, Cave, Terence, & Bourne, Malcolm, *A Short History of French Literature*, Oxford, 2003

Kessel, Elisja Schutte van, "Virgins and Mothers between Heaven and Earth", in Davis & Farge

Kleinman, Ruth, *Anne of Austria. Queen of France*, Columbus, Ohio, 1985

[Kroll] Kroll, Maria, trad. & ed., *Letters from Liselotte. Elisabeth Charlotte Princess Palatine and Duchess of Orléans*, 1970

[Kroll, *Sophie*] Kroll, Maria, *Sophie, Electress of Hanover. A personal portrait*, pbk, 1975

La Fayette, Madame de, *Mémoires sur le règne de Louis XIV. Histoire d'Henriette d'Angleterre. Mémoires de la Cour pour les années 1688 et 1689*, 2003

La Fayette, Madame de, *The Princess de Clèves*, trad. Nancy Mitford, ed. revista Leonard Tancock, pbk, 1978

La Fayette, Madame de, *The Secret History of Henrietta Princess of England... Memoirs of the Court of France 1688-1689*, trad. J. M. Shelmerdine, 1929

Lair, J., *Louise de La Vallière et la jeunesse de Louis XIV*, 1902

FONTES

La Liborlière, M. de, "Remarques sur la novelle édition de l'Histoire du Poitou, par Thibandeau", *Bulletin de la Société des Antiquaires de l'Ouest*, 1842

Landry, J. P. , "Bossuet", *DGS* I, pp. 215-17

Langlois (Abbé) Marcel, "Madame de Maintenon et le Saint-Siège", *Revue de l'Histoire Ecclésiastique*, vol. 25, Louvain, 1929

Langlois (Abbé) Marcel, "Les petits livres secrets de Madame de Maintenon", *Revue d'histoire littéraire*, 1928

La Porte, Pierre de, Premier valet de Chambre de Louis XIV, *Mémoires contenant plusieurs particularités sur les règnes de Louis XIII et Louis XIV. 1624-1666*, 2003.

La Rochefoucauld, *Maxims*, trad. Leonard Tancock, pbk, 1959

Lear, H. L., *Bossuet and His Contemporaries*, 1874

Lebrun, François, "Les derniers jours de Louis XIV", in Cornette, *France*

Lebrun, François, "Marie Du Bois, témoin du Grand Siècle, in Cornette, *France*

Leibacher-Ouvrard, Lise, "Sacrifice et politique satyrique: Mme de Maintenon dans les libelles diffamatoires", in *Cahiers d'Aubigné*, I

Leroy, Pierre E. & Loyau, Marcel, *L'estime et la tendresse, Mme de Maintenon, Mme de Caylus et Mme de Dangeau*, 1998.

Leroy, Pierre E., & Loyau, Marcel, eds., *Madame de Maintenon: 'Comment la sagesse vient aux filles', propos d'éducation*, 1998

Le Roy Ladurie, Emmanuel, *Saint-Simon and the Court of Louis XIV*, com a colaboração de Jean-François Pitou, trad. Arthur Glodhammer, Chicago, 2001

Letters of a Portuguese Nun, trad. Lucy Norton, 1956

Levi, Anthony, *Louis XIV*, 2004

Levron, Jacques, *Les Inconnus de Versailles. Les coulisses de la Cour*, 2003

[Liselotte Briefe] Die Briefe der Liselotte von der Pfalz, Herzogin von Orléans vom Hofe des Sonnenkönigs: *Das war mein Leben*, Munique, 1951

Livres Défendus. Catalogue des livres dont la suppression a esté ordonnée par Monsieur le lieutenant général de Police, Fonds Français, 21 743, BN

Loret, Jean, *La Muze Historique ou recueil des lettres en vers*, Livres IX-XI, 1658

Louis XIV, *Mémoires pour l'instruction du Dauphin...* Notas por Carlos Dreyss, 2 vols., 1860

Louis XIV, *The Way to Present the Gardens of Versailles*, trad. J. F. Stewart, Paris, 1992

Loyau, Marcel, "Madame de Maintenon et la double mort de Louis XIV", in *Cahiers d'Aubigné*, II

Loyau, Marcel, ed., *Madame de Maintenon et la Princesse des Ursins. Correspondence 1709. Une année tragique*, 2002

MacCarthy, Diarmaid, "A Hundred Thanks to God", incluído em *The Poems of David Ó Bruadair*, ed. John C. MacErlean, 3 vols., 1910-1917

MacDonogh, Katharine, *Reigning Cats and Dogs*, 1999

McNamara, Jo Ann Kay, *Sisters in Arms. Catholic Nuns through Two Millenia*, Cambridge, Mass., 1996

Mainardi, Patricia, *Husbands, Wives and Lovers. Marriage and Its Discontents in Nineteenth Century France*, New Haven, 2003

Les Petits Cahiers Secrets de Mme de Maintenon, 8 vols., BMV

Madame de Maintenon à Saint-Cyr, in Haussonville, & Hanoteaux, I

"Lettres adressées à Madame de Maintenon à la suíte de la mort de Louis XIV", G. 328, BMV

Mallet-Joris, Françoise, *Marie Mancini. Le premier amour de Louis XIV*, 1998

Marie-Adelaide de Savoie, Duchesse de Bourgogne, *Lettres inédites. Précédées d'une notice sur sa vie*, 1850

Maroteaux, Vincent, *Marly. L'autre Palais du Soleil*, Genebra, 2002

Massillon, François, *Oraison funèbre de Louis XIV*, ed. Paul Aizpurua, Grenoble, 2004

Matoré, Georges, "Amour (Vocabulaire d'); Galant, Galanterie", in *DGS*, I, pp. 72-3; pp. 632-3

Maximes d'Éducation et Direction Puerile. Des devotions, meurs, actions, occupations, divertissemens, Jeux et petit Estude de Monseigneur le Daufin. Jusgue a la-age de sept ans, Fonds Français, 19403, BN

Maxwell, Constantia, *The English Traveller in France 1698-1815*, 1932

Melchior-Bonnet, Sabine, *Louis et Marie-Adelaide de Bourgogne. La vertu er la grâce*, 2002

Mesnard, Jean, "Françoise d'Aubigné et le Chevalier de Méré", in *Cahiers d'Aubigné*, I

Meyer, Jean, *L'éducation des princes du XVe au XIXe siècle*, 2004

Meyer, Jean, *Bossuet*, 1993

Milhiet, Jean-Joseph, "Historique de la maison royale de Saint-Louis", in *Demoiselles*

Miller, John, *Bourbon and Stuart. Kings and Kingship in France and England in the Seventeenth Century*, 1987

Minois, Georges, *Bossuet. Entre Dieu et le Soleil*, 2003

Mitford, Nancy, *The Sun King*, 1966

Molière, *Le Bourgeois Gentilhomme*, Préface et Notes, Jacques Morel, 1985, **1999**

Molière, *Don Juan*, trad. Neil Bartlett, 2004

Molière, *Les Précieuses ridicules*, introd. & notas, Claude Bourqui, 1999

Molière, *Tartuffe and other plays*, trad. Donald M. Frame, Nova York, 1967

Mongrédien, Georges, *Madame de Montespan et l'Affaire des Poisons*, 1953

Mortier, Roland, "La Gurte de Sceaux, les écrivains de la duchesse du Maine", ver Preyat, *Duchesse*

Mossiker, Frances, *The Affair of the Poisons*, 1972

Motteville, Madame de, *Mémoires sur Anne d'Autriche et sa Cour*, nouvelle edn., 4 vols., 1855

FONTES

Muhlstein, *Reines éphémerès, mères perpétuelles. Catherine de Médicis, Marie de Médicis, Anne d'Autriche*, 2001

Nahoum-Grappe, Véronique, "The Beautiful Woman", in Davis & Farge

Neveu, Bruno, "Du culte de Saint-Louis à la glorification de Louis XIV: la Maison royale de Saint-Cyr", *Journal des Savants*, jul.-dez., 1988

Neveu, Bruno, "Institut religieux, fondation royale et mémorial dynastique", in *Demoiselles*

Niderst, Alain, "Madame de Maintenon et la guerre de Succession d'Espagne", in *Cahiers d'Aubigné*, II

Nordmann, Claude, "Louis XIV and the Jacobites", in Hatton, *Europe*

Norrington, Ruth, ed. & comentário, *My dearest Minette. Letters between Carlos II and his sister, the Duchesse d'Orléans*, 1996

Norton, Lucy, *First Lady of Versailles. Marie Adelaide of Savoy. Dauphine of France*, 1978

Norton, Lucy, *The Sun King and His Loves*, The Folio Society, 1982

Oman, Carola, *Mary of Modena*, 1962

Ó Neachtain, Seán, "The Grievous Occasion of my Tears (A Lament for the wife of King James II)", *The Poetry of Seán Ó Neachtain (Pt I)*, Dublin, 1911

Oresko, Robert, "Banquets princiers à la cour de Turin, sous le règne de Victor-Amédée II, 1675-1730", in *Tables Royale et Festins de Cour en Europe 1661-1789*, ed. Catherine Arminjon & Béatrix Saule, 2004

Oresko, Robert, "Maria Giovanna Battista of Savoy-Nemours (1644-1724): daughter, consort and Regent of Savoy", in Campbell Orr, *Queenship*

Oresko, Robert, "The Marriages of the Nieces of Cardinal Mazarin. Public Policy and Private Strategy in Seventeenth-century Europe", *Frankreich im Europäisches Staatensystem der Frühen Neuzeit*, Deutsches Historisches Institut, Paris, 1995

Oresko, Robert, "The Sabaudian Court 1563-1750", *ver* Adamson, *Courts*

[Ormesson] *Journal d'Olivier Lefèvre d'Ormesson*, ed. M. Chéruel, 2 vols., 1850

Pepys, Samuel, *Diaries*, vols. IV & IX, 1668-1669, ed. Robert Latham & William Matthews, 1971, 1976

Petitfils, Jean-Christian, *Louis XIV*, introd. Pierre Goubert, 1997

Petitfils, Jean-Christian, *Louise de La Vallière*, 1990

Petitfils, Jean-Christian, *Madame de Montespan*, 1988

Petitfils, Jean-Christian, *Le Masque de Fer. Entre histoire et legend*, 2003

Pevitt, Christine, *The Man Who Would Be King. The Life of Filipe d'Orléans Regent of France. 1674-1723*, 1997

O AMOR E LUÍS XIV

Piéjus, Annie, "La Musique des Demoiselles", in *Demoiselles*

Pitts, Vincent, J., *La Grande Mademoiselle at the Court of France 1627-1688*, Baltimore, 2000

Poisson, Georges, "Le château de Maintenon, sept siècles d'histoire", in Chandernagor & Poisson

Prescott-Wormeley, Katharine, ed., *The Correspondence of Madame Princess Palatine, Marie-Adelaide de Savoie, and of Madame de Maintenon*, introd. C.-A. Sainte-Beuve, 1899

Preyat, Fabrice, ed., *La Duchesse du Maine (1676-1753). Une mécenè à la croisée des arts et des siècles.* Études sur le XVIIIe siècle, Bruxelas, 2003

Quirey, Belinda, *May I Have the Pleasure? The Story of Popular Dancing*, reimpressão, 1987

Racine, Jean, *Bajazet*, trad. Alan Hollinghurst, 1991

Racine, Jean, *Complete Plays*, trad. Samuel Solomon, 2 vols., Nova York, 1967

Racine, Jean, *Théâtre complet*, ed. Jean-Pierre Collinet, 2 vols., 1983

Réflexions sur La Miséricorde de Dieu par Souer Louise de la Miséricorde, Religieuse Carmelite, nommée dans le monde Duchesse de La Vallière, Bruxelas, 1712

Rohou, Jean, *Jean Racine. Entre sa carrière, son oeuvre et son Dieu*, 1992

Sabatier, Gérard, "Charles Le Brun, peintre official", in Cornette, *France*

Sackville-West, V., *Daughter of France. The life of Anne Marie Louise d'Orléans, duchesse de Montpensier, 1627-1693. La Grande Mademoiselle*, 1959

Saint-André, Claude, *Henriette d'Angleterre et la Cour de Louis XIV*, 1931

The Letters of Saint-Évremonde. Carlos Marguetel de Saint-Denis, Seigneur de Saint-Évremond, ed. & introd. John Hayward, 1930

Saint-Maurice, Marquis de, *Lettres sur la Cour de Louis XIV 1667-1670*, ed. Jean Lemoine, 2 vols., 1910

[Saint-Simon 1856] *Mémoires complets et authentiques du Duc de Saint-Simon...* collationné sur le manuscript original par M. Chéruel et précédés d'une notice par M. Sainte-Beuve..., 13 vols., 1856

[Saint-Simon 1908] *Mémoires de Saint-Simon*, ed. A. de Boislisle, 20 vols., 1908

[Saint-Simon 1967] Saint-Simon, Duc de, *Historical Memoirs*, 3 vols., ed. & trad. Lucy Norton, 1967-72

Sarmant, Thierry, *Les Demeures du Soleil: Louis XIV, Louvois et le surintendance des Bâtiments du roi*, 2003

Sarti, Rafaella, *Europe at Home. Family and Material Culture. 1500-1800*, New Haven, 2002

Saule, Béatrix, *La Journée de Louis XIV. 16 de novembre 1700*, 1996

FONTES

Sawkins, Lionel, "Music in France 1680-1770", *Les Délices d'un Roi. Music for Versailles*, 2004

Scudéry, Madeleine de, *The Story of Sapho*, trad. & introd. Karen Newman, Chicago, 2003

Scudéry, Madeleine de, *Clélie, histoire romaine*, 3 pts., ed. Chantal Morlet-Chantalat, 2001-3

Scudéry, Madeleine de, *De l'air galant et autre Conversations (1653-1684)*, ed. Dephine Denis, 1998

[Sévigné 1955] *Letters from Madame de Sévigné*, trad. Violet Hammersley, 1955

[Sévigné 1959] *Selected Letters of Madame de Sévigné*, trad. & ed. H. T. Barnwell, 1959

Solnon, Jean-François, *La Cour de France*, 1987

Solnon, Jean-François, *Histoire de Versailles*, pbk, 2003

Somerset, Anne, *The Affair of the Poisons, Murder, Infanticide & Satanism at the Court of Louis XIV*, 2003

Sonnet, Martine, "A Daughter to Educate", in Davis & Farge

Southron, Janet, "Mary of Modena, Queen Consort of James II and VII", Royal Stuar Papers, XL, 1992

Spanheim, Ézéchiel, *Relation de la Cour de France en 1690*, ed. Émile Bourgeois & Michel Richard, 1973

Strickland, Agnes, *Lives of the Queens of England*, VI, reimpressão Bath, 1972

Strong, Roy, Feasts. *A History of Grand Eating*, 2002

Tannahill, Reay, *Sex in History*, pbk, 1989

Teissier, Octave, *Histoire de la Commune de Cotignac*, Marselha, 1860, 1979, reimpressão

Tovar de Teresa, Guilhermo, Ed., *Bibliografica Novohispana de Arte*, Segunda Parte, México, 1980, por *Justo sentimento de la Santa Iglesia Cathedral de Valladollid en Las Indias, Reyno de Mechoacau... Luis XIV el Grande*

Verney, Margaret M., *Memoirs of the Verney Family*, vols. III & IV, 1894 & 1899

Vie des Français au temps du Roi-Soleil, L'Histoire au Quotidien, Ed. François Trassard, 2002

Vigarello, Georges, *Concepts of Cleanliness, Changing attitudes in France since the Middle Ages*, trad. Jean Birrell, Cambridge, UK, 1988

Vinha, Mathieu da, *Les valets de chamber de Louis XIV*, 2004

Visages du Grand Siècle: Le portrait français sous le règne de Louis XIV. 1660-1715, Musée des Beaux Arts de Nantes, Nantes, 1997

[Visconti] *Mémoires de Primi Visconti sur la cour de Louis XIV 1673-1681*, introd. & notas Jean-François Solnon, 1988

Voltaire, *Le Siècle de Louis XIV*, 1910

Whittaker, Katie, *Mad Madge. Margaret Cavendish, Duchess of Newcastle, Royalist, Writer and Romantic*, 2003

Wolf, John B., *Louis XIV*, 1968

Ziegler, Gilette, *The Court of Versailles in the Reign of Louis XIV*, trad. Simon Watson Taylor, 1966

Índice remissivo

"A Queixa de Sylvia", 159
Academia Real, Paris, 232
Adelaide (Maria Adelaide), princesa da
  Saboia, duquesa de Borgonha
    abortos, 319
    Borgonha se apaixona por, 304-5
    casamento, 307-8
    começa a refletir sobre a natureza do
      dever real, 355
    começo da vida de casada, 308
    comportamento de Marie-Élisabeth
      no jantar oferecido por, 351
    comportamento encantador para
      com Françoise, 302
    criados, 301
    dá à luz o duque d'Anjou, 346
    dá à luz o segundo filho com o título
      de duque da Bretanha, 332
    defende Borgonha após derrota
      militar, 342
    descrita por Luís, 301-2
    doença final, 357-9
    e a corte inglesa em exílio, 325
    e a Dama dos Trajes, 355-6
    e alegações de traição, 363
    e morte de Monsieur, 321
    e morte do delfim, 352
    e o casamento de Berry, 346, 347-8,
      349

e o uso de *lavements*, 354, 354n
e regência, 367
efeito da morte sobre Françoise, 363
efeito na corte, 304-5
efeito sobre o relacionamento de Luís
  XIV e Françoise, 309-10, 311
em relação a madame la Duchesse e
  Marie-Anne de Conti, 354
encontra Luís, 301
encontros supervisionados com
  Borgonha, 304-305
Entrega de, 301
escreve para a avó sobre a guerra, 345,
  346
fala com Luís sobre a morte de
  Athénaïs, 336
família, 297
faz a última confissão, 358
Françoise consciente dos sentimentos
  tumultuosos de, 327
frequenta Saint-Cyr, 306
frivolidade, 327
funeral, 364
gravidez, 331-2
indiferença ao vestuário, 355
infância, 296-8
Luís chora por, 362
Luís insiste na precedência em
  Versalhes para, 298-9

Luís planeja casamento de Borgonha
com, 295-6
mencionada em sermão fúnebre para
Luís XIV, 374
morte, 360
nascimento e morte do filho, duque
da Bretanha, 319-20
noiva de Borgonha, 25, 296
nova posição rechaçada pela duquesa
de Berry, 353-4
opõe-se a Vendôme, 342-3
papel materno, 332
parte para a França, 296
personalidade, 298
preparativos para a chegada de, 300
problemas de saúde, 356-7
reação à derrota francesa, 344
relação com Borgonha, 344
relacionamento entre Luís e, 302-3,
305-6, 320, 330, 340, 389, 390
relações com homens, 327-9
sentimentos sobre a guerra entre
França e Saboia, 326, 331, 331n
sofre outro aborto, 339-40
tensão entre os papéis de mulher e
criança, 320
torna-se delfina, 353
vasculha os papéis do rei, 320-2
Agostinho, St., 260
Aix-la-Chapelle, Paz de (1668), 21, 154,
162, 167
Albret, marechal de, 107
Alcidiane e Polexandre, 78
Alcoforado, Mariana, 152n
Alemanha, 269, 271, 280
Alençon, duque de, 366
Alexandre VII, papa, 282
Alexei, tsar, 63n
Alsácia, 20, 23, 312-3
Amantes magníficos, Os, 161
América do Norte, *ver também* Nova
França, 23
Amores de mademoiselle de La Vallière,
Os, 110

Ana da Áustria, rainha da França
acompanha Luís ao Parlamento de
Paris, 57-9
acompanha Luís na viagem ao sul, 87
amor pelo teatro, 47
aparência, 36
aposentos em Versalhes, 127
aprova Bossuet, 117
assegura que Monsieur fique em
segundo plano em relação a Luís, 56-7
boa relação com Maria Teresa, 98
breves referências, 66, 83, 104-5, 142-
3, 145, 149-50, 194, 198, 205, 244-5,
288, 311-2, 332, 351, 390
casa-se com Luís XIII, 19, 35-6
chocada com a relação entre Luís e
Henriette-Anne, 105-6
chocada pela peça de Molière,
Tartufo, 128-30
comenta sobre o estilo de vida de
Fouquet, 112-3
coquete, 36
corresponde-se com Filipe IV da
Espanha, 38-9
deseja um casamento entre Luís e
Maria Teresa, 84
dialoga com Mazarin sobre Maria
Teresa, 87-8
doença, 131-2
e a gravidez de Louise, 123-4
e a revolta em Paris, 20, 61, 62-3, 64,
83
e morte do esposo, 49-50
e noite de núpcias de Luís e Maria
Teresa, 95
e o Festival de Versalhes, 126, 128
elogiada por Bossuet, 117-8
encomenda mausoléu para Mazarin,
101-2
encontro com Filipe IV, 93-4
envolvimento na primeira infância de
Luís, 45-7, 48
esforços elogiados por Luís, 65-6
gravidez, 39-42

ÍNDICE REMISSIVO

importância para Luís, 350-1
lealdade à França, 37-8
leva Luís ao Parlamento de Paris, 51
leva Luís para a frente de guerra, 56-7
Luís começa a desafiar a autoridade
de, 71-2
maior deterioração da saúde de, 136
Maria Teresa comparada a, 91
Maria Teresa demonstra respeito por,
89-90
Mazarin torna-se principal
conselheiro de, 20, 51-2
morte, 21, 137
na sagração de Luís como rei, 67-8
não desenvolve uma relação próxima
com Monsieur, 48-50
nascimento de Filipe (Monsieur), 45
nascimento de Luís, 33-6, 43-4
opõe-se ao relacionamento entre
Luís e Anne-Lucie de La Motte
d'Argencourt, 75-6
opõe-se ao relacionamento entre Luís
e Louise de La Vallière, 114-5, 120,
130, 132
opõe-se ao relacionamento entre Luís
e Maria Mancini, 75-6, 76-7, 86
opõe-se às negociações de casamento
com a família real saboiana, 82
orações pela fertilidade de, 39
patrocina Vicente de Paulo, 48
pede em nome do duque e da
duquesa de Navailles, 134-5
preocupa-se com a educação de Luís,
54-5
relação difícil com o esposo, 35, 36, 380
relacionamento com Mazarin, 52-5
religiosidade, 36, 56-8
suspeita de conspiração, 37-9
torna-se regente, 20, 51
trabalho de parto, 42-3
vai a Paris com seus filhos, 49-50
valoriza sua herança dinástica, 47-8
vê oportunidades após a morte do
filho de Filipe IV, 61

Ana, rainha da Inglaterra
ascensão após morte de Guilherme
(1702), 25, 324-5
comentários de Adelaide sobre
governo de, 356
e Maria Beatriz, 273
incapaz de gerar um filho saudável,
314
infância, 163, 171
reconhecimento como monarca por
direito, 365
substituída por Jorge I, 23-4, 369-70
Angélique, mademoiselle de Fontanges,
mais tarde duquesa de Fontanges
aparência, 212-3
breves referências, 221-2, 223, 227-8,
241-2, 251, 312-3, 383-4
como amante de Luís, 212-3, 214, 387
doença e morte, 218
fim do caso com Luís, 217-8
gravidez e confinamento, 217
tem sonho sobre seu próprio destino,
212-4
Angola (mouro), 336
Anjou Philippe, duque (filho de Luís e
Marie-Thérèse), 123-4, 180-1
Anjou, 149-50
Anjou, Louis, duque de, mais tarde Luís
XV, rei da França vide Luís XV, rei da
França
Anjou, Philippe, duque de, mais tarde
Filipe V, rei da Espanha, vide Filipe V,
rei da Espanha
Annat, padre François, 115-7, 126
Contradições dos jansenistas, 117
Anne-Marie d'Orléans, duquesa da
Saboia, 163, 164-5, 171, 236, 295, 296-
7, 331
Anne-Marie-Louise de Montpensier *ver*
Grande Mademoiselle (Anne-Marie-
Louise de Montpensier)
Antin, duque de, Louis-Antoine, 146-7,
157, 259, 334-6, 339
Antin, marquês de, 145

Antuérpia, 25
Appartement des Bains
   de Ana da Áustria, 46-7, 86
   de Athénaïs, 186-7, 259, 284, 285n
Aquino, São Tomás, 158
Aragão, família real de, 44
Ariosto: Orlando furioso, 126
Aristóteles, 55-6
Armagnac, conde de, 161
Artois, 21, 87
Athénaïs (Françoise-Athénaïs de
  Rochechouart-Mortemart, marquesa
  de Montespan)
   absolvição negada para, 204
   acusações contra, 224, 226-9
   ambição e extravagância, 158, 184-5
   amizades, 146-7
   anos posteriores, 285-6, 334-5
   aparência, 142-4
   aposentos em Versalhes, 184, 186-7,
     239-40, 259, 284-5
   batismo da filha, 183
   breves menções, 148-9, 161, 192, 194,
     199-200, 201, 221-2, 241-2, 257,
     260, 266, 312-3, 377, 381, 384, 388
   busca separação judicial do marido,
     184
   casamento com Montespan, 145-6
   chocada com frivolidades no cortejo
     fúnebre de Maria Teresa, 244-5
   como amante de Luís, 141, 147-8,
     153, 155, 157-8, 159, 180-1, 184-6,
     203, 385-6
   contra o retorno de Maria Mancini,
     187-8
   descendentes de, 379
   e a posição de Louise na corte, 186-7
   e afrodisíacos, 229, 230-1
   e Angélique, 212-3, 214
   e confinamento de Marianne-
     Victoire, 236
   e Lauzun, 174
   escolhe Françoise para cuidar de seus
     filhos, 160

   família, 143-6
   fim do *affair* com Luís, 212
   frequenta banhos termais, 209-10
   gravidez, 157-8
   legitimação de filhos, 183-4
   Louise usada como fachada para o
     affair de Luís com, 155
   morte, 334-5
   na corte em Compiègne, 149-50
   nascimento de filhos com
     Montespan, 146-7
   nascimento de mais filhos, 180, 181,
     191
   nascimento do primeiro bebê com
     Luís, e segunda gravidez, 158
   nascimento do segundo bebê com
     Luís, 159
   nascimento, 142-3
   noivo envolvido em duelo, 145
   pede a Françoise por posição para seu
     filho, 259
   permanece na corte após partida do
     esposo, 147-8
   permanece na corte, 258
   personalidade e gênio, 143, 185
   posição rebaixada, 222
   prazer com o sexo, 158, 159, 185-6
   procura Henriette-Anne, 169-70
   procura Luís após tratamento
     cirúrgico deste, 268
   reação à chegada de Louise, 152
   reação de Luís à morte de, 336
   reação de Luís às acusações contra,
     231-2
   reação de Montespan ao *affair*, 155-7
   recebe permissão para retornar à
     corte, 209
   recebe posição e direitos de duquesa e
     se torna superintendente da Casa da
     Rainha, 218
   registro formal de separação, 190
   relação com Françoise,
   residência em Clagny, 198, 202, 206-
     7, 240-1

ÍNDICE REMISSIVO

retira-se da corte, 284-5
retoma relacionamento com Luís, 209-10, 211
separação de Luís, 205-6, 207, 208-9, 387
tem mais dois filhos com Luís, 211
viaja com a corte para Flandres, 162, 165
visita Louise no convento, 218
Átis, 279
atitude de Carlos II em relação à, 167
atitude de Liselotte em relação à, 177-8
Ato de União (1701), 13
Aubiné (*née* Piètre), Geneviève, d', 262, 338
Aubigné (*née* Cardhillac), Jeanne d', 192, 193, 194
Aubigné, Agrippa d', 191
Aubigné, Charles d', 192, 197, 198n, 203, 257-8, 262, 266, 338
Aubigné, Constant (irmão de Françoise), 192
Aubigné, Constant (pai de Françoise), 191, 192, 193, 194
Aubigné, Françoise d' *ver* Françoise (Françoise d'Aubigné, esposa de Paul Scarron, mais tarde madame [e marquesa] de Maintenon)
Aubigné, Françoise-Charlotte d' (mais tarde duquesa de Noailles), 262-3, 195, 338
Aughrim, Batalha de (1691), 280
Aumale, Marie-Jeanne d', 240-1, 337-8, 344, 345, 369-70, 372, 373, 375, 376
Áustria, 15, 61, 149-50, 269, 282, 316, 325, 326
Auvergne, 212-3
Avesnes, 152
Avignon, 269

Bailly, padre, 358
Balbien, Nanon,
Balé da Corte, 66, 114-5, 104, 107, 161-2, 249, 385-6

Balé da Noite, 66
Balé das Artes, 123-4
Balé das Estações, 107
Balé dos Festins de Baco, 66
Baltasar Carlos, Dom, 88-9
Barcelona, 23
Barèges, 209-10
Bar-le-Duc, 365
Bastilha, 64-83
Bath, 274
Baudéan, Suzanne de, 192
Bavária, eleitor da, 365
Bavária, 23, 269, 331
Beaulieu, mademoiselle de, 264
Beauvais, baronesa de (dama de companhia), 70-1
Beauvais, bispo de, 281
Beauvillier, duque de, 178, 294, 364
Beauvillier, duquesa de, 294
Bellefonds, marquês de, 208-9
Bendita Virgem Maria, 39-40, 41, 43
Bénédicte (Anne-Louise-Bénédicte) de Bourbon-Condé, duquesa do Maine, 236, 299-300, 348, 368-70, 378-9
Benserade, Isaac de, 123-4, 234
Bernardo, St., 55-6
Berry, duque de
    casamento com Marie-Élisabeth, 349
    como possível herdeiro do trono, 361
    conhece Adelaide, 304-5
    e casamento de Adelaide e Borgonha, 308
    e morte do pai, 352
    informado sobre a decisão relativa ao seu casamento, 348, 349
    morte da mãe, 283
    morte, 366
    natureza travessa, 308, 316
    personalidade, 348-9
    possíveis noivas para, 325, 346-8
    vida marital, 349-50, 366, 389
Berry, Marie-Élisabeth d'Orléans, duquesa de *ver* Marie-Élisabeth d'Orléans, duquesa de Berry

Berwick, duque de, 173, 367
Besançon, 189
Béthune, 365
Blenheim, 26, 330
Blois, 64, 67-8, 92, 107, 109
Blois, Françoise-Marie, mademoiselle de *ver* Françoise-Marie, duquesa de Chartres,
Blois, Marie-Anne, mademoiselle de *ver* Marie-Anne, princesa de Conti
Blouin, Louis, 373-4
Boileau, Nicolas, 143, 265
Bois, Du (valete), 56-7
Bolonha, 67-8
Bonecas do Sangue, 236
Bonheur de Jour, Le, 43
Bonn, 269
Bonnefont, 157
Bontemps, Alexandre, 229-30, 241-2, 256
Borgonha, Adelaide, duquesa de *ver* Adelaide (Maria Adelaide), princesa da Saboia, duquesa de Borgonha
Borgonha, duque de
  apaixona-se por Adelaide, 304-5
  aparência, 304-5
  Berry devotado a, 348
  breves referências, 283, 289, 292, 293, 299-300, 301, 319, 347, 355, 367
  casamento, 307-8
  começo da vida marital, 308
  contato com Fénelon proibido, 309-11
  defendido por Adelaide, 342
  e derrota em Oudenarde, 341-2
  e morte do pai, 352
  encontros supervisionados com Adelaide, 304-5
  enviado ao campo de batalha em Flandres, 340-1
  enviado em campanha, 327
  funeral, 364
  gosta da companhia de Polignac, 329

  inelegível para herdeiro do trono espanhol, 316
  Luís busca casamento para, 295-6
  morte, 360-1
  nascimento, 236-7
  noivo de Adelaide, 25, 296
  relação com Adelaide, 344
  relação com Fénelon, 294
  religiosidade, 304-5, 316
  temperamento, 304-5
  torna-se delfim, 353
  vítima da vilania da Cabala, 339, 341
Bossuet, Jacques-Bénigne
  ajoelha diante de Adelaide, 307
  breves referências, 130, 156, 209-10, 214, 261, 285, 294, 352-3, 385-6, 387, 390
  chamado a intervir após a recusa de um pároco em dar absolvição a Athénaïs, 204
  como pregador, 117-8
  condena o quietismo, 309-10
  dá sacramentos e extrema-unção a Henriette-Anne,
  e separação de Luís e Athénaïs, 204, 208-9
  edita o tratado religioso de Louise, 208-9
  informa Louise da morte de seu filho, 234
  oração no funeral de Henriette-Anne, 171
  oração no funeral de Maria Teresa, 244-5
  sermões da Quaresma (1662), 117, 118, 119
  toma parte na decisão de Louise de vestir o hábito, 189
Boucher, dr., 124, 141-2
Boucher, François, 389
Boufflers, duque de, 262
Bouillon, duque de, 70, 226
Bouillon, Marianne (*née* Mancini), duquesa de, 70, 226

ÍNDICE REMISSIVO

Bourbon, 207, 209-10,334-5

Bourbon, duque de (Monsieur le Duc), 232, 232n, 286, 299-300

Bourbon, mademoiselle de, 346, 347-8, 349

Bourbon, Marianne de, princesa de Conti *ver* Conti, Marie-Anne de Bourbon, princesa de Conti

Bourbon-Condé, Bénédicte de, duquesa do Maine *ver* Bénédicte (Anne-Louise-Bénédicte) de Bourbon-Condé, duquesa do Maine

Bourbon-Condé, Casa de, 232n, 368-9 *ver também* nomes individuais

Bourbon-Conti, Casa de, 232n, 368-9 *ver também* nomes individuais

Bourdaloue, padre Louis, 204-5, 206, 214, 261, 289, 294, 353, 381-2, 387

Bourgeois Gentilhomme, Le, 308

Bouvard, dr., 40-1

Boyne, Batalha de (1690), 24, 280

Bradenburgo, Eleitor de, 251n

Bradenburgo, 23

Bragelongue, Jacques de, 109

Bretanha, duque da (primeiro filho do duque e da duquesa de Borgonha), 319

Bretanha, duque da (segundo filho do duque e da duquesa de Borgonha), 532, 339, 346, 361

Brignoles, 87

Brinon, madame de, 240-1, 255

Brinvilliers, marquesa de, 224, 229

Brixham, 271

Broussel, Pierre, 61

Browne, Edward, 121

Bruges, 26

Brühl, 64

Bruxelas, 25, 153, 341

Buckingham, duque de, 36, 52

Burgos, 331

Bussy-Rabutin, Roger, conde de, 70, 100-1, 111, 126, 172, 206, 212-3, 214, 380

Cabala, 339, 341, 353

Cadillac, Antoine, 25

Calais, 81, 275

Câmaras de reunião, 23

Canal du Midi, 25

Carcés, 87

Cardhillac, Jeanne de *ver* Aubigné (*née* Cardhillac), Jeanne d'

Carlos Emanuel, duque da Saboia, 83, 126, 383-4

Carlos I, rei da Inglaterra, 19, 20,59, 60, 63

Carlos II, rei da Espanha, 21, 23, 25, 113, 134, 135-6, 215, 217, 282, 314-5, 389

Carlos II, rei da Inglaterra
amantes pintadas como Madalena, 120
aparência, 44
bastardos de, 367, 383-4
breves referências, 156, 162, 181, 277-8, 356
como Príncipe de Gales, 60-1, 70
concorda com o casamento entre o duque de York e Maria Beatriz, 273
e aliança da França com os holandeses, 148-9
e as amantes do duque de York, 273
e Barbara Villiers, 120 156, 220
e execução do pai, 63
e noções de tolerância, 260
e o tratado secreto de Dover (1670), 21, 166-7
falta de consciência quanto a seu estilo de vida, 387
fertilidade, 220
Henriette-Anne atua como intermediária entre Luís e, 148-9, 163-4
indolência, 103
morte, 24-5
paixão pela natação, 100
recebe Henriette-Anne na Inglaterra, 166

relação com a duquesa de
Portsmouth, 220
restauração no trono da Inglaterra
(1660), 21, 91n, 105
tristeza pela morte de Henriette-
Anne, 171
vende Dunquerque à França (1662),
21
Carlos Luís, eleitor, Palatinado, 174,
176-7
Carlos V, imperador, 47, 97
Carlos, arquiduque, 294-5, 316, 331, 338
como "Carlos III" da Espanha, 25,
26, 331
torna-se imperador Carlos VI, 26, 356
Cartas de uma freira portuguesa, 152,
152n
Casamento de Peleu e Tétis, 66
Caso do Colar de Diamantes, 232n
Caso dos Venenos, 22, 224-32, 232n
Castries, madame de, 147-9
Catarina de Bragança, rainha da
Inglaterra, 220
Catarina de Médici, rainha da França,
34, 66, 306
Catau (camareira), 229
Catedral de Exeter, 60
Caylus, conde de, 262
Caylus, Marguerite de (*née* Villette), 206,
255, 262-2, 265, 266, 285, 292, 302-3,
305, 329, 330, 333, 338, 368-9
Celeste, irmã, 194
Celle, George William, duque de, 252-3
Chaillot, 75-6, 114-8, 119, 144, 186-7
Chambord, conde de, 379
Chambre ardente, 23, 225
Chamillart, 376
Champlan, Samuel de, 19
Champvallon, Harlay de, arcebispo de
Paris, 256
Charleroi, 365
Charles (filho de Louis XIV e Louise),
124
Charles, príncipe da Lorena, 99-100

Charpentier, Marc-Antoine, 120
Chartres, duque de (filho de Filipe), 322,
322n, 323
Chartres, Françoise-Marie, duquesa
de *ver* Françoise-Marie, duquesa de
Chartres
Chartres, mademoiselle de, 349
Chartres, Philippe, duque de, mais tarde
duque de Orléans *ver* Filipe, duque de
Orléans (outrora duque de Chartres)
Chateaubrian, François René, visconde
de, 373
Château-Neuf, 42-3, 214
Châtillon, duquesa de, 70
Chaumont, madame de, 163
Chémérault, mademoiselle de, 107
Cherbourg, 280
Chevreuse, duque de, 51, 57-8, 178
Chevreuse, duquesa de, 53, 178, 340
Choin, Marie-Émilie Jolie, 293, 352, 353
Choisy, abade de, 109
Churchill, Winston, 316
Cinq Mars, marquês de, 37-8
Clagny, 158, 184-5, 207, 208, 209-10,
227-8
Clement, Julian, 236, 237n
Cleveland, Barbara Villiers, duquesa
de *ver* Villiers, Barbara, duquesa de
Cleveland
Colbert, Jean-Baptiste, 21, 101-2, 111, 112-
3, 124, 184, 185, 207, 227-8, 232, 329
morte, 23, 256
Colbert, madame, 142-3
Colônia, bispo de, 269
Colonna, cardeal de, 383-4
Colonna, princesa *ver* Mancini, Maria,
mais tarde princesa Colonna
Colonna, príncipe, 86-7, 99-100, 187-8,
383-4
companhia do rei, 130
Companhia dos Cem Associados, 19
Compiègne, 80, 148, 149-50, 310-11
Condé, Henri II, príncipe de, 34, 58,
232n

ÍNDICE REMISSIVO

Condé, Louis, duque de (Grande
Condé), 20, 61, 63-4, 65-6, 67-8, 73, 87,
130, 154, 232, 232n, 236-7, 268
como duque d'Enghien, 34, 50
Confraria do Santíssimo Sacramento,
130
Conselho de Regência, 51
Conti, Anna Maria (*née* Martinozzi),
princesa de, 36, 69
Conti, Armand, príncipe de, 34, 64, 68,
232n
Conti, Louis-Armand, príncipe de, 190,
232-3, 236, 286
Conti, Marie-Anne, princesa de *ver*
Marie-Anne de Bourbon, princesa de
Conti
Corbetta, Francisco, 67-8
Corneille, Pierre, 47, 76-7, 148-9
Le Cid, 47, 76-7, 148-9
Correggio, 100-1, 120
Cotignac, 39-40, 87
Courcillon, Filipe, marquês de, 344
Cristiano IV, rei da Dinamarca, 63n
Cristina de França, duquesa da Saboia,
73, 82, 219, 297
Cristina, rainha da Suécia, 74, 80
Cromwell, Oliver, 20, 162
Crône, 40-1

Dangeau, marquês de, 258n, 258-9, 267,
277-8, 218, 288, 289n, 305-6, 312-3,
327, 337, 344, 371, 373
Dangeau, Sophie de, 337, 344, 345
delfim (Luís da França)
acomoda-se com sua amante, 293,
236, 239-40
amizade com Marie-Anne, 236
aposentos em Versalhes, 239-40
Bossuet nomeado preceptor de, 204
breves referências, 123-4, 164-5, 180-
1, 227-8, 244, 252-3, 258, 280, 316,
341, 374
Cabala no lar do, 339
casa-se com Marianne-Victoire, 219

começa a cobiçar o trono, 346
dívidas de jogo, 289
duque d'Antin ganha posição junto
ao, 259
e casamento de Berry, 348
e chegada de Adelaide, 301
e doença de Luís, 268
e morte de Marianne-Victoire, 283
e noite de núpcias de Adelaide e
Borgonha, 308
enviado para tomar Philippsburg, 269
Marie-Louise deseja casar-se com,
215-6
Montausier apontado como tutor de,
156, 157
morte, 352-3
nascimento, 112-4, 124
observações de Liselotte a, 270
único Filho da França sobrevivente,
322
viaja com a corte a Flandres, 162, 165
delfina *ver* Marianne-Victoire, princesa
da Baviera, delfina da França
Dieta de Speyer (1526), 260
Digby, Sir Kenelm, 229
Dinant, 22
Dover, 166
Tratado Secreto de (1670), 21, 166-7,
327
Dragonadas, 23, 24
Duclos, Charles Pinot, 363-4
Dumas, Alexandre, 109n, 146n
Dunas, Batalha das (1658), 28, 81
Dunquerque, 20, 21, 22, 81, 166
e anulação, 184
e o *affair* de Luís com Athénaïs, 155,
203, 204-6
e o *affair* de Luís com Louise, 113-8
e o casamento de Luís, 89-90
e o duplo adultério, 155

Édito de Nantes, 191
revogação do (1685), 23, 259-60, 294,
312-13

Elboeuf, duquesa de, 122
Élisabeth d'Orléans, 92
Élisabeth-Charlotte (Liselotte), princesa do Palatinado *ver* Liselotte, duquesa de Orléans
Élisabeth-Charlotte d'Orléans, mais tarde duquesa da Lorena, 180, 236, 299-300, 322
Elizabeth I, rainha da Inglaterra, 356
Elizabeth Stuart, rainha do Inverno, 175, 177, 177n
Enghien, Henri-Jules, duque de, 141, 147-8
Enghien, Louis, duque de (mais tarde conhecido como o Grande Condé) *ver* Condé, Louis, duque de
envolvida na Entrada real em Paris, 96
Erasmo: *Educação de um príncipe Cristão*, 37-8
Escócia, 26
Espanha
  ascensão de Carlos II (1665), 21, 134-5
  ascensão de Filipe IV (1615), 19
  Carlos II decreta paz com, 164-5
  Carlos torna-se herdeiro do trono da, 113
  chanceler fala em Parlamento sobre campanha contra, 59
  Condé se alista a serviço da, 65-6, 67-8
  derrotada em Rocroi (1643), 20, 50
  derrotada na Batalha das Dunas (1658), 20, 81
  e ataque francês em Franche-Comté, 189
  França invade a (1694), 25, 294
  Guerra da Sucessão Espanhola (1701-13), 25, 26, 316, 326, 330-1, 341, 344, 345
  Guerra de Devolução (1667-8), 148-50, 153
  Maria Teresa torna-se herdeira do trono da, 61

Marie-Louise enviada para casar-se com Carlos II, 215, 216-7, 389
morte de Carlos II, deixando Anjou como herdeiro (1700), 25, 314-6
mulheres podem subir ao trono na, 35
negociações de paz, 80
opõe-se à França na Guerra dos Trinta Anos, 19, 37-8
partida de Maria Teresa da, 94
partilha discutida (1698), 25
Paz de Aix-la-Chapelle (1668), 21, 154, 167
Paz de Nijmegen (1678), 22, 212
permanece em guerra com a França após Paz da Vestfália (1648), 20, 61
tratado de casamento de Maria Teresa, 92
Tratado de Utrecht (1713), 20, 26, 365
Tratado dos Pireneus termina a guerra com a França (1659), 20, 87
une-se à aliança contra a França, 243
une-se à Liga de Augsburgo (1686), 24, 269
Espernay, madame d', 330
Estados Gerais, 161-2
Este, d', família, 73-4
Estrées, Gabrielle, 122
Eugênio, príncipe da Saboia, 23, 26, 325, 330-1
Eure, rio, 266
Evelyn, John, 65-6, 280-1

Fagon, dr., 268, 337, 371
Falastre, Françoise, 226
Félix (cirurgião), 268
Fénelon, abade François, mais tarde bispo, 277-8, 292, 294, 304-5, 309-11
  carta anônima a Luís XIV, 294
  Telêmaco, 380
Ferdinando de Aragão, 44
Festa da Assunção, 40-1
Festa de São Luís, 371

ÍNDICE REMISSIVO

Feuillant, madame de, 194
Feuillet, padre, 169-70
Fiacre, irmão, 369, 40-1
Filhas da caridade, 48
Filipe (filho de Luís e Louise de La
    Vallière), 132
Filipe Égalité, duque de Orléans, 379
Filipe II, rei da Espanha, 97, 103
Filipe III, rei da Espanha, 19, 33
Filipe IV, rei da Espanha
    amantes, 114-5
    Ana da Áustria se corresponde com,
        38-9
    casa-se com Isabel da França, 19
    casa-se novamente, 88-9
    e partida de Maria Teresa, 94
    encontro com Ana, 93-4
    filho ilegítimo recebido por Ana, 86-7
    furioso com a ideia de uma aliança
        franco-saboiana por casamento,
        83-4
    manda enviado para oferecer a mão
        de Maria Teresa em casamento, 84
    morte da primeira esposa, 88-9
    morte do filho, 61
    morte, 21, 134-5
    nascimento da filha Maria Teresa, 35
    no casamento por procuração de
        Maria Teresa, 91
    proíbe que a carta de Luís chegue a
        Maria Teresa, 89-90
Filipe Próspero, 88-9, 93, 113
Filipe V, rei da Espanha
    atitude de Berry em relação a, 348-9
    casamento, 325
    declarado herdeiro do trono
        espanhol, 25, 316-7
    enfrenta contínua luta pelo trono,
        331
    enquanto duque d'Anjou, 251, 283,
        304-5, 346
    foge para Burgos, 331
    missa em memória de Luís rezada no
        império de, 376

princesa des Ursins a serviço de, 326
    reconhecido como rei da Espanha,
        25, 365
Filipe, duque de Orléans (outrora duque
    de Chartres)
    acusações de envenenamento
        dirigidas a, 361-2
    casa-se com Françoise-Marie, 286, 288
    depravação, 321
    descendentes, 379
    e disputa entre Marie-Élisabeth e a
        mãe, 351
    e preparações para herdeiro do trono,
        367, 369-70, 371
    Luís debate provisões para Françoise
        com, 372
    medos de Françoise quanto a, 373
    na linha de sucessão, 180-1, 236, 361
    nascimento do primeiro filho, 322
    nascimento, 180
    propõe Marie-Élisabeth como noiva
        para Berry, 348
    regência de, 375, 377
    relação com Marie-Élisabeth, 346-7
    vence competição de flatos, 306
    visita Françoise e assegura a pensão,
        375
Flandres, 20, 22, 148, 149-50, 154, 162,
    165, 167, 180-1, 207, 294, 331, 340
Flaubert, Gustave, 384n
Fontainebleau, 104, 105, 128, 187-8,
    241-2, 254, 300, 301, 314, 320, 354
Fontanges, Angélique, mademoiselle
    (mais tarde duquesa) de ver Angélique,
    mademoiselle de Fontanges, mais tarde
    duquesa de Fontanges
Fontévrault
    Jeanne-Baptiste, abadessa de, 123-4
    Marie-Madeleine Rochechouart-
        Mortemart, abadessa de, 143-4
Forte Niágara, 23
Forte Pontchartrain du Détroit, 25
Fouquet, Nicolas, 20, 21, 101-2, 111-2,
    115-6, 127, 129, 174

O AMOR E LUÍS XIV

França
  aliança com Inglaterra e derrota dos
  espanhóis na Batalha das Dunas
  (1658), 20, 81
  apoia campanha de Jaime II na
  Irlanda, 280
  apoia reivindicação de James Edward
  ao trono inglês, 25, 324-5
  ascensão de Luís XIV sob regência de
  Ana da Áustria, 20, 49-50
  Câmaras de reunião instauradas
  (1680), 23
  campanhas de sucesso, 23, 189
  Caso dos Venenos, 22, 224-32
  Conversões compulsórias ao
  catolicismo (1681), 23
  declara guerra à Inglaterra (1666), 21,
  147, 148-9
  declara guerra aos holandeses (1672),
  22, 180-2
  duque d'Anjou sobe ao trono
  espanhol, 23, 316
  durante reinado de Luís XIII, 16, 37-8
  Édito de Nantes revogado (1685), 23,
  259-60
  educação das mulheres em, 76-8
  governo após morte de Mazarin, 21,
  100-3
  Grande Aliança formada contra
  (1682), 243
  Guerra da Liga de Augsburgo (1668-
  97), 23, 25, 269, 271, 280, 294
  Guerra da Sucessão Espanhola (1701-
  13), 25, 316, 326, 330-1, 341, 344
  Guerra de Devolução (1667-8), 21,
  148-50
  huguenotes ainda tolerados na década
  de 1630, 191
  inverno inclemente (1709), 344-5
  Lei Sálica, 33, 34
  Liga de Augsburgo formada contra
  (1686), 23, 269
  limitações sobre a Regência
  removidas, 51

Luís chega à idade oficial, 20, 65-6
  melhora das relações com a
  Inglaterra, 163-4
  Paz da Vestfália (1648), 20, 61
  Paz de Nijmegen (1678) encerra
  guerra com holandeses e espanhóis,
  22, 212
  poder da Igreja em, 114-5
  revoltas e guerra civil em (1648-53),
  20, 61-5, 66
  sofre devido à guerra e à fome, 280-1
  toma Lille, 153
  Tratado de Aix-la-Chapelle (1668),
  21, 100-3
  Tratado de Ryswick encerra a guerra
  da liga de Augsburgo (1697), 25,
  296, 312-4
  Tratado de Turim (1696) com Saboia,
  25, 296
  Tratado de Utrecht termina a Guerra
  da Sucessão Espanhola (1713), 13,
  365
  Tratado dos Pireneus termina guerra
  com a Espanha (1659), 20, 87
  Tratado Secreto de Dover fechado
  com a Inglaterra (1670), 21, 166-7
  trégua de Ratisbon (1684), 23
  vitória sobre a Espanha em Rocroi
  (1643), 20, 50
Franche-Comté, 154, 189, 212
Francisco de Sales, 260
Francisco I, rei da França, 105, 128
Francisco II, rei da França, 306
Françoise (Françoise d'Aubigné, esposa
  de Paul Scarron, mais tarde madame [e
  marquesa] de Maintenon)
  acomodações em Versalhes, 239-40
  acusada de envenenamento, 227-8
  ajuda a excluir Vendôme, 344
  ajuda d'Antin a obter uma posição,
  259
  amargura após morte de Adelaide,
  363

ÍNDICE REMISSIVO

amizade com Maria Beatriz, 275, 277, 324, 325
amizade com Racine, 265
amor pela companhia de crianças, 198-9
aparência, 194-5, 377
apoia ascensão de Anjou ao trono espanhol, 316
aposentos adaptados, 258
assiste à Entrada Real de Luís em Paris, 96-7
atitude de Liselotte para com, 227-8, 238-9, 283, 299-300, 321
atitude pragmática em relação à religião, 260
breves referências, 69, 120, 250, 266, 267, 270, 285, 287, 294, 331, 340, 368-9, 379, 382
caráter, 195-6, 221-2
casamento secreto com Luís, 252-8
censura Adelaide pelo vestuário, 355
cinzas, 376, 376n
círculo de, 337-9
como exemplo para madame de Pompadour, 388-9
compra a propriedade de Maintenon, 202-3
concentra-se em Marie-Élisabeth, 362
conhece e desposa Paul Scarron, 196
corresponde-se com a princesa des Ursins, 326-7, 342, 344
cuida dos bastardos reais, 160, 180-1, 190-1, 199-201
desaprova o tabaco, 307
desentendimento com Luís, 309-10
desfruta do patrocínio e amizade com outras mulheres, 146-7, 198
detesta eventos militares, 308
deveres e problemas, 332-4
e ataques a Borgonha, 342
e chegada de Adelaide na corte, 305
e doença de Adelaide, 357, 358-9
e Françoise-Charlotte d'Aubigné, 262-3

e Jeannette Pincré, 320
e Marguerite de Villette, 261-2
e morte de Adelaide, 360
e morte de Louisa Maria, 365-6
e morte do esposo, 197
e operação de Luís, 268
e quietismo, 309-10
e revogação do Édito de Nantes, 259-60
e tristeza de Adelaide com a guerra, 326, 327
em maus termos com Filipe, 367
encontra cada vez mais conforto na companhia de jovens, 336-7
entra na corte, 202
envolvimento com Saint-Cyr, 263-5, 288, 292, 293, 307
escreve "Cadernos Secretos", 260-1
experiência com o casamento, 196-7
firma-se no lugar de Athénaïs, 232
ganha permissão para utilizar o título de madame de Maintenon, 203
guarda Adelaide de relacionamentos extraconjugais, 330
história familiar, 191-2
improbabilidade de ter-se envolvido num *affair*, 197-8
incapaz de atuar no papel de rainha, 271
infância, 192-4
influencia decisão de Luís em dar a Maine um papel na formação do futuro rei, 369-70
influencia nomeações à Casa de Adelaide, 300
influência sobre mudanças na sucessão real, 367
interesse em educação, 261-5
leva Maine para banhos termais, 207
Luís faz últimas despedidas a, 372
Luís se torna admirador de, 180, 201
medos de, 373
morte, 378
na campanha de Namur, 281-2

não acredita em acusações a Filipe, 361

não assume papel de rainha, 310-2

não permanece junto de Luís em sua morte, 372-3

nascimento, 191

natureza da relação com Luís, 220-3, 238-9, 239-42

opinião sobre Bossuet, 208-9

opinião sobre Elizabeth Hamilton, 277-8

panfletos obscenos contra, 311, 312-3

papel na vida de Luís, 381, 383-4, 387-8, 390

precisa consolar Luís pela morte do delfim, 352

presente durante trabalho de parto da delfina, 236

recebe cartas de condolências, 375-6

recebe descrição de Luís sobre Adelaide, 301, 84

recebe o marquesado de Maintenon, 265

recebe papel público de segunda dama dos trajes da delfina, 174-9, 222-3

recebe pedido de desculpas de Liselotte, 322

reconciliação com Luís, 310-1

recusa-se a confirmar ou negar casamento com Luís, 376

relação com Athénaïs, 202, 206-7, 211

relacionamento com Adelaide, 297, 302, 310-1, 332

relacionamento com Luís XIV avança, 206

retratada por Mignard, 312-3

sente pelos sofrimentos da França, 345

sonhos não realizados de uma vida pacífica em Maintenon, 265-6

sugere Louisa Maria como possível noiva para Berry, 346

temas de correspondência, 344

tenta reprimir a frivolidade de Adelaide, 327

torna-se católica (tendo sido originalmente batizada), 194

tratada com consideração por Luís, 311-2

vê cartas desabonadoras de Liselotte, 321-2

visita Angélique, 218

visita Paris, 194-6

visitantes, 377

vive em retiro em Saint-Cyr, 377

Françoise batizada na, 192

Françoise se converte à, 194

conversões forçadas (1681), 23

conversões forçadas após a revogação do Édito de Nantes (1685), 23, 259

e casamentos morganáticos, 252-3

e o quietismo, 309-10

e o sermão no funeral de Luís, 374

e Saint-Cyr, 291, 292

incansável campanha pela salvação de Luís, 385-7

opinião sobre o apoio de Luís a Jaime II e Maria Beatriz, 376

postura de Françoise em relação à, 260

Françoise-Madeleine d'Orléans, 83, 92

Françoise-Marie, duquesa de Chartres, mais tarde duquesa de Orléans

affairs, 306

antipatia de Liselotte por, 286-7

aparência, 287

ardorosa no apoio às filhas, 323

casamento com o duque de Chartres, 284, 286

desentendimento com Marie-Élisabeth, 351

e casamento de sua filha Marie-Élisabeth com Berry, 348, 349

e chegada de Adelaide, 299-300

fertilidade, 28, 347n, 379

morte, 378

na infância, 236

nascimento do primeiro filho, 322

nascimento, 210-2

ÍNDICE REMISSIVO

nomeada mademoiselle de Blois, 210-1
personalidade e comportamento, 287-8
proibida de usar luto por sua mãe, 336
Frederico Guilherme I, rei da Prússia, 251n
Frederico I, rei da Prússia, 362
Frederico II, o Grande, rei da Prússia, 251n
Fréjus, bispo de, 89-90
Fronde, 20, 63, 64, 65-6, 78, 103
Frontenac, governador da Nova França, 22
Fuenterrabia, 91, 93, 333
Fundação de Saint-Louis, Saint-Cyr *ver* Saint-Cyr
Furetière, Antoine: *Dictionnarie Universel*, 123-4, 151, 225

Garasse, padre: *La Doctrine Curieuse*, 146-7
Gaston, duque de Orléans
  Ana acusada de conspirar com, 37-9
  breves referências, 44, 45, 74, 108-9, 251
  e nascimento de Luís, 34, 38
  em Conselho de Regência, 51
  exílio em Blois, 67-8
  favorecido como segundo filho, 48
  morte, 87
  negocia acordo com o Parlamento, 62
  no Parlamento de Paris, 57-8
  une-se a *frondeurs*, 64
Gazette de France, 34, 40-1
Genoveva, Santa, 136, 357
Ghent, 26, 341
Glapion, madame de, 195, 332, 333, 375
Gloucester, duque de, 314
Gobelin, abade, 199-200, 202, 203, 206, 214, 219, 222, 258, 290
Godet des Marais, abade, 258, 290-1, 309, 310-1, 312
Gomberville, Marin de, 78

Gondrin de Pardaillan, Christine (Marie-Christine) de, 146-7, 157, 259
Gondrin de Pardaillan, Louis-Antoine de, duque d'Antin, *ver* Antin, duque d'Gondrin de Pardaillan, Louis-Henri de
  marquês de Montespan, *ver* Montespan, Louis-Henri de Gondrin de Pardaillan, marquês de
Grã-Bretanha, 25-6, 365
Grafton, duque de, 367
Gramont, Chevalier de, 103
Gramont, duque de, 89-90, 103
Gramont, Elizabeth Hamilton, condessa de, 277-8
Grand Louis, 243
Grande Aliança, 23-4, 25, 243, 294, 296, 326
Grande Mademoiselle (Anne-Marie-Louise de Montpensier)
  aparência, 83
  apoia *frondeurs* e passa um período de exílio da corte, 64
  breves referências, 66, 80, 127, 153, 249
  comenta sobre o cortejo fúnebre de Maria Teresa, 244-5
  comentário sobre a felicidade, 390
  comparece ao convento onde Louise se torna freira, 190
  cortejada por Charles, príncipe de Gales, 60
  debates sobre possível casamento com Carlos Emanuel da Saboia, 83
  debatido possível casamento com Monsieur, 172
  descreve Maria Teresa e o casamento por procuração, 91
  descrição de Luís, 55-6
  deseja casar-se com Lauzun, 172-3
  desejo de juventude de casar-se com Luís, 34
  e morte da rainha Ana, 136
  e morte de Henriette-Anne, 169-70

E *Tartufo*, 130
herança passa para Monsieur, 284
Luís apoia, 174
Luís rescinde sua permissão para o
  casamento com Lauzun, 173
morte, 284
opinião sobre Liselotte, 175
possível casamento secreto de, 252n
recebida de volta na corte, 74
refere-se ao contraste entre os sangues
  Bourbon e Médici, 44
tenta acalmar Montespan, 156
viaja a Flandres com a corte, 165, 166
Grande Recepção Real (1668), 154-5
Grandseigne, Diane de, duquesa de
  Mortemart, 144-5
Gravelines, 87
Gregório, o Grande, papa, 126
Grenoble, 187-8
Grignan, Juliette de, 79
Guadalupe, 193
Guardas suíços, 65-6, 330, 353
Guerra da Liga de Augsburgo (1688-97),
  23, 25, 269, 271, 280, 294, 296, 307,
  312-3
Guerra da Sucessão Espanhola (1701-
  13), 23-4, 25, 316, 326, 330-1, 341, 344,
  345
    termina com o Tratado de Utrecht,
      26, 365
Guerra de Devolução (1667-8), 21, 148-
  50, 207
    termina com a Paz de Aix-la-
      Chapelle, 21, 154
Guerra dos Trinta Anos, 19, 20, 37-8,
  61, 175
Guerra Franco-Holandesa, 181, 207,
  212, 243
Guiche, Armand, conde de, 104, 117-8,
  119, 133
Guiche, duquesa de, 360
Guilleragues, Gabriel-Joseph de, 152n
Guyenne, 63
Guyon, Jeanne-Marie, 309-10

Haia, 177
Hainault, 87, 312-3
Halifax, 60
Hamilton, Elizabeth, condessa de
  Gramond, 277-8
Hanover, duque de, 177
Hanover, Sofia, eleitora de *ver* Sofia,
  eleitora de Hanover
Harcourt, princesa de, 327
Haro, Dom Luís de, 91
Hautefort, Marie d', 37-8
Heidelberg, 175, 270, 362
Henriette-Anne, duquesa de Orléans
  (Madame)
    aparência, 99-100
    assume papel em balé, 66, 107
    breves referências, 61, 109, 111, 114-
      5, 149-50, 156, 176, 180, 215, 216,
      227-8, 255, 294-5, 297, 308, 327, 390
    casa-se com Monsieur, 21, 99-100
    chega à corte francesa, 60
    chega à Inglaterra, 166
    coleção de pinturas, 100-1, 120
    como possível candidata a um
      casamento com Luís, 74
    concebe o primeiro bebê, 107
    crueldade do esposo para com, 163
    doença, 167-9
    e juventude e felicidade na corte,
      103-104
    e o Tratado Secreto de Dover, 21,
      166-7
    e trabalho de parto de Louise, 141
    efeito da morte sobre a corte, 172
    esposo tenta impedir sua visita à
      Inglaterra, 164-5
    funeral, 171
    ganha permissão do esposo para
      visitar a Inglaterra, 165
    interesses, 99-101
    intriga com o conde de Guichê, **117-
      8**, 119
    Luís se recusa a dançar com, 72
    luto por, 171

ÍNDICE REMISSIVO

morte, 169-71
necessária para missão diplomática na
Inglaterra, 162
personalidade, 101
popularidade de, 100, 101
relacionamento com Luís, 104-7,
385-6
retorna à França, 167
saúde frágil, 162-3
separa-se da corte em viagem em
Lille, 166
torna-se intermediária entre Luís e
Carlos II, 148-9
vai a Villers-Cotterets, 164-6
Henrique II, rei da França, 49-50
Henrique IV, rei da França, 19, 34, 43,
44, 5-6, 74, 96, 114-5, 122-3, 132, 259,
297, 340, 367, 383-4
Henriqueta Maria, rainha da Inglaterra,
19, 59-60, 63, 67-8, 72, 74, 86-7, 163,
215, 297
Historiografia da França, 363-4
Hobbes, Thomas, 65-6
Holanda, 21, 22, 24, 26, 163, 243, 259,
263, 294, 311-2, 326, 365
Holandeses, 19, 21, 22, 24, 25, 26, 135-6,
137-8, 148-9, 164-5, 167, 180-2
Hôtel d'Albret, 146-7
Hôtel Rambouillet, 194
Huguenotes, 19, 23, 191, 259, 260
Hungria, 243
Hyde, Anne, duquesa de York, 163, 166

Igreja católica
permite a ausência de filhos como
possível justificativa para anulação
de casamento, 33
visão sobre relações sexuais fora do
casamento, 52, 52n, 381-2
Ilha de Maria Galanda, 193
Iluminismo, 379
Imitação de Cristo, 284
Índia, 21
Índias Ocidentais, 193, 314, 333-4

Inglaterra
aliança com a França (1658), 16-7, 81
aliança franco-holandesa contra, 135-6
ascensão de Carlos I (1625), 19
assina tratado de partilha (1699), 25
busca melhores relações com a
França, 163-4
começo da Guerra Civil (1642), 20
comentário de Adelaide sobre o
governo da, 356
e a Paz de Utrecht (1713), 26, 365
e reivindicações de James Edward,
25, 323
em guerra com a França (1672), 22
envolvida em discussões sobre a
partilha da Espanha (1698), 25
esperanças de sucessão protestante
em, 274
execução de Carlos I e ascensão de
Carlos II (em exílio) (1649), 20
Guilherme (William) de Orange
invade (1688), 24, 271, 274
Guilherme e Maria proclamados
governantes conjuntos (1689), 24
Henriette-Anne chega a, 166
Henriette-Anne recebe permissão
para visitar, 165
impopularidade do casamento de
James (Jaime II) na, 273-4
Jaime II tenta recuperar o trono
(1689-90), 23, 279-80
Luís declara guerra à (1666), 21, 147,
148-9
Maria Beatriz e filho fogem da, 271,
275
morte de Ana e ascensão de Jorge I,
26, 369-70
morte de Carlos II e ascensão de
Jaime II (1685), 23
morte de Guilherme e ascensão de
Ana, 23-4
nascimento do príncipe de Gales em,
275
nostalgia por Cromwell na, 162

partida dos membros da família real, 59-60

permanece a questão da eventual sucessão, 314

protetorado cromwelliano (1653), 20

restauração de Carlos II (1660), 21

Tratado de Ryswick (1697) reconhece por implicação Guilherme como rei, 25, 314

Tratado Secreto de Dover selado com a França (1670), 21, 166-7

une-se à aliança contra a França (1668), 21

une-se à Grande Aliança, 294

Inquisição, 217

Irlanda, 279, 280

Isabel de França, rainha da Espanha, 19, 73, 88-9

Isabella Clara Eugênia, 33

Isabella, princesa da Inglaterra, 274

Ísis, 210-1, 227-8

Jacobitas, 271, 365, 377-8

Jaime I, rei da Inglaterra, 175

Jaime II, rei da Inglaterra
ascensão de, 23
campanha na Irlanda, 23, 279-80
como duque de York, 81, 163, 166, 180, 273
em exílio na França, 280
filho bastardo, 367
foge para a França, 24, 276
Luís elogiado por generosidade para com, 374, 376
Luís faz promessa no leito de morte de, 323-4
Luís se recusa a banir, 314
memorial, 323n
morte, 25, 323
nascimento do filho, 274
papel na noite de núpcias de Adelaide e Borgonha, 308
parlamento tenta depor, 271
pede para assistir *Atália*, 292

James Edward, príncipe de Gales ("o Velho Pretendente")
convidado a se retirar da França, 26, 365
fuga para a França, 275
infância no exílio, 24, 276, 314, 325
lança campanha para conquistar o trono inglês, 377
nascimento, 274
reconhecido por Luís XIV como Jaime III, 25, 323-4

James, Elinor, 76-7

jansenismo, 117, 117n, 146-7, 358

Jeanne de Chantal, Santa, 382

Jerônimo, São, 158

Jesuítas, 66, 115-6, 222, 312-13, 358, 387

João Sobieski, rei da Polônia, 243

Jorge da Dinamarca, 274

Jorge I, rei da Grã-Bretanha, 26, 369-70

José Ferdinando da Baviera, 316

José I, imperador, 26, 356

Juan José, Dom, 81, 86-7

Kéroualle, Louise de, duquesa de Portsmouth, 220

Kneller, Sir Godfrey, 275

Kourakin, 377

La Beaumelle, Angliviel, 201n

La Chaise, padre, 240-1, 259-60, 268, 292, 387

La Charité-sur-Loire, 301

La Fayette, condessa de, 70, 75-6, 86-7, 99-100, 105-6, 132, 146-7, 167, 169, 172, 283
A Princesa de Cleves, 105-6

La Fayette, Louise Angélique, 38-9

La Fère, 152

La Ferté, duquesa de, 152

La Fontaine, Jean de, 70, 109, 129, 172, 185, 214, 25, 234
Fábulas, 185
"Ode a Madame", 100-1

La Haye, 362-3

ÍNDICE REMISSIVO

La Hogue (Cap La Hogue), 24, 280, 324-5

La Hongre, Étienne, 186-7

La Motte d'Argencourt, Anne-Lucie de, 75-6, 80

La Motte Houdancourt, Charlotte-Eléanore de, 134-5

La Motte, marechal de, 305

La Porte, Pierre de, 38-9, 45, 47

La Reynie, Nicolas-Gabriel de (chefe de Polícia), 225, 309-10

La Rochefoucauld, duque de, 55-6, 86-7, 141, 147-8, 152, 198, 214, 249, 253, 376

La Rue, padre de, 358

La Salle, Robert, 23, 269

La Tour, padre Pierre François de, 286, 334-5

La Trémoïlle, Louis-Alexandre de, 145

La Vallière (propriedade), 108

La Vallière, Louise de ver Louise de La Vallière

La Vallière, marquês de, 121, 128, 209-10

La Vau, Louis, 111, 112-3, 128, 184

La Vienne, François Quintín, 230

La Voisin (Catherine Monvoisin), 24-7, 29, 230-1

La Vrillière, marquesa de, 329

Ladislau IV, rei da Polônia, 63n

Lalande, Michel-Richard de, 280, 353, 360

Landrecies, 166

Lassay, marquês de, 306

Lauzun, Antonin Nompar de Caumont, conde de, 172, 173, 174, 186-7, 199-200, 252n, 275, 284, 390

Le Brun, Charles, 112-3, 148-9, 186-7, 212-3

Le Cerf de la Viéville, 353

Le Nôtre, André, 112-3, 127

Lécuyer, padre, 204

Lei de Brabant, 135-6, 148-9

Lei Sálica, 33, 34

Lely, Sir Peter, 220, 275

Lenclos, Ninon de, 198, 256

Lens, 61

Leonardo, São, 35

Leopold Joseph, duque de Lorena, 299-300

Leopoldo I, imperador, 23, 24, 134-5

Liège, 23, 294

Lieutaud (escultor), 120n

Liga de Augsburgo, 23, 269, 294, 298

Lille, 21, 153, 154, 166, 342, 365

Liselotte, duquesa de Orléans (Madame)
    admira as fontes de Sceaux, 368-9
    aparência, 176
    apoio de Luís para, 237-8
    ascendência, 175
    atitude para com Françoise, madame de Maintenon, 277-8, 238-9, 259, 283, 299-300
    atitude para com o catolicismo, 177-8, 385-6
    breves referências, 294-5, 310, 311-2, 319, 320, 324, 325, 336, 364, 367, 381, 388, 390
    casa-se com Monsieur, 21, 174
    comentário sobre a aparência de Françoise na casa dos setenta anos, 377
    comentário sobre a aparência de Marianne-Viètoire, 219
    comentário sobre Angélique, 212-3
    comentário sobre o amor de Adelaide por seu esposo, 344
    comentário sobre o apetite de Luís, 249-50
    comentário sobre o casamento secreto de Luís, 256-7
    comentário sobre sua filha, 236
    comparece ao convento em que Louise se torna freira, 190
    contrato de casamento oferece oportunidades no Palatinado, 175
    critica o estilo de vida das jovens princesas reais, 306, 307
    descreve a chegada de Adelaide na corte, 305

descrição de Adelaide, 302
descrição de Maine, 285
diverte Luís, 178
e a dor do rei pela morte do delfim, 352
e ambições territoriais de Luís, 269
e Anjou, 316
e casamento de seu filho Filipe, 286-7, 288
e Marie-Élisabeth, 347, 351, 363
e morte de Adelaide, 362
e morte de Borgonha, 361
e morte de Marianne-Victoire, 283
e morte de Monsieur, 321
e o inverno inclemente, 344-5
e os últimos dias de Luís, 371, 372
e perspectivas de casamento de Élisabeth-Charlotte, 299-300
elogia a discrição de Françoise-Marie em lidar com seus *affairs*, 306
fim das relações conjugais, 180-1
franqueza e vulgaridade, 175, 270
história familiar, 176-7
incorre na desaprovação de Luís, 270
infelicidade, 237-8
júbilo pela perda da beleza de Athénaïs, 285
misericórdia de Luís para com, 322
morte, 378
não dispõe de qualidades valorizadas na corte francesa, 175-6
não faz qualquer referência a *affairs* em relação a Adelaide, 327-8
nascimento dos filhos, 180
pedido negado para se retirar num convento, 237-9
reação à morte de Françoise, 378
reclama dos mosquitos de Marly, 290
relata o sonho de Angélique, 212-4
sentimentos quanto ao casamento, 180
torna-se primeira dama de Versalhes, 293

tristeza com a guerra em sua terra natal, 270, 280, 389
vingança de Françoise sobre, 321-2
Lister, dr. Martin, 305
Lit de Justice, 51, 58
Lockhart, Sir William, 81
Longueville, duque de, 20, 64
Lorena, Élisabeth-Charlotte, duquesa da *ver* Élisabeth-Charlotte d'Orléans, mais tarde duquesa da Lorena)
Lorena, Leopold Joseph, duque da, 299-300
Lorena, 25, 312-3, 365
Loret, Jean, 99-100, 105, 113
  A musa histórica, 99-100
Lorraine, Chevalier de (Filipe de Lorraine-Armagnac), 130, 164-5, 166, 169-170, 180, 227-8, 237-8
Loteria da Corte, 129, 289
Louisa Maria, princesa, 274n, 276-7, 323, 325, 339, 346, 365-6
Louise de La Vallière
  affair com Luís, 110-1, 113-5, 117, 118, 119, 120-2, 126, 127, 130, 132, 383-5
  aparência, 109-10
  apresenta-se a Maria Teresa, 152
  assiste à Entrada Real de Luís, 97
  atitude para com os filhos, 234
  atua como madrinha da filha de Athénaïs, 183
  breves referências, 131, 177, 192, 194, 201, 241-2, 285, 312-3, 379
  caráter, 109, 111
  cena emocional no retorno à corte, 187-8
  concebe terceiro bebê, 137-8
  dá à luz Marie-Anne, 141-2
  dá à luz uma quarta criança, 153
  deixa a corte para vestir o hábito, 189-90
  e obra de Flaubert, 384n
  em Tournai, 181
  encontro com Luís, 152-3
  escreve um tratado religioso, 208-9

ÍNDICE REMISSIVO

faz os votos finais, 207
fica grávida, 122, 123-4
filho legitimado, 153-4
fim do *affair* com Luís, 151-2
história familiar, 107-8
junta-se à rainha em sua carruagem e
  janta à mesa real, 153
legitimação de Marie-Anne, 149-50,
  151
Luís se apaixona por, 107
morte, 336
na Casa Orléans, 92, 108-9
nascimento e morte do primeiro
  filho, 124
nascimento e morte do segundo filho,
  132
nascimento, 107
nomeada duquesa e recebe terras,
  149-50, 151
nunca é visitada por Luís, 218
perde o favor real, 147-8
primeiro encontro com Luís, 92
procura Henriette-Anne, 169-70
temperamento religioso, 108, 384-5
torna-se dama de companhia de
  Henriette-Anne, 103
usa cilício como penitência, 187-8
usada para desviar a atenção do
  relacionamento de Luís com
  Athénaïs, 155
vai para o convento mas recebe
  ordens de retornar, 186-8
viaja com a corte para Flandres, 165
visitada por Marie-Anne, 234
Louise-Françoise, mademoiselle de
  Nantes *ver* madame la Duchesse
  (Louise-Françoise, mademoiselle de
  Nantes)
Louise-Marie, mademoiselle de Tours,
  191
Louisiana, 23, 269
Louison *ver* Maria Luisa, rainha da
  Espanha
Lourenço o Magnífico, 44

Louvois, marquês de, 21, 23, 232, 256,
  269, 281
Louvre, palácio, 40, 57-8, 61, 117-8, 126,
  148-9, 390
Lucas, Margaret (mais tarde duquesa de
  Newcastle), 229
Lude, duquesa de, 300, 305, 308
Ludres, Isabelle de, 210-1
Luís de Fran *ver* delfim (Luís de Fran)
Luís Filipe, rei dos franceses, 379
Luís XIII, rei da França
  a mãe atua como regente para, 19, 34
  ascensão, 19
  breves referências, 51, 122, 340, 375
  casa-se com Ana da Áustria, 19, 35-6
  e a concepção de Louis (Luís XIV),
    38-9, 40
  e Mazarin, 52
  e nascimento de Luís, 42, 43
  envolvimentos românticos, 36-7
  morte, 20, 49-51
  pede a todo o reino que ore por um
    delfim, 40-1
  relação difícil com Ana, 35, 36, 380
  relacionamento com Luís, 45
  suspeita da lealdade de Ana, 37-8
Luís XIV, rei da França
  a corte se estabelece em Compiègne,
    149-50
  abandona relação com Athénaïs,
    205-6
  aborto de Adelaide, 339-40
  aceita trono da Espanha em nome de
    Anjou, 316
  acesso a afrodisíacos, 229-31
  Adelaide se esforça para divertir, 354
  Adelaide vasculha papéis de, 320-1
  admira Maria Beatriz, 324-6
  admira mulheres virtuosas, 178-9
  affair com Angélique, 212-4, 217-8
  affairs com a princesa de Soubise e
    Isabelle de Ludres, 210-1
  alcança a maioridade, 20, 65-6

ansioso por melhorar relações com a
Inglaterra, 163-4
antipatia por mulheres "políticas",
64-5
aparência, 66-7, 67n, 249
apetite, 249-50
apoia Jaime II, 277, 279-80
aprova escolha de noiva para Filipe
V, 325
aproxima-se do septuagésimo
aniversário, 339
ascensão, 20, 49-50
ataques satíricos a, 345-6
Athénaïs como amante de, 158-9, 184-6
busca paz com a Saboia através de
aliança por casamento, 295
casamento por procuração, 91
casamento secreto com Françoise,
252-8
casamento, 94-5
cativado por Olympe Mancini, 71
censura Adelaide, 327
Charles, príncipe de Gales, recebido
por, 60-1
começa a desafiar a autoridade da
mãe, 71-2
começa *affair* com Athénaïs, 141,
142-3, 147, 148-9, 153
comparece a banquete oferecido por
Fouquet, 111-2
concede a Maine e Toulouse o título
de Príncipes do Sangue, 369-70
concentra esforços em Marie-
Élisabeth, 362, 366
concepção e nascimento, 33-6, 38-44
confere a Françoise o marquesado de
Maintenon, 265
confere a Maine um papel na
formação do futuro rei, 369-70
confere nomeação a Françoise, 219
confere posição e cargo a Athénaïs,
218
confere título a primeiro filho de
Adelaide, 319

confere título ao segundo filho de
Adelaide, 332
considera grotesca a obesidade de
Marie-Élisabeth, 347
consolado e apoiado por Françoise,
332
conta a Maria Teresa sobre a morte
do pai desta, 134-5
continua a fazer as vontades de
Athénaïs, 207
continua a fazer exigências sexuais a
Françoise, 333
continua o *affair* com Louise, 120-2,
123-4, 126, 130, 132
criação, 54-8
critica Adelaide por demonstrar seus
sentimentos, 342
decide não dançar no balé, 161-2
decide presidir sobre seu próprio
governo, 21, 101-2
decisão de não se casar novamente,
251-2
declara guerra à Inglaterra, 137-8
declara guerra aos holandeses, 180-2
desaprovação a Liselotte, 270-1
descendentes, 379
desentendimento com Françoise,
309-310
desfruta a companhia da delfina,
219-20
designa Versalhes como sede da corte
e do governo, 238-40
despede-se de Henriette-Anne, 166
diligente, 103
doença, 80, 81-2
durante anos de revolta civil, 61-3, 64
e a controvérsia de Saint-Cyr, 291, 292
e a dança, 65-7
e a doença da mãe, 131
e *A forma de apresentar os jardins de
versalhes*, 277-9
e a Paz de Aix-la-Chapelle, 154
e a pintura em miniatura de
Françoise, por Mignard, 312-3

ÍNDICE REMISSIVO

e a questão do casamento entre a Grande Mademoiselle e Lauzun, 173-4

e alegações de traição contra Adelaide, 363-4

e cães, 279

e casamento de Adelaide e Borgonha, 307, 308

e casamento de Berry, 346, 348, 349

e Caso dos Venenos, 20, 227-8, 231-2

e chegada de Adelaide, 297, 298-9, 300, 301-2

e chegada de Maria Beatriz, 273, 275, 276, 277

e conceito de glória, 147-9

e debates sobre casamento com Margarida Iolanda da Saboia, 82-3

e derrota em Oudenarde, 341

e desaprovação da Igreja, 114-8

e doença de Adelaide, 357, 358, 360

e Elizabeth Hamilton, 277-8

e infelicidade de Adelaide quanto à guerra com a Saboia, 326

e Liselotte, 178

e Marie-Anne, 236

e Marly, 289-90

e morte de Ana, 137

e morte de Henriette-Anne, 169-70, 172

e morte de Maria Teresa, 244, 245

e morte de Marianne-Victoire, 283

e morte de Marie-Louise (Maria Luísa da Espanha), 282-3

e morte de Mazarin, 100-2

e morte do delfim, 352, 353

e nascimento de Marie-Anne, 142-3

e nascimento de seu bisneto, duque de Chartres, 322

e nascimento do duque de Borgonha, 236-7

e nascimento do filho de Louise, Charles, 124

e nova posição de Adelaide, 353

e o jogo em Versalhes, 288-90

e o Tratado Secreto de Dover, 21, 166-7

e obras em Versalhes, 127-8, 212-3, 241-2

e opiniões de Françoise quanto aos peticionários, 333

e os uniformes de Saint-Cyr, 292-3

e papel de Françoise, 310-2

e partida de Louise para o convento, 189

e partida de Olympe, condessa de Soissons, 226

e pregação de Bourdaloue, 205

e queda de Fouquet, 21, 112-3

e reação de Liselotte ao casamento do filho desta, 286

e retiro de Athénaïs, 284-5

e retorno de Athénaïs, 208-10, 211

e *Tartufo*, 128-30

e Tratado de Ryswick, 312-4

educado e atencioso com Françoise, 311-2

egotismo, 340

em campanha, 81

embarca na Guerra da Liga de Augsburgo, 23, 269, 271, 280

encantado por Marie-Anne, 190

encontro de Louise com, 152-3

entusiasmado com a ideia do casamento, 89-90

envia Borgonha a Flandres, 340

envolvido em Saint-Cyr, 263-4, 265, 266-7, 288

estátua equestre de, 268-9

evita envolver tanto a Inglaterra quanto a França na guerra,

expectativas de novo casamento de, 249, 250-1

experimenta minidesmaios, 231

fala sobre seus sofrimentos, 366-7

falha em capturar Liège, 294

falha em prever a deposição de Jaime II, 271

faz a Entrada Real em Paris com Maria Teresa, 96-7

faz promessa a Maria Teresa, 131

faz sugestão à Grande Mademoiselle sobre casamento com Monsieur, 172

faz viagem ao sul, 87

felicidade na corte, 103-4

Fénelon escreve carta para, 294

fim do *affair* com Louise, 151-2, 154

força da majestade, 250

Françoise recebe cartas de condolências pela morte de, 375-6

funeral, 374

furioso com a disputa entre Marie-Élisabeth e sua mãe, 351

gradual fragilidade, 369-70

incapaz de evitar a atenção às baixas da guerra, 344

incomodado com a indiferença de Adelaide ao vestuário, 355

inicia sua campanha militar, 148-50

iniciação sexual, 70-1

insiste no casamento de Marie-Louise com Carlos II, 214-7

ira de Montespan pelo *affair* de sua esposa com, 155-7

legitima filhos de Athénaïs, 183-4

legitima Marie-Anne, 149-150, 151

legitima o quarto filho de Louise, 154

limitações do relacionamento, 98

Louise sofre com infidelidades de, 142-3

lutos, 360-2

mais casos com mulheres, 132, 134

mais trabalho após morte de Louvois, 281

misericordioso para com Liselotte, 322

missa em memória no império espanhol, 376

morte, 373

não apoia Borgonha, 341-2

nascimento do filho, 112-4, 124

natureza da relação com Françoise, 220-2, 238, 239-42

negociações para casamento com a infanta, 84, 85

noite de núpcias, 95

nomeia Louise como duquesa e lhe dá terras, 149-52

novamente no Parlamento de Paris, 57-9

o relacionamento com Françoise se desenvolve, 206

observação de Polignac para, 329-30

obtém permissão para escrever a Maria Teresa, 89-90

oferece condolências a Maria Beatriz, 366

ordena a prisão do Chevalier de Lorraine, 164-5

ordena funeral de Estado para Henriette-Anne, 171

ordena que Louise retorne à corte, 186-8

organiza a Grande Recepção Real em Versalhes, 154-5

parte em campanha para Flandres, 162, 165

passa cartas de Liselotte para Françoise, 321-2

permanece tolerante para com Marie-Élisabeth, 367

permite que Françoise use o título de madame de Maintenon, 203

persuadido a abandonar relacionamento com Maria Mancini, 86

planeja e executa o Festival, 126, 128-9

política de réunions, 243

possíveis noivas para, 73-4

presentes de despedida para Maria, 86-7

primeiro vislumbre de Maria Teresa, 93, 94

primeiros anos, 45-8, 380-1

primeiros meses do *affair* com Louise, 107, 110-1, 113, 114-5

ÍNDICE REMISSIVO

problemas de saúde, 267-8
reação à morte de Athénaïs, 336
reação à morte de Louise, 336
reação à morte de Monsieur, 321
reação de Françoise à morte de, 375
reconciliação com Françoise, 310-1
reconhece James Edward como Jaime III, 323-4
recupera Franche-Comté, 189
recusa-se a banir Jaime e Maria Beatriz, 314
recusa-se a permitir que Liselotte se retire num convento, 237-9
recusa-se a receber Maria Mancini, 187-9
reduz pensão de Athénaïs, 334-5
relação física com Maria Teresa, 97-8
relacionamento com Adelaide, 302-3, 305-6, 320, 330, 340, 389, 390
relacionamento com Anne-Lucie de La Motte d'Argencourt, 75-6
relacionamento com Henriette-Anne, 100, 101, 104-7
relacionamento com Maria Mancini, 75-7, 79-81, 72, 84-5
resumo das relações na vida de, 380-91
revogação do Édito de Nantes, 259-60
sagrado rei da França, 67-8
sátiras contra, 311-3
sentimentos de Maria Tereza por, 88-9
tem enfrentamento com a mãe sobre o *affair* com Louise, 130
tira vantagem da correspondência entre Françoise e a princesa des Ursins, 326-7
toca guitarra espanhola, 67-9
torna-se admirador de Françoise, 201-2
últimos dias,
une-se ao exército para cercar Namur, 281
usa Louise para desviar a atenção de seu relacionamento com Athénaïs, 158

vai a Chaillot para persuadir Louise a retornar, 119
vai ao Parlamento de Paris, 51
visita a propriedade d'Antin, 334-6
visita Blois, 92
Luís XV, rei da França, 24, 375, 388-9
como duque d'Anjou, 346, 361, 367, 372
Lully, Jean-Baptiste, 66, 82, 128-9, 161, 165, 210-1, 211n, 232, 244, 265, 279
Luxemburgo, 87, 365
Lyon, 82
Lys, abadia de, 189

Maastricht, 181
MacCarthy, Diarmaid, 274
madame la Duchesse (Louise-Françoise, mademoiselle de Nantes)
affair com Lassay, 306
batismo, 183
breves referências, 268, 287
casa-se com o duque de Bourbon, 232
dívidas de jogo, 289
e a Cabala, 339
e Adelaide, 299-300, 332, 347, 354-5
e casamento de Berry, 348, 349
e pecado do duplo adultério, 236, 336
Françoise-Marie toma precedência sobre, 286
legitimada e recebe título, 183
Louise atua como madrinha de, 183, 384-5
Marguerite de Villette inserida no círculo de, 262
morte, 378
nascimento, 180-1
proibida de vestir luto por sua mãe, 336
sob os cuidados de Françoise Scarron, 191
traje para casamento de Adelaide e Borgonha, 307
versos sobre Borgonha, 342
Madame Royale (Jeanne-Baptiste de Savoie-Nemours)

Madame *ver* Henriette-Anne, duquesa de Orléans; Liselotte, duquesa de Orléans

Madri, 89-90, 217, 331

Mailly, condessa de, 355-6

Maine, duquesa do *ver* Bénédicte (Anne-Louise-Bénédicte) de Bourbon-Condé, duquesa do Maine

Maine, Louis-Auguste, duque do
  breves referências, 198, 202, 212
  casamento se sai bem, 368-9
  casa-se com Bénédicte, 299-300
  entrevista com Luís sobre seu papel, 371
  filhos de, 348, 367
  função reduzida em relação ao novo rei, 375
  legitimado e recebe título, 183
  levado a banhos termais por Françoise, 207
  nascimento, 159, 180-1
  recebe o *appartement des bains*, 285
  recebe título de Príncipe do Sangue, 369-70
  sob cuidados de Françoise, 160, 191, 261
  tratamento de Luís para com, 367-8, 369-70
  visita Françoise, 377

Maintenon, castelo de, 202, 202n, 207, 209-10, 212, 239-40, 265-6, 338

Maintenon, madame de *ver* Françoise (Françoise d'Aubigné, esposa de Paul Scarron, mais tarde madame [e marquesa] de Maintenon)

Malplaquet, 20, 344, 345

Mancini (*née* Mazarin), Geronima, 69, 70, 76-7

Mancini, Hortense, 69, 70, 80, 134-5

Mancini, Maria, mais tarde princesa Colonna
  amor pela literatura, 76-7
  aparência, 70
  atitude da mãe para com, 70

breves referências, 89-90, 93, 98, 101-2, 105, 108, 111, 114-5, 121, 130, 178, 255, 275
  casa-se com o príncipe Colonna, 86-7, 99-100
  como amazona, 79-80, 109
  convidada a se retirar da corte com presentes, 86-7
  e Loteria da Corte, 129
  Luís envia presentes a, 187-9
  monumento, 383-4
  morte, 383-4
  na abadia de Lys, 189
  na Espanha, 217
  relacionamento com Luís, 75-7, 79-81, 82, 83, 84-5, 86, 383-4, 390
  tenta retornar à corte francesa, 187-8

Mancini, Marianne (mais tarde duquesa de Bouillon), 70, 226

Mancini, Victoire, duquesa de Mercoeur, 69, 72

Manheim, 269, 270

Mansart, Jules Hardouin, 185, 212, 227-8, 250, 265, 268-9

Maquiavel, Nicolau, 56-7

Marais, 194

Mardyck, 81

Margaret de Borgonha, 91

Margarida da Áustria, rainha da Espanha,

Margarida Iolanda, princesa da Saboia, 73, 82-3, 84

Margarida Teresa da Espanha (mais tarde imperatriz), 88-9, 113, 134, 135-6, 316

Marguerite-Louise d'Orléans, 74, 92, 109

Maria Ana de Neuburgo, rainha da Espanha, 282

Maria Antonieta, rainha da França, 232n

Maria Beatriz, rainha da Inglaterra,
  abortos e mortes precoces dos filhos, 274
  Adelaide recebe paridade com, 299-300

ÍNDICE REMISSIVO

amizade com Françoise, 277, 325, 377
aparência e personalidade, 275
apoio de Luís a, 277, 290-1
casa-se com James, duque de York,
180, 273
compreende as maneiras em
Versalhes, 275-6
continua a desfrutar de situação
privilegiada na corte francesa, 324-6
cumprimento de Adelaide a, 298
dá à luz James Edward, 274
dá à luz uma menina, 276
e chegada de Jaime à corte francesa, 276
e decisão de Luís em apoiar James
Edward, 324-5
e morte de Jaime, 323
foge para a França, 271, 273, 275
instala-se em Saint-Germain, 24, 275
Luís elogiado por apoio a, 374, 376
Luís se recusa a banir, 314
morte da filha, 365-6
morte, 377-8
papel na noite de núpcias de Adelaide
e Borgonha, 308
passa pela França em seu caminho
para o casamento, 180
pede para ver *Atália*, 292
permanece na França durante
campanha de Jaime na Irlanda, 280
recebe precedência na corte, 276
recepção na corte francesa, 275
visita Françoise em Saint-Cyr, 377
Maria Casimira, rainha da Polônia, 375
Maria de Médici, rainha da França, 15-6,
44, 47, 48, 96
Maria II, rainha da Inglaterra
casa-se com Guilherme de Orange,
2, 216
como soberana em conjunto com o
esposo na Inglaterra, 24, 276, 290
considerada para possível casamento
com o delfim, 216n
e Maria Beatriz, 273
morte, 23, 314

Maria Leczinska, rainha da França, 389
Maria Luisa (apelido Louison), rainha da
Espanha, 298, 325, 326, 331, 358
Maria Luísa de Orléans (Marie-Louise),
rainha da Espanha
breves referências, 169, 219, 279, 302,
324-5, 390
deseja casar-se com o delfim, 215-6
forçada a casar-se com Carlos II,
214-7, 389
frequenta convento quando Louise se
torna freira, 190
luto pela mãe, 171
morte, 282-3
nascimento, 107, 163
vida na corte espanhola, 217
Maria Madalena, 119-20, 120n, 186-7,
208-9
Maria Teresa (infanta da Espanha) *ver*
Maria Teresa, rainha da França
Maria Teresa, rainha da França
antipatia pela madrasta, 134-6
aparência, 91-2
aposentos em Versalhes, 239-40
breves referências, 185, 216, 227-8,
250, 253-4, 311-2, 332, 374, 383-4,
385
casamento por procuração, 91
casa-se com Luís na França, 20, 21,
94-5
comentário de Françoise sobre, 240-1
como herdeira do trono da Espanha,
61, 88-9
como parte do acordo de paz, 87-8
como possível noiva para Luís, 35, 73,
84, 85
comparece ao convento quando
Louise se torna freira, 190
comparece ao funeral de Henriette-
Anne, 171
contrato de casamento, 92
dá à luz mais filhos, 123-4
dá à luz o delfim, 112-4, 124
deixa a Espanha, 94

doença, 243-4
e *affair* de Luís com Louise, 114-5, 120
e chegada de Louise, 152
e jogo, 285, 289
e Loteria da Corte, 129
e retomada das relações maritais, 221, 221n
e Tournai, 181
falta de interesses, 98
faz Entrada Real em Paris, 96
festival dedicado a, 125
funeral, 244-5
gravidez, 98-9
indaga sobre a rainha Ana, 89-90
Liselotte apresentada a, 178
Louise implora pelo perdão de, 189
Luís entusiasma-se com a ideia de casar-se com, 89-90
morte, 23, 244, 249
na corte em Compiègne,
não tem permissão para receber carta de Luís, 89-90
nascimento como infanta da Espanha, 35
noite de núpcias, 95
obrigada a permitir que Louise viajasse em sua carruagem, 153
opõe-se à sugestão de um casamento entre a Grande Mademoiselle e Lauzun, 173
opõe-se ao retorno de Maria Mancini, 187-8
parte da jovem corte, 103
presente quando Louise faz seus votos finais, 208-9
primeiro vislumbre de Luís, 93, 94
rainha Ana escreve para, 93
recebe carta anônima sobre o novo *affair* de Luís, 154
recebe notícia da morte do pai, 134, 5
recebe promessa de Luís quanto a comportamento futuro, 131
relacionamento com a rainha Ana, 98
relações maritais, 97-8

relutância em aceitar papel público de rainha da França, 98
renuncia ao direito ao trono espanhol, 92
retorna via Notre-Dame-de-Liesse, 153
tem direito a territórios nos Países Baixos espanhóis, 135-6, 148-9
viaja com a corte para Flandres, 162, 165-6
vida na corte espanhola, 88-9
Maria, rainha dos escoceses, 175
Maria-Anne (filha de Luís e Maria Teresa), 123-4, 134-5
Marianna da Áustria, rainha da Espanha, 88-9, 113, 135-6
Marianne-Victoire, princesa da Baviera, delfina da França
aparência, 219
aposentos em Versalhes, 239-40
balé em honra de, 232-3
breves referências, 250, 258, 294-5, 332
casa-se com o delfim, 219
comportamento em relação a Françoise, 257
dá à luz o duque d'Anjou, 251
dá à luz o duque de Borgonha, 236-7
interesses intelectuais, 219
Marie-Anne comenta sobre, 234
morte, 283-4, 293, 349
não cumpre as expectativas de Luís, 270-1
ressente-se da precedência dada a Maria Beatriz, 276
sentimentos de Luís para com, 219-20
Marie-(Louise)-Élisabeth d'Orléans, duquesa de Berry
aborto, 352
aparência, 347, 363
casa-se com Berry, 349-50
comportamento, 351, 362, 366
considerada como possível noiva para Berry, 346, 347

ÍNDICE REMISSIVO

escolhida como noiva de Berry, 348
infelicidade de Berry com, 366, 389
joias e penteados, 366
morte de filha infante, 366
morte do filho infante, 366
morte, 379
personalidade, 347
relação com o pai, 346-7
ressente-se do novo status de
Adelaide, 353-4
tem *affairs*, 362-3, 366
título, 323
torna-se primeira-dama de Versalhes,
362
viuvez, 366, 379
Marie-Anne de Bourbon, princesa de
Conti
aparência, 142-3, 234
breves referências, 287, 293
casa-se com o príncipe de Conti, 232,
236
comportamento, 236, 270, 306
e a Cabala, 339
e Adelaide, 354-5
em pintura de Mignard, 189
Françoise-Marie toma precedência
sobre, 286
legitimada, 149-50, 151, 183
monumento, 378n
morte, 378
não se casa novamente após morte do
esposo, 236
nascimento, 141-2
posição possibilitada pela morte da
rainha Ana, 142-3
recebe título, 149-50
sucesso na corte, 190, 232-3, 234-5
tem permissão para vestir luto por
sua mãe, 336
visita a mãe, 336
Marie-Thérèse (Petite Madame), 123-4,
180-1, 215
Marlborough, duque de, 25-6, 330, 331,
341, 342, 356

Marlborough, Sarah, duquesa de, 356
Marly, 277-8, 289-90, 290n, 324-5, 329-
30, 339, 342-3, 345, 356, 366, 369-70
Marolles, Gabrielle de, 126
Marot, Jean, 186-7
Marquet, madame, 300
Martinica, 192, 193n
Martinozzi, Anna Maria *ver* Conti, Anna
Maria (*née* Martinozzi), princesa de
Martinozzi, Laura, 69, 74, 273
Marvell, Andrew, 162
Massillon, padre François, 352-3, 374,
381
Matveev, A. A., 367
Maulévrier, marquês de, 329
Máximas e Diretrizes para a Educação de
Meninos, 54-5, 57-8
Maynard, François, 136
Mazarin, cardeal
aconselha Ana a assinar acordo com o
Parlamento, 62
assegura para Luís o melhor professor
de guitarra barroca, 67-8
breves referências, 39n, 60, 86-7, 89-
90, 98, 132, 288
critica Ana por seu fervor religioso,
56-8
debate com Ana após a reunião, 59
e a Fronde, 20, 63-4
e o encontro de Luís com a infanta,
94
e planos de casamento para Luís, 74,
82, 83, 84
e relacionamento entre Luís e Maria
Mancini, 75-6, 80, 85, 383-4
exila-se em Colônia, 20, 64
fortuna, 112-3
fracassa em dissuadir Luís de se
instalar em Mardyck, 81
mausoléu de, 101n, 102
morte, 21, 100-1
na reunião do Parlamento de Paris,
57-8
não é substituído, 101-2

O AMOR E LUÍS XIV

negocia a paz e o casamento entre
Luís e a infanta, 85, 87-8
opõe-se ao relacionamento entre
Luís e Anne-Lucie de Motte
d'Argencourt, 75-6
parentes chegam à corte, 69
relação com Ana da Áustria, 52-5
retorno, 20, 65-6
torna-se primeiro-ministro com a
morte de Richelieu, 20, 49-50
torna-se principal conselheiro de Ana
da Áustria, 51-2
Mazarin, duque de, 134-5
Mazarin, Geronima, ver Mancini (née
Mazarin), Geronima
Mazarinettes, 69
Médici, os, ver também Catarina de
Médici; Maria de Médici
Meilleraye, madame de, 385-6
Mercoeur, duque de, 69
Mercoeur, Victoire (née Mancini),
duquesa de, 69, 72
Mercure Français, 36
Mercure Galant, 178
Méré, Chevalier de, 196n, 288
Metz, 20
bispo de, 193
catedral, 177
Meudon, 293, 339, 341, 342, 344, 353
México, 376
Mignard, Pierre, 189, 218, 312-13
Milão, 67-8
Módena, ducado de, 73
Módena, duque de, 69, 73, 273
Molé, Mathieu, 59
Molière, 79, 105-6, 130-1, 155-6, 161,
165, 368-9
A princesa de Elida, 128, 129
Alceste, 185
Don Juan, 119, 121, 122n, 306
George Dandin ou o marido atônito,
154-5
Les Précieuses ridicules, 78n, 105-6
Tartufo, 128-30, 185, 187-8
Molina, duquesa de, 94, 130, 135-6

Mônaco, princesa de, 133, 133n, 178
Monmouth, James, duque de, 166
Mons, 153
Monsieur (Filipe, duque de Orléans)
a herança da Grande Mademoiselle
passa para, 284
ambições de Ana para, 61
assume o ducado de Orléans, 87
atenta para a etiqueta no luto por sua
esposa, 171
atitude de Ana para com, 48-50, 56-7,
380-1
breves referências, 103, 176, 238-9,
286, 297, 383-4
casa-se com Henriette-Anne, 21,
99-100
casa-se com Liselotte, 21, 174
ciúmes pelo comportamento da
esposa com o irmão, 107
comparece ao convento onde Louise
se torna freira, 190
concede permissão para a visita da
esposa à Inglaterra, 165
confissão de Maria Teresa a, 94
e chegada de Adelaide, 301
e doença da esposa, 168, 169-170
e doença de Luís, 81-2
e infelicidade de Liselotte, 237-8
e morte da rainha Ana, 136
e morte de Maria Luísa (Marie-
Louise), 283
e morte do eleitor palatino, 269
e o Chevalier de Guichê, 104
e o Chevalier de Lorraine, 130, 164-5,
237-8
e partida da esposa, 166
e relação de Luís com Françoise, 258
e retorno da esposa, 167
homossexualidade, 48, 82, 237-8
infância, 46, 48-50, 56-7, 62, 380-1
Luís comenta com Athénaïs sobre,
147-8
Luís sugere casamento entre a Grande
Mademoiselle e, 172
morte, 321

ÍNDICE REMISSIVO

nascimento, 20, 45
opõe-se ao casamento entre a Grande
Mademoiselle e Lauzun, 173
relações conjugais com Liselotte, 180-
1, 237-8
tenta impedir visita da esposa à
Inglaterra, 164-5
vida conjugal, 105, 163
Montagu, Ralph, 163, 169-170
Montalais, Françoise de, 117-8
Montargis, 300, 301
Montausier, duque de, 156, 157
Montausier, Julie, duquesa de, 156-7
Montchevreuil, marquês de, 256, 312-313
Montchevreuil, marquesa de, 198, 199-
200, 255
Montespan, Athénaïs, marquesa de
ver Athénaïs (Françoise-Athénaïs de
Rochechouart-Mortemart, marquesa
de Montespan)
Montespan, Louis-Henri de Gondrin
de Pardaillan, marquês de, 141, 145-6,
146-8, 155-7, 159, 164-5, 184, 286,
334-5, 381
Montpensier, Anne-Marie-Louise de ver
Grande Mademoiselle (Anne-Marie-
Louise de Montpensier)
Monvoisin, Catherine ver La Voisin
Monvoisin, Marie-Marguerite (filha de
La Voisin), 226, 231
Moreau, Jean-Baptiste, 265
Mortemart, Diane de Grandseigne,
duquesa de, 144-5
Mortemart, duque de, 144
Motteville, madame de, 36, 47, 49-50,
54, 59, 63, 80, 81, 83, 86-7, 98, 99, 100-
1, 105-6, 135-6, 137
Mursay, castelo de, 192, 193, 194, 203

Namur, 25, 281, 294, 365
Nangis, marquês de, 329, 330, 363
Nantes, Louise-Françoise, mademoiselle
de ver madame La Duchesse (Louise-
Françoise, mademoiselle de Nantes)

Navailles, duquesa de, 134-5
Navarra, princesa de, 128
Nemours, duquesa de, 304-6
Neuillant, barão de, 192
Newcastle, duque e duquesa de, 229
Nice, 365
Nijmegen, Paz de (1678), 22, 25, 211,
212-3, 243
Niort, 191
Noailles, Adrien-Maurice, duque
de (sobrinho de Françoise por
casamento), 363
Noailles, Antoine de, arcebispo de Paris,
310-11
Noailles, Arne, duque de, 128
Noailles, Arne-Jules, duque de, 108
Noailles, Filipe, duque de (sobrinho-
neto de Françoise), 376
Noailles, Françoise-Charlotte, duquesa
de ver Aubigné, Françoise-Charlotte d'
(mais tarde duquesa de Noailles)
Noailles, Marie-Françoise, duquesa de,
108
Nocret, Jean, 165
Nöel, padre, 358
Noisy, 264
Nompar de Caumont, Antonin, conde
de Lauzun ver Lauzun, Antonin
Nompar de Caumont, conde de
Nördlingen, 57-8
Normandia, 63
Notre-Dame, catedral, Paris, 39-40
Notre-Dame-de-Liesse, 153
Notre-Dame-des-Victoires, Paris, 39-40
Notre-Dames-des-Grâces, Cotignac,
39-40, 87
Nova Escócia, 26
Nova França, 19, 21, 22, 23-4, 25, 269

O casamento do rei francês, 345-6
Oeillets, demoiselle des, 229, 231, 385-6
Oiron, 334-5
Olbreuse, Eléanore d', 252-3
Ordem da Abelha no Mel, 368-9

Orléans, *ver* primeiros nomes de
  indivíduos
Orme, Philibert de l', 43
Oudenarde, 26, 154, 341

Países Baixos espanhóis, 20, 21, 22, 25,
  26, 33, 50, 135-6, 162, 175, 269, 331
Palais-Royal, 61, 62, 100-1
Palatinado, 19, 23, 24, 175
papado, 257, 269, 292
Pardaillan, Henri de, arcebispo de Sens,
  146-7, 155
Paris, conde de, 379
Paris
  amante do delfim levada para, 352
  casa comprada para Louise em, 123-4
  chegada da rainha Ana e filhos após
    morte de Luís XIII, 49-50
  disponibilidade de afrodisíacos em,
    229
  Entrada Real de Luís e Maria Teresa,
    96-7
  estátua equestre de Luís inaugurada
    em, 268-9
  filho de Louise nascido em casa de, 124
  Françoise dirige casa para bastardos
    reais em, 199-201
  Françoise visita, 194-6
  fuga real de, 62, 63
  luto pelo delfim do povo de, 353
  Ópera-Balé encenado em, 232
  procissão pelo aniversário de treze
    anos de Luís, 65-6
  revolta *ver* Fronde
  sucesso de Bourdaloue em, 205
  surto de sarampo em, 362
  Ver também nomes de locações em
    Paris
Parlamento (Inglaterra), 59, 60, 271,
  276, 314, 323
Parlamento de Paris, 20, 23, 51, 57-8,
  60n, 61, 62, 101-3, 183, 184, 358
Parthenay, 192
Paz de (1649), 63

Pedro o Grande, tsar, 367, 377
Pepys, Samuel, 162, 293
Peronne, Dame, 42
Perpignan, 87
Perrault: *Contos da mamãe gansa*, 70
Peterborough, lorde, 275, 331
Petit-Bourg, 334-5
Petite Madame (Marie-Thérèse), 123-4,
  180-1, 215
Philippsburg, 269
Picardia, 56-7
Piemonte, 331
Piètre, Geneviève *ver* d'Aubigné (*née*
  Piètre), Geneviève
Pimentel, marquês de, 84
Pincré, Jeannette, 320
Pireneus, Tratado dos (1659), 20, 87
Place des Victoires, Paris: estátua
  equestre de Luís XIV, 268-9, 312-3
Platão, 55-6
Plutarco, 55-6
Poço de St. Winifred, Gales do Norte,
  274
Poitou, 144
Polignac, abade Melchior de, 329-30
Polignac, marquesa, 385-6
Polônia, rainha da, 141
Pompadour, madame de, 388-9
Pons, mademoiselle de, 107
Pont Neuf, 62
Pont Notre-Dame, 97
Port Royal, convento de, 218
Portsmouth, Louise de Kéroualle,
  duquesa de, 220
Portugal, infanta de, 250, 251, 388
Portugal, 25, 164-5
Praga, 15-6
prazeres da ilha encantada, Os, 127-8
Précieuses, 78, 78n, 194, 201, 358
Preliminares de Londres (1711), 356
protestantes, 19, 273-4
Protetorado cromwelliano, 20
Provença, 63
Puy, 40-1

ÍNDICE REMISSIVO

Quebec, 20, 21, 269
Quentin, Madame, 356
quietismo, 309-10
Quinault, Filipe (libretista), 210, 211n,
232, 279

Racine, Jean, 43, 100-1, 137-8, 143, 161,
165, 176, 209-10, 259, 265, 281, 285
Andrômaca, 100-1
Atália, 290-1, 306, 387,
Bajazet, 384-5
Berenice, 86-7
Britânico, 161
Éster, 265, 266-7, 290, 306
Rambouillet, 366
Rambouillet, marquesa de, 156
Ramillies, 26, 331
Rantzau, conde de, 311-2
Rastatt, Paz de (1754), 26
Ratisbon, Trégua de (1684), 23
Regra beneditina, 388
Reno, 25
Reugny, 108
Revogação do Édito de Nantes (1685),
23, 259-60, 294, 312-3
Revolução Francesa, 376-379
Rheims, catedral, 69
Richelieu, cardeal, 19, 20, 37, 38-9, 40-1,
49-50, 52, 191, 259
Richelieu, duquesa de, 190, 198, 257
Rions, 379
Rochechouart-Mortemart, Athénaïs
ver Athénaïs (Françoise-Athénaïs de
Rochechouart-Mortemart, marquesa
de Montespan)
Rochechouart-Mortemart, Gabrielle
(mais tarde marquesa de Thianges),
143, 166
Rochechouart-Mortemart, Louis-
Victor, marquês de Vivonne *ver*
Vivonne, Louis-Victor Rochechouart-
Mortemart, marquês de
Rochechouart-Mortemart, Maria-
Christine, 144

Rochechouart-Mortemart, Marie-
Madeleine, 143-4
Rocroi, 20, 50, 107-8
Rohan, duquesa de, 307
Rohan-Chabot, Anne de, princesa de
Soubise, 133, 210-1
Roma, 99-100, 229, 230
Rousille, conde de, 212-3
Roussillon, 20, 87
Rueil, 62
Ryswick, Tratado de (1697), 25, 296, 312-4

Saboia, 19, 25, 73, 84, 294, 297, 298, 308,
357, 363
Saint Jean-de-Luz, 95, 94
Saint-Aignan, conde de, 110, 126, 128
Saint-Beuve, 117-8
Saint-Chapelle, 57-8
Saint-Cloud, 167, 169, 238-9, 253-4, 351
Saint-Cyr, 148-9, 263-5, 266-7, 288, 290-
2, 306, 307, 309-10, 372, 375, 383-4
Saint-Denis, 171, 292, 364, 374, 376
Saint-Évremond, 129, 189, 214, 373
Saint-Géran, condessa de, 240-1
Saint-Germain, castelo de (St-Germain-
en-Laye), 24, 40-1, 42, 42n, 49-50, 60,
61, 62, 63, 153, 154, 161, 184, 214, 232,
275, 276, 277, 280, 323, 325
Saint-Germain-l'Auxerrois, 126
Saint-Herment, mademoiselle de, 196
Saint-Maur, escola, 263
Saint-Maurice, conde de, 141, 154, 158
Saint-Maximin-la-Sainte-Beaume, 120,
120n
Saint-Rémy, marquês, 108
Saint-Saëns, Chevalier de, 237-8
Saint-Simon, duque de (pai do
memorialista), 37, 37n
Saint-Simon, duque de
e funeral de Adelaide e Borgonha, 364
envolvido na proposta de Marie-
Élisabeth como noiva para Berry, 348
feliz com a remoção dos bastardos da
linha de sucessão real, 375

gastos com o figurino de casamento, 307

opinião sobre o papel de Françoise na revogação do Édito de Nantes, 260

os escritos de Liselotte comparados aos de, 174, 175n

registra a observação de madame de Meilleray, 385-6

sobre a baronesa de Beauvais, 71

sobre a bondade de Luís para com suas antigas amantes, 382

sobre a dor de Luís pela morte de Adelaide, 340

sobre a princesa de Soubise, 210-1

sobre a reação de Luís ao aborto de Adelaide, 340

sobre aborto de Marie-Élisabeth, 352

sobre Adelaide, 301, 305, 327, 342, 344, 354, 355, 364

sobre as atitudes da realeza, 107

sobre comportamento de Marie-Élisabeth, 351

sobre Fénelon, 294

sobre Françoise, 310-F1, 377

sobre Liselotte, 176, 286, 287

sobre o anúncio de Luís a respeito de Borgonha, 340

sobre o falecido delfim, 352

sobre o gênio da família Mortemart, 143

sobre o padre Annat, 117

sobre o temperamento de Borgonha, 304-5

sobre os bastardos reais, 367

sobre Racine, 161

sobre reconhecimento de Luís a James Edward, 323

sobre septuagésimo aniversário de Luís, 339

sobre tamanho da família, 122

Saint-Simon, duquesa de, 178-9, 307, 354

Saint-Sulpice, Paris, 145, 183, 183n

Sambre, rio, 165

Santa Sé, 257, 291, 292

Santo Domingo, 314

Savoie-Nemours, Jeanne-Baptiste de, madame Royale, 297, 332

Saxônia, 23

Scarron (née d'Aubigné), Françoise ver Françoise (Françoise d'Aubigné, esposa de Paul Scarron, mais tarde madame [e marquesa] de Maintenon)

Scarron, Françoise (irmã de Paul Scarron), 199-200

Scarron, Paul, 47, 96, 196, 197, 241-2, 390

Sceaux, 368-9, 378, 379

Scudéry, Madeleine de, 76-7, 78, 133, 146-7, 194-5, 201, 205-6, 255

"Da Ironia", 143

Clélie, 133

Mapa do Amor, 133, 240-1

Safo, 146-7

Sénéce, madame de, 59

Sermões da Quaresma (1662), 117, 118, 119

Sévigné, madame de

atitude quanto ao sexo, 159

círculo sofisticado de, 146-7

cria trocadilho sobre madame de Maintenon, 238-9

dialoga com Luís, 267

e apelidos, 184, 201

e banhos termais, 209n

e beleza de Athénaïs, 212

e Bourdaloue, 205

e casamento de Sophie Dangeau, 337

e Clagny, 185

e educação das mulheres, 78

e encanto de Luís com Marie-Anne, 190

e habilidades de Françoise na arte da conversação, 201, 388

e *Ísis*, 210-1

e leitos de morte, 136

e Louise de La Vallière, 109, 234

e Maria Beatriz, 275

ÍNDICE REMISSIVO

e morte da marquesa de Brinvilliers, 224
e morte de Angélique, 218
e morte de Henriette-Anne, 172
e relacionamento de Luís com Françoise, 219, 222
e Saint-Sulpice, 183
e vida na corte, 382
filha de, 122, 124, 159
Sicília, 365
Sócrates, 54
Sofia, eleitora de Hanover, 176, 177, 177n, 179, 250-1, 270, 322, 369-70
Soissons, conde de, 71
morte, 226
Soissons, Olympe, condessa de *ver* Mancini, Olympe, condessa de Soissons
Somaize, Baudeau de, 388
Sophia-Charlotte de Hanover (Figuelotte), 250-1, 251n
Soubise, Anne de Rohan-Chabot, princesa de, 133, 210-1
Sourches, marquês de, 232, 238-9
Staël, madame de, 378
Strasburgo, 289, 314
arcebispo de, 376
Suécia, 20, 21, 23, 163, 243
Sussex, condessa de, 367

Talon, advogado-geral Omer, 59
Tambonneau, Marie, 144
Tasso: *Jerusalém libertada*, 76-7
Terra Nova, 26
Tessé, conde de, 300-1, 319, 321, 325-6, 329
Thianges Gabrielles Rochechouart-Mortemart, marquesa de, 143-166
Thibout, padre, 204
Torbay, 24, 271
Toscana, 73
grão-duque da, 44, 47
Toul, 20
Toulon, 243, 331

Toulouse, Louis-Alexandre, conde de, 212, 299-300, 368-9, 369-70
Touraine, 107, 149-50
Tournai, 180-1, 182
Tours, Louise-Marie, mademoiselle de, 191
Tresmes-Gescres, duque de, 199-200
Tríplice Aliança, 163, 167
Turcos, 23, 243
Turenne, visconde de, 20, 21, 65-6, 81, 148-9, 149-50
Turim, 25, 331
Tratado de (1696), 25, 296

Urbano VIII, Papa, 52
Ursins, princesa des, 76-7, 326, 327, 341, 342, 344, 345
Utrecht, 357
Tratado de (1713), 26, 365
Uzès, duquesa d', 226

Val-de-Grâce, 130, 216, 364
Vale do São Lourenço, 19
Valois, mademoiselle de, 349
Van Dyck, Sir Anthony, 100-1
Vauban, Sébastien le Prestre de, 22
Vaudémont, princesa de, 319
Vaux-le-Vicomte, 111-2, 129
Velásquez, Diego, 46, 88-9, 91, 98
Vendôme, César, duque de, 122, 297, 340n
Vendôme, Louis Joseph, duque de, 26, 331, 340, 340n, 341, 342-3, 367
Ventadour, Charlotte, duquesa de, 332, 360n, 361
Verdun, 20
Vermandois, Louis, conde de, 153-4, 183, 189, 234
Verneuil, duque de, 122-3
Verrue, condessa de, 297
Versalhes, cura de, 256
Versalhes
"valetagem", 254
Adelaide chega a, 298, 304-6

aposentos de Athénaïs em, 184, 186-7, 239-40, 259, 284-5

aposentos de delfim e delfina em, 239-40

aposentos de Françoise em, 239-40

aposentos de Maria Teresa em, 239-40

appartement des bains, 186-7, 259, 284, 285n

atividades da infância de Adelaide em, 305, 320

breves referências, 40-171, 151, 243, 257, 268, 275, 280, 282, 296, 307, 321, 325-6, 329, 330, 338, 342, 351, 352, 353, 362, 366, 367

designado oficialmente como sede da corte e do governo, 23, 238-40

desmonte dos aposentos de rainha após morte de Maria Teresa, 251

falta de segurança em, 241-2

Galeria dos Espelhos construída, 250

gastos de, 127, 128, 212, 241-2

Grande Recepção Real em, 154-5

inconveniências de obras em, 212-3, 241-2

integração do rei e da rainha da Inglaterra em rituais da corte em, 276

jardins, 127-8, 277-9

jogos de apostas em, 288-90

Le Brun trabalha em, 112-3

Le Nôtre trabalha em, 112-3, 127

Le Vau trabalha em, 112

Luís busca grandiosidade em, 212-3

Luís escreve *A forma de apresentar os jardins de Versalhes*, 277-9

Mansart trabalha em, 212, 250

mobília de prata, 241-2

muitos visitantes de diferentes nacionalidades, 242n

nova capela construída em, 345

paróquia local de, 204

plano de desviar as águas do rio Eure para alimentar fontes em, 266

prata derretida, 281

primeiro entretenimento oficial da corte em, 127-9

relações entre luzes e sombras em, 241-3

últimos dias e morte de Luís em, 371-4

velha capela como possível local do casamento secreto entre Luís e Françoise, 256

Vestfália, Paz da (1648), 15, 61

Vexin, Louis-César, conde de, 180-1, 182, 191, 212

Vicente de Paulo, São, 48, 117

Vichy, 209-10

Viena, 23, 243

Vigna di Madama, 297-8, 357

Villarceaux, marquês de, 197-8, 198n

Villeroi, marechal de, 161, 331, 346, 369-70

Villers-Cotterets, 131, 164-5, 166

Villette, Filipe de (mais tarde marquês de Villette), 192, 261, 336

Villette, marquês de (tio de Françoise), 192

Villette, marquesa de (esposa do primo de Françoise), 260

Villette, marquesa de (tia de Françoise), 192, 196

Villette, Marthe-Marguerite de (mais tarde Marguerite de Caylus) *ver* Caylus, Marguerite de (*née* Villette)

Villiers, Barbara, duquesa de Cleveland, 120-1, 156, 220, 367

Vincennes, 141, 309-10

Virgem (signo astrológico), 43

Virgem Maria, 40, 41, 43

visão sobre o coito interrompido, 122

visão sobre o sexo, 158-9

Visconti, Primi, 54n, 71, 185, 212, 217, 236, 238-9, 382

Vítor Amadeu, duque da Saboia, 25, 294, 295, 296, 297, 298, 300, 325-6, 331, 363, 364, 365

Vitrúvio, 209-10

ÍNDICE REMISSIVO

Vivonne, Louis-Victor Rochechouart-
Mortemart, marquês de, 144, 146-7,
158, 212
Vivonne, marquesa de, 229, 231
Voltaire, 85, 232, 364, 378-9

William de Orange, mais tarde
Guilherme III, rei da Inglaterra
breves referências, 274, 290, 385-6
captura Namur (1695), 25, 294
casa-se com Mary, 23, 216
chega à Inglaterra (1688), 24, 271
derrota Jaime na Batalha de Boyne
(1690), 23, 280
Liselotte alimenta esperanças de se
casar com, 177
morte, 25, 324-5
oferece resistência aos franceses
(1672), 23, 181

Pais, 182n
permite que Jaime escape, 276
reconhecido implicitamente como rei
por Luís (1697), 25, 314, 323
torna-se soberano em conjunto com a
esposa (1689), 23, 276
torna-se único governante com a
morte da esposa (1694), 25
Wittelsbach, Casa de, 175, 283
Wren, Christopher, 121
Wyndham, Christabella, 70
Wynman, Nicolas: *Colymbetes*, 55n

York, duque de *ver* Jaime II, rei da
Inglaterra
York, duquesa de *ver* Hyde, Anne,
duquesa de York; Maria Beatriz, rainha
da Inglaterra

Este livro foi composto na tipologia Minion-Regular,
em corpo 11,5/15,5, e impresso em papel off-set 75g/m²,
no Sistema Cameron da Divisão Gráfica
da Distribuidora Record.